개정16판

조세법 총론

2024

Tax General Summary

박태승 · 오기수 · 김응수 저

2024년 개정판을 내면서

본서는 조세법의 체질상 복잡하고 이해하기 어려운 점이 많음을 고려하여, 심층적인 이론적 접근 보다는 실정법 체계속에서 조세법을 쉽게 이해하고, 해석할 수 있도록 각 조문의 제정목적과 의의를 살펴보면서 해설하는데 그 중점을 두고 집필하였습니다.

따라서 본서는 조세와 조세법의 기본적인 내용 및 조세법의 이념과 목적에 대한 근본적인 법률관계를 규정하고 있는 **국세기본법**을 중심으로 하여, **국세징수법** 그리고 **조세범 처벌법과 조세범 처벌절차법**을 체계적으로 설명하고 있으며, 2024년도부터 **적용될 세법**의 내용을 반영하였습니다.

2023년말 「국세기본법」 개정시 글로벌최저한세의 시행에 맞춰 국내 과세권의 실효성 확보를 위하여 국세의 부과제척기간을 연장하는 특례를 마련하고, 법 집행상 혼란을 방지하기 위하여 전세권 등에 의해 담보된 채권보다 우선하여 징수할 수 있는 체납 국세의 범위를 명확히 규정하며, 법인이 계산서를 지연 발급했을 때 부과하는 가산세의 경우 단순 협력의무 위반에 대한 제재라는 점을 고려하여 과잉제재가 되지 아니하도록 가산세 한도를 설정하는 등 현행 제도의 운영상 나타난 일부 미비점을 개선·보완하였습니다.

또한 「국세징수법」 개정사항은 국세 채권의 확보와 강제징수의 실효성을 높이기 위하여 유가증권의 이전 없이 권리관계가 변동되는 예탁유가증권과 전자등록주식 등에 대한 압류 절차 등을 규정하고, 공매재산 매수인의 편의를 도모하기 위하여 관할 세무서장이 매각결정기일을 한 차례 연기할 수 있는 근거를 마련하며, 매각 절차의 효율성을 높이기 위하여 공매재산에 대하여 저당권 등의 권리를 가진 매수신청인에 대해서는 자신에게 배분될 채권액을 제외한 나머지 금액만 매수대금으로 납부하고 공매재산을 취득할 수 있도록 하는 차액납부 제도를 도입하는 등 현행 제도의 운영상 나타난 일부 미비점을 개선·보완하였습니다.

다만, 2022년 말 개정사항에 비해 2023년말 개정의 내용이 본서의 학습 내용과 관련있는 내용이 많지는 않았습니다.

한편, 처음 세법을 학습하는 학생들에게 어려운 세법을 쉽게 이해할 수 있도록 중요한 내용은 가급적 도표식으로 비교하여 정리하였으며, 향후 세법의 심화학습의 기초를 다질 수 있도록 세법각론(법인세, 소득세, 부가가치세)과 관련된 내용도 필요한 경우 설명하였습니다. 제2편 부록에는 국세기본법의 연습문제(한국세무사회의 세무회계2급 최근 기출문제)를 첨부하여 학습한 내용을 실무적인 측면에서 확인하고 복습할 수 있도록 하였습니다.

하지만 졸저의 부족으로 말미암아 조세법에 입문하는 독자 여러분에게 조세법의 바른 길잡이가 되지 못할까 하는 두려움이 앞섭니다. 미비한 점과 오류는 앞으로 더욱 더 노력하여 보안할 것을 약속드리니 독자 여러분과 여러 교수님들의 기탄없는 충고와 지도편달을 삼가 부탁드립니다.

끝으로 본서를 출간하여 준 도서출판 어울림의 허병관 대표님, 그리고 새학기에 맞추어 출판되도록 도와주신 편집부 여러분들께 깊은 감사드리며, 이 책을 보는 모든 분들과 가족에게 하나님의 은총이 함께 하길 기원합니다.

2024년 2월
저자 識

우리나라의 조세사(租稅史)를 생각하면서(세종 공법편)

　훈민정음을 창제하고, 측우기 등 과학기구를 제작하게 하고, 『농사직설』을 편찬하여 농업 생산성을 높인, 이 모든 세종대왕의 정책은 오로지 백성을 사랑하고 백성의 행복을 위한 것들이었다. 세종대왕이 입법한 공법(貢法) 역시 백성을 위한 조세법이었다. 세종대왕이 입법한 공법의 주된 내용은 결부법에 의한 전분육등법(田分六等法) 및 연분구등법(年分九等法)이다. 전분육등법은 전지(田地)의 비옥도에 따른 양전법(量田法)이며, 연분구등법은 매년 풍흉에 따른 수세법(收稅法)으로 중국식 공법과는 다른 조선적 공법이다. 세종대왕은 조세인 전세(田稅)를 징수할 때 공평하고 편리하며, 관리들의 농간을 배제하는 조세법(租稅法)으로서 공법을 입법하고자 하였다. 그래서 세종대왕이 입법한 공법은 공평과세와 징세의 편의, 징세비의 최소화를 위한 조선 최고의 체계화된 조세법이었다. 세종대왕은 공법(貢法)과 조세 과학화 및 선진화를 통하여 조선을 조세 유토피아[utopia; 이상(理想) 국가]로 만들고자 한 것이다.

　세종대왕은 조세제도를 바로 세우고, 조세의 과학화 및 선진화를 이룩한 것이야 말로 '백성들의 삶의 질'을 높일 수 있는 가장 중요한 정책이라고 생각한 것이다. 이에 세종대왕은 다음과 같이 조세의 과학화와 선진화를 실현하여, 백성들이 법으로 정해진 조세만을 부담함으로써 조세의 횡포로부터 벗어나게 하여, 조선을 조세의 행복국가로 만들고자 하였다.

　첫째, 공평한 조세징수를 위해 주척(周尺)을 사용하게 하였다. 세종대왕은 공법을 입법하면서 조세의 과학화를 추구하였는데, 그 중 하나가 주척(周尺)을 사용하여 전지(田地)를 측량하도록 한 것이다. 세종대왕 이전까지는 농부의 수지척(手指尺)을 사용하였다.

　둘째, 연분 결정을 위해 측우기를 사용하였다. 세종대왕은 조세를 징수하는 과정에서 관리들이 재량권을 남용하여 농간을 부리는 폐단이 답험제도에서 발생하므로, 이를 결단코 배제하기 위하여 군현(郡縣) 단위의 연분구등법을 도입하였다. 하지만 그 당시 군현 단위로 연분을 결정하는 것 또한 쉽지가 않았다. 이에 세종대왕은 연분(年分) 결정에 강우량을 이용하고자 하였고, 그 도구로 측위기를 사용하게 한 것이다.

　셋째, 표준화된 말[斗]과 되[升]를 사용하게 하였다. 조선은 쌀과 콩 등의 곡물로 조세를 납부하는 현물납세 시대였다. 따라서 곡물의 수량을 재는 말[斗]과 되[升]의 통일된 규격은 매우 중요하였다. 더욱이 세종대왕이 공법을 입법한 취지인 '조세의 부정부패 근절'을 위해서는 조세를 징수할 때 관리와 서리들이 눈속임할 수 있는 말[斗]과 되

[升]를 정확히 표준화 하는 것이 필요했다.

넷째, 지역별로 명확한 조세 부과를 위해서 『세종실록지리지』를 편찬케 하였다. 농업국가인 조선에서 조세를 확충하기 위해서는 국가의 행정구역을 체계화하고, 인구를 정확히 파악하여 관리하며, 또한 전지(田地)의 비척의 기록과 관리가 필요했다. 더욱이 조세의 과학화와 선진화를 이룩하려는 세종대왕은 행정구역별 인구의 실태와 전지(田地)의 결수 및 비옥도의 파악은, 공평하고 명확한 조세의 부과와 징수를 위한 첩경이라고 생각하였다.

다섯째, 전품(田品)의 전국적인 균등화를 위하여 『농사직설(農事直說)』을 편찬케 하였다. 『농사직설』의 편찬과 보급이 실제로는 공법의 시행과 관련하여 전국적으로 농업생산력을 향상시켜 균등한 조세의 부과를 위한 측면도 있다는 것이다.

이처럼 조세 과학화와 선진화의 토대를 마련하면서 입법된 공법은 다음과 같이 역사상 그 누구도 따라할 수 없는 과거시험문제의 출제, 여론조사 및 25년간의 연구와 논의 등의 과정을 거쳐 완성되었기에 그 학문적·역사적 가치성은 세계적이라고 본다.

첫째, 세종대왕은 공법의 개선책에 대한 질문을 과거시험 문제에 출제하였다. 세종 9년(1427)에 당하관의 과거시험에 "공법을 사용하면서 이른바 좋지 못한 점을 고치려고 한다면 그 방법은 어떻게 해야 하겠는가"의 문제를 내어 조선만의 조세법을 만들고자 하였다.

둘째, 세종대왕의 공법은 군주시대에 전국적인 여론조사에 의한 입법이다. 세종대왕이 1차 공법안에 대한 여론조사를 명한 후, 호조는 무려 5개월을 걸쳐 이를 실시하였다. 그 결과 공법의 시행이 무릇 가하다는 자는 98,657명이며, 불가하다는 자는 74,149명이였다. 총 172,806명에 대한 여론을 수렴한 것이다. 그 당시 인구의 4분의 1일 참여한 것이다. 이 여론조사는 국민투표라 할 수 있다.

셋째, 세종대왕의 공법은 세계적으로 최장기 논의에 의한 입법이다. 『세종실록』에 의하면 세종대왕 21년에 "내가 공법을 행하고자 한 것이 이제 20여 년이고, 대신들과 모의(謀議)한 것도 이미 6년이었다."고 하였다. 그리고 세종 26년(1444)에 공법은 최종 입법되었다.

넷째, 세종대왕의 공법은 군왕 스스로 근대적 조세원칙을 추구한 입법이다. 아담 스미스는 산업자본을 대표하여 개인주의적 법치국가의 이념하에 조세의 원칙을 제시함으로써 절대왕제에 의한 수탈을 방지하여 시민사회를 옹호하고자 하였다. 하지만 세종대왕은 군왕 스스로 조세원칙에 따른 공법을 입법하여, 양반 관료들의 수탈을 방지하고 백성들에게 공평한 과세를 하고자 하였다.

 따라서 우리는 이러한 '세종 공법(貢法)'에 대해서 이해와 인식의 폭을 넓혀야 한다고 생각한다. 조선시대에 조세의 문제가 백성들의 삶에 가장 큰 고통이었다는 점을 인식한다면, 세종대왕이 이룩한 다른 업적 못지않게 '세종대왕의 공법'은 그 당시 최고의 가치를 가진 업적이며 유산이다. 공법을 단순히 세종대왕이 만든 조세법 또는 조세제도로만 인식하는 것이 아니라, 그 속에 들어 있는 조세사상과 조세원칙 및 입법과정에 나타난 학문적·역사적 가치를 우리는 깊이 인식하여야 한다.

(졸저의 「세종대왕의 조세정책」 머리말 中)

약어 표기와 첨부서식

본서의 내용 중 관계 법령의 조항표시는 아래와 같이 약어를 사용하였다.

약어	법령	약어	법령
기법 9①2	국세기본법 제9조 제1항 제2호	**처벌법**	조세범처벌법
기령	국세기본법 시행령	**절차법**	조세범처벌절차법
기칙	국세기본법 시행규칙	**법법**	법인세법
국기통	국세기본법 기본통칙	**부법**	부가가치세법
국기집행	국세기본법 집행기준	**상증세법**	상속세 및 증여세법
징법	국세징수법	**조특법**	조세특례제한법
징령	국세징수법 시행령		

〈첨부서식 목록(국세기본법 시행규칙 별지)〉

- 별지 제1호 :「기한연장승인신청서」···75
- 별지 제4호 :「송달서」··84
- 별지 제6호 :「법인으로 보는 단체의 승인신청서」·······································89
- 별지 제6호의 4 :「법인으로 보는 단체의 대표자 등의 선임(변경)신고서」·······91
- 별지 제16호 :「과세표준수정신고서 및 추가자진납부계산서」·················180
- 별지 제16호의 2 :「과세표준 및 세액의 결정(경정)청구서」····················184
- 별지 제17호 :「가산세감면 등 신청서」···196
- 별지 제32호 :「이의신청서」···236
- 별지 제29호 :「심사청구서」···244
- 별지 제35호 :「조세심판청구서」···249
- 별지 제55호 :「세무조사연기신청서」···271

〈첨부서식 목록(국세징수법 시행규칙 별지)〉

- 별지 제2호 :「납부고지서」··335
- 별지 제6호 :「(   ) 납부고지서」··339
- 별지 제20호 :「납세담보제공서」··357
- 별지 제21호 :「납세보증서」···358
- 별지 제33호 :「수색조서」···375
- 별지 제32호 :「압류조서」···377

- 별지 제52호 : 「교부청구」 ·· 396
- 별지 제54호(갑) : 「참가압류 통지(갑)」 ··· 400
- 별지 제94호 : 「납세증명서」 ·· 442

(※ 위 별지 서식은 시행규칙 개정에 따라 변경될 수 있음)

목 차

■ 제1편 ■ 조세법총론

제1장 서 론 ···17
제1절 조세의 의의 ··17
제2절 조세의 목적 ··19
제3절 조세의 근거 ··22
제4절 조세의 분류 ··24
제5절 우리나라의 조세체계 ··30

제2장 조세법의 의의 ···31
제1절 조세법의 개념 ··31
제2절 조세법의 목적 ··32
제3절 세법의 법원 ··34
제4절 조세법의 인접학문 ··40

제3장 조세법의 기본원칙 ···43
제1절 서 론 ··43
제2절 조세법률주의 ··44
제3절 조세공평주의 ··47

■ 제2편 ■ 국세기본법

제1장 총 설 ···55
제1절 총 칙 ··55
제2절 기간과 기한 ··69
제3절 서류의 송달 ··76
제4절 인 격 ··85

제2장　국세부과와 세법적용의 원칙 ·· 93
제1절　국세부과의 원칙 ··· 93
제2절　세법적용의 원칙 ··· 99
제3절　중장기 조세정책운용계획 ··· 109

제3장　납세의무의 성립·확정·소멸 ·· 110
제1절　납세의무의 성립 ··· 110
제2절　납세의무의 확정 ··· 120
제3절　납세의무의 소멸 ··· 124

제4장　납세의무의 확장 ·· 138
제1절　납세의무의 확장 ··· 138

제5장　국세와 일반채권의 관계 ··· 161
제1절　국세의 우선권 ·· 161

제6장　과　세 ·· 174
제1절　관할관청 ·· 174
제2절　수정신고와 경정 등의 청구 ·· 176
제3절　가산세의 부과와 감면 ··· 187

제7장　국세환급금과 국세환급가산금 ·· 197

제8장　심사와 심판 ··· 211
제1절　총　칙 ·· 211
제2절　이의신청 ·· 232
제3절　심사청구 ·· 242
제4절　심판청구 ·· 247

제9장　납세자의 권리 ··· 262
제1절　납세자 권리헌장의 제정 및 교부 ··································· 262
제2절　납세자의 권리 보호 ··· 265
제3절　과세전적부심사 청구 ··· 287

제10장　보　칙 ·· 291
제1절　납세관리인 ··· 291
제2절　고지금액의 최저한도 ··· 293

제3절 국세행정의 협조 ···293
제4절 포상금의 지급 ···294
제5절 과세자료의 제출과 그 수집에 대한 협조 ·······················301
제6절 지급명세서 자료의 이용 ···301
제7절 장부 등의 비치와 보존 ···302
제8절 서류접수증 발급 ···303
제9절 불성실기부금단체 등의 명단 공개 ···································304
제10절 통계자료의 작성 및 공개 ···305
제11절 가족관계등록 전산정보의 공동이용 ·································308
제12절 금품 수수 및 공여에 대한 징계 등 ·································308
제13절 벌 칙 ···309
부록 : 국세기본법 연습문제 ···310

■ 제3편 ■ 국세징수법

제1장 총 설 ···327
제1절 개 요 ···327

제2장 신고납부와 납부고지 ··332
제1절 개 념 ···332
제2절 납부고지 ···333
제3절 제2차 납세의무자 등에 대한 납부고지 ···························337
제4절 납부기한 전 징수 ···340
제5절 납부기한의 연장 등 ···343
제6절 독 촉 ···347
제7절 체납액 징수 관련 사실행위의 위탁 ·································349
제8절 납세담보 ···351

제3장 강 제 징 수 ···362
제1절 강제징수의 의의 등 ···362
제2절 압 류 ···365
제3절 교부청구와 참가압류 ···393
제4절 압류재산의 매각 ···404
제5절 청 산 ···426

제6절　압류·매각의 유예 ··· 432

제4장　보칙(국세징수의 간접적 강제 제도) ·· 437

■ 제4편 ■ 조세범 처벌법

제1장　총　칙 ·· 455
　　　제1절　조세범의 개념 ·· 455
　　　제2절　조세범 처벌법의 총칙 ·· 461

제2장　조세범의 처벌 ·· 464
　　　제1절　개　념 ·· 464
　　　제2절　범칙행위와 처벌 ·· 465

■ 제5편 ■ 조세범 처벌절차법

제1장　총　칙 ·· 477
　　　제1절　조세범 처벌절차법의 목적과 정의 ·· 477

제2장　범칙사건의 조사 ·· 480
　　　제1절　의　의 ·· 480
　　　제2절　범칙사건의 조사와 일반세무조사의 차이 ······································ 480
　　　제3절　조사관할 ·· 482
　　　제4절　조사대상 ·· 483
　　　제5절　심문조서 등의 작성과 보고 ·· 485

제3장　조세범칙처분의 종류 ·· 486
　　　제1절　조세범칙처분에 대한 위원회 심의 ·· 486
　　　제2절　통고처분 ·· 487
　　　제3절　고발처분 ·· 492

제1편

조세법총론

제1장 서 론
제2장 조세법의 의의
제3장 조세법의 기본원칙

제1장 서 론

제 1 절 조세의 의의

조세(租稅)의 개념은 일반적으로 시대와 사회에 따라 변화하고 그 차이가 있다. 하지만 현대국가를 조세국가라 할 수 있는데, 이러한 입장에서의 **조세란 국가나 공공단체가 그의 일반적인 경비를 충당하기 위해 그 구성원으로부터 강제적으로 징수하는 재화**라고 정의하는 것이 통설이다. 다시 말해 조세는 국가 또는 지방자치단체가 재정수요를 충족하기 위하여 국민경제 내부에서 생산된 부의 일부를 국가 또는 지방자치단체에로 이전시키는 수단인 것이다. 이 개념은 재정학적인 정의라고 할 수 있으며, **조세법적인 관점에서의 조세란 국가 또는 공공단체가 국가의 주권에 복종하는 자로부터 공적·일반적 수입의 목적을 가지고서 법률 또는 조례에 정한 요건을 충족한 사실이 있고, 납세의무가 확정될 때 강제적으로 징수하는 금전적 급부**라고 정의할 수 있다.

일본의 다나가(田中二郞) 교수는 '조세는 국가 또는 지방 공공단체가 특별한 급부에 대한 반대급부로서가 아니라, 이들 단체의 경비에 충당하기 위한 재원조달을 목적으로, 그 과세권에 기초하여 법률이 정한 과세요건에 해당하는 모든 자에 대해 일반적 표준에 의하여 균등하게 일반국민에 부과하는 금전급부이다'라고 정의하였으며, 미국의 R. M. Summerfeld와 H. M. Anderson, H. R. Brock 교수들은 공저 'An introduction to Taxation'에서 조세를 납세자가 받는 특정의 급부와는 무관하게 국가의 경제적·사회적 목적을 달성하기 위해 사전적으로 결정된 법률에 기초하여 이루어지는 민간부문에서 공공부문으로의 자원의 강제적 이전으로서 벌금이 아닌 것이라고 정의하였다.

현대의 실정세법에서는 조세를 법률적으로 정의하고는 있지 않지만, 과거 유일한 입법예는 1919년의 독일조세통칙법 제1조 제1항에 규정되어 있는데, 그 내용은 "조세는 특별한 급부에 대한 반대급부가 아니며, 납부의무에 따라 법률로 정하는 요건에 해당되는 모든 자에 대해 공법상의 단체가 수입을 얻을 목적에서 부과하는 1회의 또는 계속적인 금전급부를 말한다. 관세는 이에 해당되나 행정행위를 특별히 청구하는 것에 대한 수수료 및 부담금(수익자 부담)은 이에 해당되지 않는다"고 정의하고 있다.

이러한 정의들을 고려하여 조세의 성격을 살펴보면 다음과 같다.

(1) 조세는 국가 또는 지방자치단체의 재정수입을 목적으로 한다.

조세는 국가 또는 지방자치단체가 그의 존속과 활동을 영위함에 있어서 필요로 하는 재원조달을 목적으로 한다. 따라서 재원조달이 그 본래의 목적이 아니고 위법행위 등에 대한 제재에 주목적을 두고 있는 벌금·과료·과태료 등은 조세와 구별된다. 다시 말해 현대국가에서 정부는 국방·사법·경찰·소방·공중위생·교육 등 여러 가지 공공서비스를 제공하는데, 이러한 공공서비스 등을 제공하는 정부나 지방자치단체의 경제활동은 많은 재원을 필요로 하며 조세는 중요한 재원조달 수단의 하나이다.

(2) 조세는 특별급부에 대한 반대급부가 없다.

조세는 개별보상의 원리에 따르지 않고 일반보상의 원리에 따른다. 즉 조세는 납세자가 받는 특정의 효익(benefit)과 무관하게 부담하는 것이다. 예를 들어 국방이나 사법제도·공공교육·고속도로·항만 등은 자유시장체제에 의하여 국민들에게 분배할 수 없는 **공공재**(public goods)들인데 이러한 공공서비스를 사람들이 직접 이용하는가에 관계없이, 그리고 그 이용 정도에 관계없이 모든 사람들이 동등하게 이용하는 것으로 보고 그에 대한 대가로 조세를 부담한다고 볼 수 있다.

이는 수요와 공급의 법칙에 의해서 지급할 능력이 있는 사람만이 효익을 얻을 수 있는 **사적재**(private goods)와는 다르며, 개별보상의 성질이 있는 행정상의 각종 수수료·사용료·특허료 등 다른 공과금과 구별된다.

(3) 조세는 과세권에 의하여 사적부문의 자원을 공공부문으로 강제 이전시킨다.

조세는 국민경제 내부에서 생산된 부의 일부를 강제적으로 국가 등에 이전시키는 수단이며, 이는 국가와 지방자치단체의 과세권에 의해서 발생된다. 그러나 국가 등의 과세권은 국민의 재산권을 침해하는 성질을 가지므로 조세의 부과·징수는 법률에 근거를 두어야 한다. 즉 국가에 의한 과세권의 행사는 헌법이 규정하는 국민의 재산권과 상충되는 것이기 때문에, 국가의 재정수요를 충족하기 위한 과세권을 국민의 재산권보다 우선되게 함이 필요하다고는 하지만 과세권의 행사가 자의적으로 행해지지 않도록 국회가 제정하는 법률에 따라 제약할 필요가 있다는 것이다.

여기에서 사적부문으로부터 공공부문으로의 강제적 이전이라는 말은 정부기관 내에서의 자금의 이동을 조세에 포함시키는 것을 배제함과 함께, 국유재산에 의한 재산수입과 전매사업 등에 의한 사업수입을 조세와 구분하는 것이다.

(4) 조세는 세법이 규정한 과세요건을 충족시킨 모든 국민에게 자동적으로 발생한다.

국가와 납세자간의 조세채권·채무관계는 국민의 대표기관이 법률로 규정해 놓은 과세요건을 충족함으로써 특별한 절차없이 성립함으로 사법상의 채권·채무관계처럼 계약이 개입할 여지가 전혀 없다는 것이 특징이다. 즉 국가는 법률로 정하는 요건을 충족하는 경우에는 반드시 조세를 징수하여야 한다는 의미이다. 그것은 국민들 사이에 공평성을 유지할 필요성과 조세가 국가재정의 기초를 이루는 것이므로 징수의 확실성을 유지할 필요성에 기인하는 것이다.

(5) 조세는 금전적 급부이다.

화폐경제제도가 확립된 현대에 있어서는 조세를 금전으로 납부하는 것을 원칙으로 하며, 물납은 납세자의 편의를 위해서 예외적으로 인정하고 있을 뿐이다. 즉 물품이나 노역으로 조세를 납부하는 것은 원칙적으로 허용되지 않으며, 물건의 사용가치에 중요성을 두어 국가 등에 이전시키는 공공수용과는 구분하여야 한다.

제 2 절 조세의 목적

1. 국고적 목적

조세의 주된 목적은 재정경비를 확보하기 위한 것이며 이를 국고적(國庫的) 목적이라 한다. 유기체인 국가가 활동하고 각종 공공서비스를 제공하기 위해서는 재정수입이 있어야 하며 이를 조세에 의해서 대부분을 충당하고 있다. 국고적인 목적이 조세의 주된 목적이다.

2. 비국고적 목적

조세는 국고적 목적 이외에도 경제적·사회적 목적을 달성하기 위하여 경제정책이나 사회정책 등 각종 재정정책의 비국고적 목적에 이용되는 것이 보편화된 현상이라고 할 수 있으며 다음과 같은 것이 있다.

(1) 부(富)의 재분배

자본주의경제의 문제 중 하나는 개인간 소득의 격차가 확대되고 심화되어 사회적 정의가 실현되지 못하는데 있다. 때문에 현재 거의 모든 국가에서 조세를 통하여 부[1]의 재분배 정책이 행하고 있다. 즉 조세는 납세자들의 부에 여러 가지 방법으로 영향을 미치는데, 고소득자일수록 많은 세금을 납부하는 **누진과세제도**와 고소득자가 구입할 것으로 예상되는 사치품에 **개별소비세**를 과세하는 제도 등이 부의 재분배 효과를 가지도록 한 조세의 비국고적 목적이다.

> [개별소비세의 과세대상과 세율 사례(개별소비세법 제1조)]
> 1) 다음의 물품에 대해서는 물품가격의 20%
>   ① 투전기·오락용 사행기구, 그밖의 오락용품
>   ② 수렵용 총포류
> 2) 승용자동차
>   ① 배기량이 2천시시 초과하는 승용자동차와 캠핑용자동차는 그 물품가격의 5%
>   ② 배기량이 2천시시 이하인 승용자동차(배기량이 1천씨씨 이하인 것 제외)와 이륜자동차는 그 물품가격의 5%
> 3) 다음 물품은 1개당 500만원을 초과하는 과세가격의 20%
>   ① 보석(공업용 다이아몬드와 가공하지 아니한 원석은 제외)·진주·별갑·산호·호박 및 상아와 이를 사용한 제품
>   ② 귀금속 제품
>   ③ 고급 모피와 그 제품[토끼 모피 및 그 제품과 생모피(生毛皮)는 제외한다]
> 4) 고급시계, 고급가방, 고급융단(제곱미터당 10만원을 곱한 금액)은 200만원을 초과하는 과세가격의 20%

---

[1] 특정한 경제 주체가 가지고 있는 재산의 전체. 여기서 부(富)란 개념은 경제학적 의미에서의 소득 개념과 비슷하다고 볼 수 있다. 경제학에서 소득이란 일정기간동안 벌어들인 수입을 의미한다.

(2) 경제의 안정과 성장

조세는 경제의 안정과 성장을 지속시키는 기능을 수행하는데, 이는 민간부문의 수요를 조정하는 조세정책이다. 즉 조세는 경기변동과 관련하여 수요를 증가시키거나 감소시키기 위한 정책 변수로 이용되고 있다. 일반적으로 증세는 수요를 감소시키고 감세는 수요를 증대시킨다. 따라서 경기가 과열될 염려가 있을 때에는 증세정책이, 또 경기가 침체될 염려가 있을 때에는 감세정책이 이루어지는 것이 보통이다.

또한 조세는 한 나라의 경제성장에 필요한 사적부문의 투자를 촉진시키거나 수출을 증대시키기 위한 요인을 제공하는 데 이용되기도 한다. 우리나라에서 기업의 투자를 증대시키기 위하여 여러 가지 **투자세액공제제도**[2] 등이 시행되고 있다.

(3) 자원의 적정한 배분

자원의 배분이란 이용할 수 있는 생산자원을 어떤 종류의 재화나 용역의 생산에 배분할 것인가를 결정하는 문제이다. 조세는 사회의 전 자원을 효율적으로 민간부문과 공공부문에서 활용할 수 있도록 배분하는 기능을 가지고 있다. 예를 들어 각종 보석이나 귀금속, 고급모피 등의 구입 및 카지노의 입장에는 높은 개별소비세를 부과함으로써 해당 재화에 대한 수요를 억제하고 있다. 이는 한정된 자원을 인간생활에 큰 도움을 주지 못하는 부문에 배분하지 못하도록 하기 위한 것이다.

---

[2] 기업이 기계장치 등 생산설비에 투자하는 경우에는 해당 투자금액의 일정률에 상당하는 금액을 그 투자가 이루어지는 과세연도의 소득세 또는 법인세에서 공제하여 납부세액은 줄여주는 제도를 말한다(조특법24).

제 3 절 조세의 근거

1. 의 의

우리나라는 사유재산의 불가침성을 헌법에 명시하고 있지만, 재산권의 침해라고 할 수 있는 납세를 국민의 의무로서 또한 헌법에 규정하고 있다.3) 헌법 제38조에서는 "**모든 국민은 법률로 정하는 바에 따라 납세의 의무를 진다**"고 규정하고 있는데 이는 국민의 납세의무를 조세법률주의에 의하여 규정하고 있는 조세의 형식적 근거라고 할 수 있을 것이다.

그러면 왜 국민은 법률에 규정된 조세를 국가에 납부하지 않으면 안 되는가? 즉, 국가 또는 지방자치단체가 어떤 근거에서 과세권을 가지고, 국민은 어떤 근거에서 조세를 부담하지 않으면 안 되는가 하는 조세의 실질적인 근거에 대한 논란이 오래 동안 있어 왔다. 조세의 실질적 근거에 대해서는 여러 학설이 있지만 크게 교환설과 의무설로 나누어 설명할 수 있다.

2. 교환설

고전적인 조세론의 입장을 취하는 학자들은 조세를 국가가 개인에게 가져다주는 국방·치안 등 유형·무형의 이익에 대한 대가로서 생각했다. 이러한 견해는 국가는 개인의 집합체에 의하여 구성되며, 따라서 국가와 개인간의 계약관계로 파악하는 개인주의적 국가관에 뒷받침되고 있다. 이렇게 볼 때 조세는 마치 개인이 시장에서 재화가격을 지불하는 것과 같이 국가가 개인에게 제공하는 편익의 대가로 파악하게 되는데 이러한 학설을 교환설 또는 이익설이라고 한다.

교환설 또는 이익설은 자본주의의 초기에 국가의 성립에 관한 국가계약설과 함께 유럽의 사상가들에 의하여 주장된 학설이다. 이것은 먼저 프랑스의 중농학파에 의하여 주창

---

3) 대한민국헌법
 [제23조]
   ① 모든 국민의 재산권은 보장된다. 그 내용과 한계는 법률로 정한다.
   ② 재산권의 행사는 공공복리에 적합하도록 하여야 한다.
   ③ 공공필요에 의한 재산권의 수용·사용 또는 제한 및 그에 대한 보상은 법률로써 하되, 정당한 보상을 지급하여야 한다.
 [제38조] 모든 국민은 법률로 정하는 바에 따라 납세의 의무를 진다.
 [제59조] 조세의 종목과 세율은 법률로 정한다.

되었고 영국의 아담 스미스(Adam smith) 이후에는 널리 받아들여졌다.

이 학설에는 자본주의 초기의 개인주의적 사고방식이 반영되어 있어 받을 이익이 있기 때문에 조세를 납부할 필요가 있다고 설명함과 동시에 "**이익이 없으면 조세도 없다**"고 하여 과세권에 제한을 두려는 사고도 엿보인다. 즉, 응익원칙(應益原則)으로 각 납세자에게 국가로부터 받은 이익만큼 조세를 부과하는 이론이다. 이 교환설은 역사적으로는 근대 조세사상의 발달에 유용한 역할을 했지만, 현재의 재정학자들은 이 학설을 타당하다고 인정하지 않는다.

3. 의무설

19세기 역사학파를 중심으로 전개된 반고전학파들은 조세에 대하여 **의무설**의 입장을 취하고 있다. 즉 이 설은 영국의 경제학자 존 스튜어트 밀(John S. Mill)이 주창한 '조세희생설'에서 시작하여, 독일의 재정학자들에 의하여 지지되었고. 와그너(Adolf H. wagner)에 이르러 완성되었다.

이들에 의하면 국가는 개인적 차원을 초월한 유기체로서 국가 속에서만 개인은 존재할 수 있으며, 또 개인의 생명은 유한한 것이지만 국가의 생명은 무한히 존속된다는 유기주의적 국가관에 뿌리박고 있는 것이다.

따라서 이들은 **조세를 국가의 개인에 대한 편익제공의 여부와 관계없이 개인의 의무로서** 보며 여기에서 의무설을 주장하고 있다. 의무설에 의하면 현대 국가의 활동에는 최소한의 경비가 필요한데 그 경비에 충당할 재원은 국가를 구성하고 있는 국민이 제공하는 수밖에 없다고 한다. 이 의무설은 조세부과 기준에 따라 능력설과 희생설로 구분된다. 능력설은 과세의 기준을 각 납세자의 부담능력에 두어야 한다는 조세부과에 관한 원칙의 하나로 응능원칙(應能原則)이라고도 한다. 희생설은 조세 부담능력을 개인이 갖는 객관적 가치의 대소에 의해 파악하려는 개념이다. 희생설은 존 스튜어트 밀의 "과세의 평등이란 희생의 평등을 의미한다"는 평등희생설에서 출발하여, 한계효용학파는 이를 발전시켜 과세로 인하여 상실되는 효용을 어떤 의미에서든 균등하게 유지하는 것이 과세의 평등이라고 하였다.

제 4 절 조세의 분류

1. 국세와 지방세

조세는 **과세권의 주체를 기준으로 하여 국세와 지방세로 구분**된다. 국세는 국가가 과세권의 주체인 조세이고 지방세는 지방자치단체가 과세권의 주체인 조세이다. 우리나라의 현행 세법에서 국세로 분류되고 있는 조세로는 소득세, 법인세, 상속세및증여세, 부가가치세, 개별소비세, 주세, 인지세, 교통·에너지·환경세, 증권거래세, 교육세, 농어촌특별세, 종합부동산세 등이 있다. 이들 국세는 상속세및증여세를 제외하고 일세목 일세법주의에 따라 각 세목마다 단행법이 제정되어 있고, 관세에 대해서는 관세법과 임시수입부가세법이 있다.

지방자치단체가 과세권의 주체인 지방세는 다시 과세권의 주체에 따라 특별시세, 광역시세, 도세, 시·군세, 구세로 구분된다. 이들 지방세의 부과징수는 지방세법에 근거한 각 지방자치단체의 조례에 의하여 행하여지고 있다. 지방세의 세목으로는 취득세, 등록면허세, 레저세, 면허세, 주민세, 재산세, 자동차세, 주행세, 지방소득세, 담배소비세, 도축세, 도시계획세, 공동시설세, 사업소세, 지역개발세, 지방교육세, 지방소비세 등이 있다.

2. 내국세와 관세

국세는 재화가 **국경을 통과하는가의 여부**에 따라 내국세(內國稅)와 관세(關稅)로 나누어진다. 재화가 국경을 통과하여 수입 또는 수출되는 경우에 징수하는 조세가 관세이고, 내국세는 국경을 통하지 아니하는 재화에 대하여 징수하는 조세이다. 현재 우리나라에서는 수출되는 재화에 대해서는 관세가 부과되지 않기 때문에 관세라 하면 수입관세만을 의미한다.

내국세와 관세는 부과·징수하는 기관을 달리하고 있는데, 이는 관세가 국제적인 성격을 가지고 있을 뿐 아니라 관세행정이 가지는 기술적·조직적 특성 때문이다. 내국세는 국세청, 지방국세청, 세무서로 이루어진 국세청의 조직에 의하여 부과·징수되고, 관세는 이와는 별도로 관세청과 세관에 의하여 부과·징수된다.

3. 직접세와 간접세

　조세는 그 **부담의 전가 여부에 따라 직접세**(直接稅, direct tax)**와 간접세**(間接稅, indirect tax)로 구분된다. 법률상의 납세의무자와 경제상의 실질적인 부담자가 일치하는 것을 예상하고 있는 조세를 직접세라 하고, 법률상의 납세의무자와 경제상의 실질적인 부담자가 일치하지 않아 납세의무자가 납세한 조세가 결국은 실질적인 부담자인 담세자에게 이전되는 조세를 간접세라 한다.

　하지만 조세의 전가 여부는 조세가 부과되는 때의 경제적 제조건에 따라 좌우되므로 간접세에 속하는 조세도 전가되지 않을 수 있고, 법인세와 같은 직접세도 때에 따라서는 전가된다는 것이 지배적인 견해이다.

　우리 세법에서 국세 중 소득세·법인세·상속세·증여세 등이 직접세로 분류되고 부가가치세·개별소비세·주세·인지세·증권거래세 등은 간접세로 분류된다.

4. 인세와 물세

　납세의무자의 **인적 사정이 고려되는 조세인가의 여부를 기준**으로 한 분류이다. 소득이나 재산이 귀속되는 특정의 사람에 착안하고 그 사람의 담세력을 기준으로 하여 국적 또는 주소지에 따라 과세하는 것이 **인세**(人稅, personal tax)이며 소득세, 상속세, 주민세 등이 대표적인 예이다. 이것은 과세의 주체에 주안점을 둔다는 의미에서 주체세(subjective tax)라고도 한다.

　이에 대하여 **물세**(物稅, impersonal tax)란 조세가 귀속될 사람보다는 재산이나 수익 자체에 착안하여 과세하는 조세이다. 과세의 객체에 주안점을 둔다는 점에서 객체세(objective tax)라고도 하며 재산세, 자동차세, 주세 등이 있다. 일반적으로 인세는 납세자의 담세력을 고려하여 부과할 수 있다는 장점을 갖는데 반하여 물세는 조세 행정상 부과·징수가 용이하다는 이점을 갖는다.

5. 소득세 · 재산세 · 소비세 · 유통세

　이는 **담세력의 존재를 표상하는 과세대상을 기준**으로 하는 분류이다.

　소득세(所得稅)란 사람이 소득을 획득한 사실에 착안하여 부과하는 조세이며, 재산세란 재산을 소유하고 있다는 사실에 착안하여 부과하는 조세이다. 또 **소비세**란 화폐를 지출하여 재화나 용역을 구입·소비한다는 사실에 착안하여 부과하는 조세를 말하며, **유통세**

(流通稅)란 재화의 이전 내지 유통이라는 사실에 착안하여 부과하는 조세를 말한다.

소득세의 예로는 법인세와 소득세(개인)가 있다. 그리고 재산세는 재산 그 자체를 세원으로 하는 실질적 재산세와 재산으로부터 발생하는 수익을 세원으로 하는 명목적 재산세로 구분한다. 고정재산세는 실질적 재산세와 명목적 재산세의 성격을 동시에 가지는 것이라고 볼 수 있고, 상속세는 실질적 재산세의 성격이 강하다고 말할 수 있다. 권리의 이전이나 상품의 유통에 착안하여 부과하는 유통세에는 등록면허세, 면허세, 인지세 등이 있다.

6. 보통세와 목적세

조세수입의 용도를 특정화시켰느냐의 여부를 기준으로 한 분류이다. 즉 국가 및 지방자치단체의 일반세입에 산입되어 일반경비로 충당되는 조세를 **보통세**(普通稅)라고 하고, 특정의 경비 지출을 목적으로 과세되는 조세를 **목적세**(目的稅, earmarking tax)라고 한다. 조세는 일반경비에 충당함을 목적으로 하는 것이 원칙이므로 사용 용도가 구체적으로 정해진 목적세는 예외적으로 인정되는 데 불과하다.

현행 세법에서는 국세 중 교육세와 농어촌특별세가 목적세에 속하고, 지방세 중 공동시설세, 지역개발세, 도시계획세, 지방교육세, 사업소세 등이 목적세로 분류된다. 이러한 목적세는 세법에 특정의 사용목적이 규정되어 있는 것이 특징이므로 과세하는 목적이 경기조절목적이나 부동산 투기억제의 목적에 있는 것 같은 조세는 목적세가 아니다.

[목적세의 사례 일부]

---

(1) 교육세(교육세법 제5조) - 교육의 질적향상을 도모하기 위하여 필요한 교육재정의 확충에 소요되는 재원을 확보함을 목적으로 한다.
   ① 금융·보험업자의 수익금액의 1천분의 5
   ② 개별소비세액의 30%(일부 품목 15%)
   ③ 주세액의 10%
(2) 농어촌특별세(농어촌특별세법 제5조) - 농어업의 경쟁력 강화와 농어촌산업기반시설의 확충 및 농어촌지역개발사업을 위하여 필요한 재원을 확보함을 목적으로 한다.
   ① 취득세액 등 감면세액의 10%
   ② 종합부동산세의 20%
(3) 지방교육세(지방세법 제151조)
   ① 등록면허세액의 20%
   ② 재산세액의 20%
   ③ 담배소비세액의 1만분의 4,399

7. 종가세와 종량세

과세대상을 경제가치로 측정하는 **과세표준이 금액으로 표시되느냐 물량으로 표시되느냐의 기준**에 따라 분류하는 것이다. **종가세**(從價稅)는 과세표준이 금액으로 표시되는 조세인 바 대부분의 조세가 이에 속한다. 따라서 종가세에 적용되는 100분비 또는 1,000분비로 되어 있다.

종량세(從量稅)는 과세표준이 용량·건수·인원 등 물량으로 표시되는 조세인 바, 우리나라 주세 중 주정, 탁주, 맥주(㎘), 그리고 개별소비세의 과세장소에 관한 것 중 골프장, 카지노, 투전기 설치장소(인원과 회수)에 관련된 것이 종량세에 속한다. 종량세에 적용되는 세율은 금액으로 표시된 것이 특징이다.

[종량세의 사례 – 개별소비세법 제1조 과세대상과 세율]

① 다음 각 목의 물품에 대해서는 그 수량에 해당 세율을 적용한다.
  ㉮ 휘발유 및 이와 유사한 대체유류에 대해서는 리터당 475원
  ㉯ 경유 및 이와 우사한 대체유류에 대해서는 리터당 340원
  ㉰ 등유 및 이와 유사한 대체유류에 대해서는 리터당 90원
  ㉱ 중유 및 이와 유사한 대체유류에 대해서는 리터당 17원
② 입장행위에 대하여 개별소비세를 부과할 과세장소와 그 세율은 다음과 같다.
  ㉮ 경마장 : 1명 1회 입장에 대하여 1천원. 다만, 장외발매소는 2천원으로 한다.
  ㉯ 투전기를 설치한 장소 : 1명 1회의 입장에 대하여 1만원
  ㉰ 골프장 : 1명 1회 입장에 대하여 1만2천원
  ㉱ 카지노 : 1명 1회의 입장에 대하여 5만원(「폐광지역 개발 지원에 관한 특별법」제11조에 따라 허가를 받은 카지노의 경우에는 1명 1회의 입장에 대하여 6천300원). 다만, 외국인에 대해서는 1명 1회의 입장에 대하여 2천원
  ㉲ 경륜장(競輪場)·경정장(競艇場) : 1명 1회 입장에 대하여 400원. 다만, 장외매장은 800원으로 한다.

8. 비례세와 누진세

이는 **적용되는 세율의 성질**을 기준으로 하는 분류이다. **비례세**(比例稅)는 과세표준의 크기와는 관계없이 일정률의 같은 세율이 적용되는 조세이다. 따라서 세액과 과세표준과는 항상 일정한 비례관계를 유지하는 조세이다. 우리나라의 부가가치세·개별소비세·주세 등이 이에 속한다. 비례세율이 적용되는 조세에서는 납세의무자의 개인적 사정이 고려되지

않는다. **누진세**(累進稅)는 과세표준금액이 증가함에 따라 적용되는 세율도 점차 높아져 가는 조세이다. 누진세는 납세의무자의 개인적 사정이 고려되는 조세에 많으며 소득재분배 기능이 뚜렷하다. 우리나라의 소득세·법인세·상속세·증여세 등이 이에 속한다.

[누진세의 사례 – 소득세 세율(소득세법 제55조)]

종합소득 과세표준	종합소득세 세율
1천 400만원 이하	과세표준의 6%
1천 400만원 초과 5,000만원 이하	84만원+(1천 400만원을 초과하는 금액의 15%)
5천 만원 초과 8천 800만원 이하	624만원+(5천 만원을 초과하는 금액의 24%)
8천 800만원 초과 1억 5천만원 이하	1천536만원+(8천 800만원을 초과하는 금액의 35%)
1억 5,000만원 초과 3억원 이하	3,706만원 + (1억 5,000만원을 초과하는 금액의 38%)
3억원 초과 5억원 이하	9,406만원 + (3억원을 초과하는 금액의 40%)
5억원 초과 10억원 이하	1억 7,406만원 + (5억원을 초과하는 금액의 42%)
10억원 초과	3억 8,406만원 + (10억원을 초과하는 금액의 45%)

9. 신고납부세 · 부과납부세 · 인지납부세

조세는 **과세권 행사방법에 따라 크게 신고납부세 · 부과납부세 · 인지납부세로 분류**할 수 있다. **신고납부세**란 납부할 세액이 납세의무자의 신고에 따라 확정되는 것을 원칙으로 하며, 자진신고가 없을 경우 또는 자진신고한 세액의 계산 등이 국세에 관한 법률을 따르지 않을 경우에는 과세권자의 결정·경정처분에 의하여 확정되는 조세이다. 우리나라에서는 법인세·소득세·부가가치세·개별소비세·주세·교육세·증권거래세 등에 대하여 신고납부제도를 채택하고 있다.

부과납부(과세)세는 과세권자의 부과·결정에 따라 납부세액이 확정되는 조세이다. 이에 속하는 세목으로는 상속세·증여세·면허세·재산세·자동차세 등이 있다.

인지납부방식에 의한 조세는 과세대상인 서류를 작성 교부하는 때에 특별한 확정절차 없이 인지세액에 상당하는 인지의 첨부에 의하여 실현되는 조세이다. 인지세가 여기에 해당된다.

[인지세의 사례(인지세법 제3조)]
① 예금·적금에 관한 증서 또는 통장 등 : 100원
② 시설대여를 위한 계약서 : 1만원

10. 독립세와 부가세

국가 또는 지방자치단체가 다른 조세와 상관없이 특정의 과세대상에 대하여 독립적으로 과세한 조세를 **독립세**(獨立稅)라고 하며, 국가 또는 지방자치단체가 독립적으로 부과한 조세를 기준으로 하여 과세하는 조세를 **부가세**(附加稅)라고 하는데, 부가세는 대개 본세의 세액을 과세표준으로 한다. 부가세는 대부분 목적세로 이용되고 있으며, 국세 중 교육세, 농어촌특별세와 지방세 중 소득세분 지방소득세, 도시계획세 및 공동시설세가 이에 해당된다.

[부가세의 사례(교육세법 제5조 과세표준과 세율)]
① 금융·보험업자의 수익금액의 1천분의 5
② 개별소비세액의 30%
③ 주세액의 10%. 단, 맥주, 증류주류 등은 30%
④ 교통·에너지·환경 세액의 15%

제 5 절 우리나라의 조세체계

2024년 1월 1일 현재 우리나라의 조세체계는 그림과 같다.

[우리나라의 현행 조세체계]

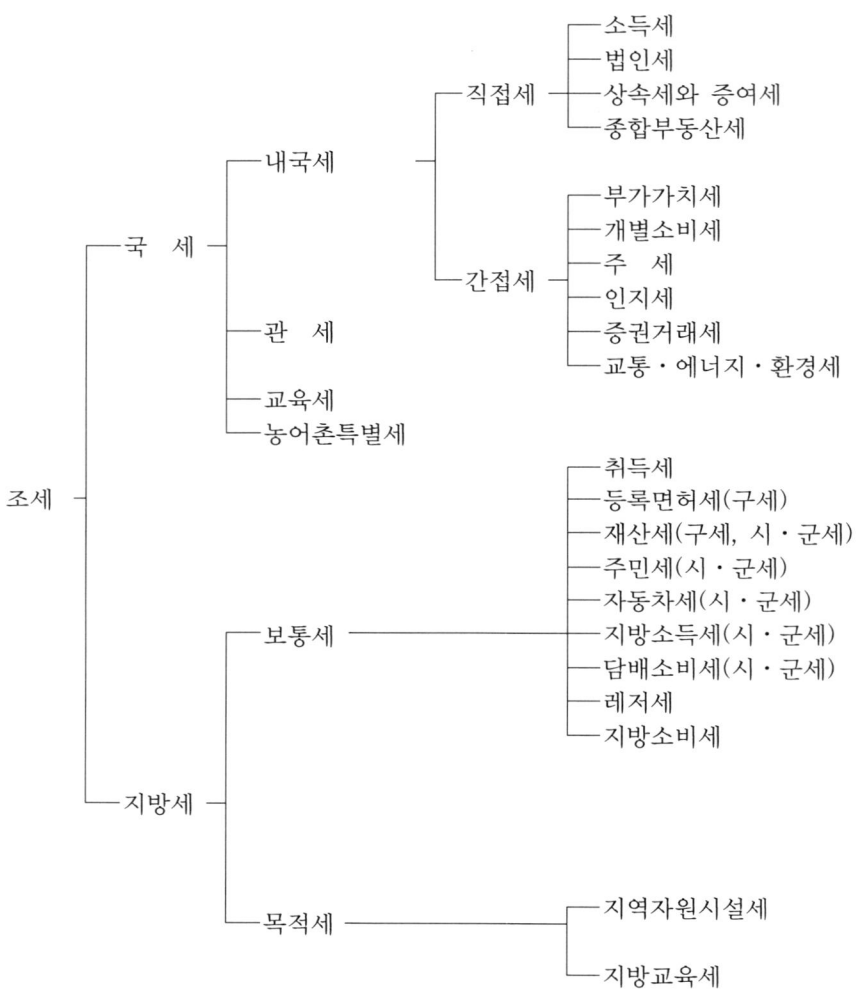

※ 시·군세에서 제외된 나머지 지방세는 도세이며, 구세에서 제외된 나머지 지방세는 특별시·광역시세이다.

제2장 조세법의 의의

제1절 조세법의 개념

조세는 국가 또는 지방 공공단체가 특별한 급부에 대한 반대급부로서가 아니라, 이들 단체의 경비에 충당하기 위한 재원조달을 목적으로, 그 과세권에 기초하여 법률이 정한 과세요건에 해당하는 모든 자에 대해 일반적 표준에 의하여 균등하게 일반국민에 부과하는 금전적 급부라고 정의하였다. 이러한 정의에 따르면 조세법이란 과세요건을 규율하는 법이라 할 수 있는데, 이는 국가 또는 지방가치단체가 갖는 과세권과 그 과세권의 주체인 국가 또는 지방자치단체 및 경제활동의 주체인 국민 또는 주민 사이의 조세법률관계[4]를 규율하는 법규를 의미한다.

우리나라 국세기본법은 국세의 종목과 세율을 정하고 있는 소득세 등 법률과 「국세징수법」, 「조세특례제한법」, 「국제조세조정에 관한 법률」, 「조세범 처벌법」 및 「조세범 처벌절차법」을 세법이라고 정의하고 있다(기법 2 (2)). 이와 같은 정의를 하고 있는 국세기본법도 세법에 포함됨은 물론이며, 지방세의 성립 및 소멸·징수절차 등을 규정하는 지방세법과 재화나 용역의 수입에 대하여 조세채권·채무를 규율하고 있는 관세법도 넓은 의미의 세법에 포함된다.

이러한 세법은 각 세법이 규율하고 있는 내용에 따라 다음과 같이 구별할 수 있다.

① 조세실체법(租稅實體法) - 조세의 종목과 세율 등 조세의 과세요건을 구체적으로 규율하는 법(예 : 소득세법, 법인세법, 부가가치세법 등)
② 조세절차법(租稅節次法) - 조세의 부과·징수 등 조세채권의 실현절차를 규율하는 법(예 : 국세징수법)

---

2) 법률관계란 법에 따라 평가되고 규율되는 관계를 말하며, 이러한 법률관계의 내용은 권리와 의무의 대응관계로서 당사자의 일방이 타방을 구속하는 관계로 나타난다. 따라서 법률관계의 법적효과는 결국 권리와 의무의 발생·변경·소멸이라는 형태로 나타난다.

③ 조세구제법(租稅救濟法) - 조세의 부과징수에 관한 불복신청 및 소송 등 납세자의 권리보호에 관한 구제제도를 규율하는 법(예 : 국세기본법 중 일부)
④ 조세범 처벌법(租稅犯處罰法) - 세법의 위반에 대한 처벌을 규율하는 법(예 : 조세범 처벌법 및 조세범 처벌절차법)

제 2 절 조세법의 목적

1. 서 론

조세법의 목적은 크게 **재정수입의 목적**과 **재산권보장의 목적**으로 살펴볼 수 있으며, 그 목적의 비중을 어디에 두느냐에 따라서 세법의 해석, 적용의 방향이 달라질 수 있다. 조세법이 1215년 대헌장(Magna Carta)[5] 이래 절대군주의 자의적인 과세를 제한하고 국민의 재산권을 보장하기 위하여 발전되어온 점과 절대군주가 없고 통치자와 피통치자가 동질성을 가지는 현대의 자유민주주의 국가에 있어서는 납부되어야 할 세금에 관하여 국민의 경제생활 관계에 있어서 법적안정성과 예측가능성이 중요한 기능으로 작용하고 있다는 점에 비추어 조세법의 목적은 국민의 재산권을 보장하는데 있는 것으로 보아야 하며, 이를 표방하는 조세법률주의를 조세법의 최고의 이념으로 삼아야 옳을 것이다.

다시 말해 사유재산의 보장을 그 존립의 기초로 하는 자본주의 체재하의 조세제도는 국민의 재산권을 보장하는 조세법률주의를 최고의 원리로 하고, 조세공평주의는 그 속에서 경제적 공평을 도모하는 차위의 원리라는 것이 통설이다.

---

5) Magna Carta
1215년 영국의 존왕이 그의 실정(失政)을 비판하는 귀족들의 강요로 승인한 칙허장. 대헌장이라고도 한다. 전문(前文)과 63개조로 되어 있으며, 봉건적 관행에 반하는 부당한 상납금·군역 면제금 징수의 반대(12), 귀족들의 봉건적 특권 존중(34), 부당한 벌금이나 자유민에 대한 비합법적인 체포 금지(20·39), 그 밖에 적정한 재판·행정의 실시, 도시특권 존중, 상인의 보호 등을 요구하고 있다.
이는 영국헌법의 효시가 되었으며, 특히 "**과세는 과세당하는 자의 동의가 없으면 할 수 없다**"는 내용이 있어 조세법의 효시가 되었다.

2. 재정수입의 목적

　국가가 통치조직을 가지고 존립하기 위해서는 필요적인 재원이 있어야 하며, 이러한 재원조달을 위한 수단이 강구되어야 하는데, 조세법의 목적을 이러한 재원조달의 수단으로 하는 것이다. 이러한 경우 조세법은 수단 내지 절차적 지위에 있고, 조세법률관계는 재정수입이라는 공익적 목적달성이라는 부과·징수 절차가 중시되고 공권력 작용이 중시되는 결과가 되는 것이다.

　또한 일정한 재정수요 충당을 위한 수입목적을 위해서는 모든 납세자에 골고루 배분·과세되어야 함이 강하게 요청되는 것이다. 왜냐하면 어차피 조달해야 할 행정수입이라면 모든 납세자에게 공평해야 하기 때문이다. 따라서 조세법의 목적을 재정수입에 둔다면 가장 중요시되어야 할 이념이 공평의 원칙이라 할 것이다.

3. 재산권 보장의 목적

　조세법은 그 실질내용에 있어서 재정수입을 목적으로 한다 하더라도 그것이 국민의 재산권에 중대한 영향을 주는 것이므로 무제한적인 것이 아니고 반드시 법률이 정한 경우 또 법률이 정한 범위 내에서 법률이 정한 바에 따라서만 조달되어야 한다. 이는 법률이 정한 경우에 한하여 조세로써 재정수입을 꾀할 수 있고 또한 납세의무를 지울 수 있다는 것을 의미하며, 법률이 정한 바가 없으면 납세의무도 지울 수 없다는 것을 말하는 것이다.

제 3 절 세법의 법원

1. 서 론

법원(法源)이란 **법의 존재형식**을 말하므로 조세에 관한 법의 존재형식을 세법의 법원이라고 한다. 일반적으로 법원은 성문법과 불문법의 두 가지로 나누어지며, 세법의 법원도 다른 법률 분야와 마찬가지로 성문법과 불문법으로 나눌 수 있지만, 세법은 조세법률주의에 의하여 엄격히 지배되는 영역이므로 성문법이 법원의 중추적 지위를 가지고 있으며 불문법은 다른 법의 분야에 비해 비중이 매우 낮다.

성문법원에는 헌법·법률·명령·조례·규칙·조약 등이 있고, 불문법원에는 판례법과 관습법이 있다.

2. 성문법원

(1) 헌 법

헌법은 최상위의 법원이다. 즉 헌법(憲法)은 국가의 최고법규로서 그에 위반하는 조세법규는 무효이며, 또한 그에 위반하는 과세관청의 행위도 역시 무효이다. 우리나라의 헌법 제38조는 "모든 국민은 법률로 정하는 바에 따라 납세의 의무를 진다"고 하여 국민의 납세의무를 규정하고 있으며, 같은 법 제59조는 "조세의 종목과 세율은 법률로 정한다"고 규정하여 조세법의 제정 근거를 마련하고 있다. 헌법의 이러한 규정은 조세목적의 실현과 함께 조세의 재산권 침해에 따른 국민의 재산권을 보호하기 위하여 국가의 과세권 행사에 제한을 가하는 세법의 기본원칙인 조세법률주의를 명문화하고 있다.

(2) 법 률

헌법에 규정된 조세법률주의(租稅法律主義)는 납세의무자·과세대상·과세표준·세율 등의 과세요건은 물론 조세의 부과징수에 관한 일체의 사항을 모두 법률의 형식으로 규정할 것을 요구하고 있다. 따라서 법률은 세법의 법원으로서 가장 중요하며, 법률에 의해 위임된 명령의 형식으로 규정하는 것은 가능하면 최소화하여야 한다.

세법의 법원으로서 법률(法律)은 국세에 관한 일반적 공통적 사항을 규율하는 국세기본법·국세징수법·조세범 처벌법·조세범 처벌절차법·조세특례제한법·국제조세조정에 관한 법률이 있고, 개별법으로 소득세법·법인세법·상속세와 증여세법·부가가치세법·개별소비세법·주세법·증권거래세법·인지세법·교육세법 및 종합부동산세법·농어촌특별세법이 있다. 지방세의 경우에는 지방세에 관한 일반적 공통적 사항을 규율하는 지방세기본법·지방세특례제한법이 있고, 실체법으로 지방세법이 있다.

(3) 명 령

행정부가 법률의 위임에 의하여 제정하는 법규범을 명령(命令)이라고 하는데, 이 명령은 제정하는 기관에 따라 대통령령과 부령으로 나누어진다. 대통령령은 대통령이 제정하는 명령으로 시행령이라고 하며, 부령은 국무총리 또는 각 부처의 장관이 제정하는 명령으로 시행규칙이라고 한다.

조세법률주의에 의하여 조세의 부과와 징수에 관한 모든 사항은 원칙적으로 법률에 의하도록 되어 있지만, 조세에 대한 모든 사항을 법률로 정하는 것은 현실적으로 불가능하기 때문에 집행기관에 일정한 범위 내에서 법규범을 제정하는 권한이 부여되고 있는 바 이 권한에 기초하여 행정기관은 명령을 제정하고 있다.

명령은 법규의 특별위임을 받아 위임된 사항을 제정하는 위임명령과 법률 또는 이에 의한 명령을 집행하기 위하여 제정하는 집행명령의 두 가지로 구분된다. 이들 명령은 어느 것이나 법규로서의 성격을 가지며 세법의 법원이 될 수 있지만, 조세법률주의의 입장에서 법규의 제정을 명령으로 위임하는 것은 다른 법률 분야에 비하여 더욱 엄격히 제한하여야 하므로 과세요건에 대한 포괄적인 백지위임은 허용되지 않는다고 할 수 있을 것이다.

(4) 조례·규칙

조례(條例)는 지방자치단체의 의회가 제정하는 법규이며, 규칙(規則)은 지방자치단체의 장이 제정하는 법규이다. 지방자치단체에는 헌법에 따라 법률의 범위에서 자치에 관한 규정을 제정할 수 있는 자치권이 보장되어 있고(헌법 117), 지방세기본법 제5조 제1항은 "지방자치단체는 지방세의 세목(稅目), 과세대상, 과세표준, 세율, 그 밖에 부과·징수에 필요한 사항을 정할 때에는 이 법 또는 지방세관계법에서 정하는 범위에서 조례로 정하여야 한다."고 규정하고 있어, 조례는 지방세법의 중요한 법원을 이룬다.

그리고 지방세기본법 제5조 제2항에는 "지방자치단체의 장은 제1항의 조례의 시행에 따르는 절차와 그 밖에 그 시행에 필요한 사항을 규칙으로 정할 수 있다."고 규정되어 있어 지방자치단체의 장은 규칙의 제정권을 갖는다. 따라서 규칙도 조례와 같이 세법의 법원을 이룬다.

(5) 조 약

헌법 제6조 제1항은 "헌법에 따라 체결 공시된 조약(條約)과 일반적으로 승인된 국제법규는 국내법과 동일한 효력을 갖는다"라고 규정하고 있어, 공포된 조약은 국내법으로서의 효력이 인정되기 때문에 조세의 부과징수에 관한 국가간의 조세조약은 세법의 법원이 된다. 최근에는 국가간의 이중과세의 방지와 조세회피의 방지를 위하여 국가간에 체결하는 조세조약이 매우 중요시되고 있다.

[성문법원의 유형 요약]

유형	뜻
헌법	국가통치제제와 기본권 보장의 기초에 관한 근본 법규
법률	국회의 의결을 거쳐 대통령이 서명 공포하여 성립하는 규범
시행령(대통령령)	대통령이 법률로 구체적인 위임을 받은 사항과 법률을 진행하기 위해 필요한 사항에 대해 공표하는 법규명령
시행규칙(총리령, 부령)	국무총리 또는 행정각부의 장이 소관사무에 대해 법률이나 대통령령의 위임 또는 직권에 의해 공표하는 법규명령

3. 불문법원

(1) 판례법

판례는 재판의 선례를 말하는데, 이 판례는 추상적으로 규정되어 있는 법규의 내용을 구체성 있게 명확히 함으로써 성문법의 해석기준을 제시하고 성문법의 결함을 보충하는 기능을 갖는다. 따라서 법원의 판결인 판례 자체가 법원(法源)은 아니지만 최고법원의 판결은 해당 사건에 대하여 하급법원을 직접 구속하는 외에 최고법원 자신에 대해서도 간접적인 구속력을 가지는 것으로 인정되므로, 법의 통일과 안정을 도모한다는 관점에서 최고법원이 반복적으로 내린 판결은 유사사건을 해결하는 준거를 이루게 되고, 나아가 판례법(判例法)으로 성립하여 그 한도 내에서 법원이 된다고 할 수 있다. 조세법 분야에서도 다른 법 분야와 마찬가지로 판례법이 형성되면 판례가 법원성을 갖는다고 할 수 있다.

(2) 관습법

관습법이란 어느 관습이나 관행이 사회에서 법적 확신 내지 법적 인식을 얻음으로써 대다수인에 의해 법규범으로 인정되는 것을 말한다. 이 관습법은 일반적으로 사회에서 법적 확신 또는 법적 인식을 얻고 다시 국가에 의하여 법으로서의 승인을 받았을 때 비로소 법원성을 획득한다고 할 수 있다. 그러나 조세법률주의가 원칙으로 되어 있는 세법에서 관습법(慣習法)의 성립은 다른 법률 분야에서 보다 한층 엄격하게 적용·해석되어야 할 것이다.

우리나라 국세기본법은 "국세행정의 관행이 일반적으로 납세자에게 받아들여진 후에는 관행에 의한 행위 또는 계산은 정당한 것으로 보며, 새로운 관행에 의하여 소급하여 과세하지 못한다"(기법 18 ③)라고 규정하고 있어 일반적으로 관습법을 인정하고 있지만 납세의무자에게 불이익이 되는 관습법은 성립할 수 없다고 보아야 한다.

4. 기본통칙 등 행정규칙

(1) 의 의

기본통칙(基本通則)을 비롯한 예규·통첩은 행정규칙의 일종이다. 일반적으로 말하는 행정규칙은 협의의 행정규칙으로서 "행정조직 내부에서 상급행정기관이 하급행정기관에 대하여 그 조직이나 업무처리의 절차·기준 등에 관하여 발하는 일반·추상적 규정"이라고 정의할 수 있다. 이러한 행정규칙에는 특별권력관계내부에서 특별권력주체와 그 구성원의 관계를 규율하는 규범과, 행정조직 내부에서의 관계를 규율하는 규범이 포함되어 있는바, 이들은 모두 행정의 내부관계를 규율하는 것이라는 점에서 공통성이 있다.

우리나라에서는 행정규칙을 훈령·지시·예규·일일명령 등으로 표시하고 있으나 실무적으로는 훈령·통칙 또는 통첩 등으로 사용되어 용어상 혼동이 발생하고 있다. 통칙과 훈령을 구별하는 경우 반드시 일치된 견해는 아니지만 일반적으로 통칙이란 행정규칙의 정의에서와 같이 상급행정기관이 법령의 해석과 행정운용방침 등에 관하여 하급행정기관에 대해서 서면으로 이루어진 명령 또는 지령이라고 말할 수 있다.

(2) 통칙의 기능

국세청장이 발하는 통칙은 세무행정의 공평하고 효율적인 운영을 위하여 조세행정청뿐만 아니라 국민의 입장에서도 유익하다고 인식되고 있다. 그의 근거로서는 다음과 같은 몇 가지가 거론되어 왔다.

1) 보충적 기능

행정청의 하급기관은 일반적으로 상급청에 비하여 법령해석과 적용에 관해서 전문적 지식과 정보를 가지고 있지 않다. 이러한 경우 통칙은 하급기관이 추상적인 법령을 구체적인 사례에 적용할 때 필요한 구체적인 해석적용기준을 보충한다.

2) 탄력적인 대응기능

법령의 범위 내에서 유동적인 사태의 변화에 대해서 법령으로 대응하기 어려운 문제에 대하여 통칙은 이에 신속하고 탄력적으로 대응하는 기능을 말한다.

3) 법령적용의 통일성 유지기능

조세통칙은 세무행정청의 조세법규의 해석적용을 통일함으로써 세무공무원의 구구한 해석적용으로 인한 불공평을 방지하고, 세무공무원의 재량의 폭을 좁히며, 세무행정의 효율화에 기여하는 기능을 가지고 있다. 통칙은 동일 사례에 관해서 다수의 하급기관에서 통일되지 않은 해석과 취급이 되지 않도록 통칙에 의하여 통일성을 유지하게 한다.

4) 국민에의 해설적 기능

조세통칙은 추상적으로 표현된 난해한 조세법규를 국민에게 알기 쉽게 이해시키는 해설적 기능을 가진다. 그런데 조세행정업무는 타 행정업무에 비하여 전문성·기술성이 강하고, 그 적용 대상도 대량적·반복적이어서 조세행정법령은 타 법영역의 법령과 비교하여 보충적인 해설기능을 필요로 하고 있다. 이러한 기능은 조세행정에 있어서 기본적 과제인 과세의 공평성과 효율성을 확보하는데 매우 중요하기 때문에 과세자나 납세자 모두에게 그 필요성이 강하게 인정되고 있다.

(3) 통칙의 비법규성

조세통칙은 행정명령 내지 행정규칙의 형식이므로 법규의 형식은 아니다. 그것은 세무행정청 내부의 기관이나 공무원에 대해서는 구속력을 가질지라도 납세자 및 법원에 대해서는 구속력이 없다. 대법원 판례도 조세통칙은 법령의 해석기준으로서 마련된 것이나 법적 효력은 없다고 판시하고 있다. 그러므로 조세통칙은 법해석학적으로는 조세법의 법원은 아니다. 조세통칙은 법규가 아니므로 과세처분이 통칙의 취지에 반하더라도 위법으로 되는 것은 아니다. 그러나 조세실정법에 근거 없는 조세통칙에 의한 과세처분은 당연 무효라 할 것이다.

현재의 통설·판례의 일반적 견해는 법률에 의한 위임없이 행정에 의해 발하여진 추상적·일반적 규칙은 법규범이 아니라는데 일치되고 있다.

대법원 판례에 따르면 국세청의 기본통칙의 법적 성질에 대해서「국세청의 기본통칙은 과세관청 내부에 있어서 세법의 해석기준 및 집행기준을 시달한 행정규칙에 불과하므로 법원이 세법을 해석함에 있어 이를 하나의 자료로 사용할 수 있으며, 기본통칙이 제정되기 전의 사안에 관하여 기본통칙의 규정을 참작하였다고 해서 잘못이라고 할 수 없다.」라고 판시하고 있어 기본통칙이 법규범이 아니라는데 의견이 일치되고 있다.

[성문법과 불문법의 비교]

구분	성문법	불문법
형식	문서의 형식을 갖춘 법	판례가 쌓여 이루어진 법
종류	헌법, 법률, 명령(시행령, 시행규칙)	관습법, 판례, 조리(條理)
계통	대륙법 계	영미법 계
적용국가	한국, 독일, 프랑스, 스위스,일본, 중국 등	영국, 미국, 호주, 인도, 캐나다, 싱가포르 등

제 4 절 조세법의 인접학문

1. 의 의

조세에 관한 학문적 접근방법은 크게 재정학, 조세법학, 세무회계학의 세 가지로 나눌 수 있다. 이 중 조세법학은 이러한 조세법률관계를 포괄하는 세법 현상에 대한 과학이라고 할 수 있다. 즉, 조세문제를 법학적 측면에서 연구하는 학문임을 의미한다. 따라서 세법학은 법학의 한 분과로 분류되며, 현행의 실정 조세법을 분석·해명하여 그 이론과 원칙을 법학적 체계에 의하여 이해하는 것을 목적으로 한다.

조세법학은 원래 행정법학의 한 분과로서 연구되어 왔다. 그러나 **오늘날 조세제도와 조세법이 발달하고 조세법률관계에서 조세의 부과와 징수에 관한 절차적 관계보다 조세채권·채무의 성립과 소멸에 관한 과세실체관계가 중요시됨에 따라 조세법학은 독자적 원리와 체계를 이루고 더욱이 자족성을 가지고 독립된 영역을 형성하게 되었다.** 즉, 조세채권·채무의 성립, 확정, 징수 및 불복절차 등 조세채권·채무의 발생에서부터 완전실행으로 소멸할 때까지 행정법과는 독립된 자족적인 체계를 이루고 있다. 따라서 이제 조세법학은 독립된 학문으로의 학문적 체계를 구축해가고 있는 것이다.

그런데 이와 같은 조세법학의 연구에 있어서는 법학적인 인접학문으로서 민법이나 상법, 그리고 행정법과 아울러 재정학이나 기업회계와 세무회계 등과 같은 많은 학문을 이해하고 접근하여야 한다.

2. 재정학

조세법학이 조세를 법적 측면에서 접근하는 학문이라고 한다면 **재정학은 조세를 경제적 측면에서 접근하는 학문**이다. 재정학은 조세가 국민경제에 미치는 영향과 경제생활과 재화의 생산, 분배, 소비에 이르는 과정에서 조세의 작용을 파악하고 그 영향을 고찰하여 국민경제의 안정 내지 성장과 관련하여 조세문제를 다룬다. 즉, 조세의 본질과 역할 및 경제적 기능과 효과, 그리고 이상적인 조세제도와 경제정책적 효과 등이 재정학의 한 분야인 조세론의 주요 내용으로서 연구되고, 그 결과는 조세입법의 타당성의 이론적 기초와 근거가 된다.

재정학의 한 분야인 조세론은 주로 경제적인 관점에서 현행 세제를 대상으로 조세의 재정적·경제적 기능을 연구하는 것이지 세법학처럼 법학적 관점에서 조세현상 또는 조세법률관계를 다루는 것은 아니다. 이러한 이유에서 재정학에서의 조세에 관한 연구를 세법에 도입하는 데에는 조세법제도상의 제약이 주어진다. 예를 들어 특정의 경제정책을 실현하기 위하여 특정 산업에 대한 조세를 편파적으로 감면하는 것은 헌법상의 조세평등주의에 위반이 될 수 있음에도 관계없이 조세정책상 빈번히 행하여지고 있다.

3. 세무회계

조세는 국민의 금전적인 부담이므로 정확한 화폐적 수치화가 필요한 데 그 기능을 담당하는 학문적 분야가 세무회계이다. 즉 **세무회계는 납세의무자의 과세소득을 적정하게 계산하고 납세자간의 소득계산의 통일성과 조세부담의 공평성을 유지하는 기능을 가진 회계로서 국가재정의 조달을 위한 세수확보와 조세의 균형유지 및 조세의 합법적 징수를 목적으로 한 회계**이다. 이 세무회계는 넓은 의미의 세무회계와 좁은 의미의 세무회계로 나눌 수가 있다. 넓은 의미의 세무회계는 법인세세무회계는 물론 소득세세무회계나 부가가치세세무회계, 그리고 상속세세무회계 등 모든 조세의 과세소득(가액)과 세액을 산출하는 것으로 기업회계와의 관련 여부를 논하지 않는 세무회계이다. 이에 반하여 좁은 의미의 세무회계(tax accounting)는 회계학의 한 분과인 재무회계에서 계산된 회계이익을 기초로 하여 과세소득 및 세액의 산출과정을 다루는 분야로 법인세세무회계만을 말한다.

일반적으로 세무회계라고 하면 좁은 의미의 세무회계를 말하며, 재무회계의 당기순이익에 세법이 정한 규정에 따라 세무조정을 가함으로써 과세소득을 산출하기 위한 것이다. 이 과세소득은 조세부담의 사회적 배분을 결정하기 위하여 필요한 납세의무자의 적정한 조세부담능력에 관한 세무정보라고 할 수 있을 것이다. 따라서 세무회계는 회계적 측정방법을 도구로 하고, 여기에 세법의 규정에 따른 세무조정을 가하여 조세부담의 배분기준인 과세소득의 산정과 세액의 계산을 주요 내용으로 한다.

4. 행정법학

과거 조세법은 국가와 국민 사이의 권리·의무관계 즉 과세권자와 납세의무자의 권리·의무를 다루는 법이라는 의미에서 공법으로 보고 행정법의 일부로서 다루어 왔다. 즉 조세법을 과세권 행사를 위한 법으로 이해하여 행정권의 처분으로 파악하였으며, 조세법률관계를 절차법적 또는 행정법적 관점에서 파악함으로써 국민이 국가의 과세권에 복종하는 관계로 이해하여 조세절차법을 중시하면서 조세실체법은 거의 무시되었다. 이는 조세실체법을 과세관청의 행위규범으로 보거나, 일반납세자인 사인의 공법행위를 규율하는 법규로 봄으로써 조세실체법은 행정법 이전의 사실로 받아들여졌다고 할 수 있을 것이다.

그러나 현대국가의 조세현상에서는 조세법률관계를 **조세채권·채무관계**로 생각하게 됨에 따라 과거의 **조세권력관계**에서 탈피하여 절차법적 또는 행정법적 관점만으로는 도저히 파악할 수 없게 되었다. 조세법률관계를 조세채권·채무관계로 인식하게 하는 이유는 다음과 같은 것들이 있다.

① 국민의 조세부담이 대폭적으로 증대하여 국민의 재산권에 대한 침해가 커짐으로써 정확한 세액계산을 위한 조세실체법의 중요성이 대두되었다.

② 경제현상이 복잡해짐에 따라 조세의 핵심이 되는 소득계산 과정 자체가 고도의 전문성과 기술성이 요구되게 되었다. 즉 조세 전체에서 차지하는 소득세의 비중이 커지고, 경제활동이 복잡해짐에 따라 회계학 등을 대폭 도입한 조세실체법은 양적으로나 질적으로 세법의 중심영역을 이루게 되었다.

③ 현대의 조세국가에서는 과세표준의 측정과 세액의 결정이 일차적으로 납세자에게 주어지는 신고납부제도를 채택함으로써 과거 부과과세제도에서 인식하였던 '행정행위 중 재정하명'이라고 한 과세처분이 이제는 '법률이 정한 과세요건의 충족사실을 확인하는 행위'로 설명하게 되었다. 따라서 신고납부제도의 채택으로 행정법의 역할을 매우 축소시키게 되었다.

오늘날 조세법률관계의 중심은 이론적으로나 실천적으로 조세실체법이고, 세법학적 연구의 대종을 이루는 것도 조세실체법이 되었다. 따라서 세법에 대한 행정법학적 연구와는 별도로 행정법에서의 조세절차법과 제2차 세계대전 이후 대두된 **조세실체법을 포함하는 세법학이 독립된 영역으로서 연구**되고 있다.

제3장 조세법의 기본원칙

제1절 서론

　세법은 국가의 재정자원을 조달할 목적으로 만들어진 법률이지만 국민의 기본적인 재산권을 침해하는 내용을 규정하고 있기 때문에 세법 전체를 지배하는 공통의 기본원칙을 찾아서 정립함으로서 세법을 바르게 해석하고 적용하여야 한다. 이러한 세법의 기본원칙은 세법을 제정하고 해석·적용하는 데 있어서 지침이 될 수 있는 기준을 의미하는데 조세 정의와 세법의 기본이념을 반영하는 것으로서 세법의 운영에 있어서 뿐만 아니라 세법의 제정과정에서도 준수하여야 할 기준이 되는 것이다.

　세법 전체를 지배하는 기본원칙은 크게 **조세법률주의**와 **조세공평주의**의 두 가지를 들 수 있다. 조세법률주의는 과세권의 행사와 관련하여 조세의 종목이나 세율뿐만 아니라 납세의무자·과세대상 및 과세표준 등과 같은 과세요건에 관한 사항이나 조세의 부과·징수에 관한 사항은 모두 법률에 따라 규율할 것을 요구하는 원칙으로 세법의 형식적 원리가 되고 있으며, 조세평등주의 또는 공평부담의 원칙이라고도 하는 조세공평주의는 세법의 제정과정과 해석·적용에 있어서 조세의 부담이 납세자간에 공평하게 배분되도록 하여야 한다는 원칙으로 세법의 실질적 원리가 되고 있다.

> [조세법률주의 판례 (사건번호) 헌재2004헌바70, 2006.07.27]
> 　조세법률주의는 조세행정에 있어서의 법치주의를 말하는 것인바, 오늘날의 **법치주의는 국민의 권리·의무에 관한 사항을 법률로써 정해야 한다는 형식적 법치주의에 그치는 것이 아니라 그 법률의 목적과 내용 또한 기본권 보장의 헌법이념에 부합되어야 한다는 실질적 적법절차를 요구하는 법치주의를 의미**하며, 헌법 제38조, 제59조가 선언하는 조세법률주의도 이러한 실질적 적법절차가 지배하는 법치주의를 뜻하므로, 비록 과세요건이 법률로 명확히 정해진 것일지라도 그것만으로 충분한 것은 아니고 조세법의 목적이나 내용이 기본권 보장의 헌법이념과 이를 뒷받침하는 헌법상 요구되는 제원칙에 합치되어야 하고, 이에 어긋나는 조세법 규정은 헌법에 위반되는 것이다.

제 2 절 조세법률주의

1. 의 의

세무행정의 집행에 있어서는 조세법률주의의 입장에서 각 세법에서 규정된 법령의 취지, 제도의 배경에 비추어 조리나 사회통념 등을 감안하고, 더 나아가 납세의무자의 개인적인 사정을 고려해서 실질적인 판단을 하는 것이 요구된다.

조세법률주의는 법률의 근거없이 국가는 조세를 부과·징수할 수 없고, 국민은 조세의 납부를 요구받지 않는다는 원칙을 의미한다. 이는 보통 "대표 없는 과세는 없다"(No taxation without representation)라는 말로 표현되어 오고 있다. 우리나라 헌법은 "**모든 국민은 법률로 정하는 바에 따라 납세의 의무를 진다**(헌법 38)." 와 "**조세의 종목과 세율은 법률로 정한다**(헌법 59)."고 규정하고 있는바 이는 바로 조세법률주의를 선언하고 있는 것이다.

국가의 과세고권(課稅高權, Steuerhoheit)은 국가 주권의 내재적 속성이다. 따라서 과세권은 헌법의 규정에 따라 비로소 창설되는 것이 아니고 필연적으로 국가에 귀속되는 권력인 것이다. 또한 국가의 구성원인 국민이 국가의 재정적 경비를 부담할 의무를 본원적으로 져야 한다는 것으로서 확인적이고 선언적인 것이라고 이해하여야 할 것이다.

2. 조세법률주의의 내용

(1) 과세요건 법정주의

이는 형법에 있어서의 죄형법정주의와 유사한 개념으로 조세법률주의의 핵심적인 내용이다. 즉, 과세는 국민의 재산권 보장을 침해하는 것이 되기 때문에 납세의무를 성립시키는 요건, 즉 **과세요건(예 : 과세권자, 납세의무자, 과세대상, 과세표준, 세율 등)**과 조세의 부과·징수절차를 모두 국민의 대표기관인 의회가 제정하는 법률로 규정해야 한다는 원칙을 뜻한다. 이때 조세의 부과·징수절차란 신고, 납부, 환부, 조사결정, 징수, 불복심사, 벌칙 등 세법상 국민의 권리 의무에 직접 영향을 주는 일체의 사항을 뜻하는 것이다.

이와 같이 조세에 관한 모든 사항을 법률유보 사항으로 하는 것은 국가의 과세권 남용으로부터 국민의 재산권을 보장하는 데 있다. 만약 세법을 단순히 국고적 목적에 봉사하는 법이라고 이해한다면 조세에 관한 모든 사항을 법률유보 사항으로 할 필요성이 없고, 행정입법 사항으로도 충분한 것이다. 그러나 세법의 입법동기는 비록 국가의 재정수요의 필요성에 기인한다고 하더라도 그 입법과정에서는 재정수요의 충족과 국민의 재산권 보장과의 조화에다 납세의무의 한계를 긋게 되고, 이러한 한계의 설정은 국민대표의 결정을 거치게 한다는 데서 과세요건법정주의의 중요성을 발견해야 하는 것이다.

(2) 과세요건 명확주의

이는 과세요건(또는 납세의무의 성립요건)을 법률로 정하되 그 규정은 일의적(一義的)이고 명확하며 상세하여야 한다는 원칙을 말한다. 조세는 국민 경제생활의 모든 국면과 관계를 맺고 있어서 국민은 세법상의 납세의무(또는 조세효과)를 고려하지 아니하고는 어떠한 경제상의 의사결정을 할 수 없기 때문에 경제행위에 대한 조세부담의 정도를 정확하게 예측할 수 있어야 한다.

그러므로 과세요건은 법률로 정하여야 할 뿐만 아니라, 그 내용이 명확하고 일의적으로 이해될 수 있게 함으로써 국민의 경제생활에 **법적안정성**(法的安定性)과 **예측가능성**(豫測可能性)을 보장하여야 한다는 것이다. 만약 과세요건을 법률로 정하는 형식을 갖추었다고 하더라도 그 규정의 내용이 지나치게 추상적이고 불명확하면 과세관청의 자의적 해석이 가능하고, 그 집행이 자유재량에 맡겨져 버린다면 과세관계를 법률사항으로 유보시킨 의의는 사실상 상실되고 마는 것이다. 그러므로 조세법에 있어서는 과세관청의 **자유재량**(自由裁量)을 인정하는 규정을 설정하는 것은 원칙적으로 허용되지 않고, 또 세법의 규정에 불확정 개념을 사용하는 것은 가능한 한 피해야 한다.

이와 같이 볼 때 **과세요건 명확주의는 조세의 종목, 납세의무자, 과세대상, 과세표준, 세율 등 과세요건과 조세채무의 변경·소멸에 관한 실체규정뿐만 아니라 납세방법, 시기, 징수절차 등에 관한 절차규정까지를 정당한 입법절차를 거친 법률로 정하되**(과세요건 법정주의) **그것이 법에 규정되었다는 것만으로 만족하는 것이 아니고, 그 규정된 내용은 가능한 한 상세하게 자유재량을 배제하려는 원칙**이라고 할 수 있다. 따라서 과세요건명확성의 요구는 조세에 관한 국민의 예측가능성을 보장하는데 크게 공헌하는 결과가 된다.

3. 조세법률주의의 한계

조세를 법률에 따라 정하는 **형식적 요건만을 충족하면 그 내용은 어떠한 것을 규정한다고 해도 상관없는 것일까 하는 문제**가 조세법률주의에 내재하는 한계의 문제이다. 조세법률주의를 형식적 개념으로 이해하여 과세의 형식(form of taxation)으로만 이해한다면 그 형식이 법률이기만 하면 그 내용은 어떠한 것을 담아도 된다는 형식논리에 빠지기 쉽다.

그렇게 보는 경우 조세법률주의는 그 내용이 공허한 준칙으로 전락되고 말 것이다. 이러한 현상을 "조세법률주의의 형식화"라고 할 수 있는데, 이러한 위험은 의회가 사실상 통법부화한 현대에 있어서 더욱 현저할 것이다. 그러므로 조세법률주의에는 다음과 같은 내재적 한계가 있음을 확인할 필요가 있다.

(1) 자유민주주의 기본질서에서 오는 한계

법률의 형식을 빌어 세목, 과세요건, 세율 등을 규정한다고 하더라도 **납세의무자의 소득의 거의 전부를 조세로 흡수하는 조세**는 제정할 수 없다. 왜냐하면 국가의 공적 욕구를 충족하기 위하여 납세의무자의 인간다운 생활을 파괴하는 것은 용인될 수 없기 때문이다. 또 형식적으로 적법절차를 거친 법률에 의한다고 하더라도 면세특권계급을 창설할 수는 없다. 그것은 헌법상 평등주의의 기본질서에 위배되기 때문이다. 또 조세부과 또는 징수를 위한 규제가 국민의 경제적 창의와 활동을 본질적으로 훼손하는 정도에 이르러서는 아니 된다.

세법에 따른 이러한 극도의 제한은 영리추구에 목적을 둔 자본주의질서, 나아가서는 자유권적 기본질서를 부인하는 것과 다름이 없기 때문이다. 이러한 조세법률주의의 한계는 헌법에 따라 확인, 선언된 기본질서가 주는 제약에서 유래한다. 왜냐하면 조세법률주의도 그 연원이 자유권적 기본질서의 수호를 위한 역사적 발전과정을 통하여 생성된 산물이기 때문이다.

(2) 세법의 성질에서 오는 한계

조세는 경제적 부담이 그 본질이라 할 수 있으며, 이러한 조세에 있어서 지켜야 할 평등의 원칙은 산술적 의미의 평등이 아니고 경제적 부담능력에 따른 배분적 평등을 의미한다. 따라서 조세를 법률로 정하는 경우에는 반드시 **경제적 부담능력(ability to pay)을 측정하기에 부적합한 사실이나 행위를 과세대상으로 삼는 조세**를 창설하는 것은 바람직하지 못하다. 예를 들면 지방세인 균등할주민세는 인두세적 성질을 가지기 때문에 바람직하지 못한 조세라고 할 것이다.

(3) 입법기술상의 한계

세법의 주된 대상은 사회현상 중에서 경제적 사상이다. 하지만 현대의 고도화된 경제활동에 있어서 경제사상은 천차만별하고 그 생성·변화가 매우 심하므로 이에 따른 조세 문제도 복잡화·전문화하여 고도의 기술성을 띠게 된다. 따라서 조세법의 제정에 있어서 조세법률주의를 아무리 고수한다고 하더라도 **법률로 조세에 관한 사항을 빠짐없이 망라하여 완벽하게 규정한다는 것은 불가능**하다. 그러므로 조세법률주의는 불가피하게 일정한 범위 내에서 법률이 명령에 조세법의 위임입법을 인정하게 된다. 그렇다고 조세법 규정을 제정함에 있어서 위임입법이 추상적·포괄적인 백지위임으로 이루어져서는 안된다.6)

자유민주주의하에서 조세법률주의는 기본적인 것이라고 할 수 있는데, 이러한 조세법률주의가 앞에서 논한 세 가지 한계에 의해서 과세요건 명확주의를 실현하지 못하는 경우가 일어나게 된다.

제 3 절　조세공평주의

1. 의　의

A. Smith가 「국부론」에서 공평을 4대 과세원칙7)의 하나로 제시한 이래 공평은 조세부담에 있어서 없어서는 아니 되는 요건이 되어 왔다. 그러나 어떠한 과세가 공평한 과세인가 하는 문제에 직면하면 많은 어려운 점이 발생한다. 이 공평이란 개념을 규정하는 데에는 두 가지 접근법이 있다. 그 하나는 「**동일한 조건하에 있는 사람을 동일하게 취급하는 것**」이 공평하다고 생각하는 것이고, 또 다른 하나는 「**동일하지 않은 조건하에 있는 사람은 일정한 기준에 따라 개별적으로 취급하는 것**」을 공평하다고 생각하는 것이다.

전자는 **수평적 공평**(horizontal equity)을 의미하는데 이 접근법에 의하면 동일한 조건하에서는 각자에게 균등한 과세를 배분하는 것이 공평한 것이 되고, 후자는 **수직적 공평**(vertical equity)을 의미하는데 이 접근법에 의하면 부유한 사람은 빈곤한 사람보다 더 많은 과세를 부담하는 것이 공평한 것이 된다. 그러나 이 두 가지 접근법은 모두 결점을 갖고 있다. 전자에는 동일한 조건을 어떻게 규정할 것인가 하는 문제가 있고, 후자에는 부유하다는 기준과 개별과세의 정도를 어떻게 결정할 것인가 하는 문제가 있는 것이다.

---

6) 94헌바14, 1995.11.30.
7) Adam Smith의 조세원칙
　① 평등의 원칙: 국민은 누구나 그 능력에 따라 비례적으로 조세를 부담한다.
　② 확실의 원칙: 조세의 납세방법·시기·금액 등을 모든 사람이 알 수 있도록 간단·명료하여야 한다.
　③ 편의의 원칙: 조세는 납세자에게 편리한 시기에, 가장 편리한 장소에서, 가장 편리한 방법으로 징수되어야 한다.
　④ 징세비 최소의 원칙: 조세의 징수하는 비용이 가장 적게 들도록 하여야 한다.

2. 조세공평주의의 내용

조세법률주의하에서 조세공평주의(租稅公平主義)는 조세의 부담이 공평하게 국민들 사이에 배분되도록 세법을 제정하여야 하고(입법상의 조세공평), 조세법률관계의 각 당사자로서의 국민은 세법의 적용에 있어서 평등하게 취급되어야 한다(세법의 해석·적용상 공평)는 원칙이다. 따라서 조세법상의 공평의 원칙은 입법상의 조세공평과 세법의 해석 적용상의 공평의 두 측면에서 살펴볼 수 있다.

(1) 입법상의 조세공평

입법상의 조세공평은 **조세입법에서는 조세부담이 국가의 구성원인 국민들 사이에 공평하게 배분되도록 세법을 제정**하여야 한다는 것이다. 입법과정상의 공평은 정치적 과제로서 다루어져야 하며, 이는 입법과정에서 고려되고 있는 조세공평주의가 입법권을 구속하고 있는 규범적 원칙이라고 하기보다는 입법과정에서의 자유선택과 판단에 하나의 기준을 제시하여 조세부담의 배분균형 및 조세의 경제적 효과를 숙고하도록 하는 데 불과하기 때문이다.

즉 조세법의 입법과정에서의 조세평등주의는 그 이념을 세법질서 속에 담는 노력으로서 세부담의 배분기준을 소득, 부 또는 국가로부터 받는 이익에 비례하도록 할 것인가(이익설), 아니면 경제적 부담능력 즉 경제적 급부능력에 따라(according to ability to pay) 조세부담을 배분할 것인가(능력설), 또는 소득재분배 정도를 어떠한 수준으로 할 것인가 등을 연구·분석·검토하게 하는 기준이다.

(2) 세법의 해석·적용상 공평

세법의 해석·적용상의 공평은 다음과 같은 두 가지 견해로 나누어 살펴볼 수 있다.

1) 소극적 견해 - 세법의 해석·적용에는 공평을 고려해서는 안된다.

조세공평주의는 조세입법상의 지도적 원칙에 불과하고 세법의 해석·적용에 있어서는 조세법률주의에 의한 엄격해석과 유추해석의 금지를 전제로 하기 때문에 조세법률주의의 엄격한 준수 그 자체가 바로 조세평등을 실현하는 길이라고 한다. 따라서 세법의 적절한 해석의 결과가 불합리한 결과에 이르게 되어 조세공평주의의 원칙을 그 해석에까지 끌어들여야 할 필요성이 있는 경우라면 그것은 해석의 차원을 넘어서 입법조치에 의하여 문제점을 해결하여야 한다는 견해이다. 만약 **조세공평주의라는 부정확한 추상적 가치**

기준을 세법의 해석·적용에 끌어들일 경우 그 기준의 모호성 때문에 조세법률주의를 형식화시킬 위험성이 크다고 한다.

2) 적극적 견해 – 세법의 해석·적용에는 공평을 고려하여야 한다.

조세법이 공평부담의 원칙을 전제로 하면서 조세수입의 확보를 의도하고 있는 것이므로 구체적으로 세법을 시행함에 있어서도 공평부담의 원칙이 세법의 해석·적용상의 지도원리 내지 기준이 되지 않을 수 없다는 견해이다. 물론 세법을 해석·적용함에 있어서 조세공평주의를 조세법률주의보다 우위적 지위에서는 원칙이라고는 할 수 없다.

그러나 세법을 집행하는 과정에 있어서의 조세부담공평이란 세법의 해석·적용과 과세요건사실을 인정함에 있어서 시간적으로 먼저 행한 것과 뒤에 행한 것이 서로 조세부담상 모순되어서는 아니 되는 것, 동일 지역 내의 동일 업종이나 동일 업황의 납세의무자에 대하여 합리적 객관적인 기준없이 그 취급을 달리하는 것, 자의의 금지에 위반해서는 아니되는 것 및 세법의 해석과 요건사실의 인정과정에서 조세회피행위가 봉쇄되어야 한다는 것 등을 그 내용으로 한다고 볼 때 제한된 영역이기는 하지만 **조세공평주의는 세법의 해석·적용의 기준으로서 작용한다**고 생각된다.

조세공평주의를 실현하기 위하여 인정하는 세법의 해석·적용 기준으로서의 실질과세의 원칙과 부당행위계산부인(경제적 관찰방법)은 부정확한 개념 또는 추상적 판단기준이 세법의 영역에 침투하는 것을 허용하는 결과가 되어 과세권자의 자의를 초래할 위험성이 크다. 그러므로 경제적 관찰방법이 조세평등의 이념을 실현하는 데 이바지하는 바가 크다고 하더라도 세법운용상의 기초가 되고 본원적인 지위에 있는 원칙은 어디까지나 조세법률주의이다.

[조세공평주의 판례 대법원2005다19163, 2006.05.25]
조세법률주의의 원칙에서 파생되는 **엄격해석의 원칙**은 과세요건에 해당하는 경우에는 물론이고 비과세 및 조세감면요건에 해당하는 경우에도 적용되는 것으로서, 납세자에게 유리하다고 하여 비과세요건이나 조세감면요건을 합리적 이유없이 **확장해석하거나 유추해석**하는 것은 조세법의 기본이념인 조세공평주의에 반하는 결과를 초래하게 되므로 허용되어서는 아니 된다.

3) 결 론

이러한 두 견해 중 다음 두 가지 측면에서 적극적 견해가 더 지지를 얻을 수 있다고 본다. 물론 세법의 운용상 기초가 되고 본원적인 지위에 있는 원칙은 어디까지나 조세법률주의이며, 조세공평주의는 그 테두리 안에서 조세법률주의에 대한 보충적으로 기능하도록 그 적용범위를 제한하여 세법의 운용기준으로 받아들여야 할 것이다.

① 공평측면에서 완전한 조세법은 없다.

조세법이 규율의 대상으로 삼고 있는 경제 사실은 복잡 다양하고, 동일성 내지 유사성을 가지고 있는 바 이들을 대상으로 가설적 명제(hypothetical proposition)로 규정하고 있는 조세법규는 공평의 관점에서 완전하게 모든 현상을 포함하고 있다고 보기는 어렵다.

그 결과 조세법의 흠결(欠缺)은 실제로 어느 정도 인정할 수밖에 없고, 이로 인하여 조세법적 실질이나 경제적 실질에 있어서 거의 동일하거나 유사한 과세요건사실에 대하여 조세의 불공평이 초래된다면, 그 조세법은 헌법에 규정된 평등의 원칙이나 사회규범으로서 조세정의 내지 사회정의에 어긋나게 될 것이다.

따라서 전술한 소극설이 조세법의 무흠결(無欠缺)을 전제로 하고 조세법 자체의 정확한 해석·적용만으로도 조세공평이 이루어진다고 보는 것은 조세법 전체 질서의 관점에서 쉽게 납득하기 어렵다. 뿐만 아니라 국회에서 제정된 모든 법률이 헌법 제11조의 평등의 원칙[8])에 위배될 경우 위헌으로써 그 법적 효력이 부인된다는 점에서 볼 때 조세법의 해석·적용에 있어서도 조세공평주의의 내용을 토대로 하여야 할 것이다.

② 조세법률주의의 기본이념으로서 재산권 보장

조세공평주의의 기준이 명확하지 아니하여 이를 조세법의 해석·적용의 기준으로 할 경우 조세법률주의의 의의가 무의미하게 되기 때문에 조세법률주의를 형식적으로 엄격하게 적용하여야 한다고 주장하면 조세법의 해석상 공평의 원칙을 적용할 여지는 없을 것이다.

그러나 조세법률주의가 추구하고 있는 이념은 실질내용에 있어서 국민의 재산권 보장을 목적으로 하고 있음은 앞서 본 바와 같고, 국민의 재산권을 침해하지 않는 범위 내에서 조세공평원칙을 적용한다면 이는 그 실질면에서 조세법률주의의 기본이념에도 어긋난다고 볼 수 없다. 따라서 이와 같은 이유로 조세공평주의는 재산권을 보장하는 조세법률주의의 범위 내에서는 조세법의 해석에서도 기본원칙으로 적용되어야 한다고 본다.

---

8) 대한민국헌법 제11조
   ① 모든 국민은 법 앞에 평등하다. 누구든지 성별·종교 또는 사회적 신분에 의하여 정치적·경제적·사회적·문화적 생활의 모든 영역에 있어서 차별을 받지 아니한다.
   ② 사회적 특수계급의 제도는 인정되지 아니하며, 어떠한 형태로도 이를 창설할 수 없다.
   ③ 훈장 등의 영전은 이를 받은 자에게만 효력이 있고, 어떠한 특권도 이에 따르지 아니한다.

[조세법의 기본원칙 요약]

구분		내용
조세법률주의	①과세요건 법정주의	과세요건(납세의무자, 과세대상, 과세표준, 세율 등)은 법률로 정해야 함
	②과세요건 명확주의	법률로 정함에 있어서 법적안정성을 위해 정해진 규정은 명확하게 이해될 수 있게 해야 함
조세공평(평등)주의	①입법상의 공평	조세의 부담이 국민의 담세력(擔稅力)에 따라 공평하게 배분되도록 세법을 제정해야 함
	②세법해석·적용상의 공평	조세법률관계의 당사자로서 국민은 세법의 적용에 있어서 평등하게 취급되어야 함

제 2 편

국세기본법

제1장 총 설
제2장 국세부과와 세법적용의 원칙
제3장 납세의무의 성립·확정·소멸
제4장 납세의무의 확장
제5장 국세와 일반채권의 관계
제6장 과 세
제7장 국세환급금과 국세환급가산금
제8장 심사와 심판
제9장 납세자의 권리
제10장 보 칙

제1장 총 설

제1절 총 칙

1. 국세기본법의 의의

국세기본법은 1974. 12. 21에 제정하여 1975. 1. 1부터 시행한 법률로서 국세에 관한 기본적이고 공통적인 사항과 위법·부당한 행정처분에 대한 불복절차 및 납세자의 권리를 규정함으로써 각 세법 내용의 중복규정을 없애고 세법의 해석과 적용에 통일성을 부여함과 아울러 과세권자와 납세자간의 조세마찰에 대한 불복절차를 규정하여 위법·부당한 재산권 침해를 구제하는데 의의를 둔 법률이다. 국세에 관한 기본적이고 공통적인 사항을 각 세법마다 따로 규정하지 않고 국세기본법에 규정한 이유는 각 세법의 내용이 중복 규정되어 있으면 비경제적이고, 법령의 해석·적용에 있어서도 통일성이 없을 뿐만 아니라 세법 상호간에 상충되는 규정에 대하여 효력의 우열을 조정할 수 없기 때문이다.

2. 국세기본법의 목적

국세기본법은 「**국세에 관한 기본적이고 공통적인 사항과 납세자의 권리·의무 및 권리구제에 관한 사항을 규정함으로써 국세에 관한 법률관계를 명확하게 하고, 과세(課稅)를 공정하게 하며, 국민의 납세의무의 원활한 이행에 이바지함을 목적으로 한다.**」고 규정하고 있다(기법 1). 이를 나누어 설명하면 다음과 같다.

(1) 국세에 관한 법률관계를 확실하게 한다.

국세기본법은 과세권자와 납세자 즉, 조세채권자와 조세채무자 간의 법률관계(권리·의무관계)를 확실하게 하는 것은 물론 각 세법 상호간의 법률관계를 확실히 하려는 데 있다.

(2) 과세를 공정하게 한다.

납세의무의 성립과 확정, 그리고 소멸의 관계를 확실히 함으로써 과세권자나 납세의무자의 자의적인 세법 해석이나 적용을 방지함으로써 과세를 공정하게 한다.

(3) 납세의무의 이행에 이바지한다.

납세의무를 이행하는 방법이나 절차를 간편하게 함과 아울러 세법체계의 통일성과 확실성을 기함으로써 납세의무의 원활한 이행에 이바지한다.

3. 국세기본법의 성격과 내용

(1) 국세에 관한 총칙법

국세기본법은 국세에 관한 기본적인 사항 및 공통적인 사항을 총괄적으로 규정하여 납세의무의 이행을 원활히 하고 있다. 총칙법(總則法)에 관한 그 내용을 살펴보면 다음과 같다.

1) 국세에 관한 기본적인 사항

국세에 관한 기본적인 사항은 크게 국세부과의 원칙과 세법적용의 원칙, 그리고 납세의무의 성립과 확정·소멸에 관한 규정을 들 수 있다.

가) 국세부과의 원칙
① 실질과세의 원칙
② 신의성실의 원칙
③ 근거과세의 원칙
④ 조세감면의 사후관리

나) 세법적용의 원칙
① 재산권부당침해금지(세법의 해석기준)
② 소급과세 금지
③ 세무공무원의 재량의 한계
④ 기업회계의 존중

다) 납세의무의 성립·확정·소멸

조세채무는 법률이 규정한 요건의 충족으로 당연히 성립되는 것이며, 이를 확정하고 소멸하는 데 관한 규정은 모든 국세의 기본사항이라고 본다.

2) 국세에 관한 공통사항

공통사항이란 그 중요도에 있어 국세에 관한 기본사항이라고 볼 수 있으나 모든 국세에 공통으로 적용되어야 할 사항이므로 이를 국세기본법에 규정하고 있다.
① 기간과 기한
② 서류의 송달
③ 납세의무의 보충적 확정에 관한 사항 : 납세의무의 승계, 연대납세의무, 제2차 납세의무 등
④ 국세와 일반채권과의 관계
⑤ 수정신고·경정청구·기한후과세표준신고
⑥ 국세환급금

(2) 세법 등 타법에 대한 특별법

1) 개 념

국세기본법에서 규정한 내용과 다른 법에서 규정한 내용이 상충되거나 모순되는 경우에 국세기본법이 이 법들의 특별법으로서 상위법적인 성격을 갖는 경우가 있는데 그 내용은 다음과 같다.

2) 다른 세법에 대한 특별법

일반적으로 국세기본법에 규정된 내용은 다른 세법에 우선하여 적용한다(기법 3). 다만 다음의 내용은 다른 세법에 특례규정을 두고 있는 경우에는 그 세법에서 정하는 바에 따른다. 즉 다음에 열거하는 항목의 내용이 다른 세법에 특별히 규정되고 있는 경우에는 국세기본법이 우선하지 않는 효력을 갖는다.
① 연대납세의무자에게 대한 서류 송달
② 국세부과의 원칙
③ 납세의무 승계
④ 연대납세의무

⑤ 납부의무의 소멸(「조세특례제한법」에 따른 영세개인사업자의 결손처분세액 납부의무 소멸특례만 해당)

⑥ 국세의 우선권(「부가가치세법」 제52조의2제5항에 따른 신탁재산에 대한 강제징수만 해당한다)·제2차 납세의무(「조세특례제한법」 제104조의7제4항에 따른 제2차 납세의무만 해당한다) 및 물적납세 의무(「부가가치세법」 제3조의2 및 제52조의2에 따른 물적납세의무만 해당한다.)

⑦ 관할관청

⑧ 경정 등의 청구

⑨ 기한 후 신고(「법인세법」에 따른 비영리내국법인의 과세표준신고의 특례만 해당한다)

⑩ 가산세의 부과와 감면(「조세특례제한법」 근로장려금 및 유가환급금 가산세만 해당한다)

⑪ 국세환급금의 충당과 환급(조세특례제한법에 따른 환급에 한함)

⑫ 불복

⑬ 보칙의 납세관리인, 고지금액의 최저한, 국세행정에 관한 협조, 과세자료의 제출과 그 수집에 관한 협조, 장부 등의 비치 및 보존, 과세전적부심사청구, 서류접수증의 교부에 관한 사항

3) 다른 법에 대한 특별법

가) 행정심판법에 대한 특별법

행정심판법(行政審判法)이란 행정청의 위법 또는 부당한 처분으로 인하여 권리나 이익을 침해당한 자가 그 취소 또는 변경을 청구할 수 있는 절차를 마련한 법률이다(행정심판법 1). 이 행정심판법 제3조[9]는 "다른 법률에 특별한 규정이 있는 경우를 제외하고" 행정심판법을 적용한다고 규정하고 있는데「국세기본법」 제56조 제2항에는 "**위법한 처분에 대한 행정소송은 「행정소송법」 제18조 제1항 본문, 제2항 및 제3항[10]에도 불구하고 이 법에**

---

[9] 제3조(행정심판의 대상) ① 행정청의 처분 또는 부작위에 대하여는 다른 법률에 특별한 규정이 있는 경우 외에는 이 법에 따라 행정심판을 청구할 수 있다.
② 대통령의 처분 또는 부작위에 대하여는 다른 법률에서 행정심판을 청구할 수 있도록 정한 경우 외에는 행정심판을 청구할 수 없다.

[10] 제18조 (행정심판과의 관계) ① 취소소송은 법령의 규정에 따라 해당 처분에 대한 행정심판을 제기할 수 있는 경우에도 이를 거치지 아니하고 제기할 수 있다. 다만, 다른 법률에 해당 처분에 대한 행정심판의 재결을 거치지 아니하면 취소소송을 제기할 수 없다는 규정이 있는 때에는 그러하지 아니하다.
② 제1항 단서의 경우에도 다음 각 호의 1에 해당하는 사유가 있는 때에는 행정심판의 재결을 거치지 아니하고 취소소송을 제기할 수 있다.
1. 행정심판청구가 있은 날로부터 60일이 지나도 재결이 없는 때
2. 처분의 집행 또는 절차의 속행으로 생길 중대한 손해를 예방하여야 할 긴급한 필요가 있는 때
3. 법령의 규정에 의한 행정심판기관이 의결 또는 재결을 하지 못할 사유가 있는 때

따른 심사청구 또는 심판청구와 그에 대한 결정을 거치지 아니하면 제기할 수 없다. 다만, 심사청구 또는 심판청구에 대한 재조사 결정에 따른 처분청의 처분에 대한 행정소송은 그러하지 아니하다.(기법 56 ①)"고 규정하여, 국세기본법 또는 세법에 따른 처분이 위법한 처분에는 국세기본법의 규정에 따른 이의신청·심사청구와 심판청구절차에 따라 구제받을 수 있도록 하여, 행정심판법의 적용을 배제하고 있다.

따라서 **국세에 관한 위법한 처분에 대한 구제·청구절차에 대한 국세기본법의 규정은 행정심판법의 특별법으로서 우선적으로 적용된다**(기법 56 ②). 즉 행정심판법이 행정심판에 관한 일반법이라면 국세기본법은 행정심판에 관한 특별법적 위치에 있는 것이다.

나) 행정소송법에 대한 특별법

행정소송법은 행정청 또는 그 소속기관의 위법에 대한 그 처분의 취소 또는 변경에 관한 소송절차를 규정한 법률이다(행정소송법 1). **행정소송법에 따른 행정소송은 다른 법률의 규정에 따른 행정심판·심사청구·이의신청, 그밖의 행정청에 대한 불복의 신청을 할 수 있는 경우에는 이에 대한 재결·결정, 그밖의 처분을 거친 후가 아니면 이를 제기할 수 없도록 하여 행정심판전치주의**를 원칙적으로 하고 있다.

그러나 행정처분에 대한 취소소송은 법령의 규정에 따라 해당 처분에 대한 행정심판을 제기할 수 있는 경우에도 이를 거치지 아니하고 제기할 수 있다고 하여 행정심판전치주의의 예외를 규정하고 있다(행정소송법 18 ①).

물론 이 취소소송의 경우에도 다른 법률에 해당 처분에 대한 행정심판의 재결을 거치지 아니하면 취소소송을 제기할 수 없다는 규정이 있을 때에는 그러하지 아니한다고 단서 규정을 두고 있지만 행정심판의 제기가 있은 날부터 60일이 지난 때, 처분의 집행 또는 절차의 속행으로 생길 중대한 손해를 예방하여야 할 긴급한 필요가 있을 때, 그리고 법령의 규정에 따른 행정심판기관이 의결 또는 재결을 하지 못할 사유가 있을 때, 그밖의 정당한 사유가 있을 때에는 행정심판의 재결을 거치지 아니하고 행정소송을 할 수 있도록 하고 있다(행정소송법 18 ②).

이에 반해 국세에 관한 행정처분에 대해서는 예외없이 국세기본법상의 전심절차를 거쳐야 한다고 규정(기법 56 ②)함으로써 행정소송법상의 심판전치주의에 관한 규정을 배제함으로써 국세기본법이 우선하여 적용되는 특별법의 지위를 갖도록 하고 있다.

---

4. 그밖의 정당한 사유가 있는 때
③ 제1항 단서의 경우에 다음 각 호의 1에 해당하는 사유가 있는 때에는 행정심판을 제기함이 없이 취소소송을 제기할 수 있다.

다) 관세법의 우선 적용

「관세법」과 「수출용 원재료에 대한 관세 등 환급에 관한 특례법」에서 세관장이 부과·징수하는 국세에 관하여 국세기본법에 대한 특례규정을 두고 있는 경우에는 「관세법」과 「수출용 원재료에 대한 관세 등 환급에 관한 특례법」에서 정하는 바에 따른다(기법 3 ②).

라) 감사원법과의 선택적용

감사원법 제43조는 "감사원의 감사를 받는 자의 직무에 관한 처분 그 밖에 행위에 관하여 이해관계 있는 자는 감사원에 그 심사의 청구를 할 수 있다"고 규정하고 있고, 과세관청은 감사원의 감사를 받는 자에 해당하므로 과세관청의 처분은 감사원법에 따른 심사청구의 대상이 된다. 따라서 국세에 관한 처분에 대해서는 국세기본법에 규정한 절차에 따라 불복할 수도 있고 감사원법의 규정에 따라 불복할 수도 있다고 보나, 국세기본법 제55조 제5항 제3호에 따라 "감사원법에 따라 심사청구를 한 처분이나 그 심사청구에 대한 처분은 국세기본법에 따른 불복의 대상이 되지 아니한다"고 규정하고 있어 두 법에 따른 청구는 배타적으로 선택·적용하여야 하고 이중으로 청구할 수 없다.

(3) 구제절차법

국세기본법 또는 세법에 따른 처분이 위법·부당하거나 필요한 처분을 받지 못한 경우에는 행정심판법의 적용을 배제하고 국세기본법의 규정에 따른 이의신청·심사와 심판청구 절차에 따라 구제받을 수 있도록 하고 있다.

(4) 납세자의 보호법

조세는 국민의 재산권 행사에 직접적으로 제한을 가하는 것이므로 위법·부당한 재산권에 대한 침해에 따른 사후적인 구제방법을 강구하는 것도 필요하지만 그 이전에 과세권자인 국가로부터 납세자를 보호할 필요가 있어 국세기본법에 다음과 같은 내용을 규정하고 있다.

① 납세자 권리헌장의 제정 및 교부
② 납세자의 성실성 추정
③ 세무조사권 남용금지
④ 세무조사에 있어서 조력을 받을 권리
⑤ 세무조사 대상자 선정
⑥ 세무조사의 사전통지와 연기 신청
⑦ 세무조사에 있어서의 결과통지

⑧ 비밀유지
⑨ 정보제공
⑩ 과세전 적부심사

4. 세법과 관련된 용어의 정의

다음의 용어 정의는 학문적인 측면에서 이루어지는 것이 아니라 국세기본법이 과세권자와 납세자의 조세채권·채무의 원활한 실현을 위해서 법적인 측면에서 한 것이다(기법 2). 이 세법 용어는 추후 각종 세법 학습시 기본 토대가 되는 용어이므로 잘 익혀 정리하여야 한다.

(1) 국세(national tax)

국세란 국가가 부과하는 조세를 말하며 지방자치단체가 부과하는 지방세와 구별된다. 국세는 국내에서 과세대상이 되는 거래가 이루어지는 내국세와 국경을 통과하는 거래로서 이루어지는 관세가 있으나 국세기본법상의 국세는 다음에 게기하는 내국세만을 말한다(기법 2 (1)).

① 소득세　　② 법인세　　③ 상속세와 증여세　　④ 종합부동산세
⑤ 부가가치세　⑥ 개별소비세　⑦ 교통·에너지·환경세　⑧ 주세
⑨ 인지세　　⑩ 증권거래세　⑪ 교육세　　　　　⑫ 농어촌특별세

(2) 세법(tax law)

세법이란 국세의 종목과 세율을 정하고 있는 법률과「국세징수법」,「조세특례제한법」,「국제조세조정에 관한 법률」,「조세범 처벌법」및「조세범 처벌절차법」을 말한다(기법 2 (2)). 여기서 국세의 종목과 세율을 정하고 있는 법률을 조세실체법이라고 하며, 국세기본법에서는 국세기본법 자체를 세법으로 정의하고 있지 않지만 학문적으로는 세법에 포함된다.

(3) 원천징수(withholding tax)

원천징수란 세법에 따라 원천징수의무자가 국세(이에 관계되는 가산세를 제외한다)를 징수함을 말한다(기법 2 (3)). 즉 원천징수의무 있는 자가 그 상대방의 수익 또는 소득이 되는 금전 등을 지급시에 그 지급하는 수익 또는 소득에서 일정률의 세액을 징수하여 납부하는 것을 말한다. 이 경우 원천징수의무자는 법률의 규정에 따라 국가를 대위하여 세금을 징수하여 국가에 납부하고 있는 것이다. 즉, 원천징수의무자는 국가의 법정대위권자로서 거래상대방(피원천징수의무자)에 대해서는 그에게 귀속되는 수익이나 소득의 원천에서 원천징수할 권리가 있으며, 국가에 대해서는 원천징수하여 납부할 의무를 지고 있는 것이다.

(4) 가산세(additional tax)

가산세란 세법에서 규정하는 의무의 성실한 이행을 확보하기 위하여 그 세법에 따라 산출한 세액에 가산하여 징수하는 금액을 말한다. 즉, 가산세는 세법상 납세의무자가 의무를 성실히 이행하지 않을 경우 의무위반에 대한 제재로서 본세에 가산하여 과하는 행정벌적인 성질의 세금이다. 예를 들면, 신고불성실가산세, 납부불성실가산세, 기장불성실가산세와 세금계산서미제출가산세 및 지급명세서미제출가산세 등이 이에 속한다.

(5) 강제징수비

강제징수비란 「국세징수법」 중 강제징수분에 관한 규정에 따른 재산의 압류·보관·운반과 매각에 소요된 비용(매각을 대행시키는 경우 그 수수료 포함)을 말한다(기법 2 (6)). 즉 강제징수비란 지정 납부기한까지 국세를 납부하지 아니한 경우에 국세징수법에 따라 강제징수하는 데 소요된 비용을 말한다.

(6) 지방세(local tax)

지방세란 「지방세기본법」에서 규정하는 세목을 말한다(기법 2 (7)). 지방세기본법에 따라 징수하는 지방세는 지방자치단체에 따라 특별시·광역시·도가 부과하는 세와 시·군·구가 부과하는 세 및 특별자치시세·특별자치도세가 있다.

1) 특별시세와 광역시세

특별시세와 광역시세는 다음과 같다. 다만, 광역시의 군지역에서는 '2)'의 규정에 따른 도세를 광역시세로 한다.
① 보통세 : 취득세, 레저세, 주민세, 자동차세, 지방소득세, 담배소비세, 지방소비세
② 목적세 : 지역자원시설세, 지방교육세

2) 도세

도세는 다음과 같다.
① 보통세 : 취득세, 등록면허세, 레저세, 지방소비세
② 목적세 : 지역자원시설세, 지방교육세

3) 구세

구세에는 보통세인 등록면허세, 재산세가 있다.

4) 시·군세

시·군세(광역시의 군세 포함)는 보통세인 주민세, 재산세, 자동차세, 담배소비세, 지방소득세가 있다.

5) 특별자치시세·특별자치도세

취득세, 등록면허세, 레저세, 담배소비세, 지방소비세, 주민세, 지방소득세, 재산세, 자동차세, 지역자원 시설세, 지방교육세가 있다.

(7) 공과금(public impost)

공과금이란「국세징수법」에 규정하는 강제징수의 예에 의하여 징수할 수 있는 채권 중 국세·관세·임시수입부가세 및 지방세와 이와 관계되는 강제징수비를 제외한 것을 말한다(기법 2 ⑻). 즉 공과금은 조세 이외의 공법상의 금전채권을 말하며 국세징수법의 자력집행권에 의하여 압류·매각 등 강제징수할 수 있는 것이다.

(8) 납세의무자(tax obligor)

납세의무자란 세법에 따라 국세를 납부할 의무가 있는 자를 말한다. 다만, 국세를 징수하여 납부할 의무는 제외한다(기법 2 ⑼). 여기서 납세의무자란 실체법상 조세를 부담할 의무가 있을 뿐만 아니라 이를 납부하여야 할 의무까지 지고 있는 본래의 납세의무

자를 말하므로 납세의무 없는 납부의무자인 원천징수의무자는 제외한다.

(9) 납세자(tax payer)

납세자란 납세의무자(연대납세의무자와 납세자에 갈음하여 납부할 의무가 생긴 경우의 제2차 납세의무자 및 보증인을 포함한다)와 세법에 따라 국세를 징수하여 납부할 의무를 지는 자를 말한다(기법 2 (10)). 여기서 납세자란 세법에 따라 납부의무를 지는 모든 납부의무자를 포괄하는 개념이다.

따라서 납세자는 본래의 납세의무자와 법률의 규정에 따라 납세자가 되는 경우까지 포함하여 실제 세금을 납부하는 자로 그 범위는 다음과 같다.
① 납세의무자
② 연대납세의무자
③ 제2차 납세의무자
④ 납세보증인
⑤ 원천징수의무자 : 원천징수의무자와 직접소비세징수의무자(부가가치세 대리납부)를 의미한다.

(10) 제2차 납세의무자

제2차 납세의무자란 납세자가 납세의무를 이행할 수 없는 경우에 납세자에 갈음하여 납세의무를 지는 자를 말한다(기법 2 (11)). 국세기본법상 제2차 납세의무자는 다음과 같은 것이 있다.
① 청산인과 잔여재산 수취자
② 무한책임사원과 과점주주
③ 무한책임사원이나 과점주주가 있는 경우의 해당 법인
④ 사업양수인
⑤ 양도담보권자

(11) 보증인

보증인이란 납세자의 국세 또는 강제징수비의 납부를 보증한 자를 말한다(기법 2 (12)). 납세보증인은 원 채무자인 납세자가 조세채무를 이행하지 않는 경우에 보증한도 내에서 납부할 채무를 진다. 만약 납세보증인이 보증한 채무를 이행하지 않는 경우에는 보증인에 대하여 「국세징수법」에 의해 강제징수할 수 있는 것이다.

(12) 과세기간(tax period)

과세기간이란 세법에 따라 국세의 과세표준의 계산에 기초가 되는 기간을 말한다(기법 2 (13)). 즉, 과세기간은 과세표준을 계산하는 기간적 단위를 말한다. 이는 기업회계에서도 경영성과를 측정하는 단위로서 인위적으로 일정기간을 확정하여 기간손익을 계산하는 것과 같이 일정기간을 단위로 하여 과세표준을 산출하는 것이다.

(13) 과세표준(tax base)

과세표준(課稅標準)이란 세법에 따라 직접적으로 세액산출의 기초가 되는 **과세대상의 수량 또는 가액**을 말한다(기법 2 (14)). 이때 과세표준이 주정에 대한 주세 등처럼 과세대상(또는 과세객체)의 수량으로 표시되면 종량세, 소득세·법인세·부가가치세 등처럼 과세대상이 가액으로 표시되면 종가세라고 한다.

(14) 과세표준신고서

과세표준신고서란 국세의 과세표준과 국세의 납부 또는 환급을 위하여 필요한 사항을 적은 신고서를 말한다(기법 2 (15)). 납세의무자가 기한 내에 과세표준신고서를 제출하는 의미는 신고납부조세와 부과과세조세에 따라 다르다. 즉 신고납부조세의 경우 과세표준신고서 제출은 세액확정이라는 조세법률효과를 발생시키며, 부과과세조세의 경우에는 단순히 조세납부를 위한 협력의무이행에 지나지 않는다.

(15) 과세표준수정신고서

과세표준수정신고서란 당초에 제출한 과세표준신고서의 기재사항을 수정하는 신고서를 말한다(기법 2 (15)의 2).

(16) 법정신고기한(statutory due of tax return)

법정신고기한이란 세법에 따라 과세표준신고서를 제출할 기한을 말한다(기법 2 (16)). 이 신고기한은 납부기한과는 본질적으로 다르지만 세법에 정한 기한은 같다.
 ① 법인세 - 각사업연도 종료일이 속하는 달의 말일부터 3개월 이내
 ② 소득세 - 과세기간 다음연도 5월 31일
 ③ 부가가치세 - 7월 25일과 다음연도 1월 25일
 ④ 상속세 - 상속개시일이 속하는 달의 말일로부터 6개월

⑤ 증여세 – 증여받은 날이 속하는 달의 말일로부터 3개월

(17) 세무공무원

세무공무원이란 국세청장·지방국세청장·세무서장 또는 그 소속공무원, 세법에 따라 국세에 관한 사무를 세관장이 관장하는 경우의 해당 세관장 또는 그 소속공무원을 말한다(기법 2 (17)). 국세기본법상의 세무공무원의 범위와 조세범 처벌절차법상 세무공무원의 범위는 서로 다르다(조세범 처벌절차법시행령 1).

(18) 정보통신망

정보통신망이란 「전기통신기본법」 제2조제2호의 규정에 따른 전기통신설비를 활용하거나 전기통신설비와 컴퓨터 및 컴퓨터의 이용기술을 활용하여 정보를 수집·가공·저장·검색·송신 또는 수신하는 정보통신체계를 말한다(기법 2 (18)).

(19) 전자신고

전자신고란 과세표준신고서 등 국세기본법 또는 세법에 따른 신고관련서류를 국세청장이 정하여 고시하는 정보통신망(이하 '국세정보통신망')을 이용하여 신고하는 것을 말한다(기법 2(19).

(20) 특수관계인

특수관계인이란 본인과 다음 중 어느 하나에 해당하는 관계에 있는 자를 말한다. 이 경우 이 법 및 세법을 적용할 때 본인도 그 특수관계인의 특수관계인으로 본다.

① **혈족·인척 등 친족관계**
친족관계란 다음의 어느 하나에 해당하는 관계를 말한다.
① 6촌 이내의 혈족
② 4촌 이내의 인척
③ 배우자(사실상의 혼인관계에 있는 자를 포함한다)
④ 친생자로서 다른 사람에게 친양자 입양된 자 및 그 배우자·직계비속

② **임원·사용인 등 경제적 연관관계**
경제적 연관관계란 다음의 어느 하나에 해당하는 관계를 말한다.

① 임원과 그밖의 사용인
② 본인의 금전이나 그밖의 재산으로 생계를 유지하는 자
③ '① 및 ②'의 자와 생계를 함께하는 친족

③ 주주·출자자 등 경영지배관계

경영지배관계란 다음의 구분에 따른 관계를 말한다.
① 본인이 개인인 경우
 ㉮ 본인이 직접 또는 그와 친족관계 또는 경제적 연관관계에 있는 자를 통하여 법인의 경영에 대하여 지배적인 영향력을 행사하고 있는 경우 그 법인
 ㉯ 본인이 직접 또는 그와 친족관계, 경제적 연관관계 또는 가목의 관계에 있는 자를 통하여 법인의 경영에 대하여 지배적인 영향력을 행사하고 있는 경우 그 법인
② 본인이 법인인 경우
 ㉮ 개인 또는 법인이 직접 또는 그와 친족관계 또는 경제적 연관관계에 있는 자를 통하여 본인인 법인의 경영에 대하여 지배적인 영향력을 행사하고 있는 경우 그 개인 또는 법인
 ㉯ 본인이 직접 또는 그와 경제적 연관관계 또는 가목의 관계에 있는 자를 통하여 어느 법인의 경영에 대하여 지배적인 영향력을 행사하고 있는 경우 그 법인
 ㉰ 본인이 직접 또는 그와 경제적 연관관계, 가목 또는 나목의 관계에 있는 자를 통하여 어느 법인의 경영에 대하여 지배적인 영향력을 행사하고 있는 그 법인
 ㉱ 본인이 「독점규제 및 공정거래에 관한 법률」에 따른 기업집단에 속하는 경우 그 기업집단에 속하는 다른 계열회사 및 그 임원
③ 위 '①'과 '②의 ㉮부터 ㉰'까지의 규정을 적용할 때 다음의 구분에 따른 요건에 해당하는 경우 해당 법인의 경영에 대하여 지배적인 영향력을 행사하고 있는 것으로 본다.
 ㉮ 영리법인인 경우
  ㉠ 법인의 발행주식총수 또는 출자총액의 100분의 30 이상을 출자한 경우
  ㉡ 임원의 임면권의 행사, 사업방침의 결정 등 법인의 경영에 대하여 사실상 영향력을 행사하고 있다고 인정되는 경우
 ㉯ 비영리법인인 경우
  ㉠ 법인의 이사의 과반수를 차지하는 경우
  ㉡ 법인의 출연재산(설립을 위한 출연재산만 해당한다)의 100분의 30 이상을 출연하고 그 중 1인이 설립자인 경우

(21) 세무조사

세무조사란 국세의 과세표준과 세액을 결정 또는 경정하기 위하여 질문을 하거나 해당 장부·서류 또는 그밖의 물건(이하 "장부등"이라 한다)을 검사·조사하거나 그 제출을 명하는 활동을 말한다.

> **조세 용어 실습**
>
> 위에 열거된 조세 용어를 한자로 쓰고 용어의 뜻을 이해하면서 간략히 기술하시오(전체를 옮기지 말고 요약하여 기술할 것).

[참고] 관련 사이트
① 「국세법령정보시스템」 → 「국세기본법」 제2조 검색
② 「국가법령정보센터」 → 「국세기본법」 제2조 검색
③ 국세청 홈페이지 → 국세정책/제도 → 통합자료실 → 세무용어사전(한자명 있음)

제 2 절 기간과 기한

1. 기 간

(1) 의 의

기간(期間)이란 어느 한 시점에서 다른 한 시점까지의 계속되는 시간상의 구분을 말한다. 다시 말해서 두 시점 사이에서의 시간의 흐름을 계속적으로 파악한 것이 기간이다. 기간은 이처럼 시간적 사이를 뜻하므로 시간상의 제한의 일종인 기한과는 구별되며, 기간의 경과는 권리와 의무의 발생·변경·소멸, 그밖의 효과가 발생하는 법률적 사실의 일종이다. 기간에서는 시간상의 거리를 가리키므로 그 계산방법이 주로 문제가 된다.

(2) 기간의 계산

1) 개 념

기간은 시효·연령 등에서와 같이 그 경과에 권리와 의무의 발생·변경·소멸, 그밖의 법률효과가 결부 내지 부여되는 일이 많으므로 국세기본법은 국세기본법 또는 다른 세법에서 규정한 기간계산은 그 특별한 규정에 의하고, 특별한 규정을 두지 아니한 경우에는 민법에서 규정하고 있는 계산방법에 따라 기간을 계산하도록 하고 있다(기법 4).

기간의 계산방법에는 순간에서 순간까지를 세밀하게 계산하는 자연적 계산법과 달력에 따라 일·주·월·연을 단위로 하여 계산하는 역법적 계산법이 있다. 민법은 원칙적으로 역법적 계산법에 따르고, 다만 시·분·초를 정하는 경우에는 자연적 계산법에 따르도록 하고 있다.

2) 기간의 기산점

기산점은 기간이 시작되는 시점을 말하며 다음과 같이 계산한다(국기통 4-0…1, 민법 157).
① **초일불산입의 원칙** : 기간을 일·주·월·연으로 정한 때에는 기간의 초일(첫날)은 산입하지 아니한다. 그러나 그 기간이 오전 영시로부터 시작하는 때와 국세기본법 또는 세법에 특별한 규정이 있는 경우에는 그러하지 아니한다.
　※ 연령계산에는 출생일을 산입한다(초일산입의 원칙적용).
② 자연적 계산법 : 기간을 시·분·초로 정한 때에는 즉시로부터 기산한다(민법 156).

> **예제**
>
> 1. 2024년 9월 10일에 상속세의 납부고지서를 받은 자가 심사청구(심사청구는 처분을 받은 날부터 90일 이내에 하여야 한다)를 하고자 한다. 언제까지 하여야 하는가?
>   ☞ 12월 9일까지 청구(기산일인 9월 11일부터 90일)
> 2. 2024년 12월 31일 23시 55분에 태어난 아이에 대하여 2022년도 종합소득세 계산에 있어서 기본공제(150만원)를 받을 수 있는가?
>   ☞ 연령계산시 초일이 산입되므로 기본공제를 받을 수 있다.
> 3. 3월 5일 고지서를 받고 받은 날부터 10일 이내에 납부하라고 하면 언제까지 납부하면 되는가?
>   ☞ 3월 15일까지 납부(기산일은 3월 6일, 3월 5일은 불산입)
> 4. 3월 5일의 다음날부터 10일 이내에 신고하라고 하면 언제까지 신고하면 되는가?
>   ☞ 3월 15일까지 신고(기산일은 3월 6일, 3월 5일의 다음날 0시부터 시작)

3) 기간의 만료점

만료점은 기간이 종료되는 시점을 말하며 다음과 같이 한다(국기통 4-0…2).
① 기간을 일·주·월·연으로 정한 때에는 기간 말일의 종료로 기간이 끝난다(민법 159).
② 역법적 계산법 : 기간을 주·월 또는 연으로 정한 때에는 역에 의하여 계산한다.
③ 주·월 또는 연의 처음으로부터 기간을 기산하지 아니하는 때에는 최후의 주·월 또는 연에서 그 기산일에 해당한 날의 전날로 기간이 만료한다.
④ 월 또는 연으로 기간을 정한 경우에 최종의 월에 해당일이 없을 때에는 그 월의 말일로 기간이 만료한다.
⑤ 다음날 연장의 원칙 : 기간의 말일이 공휴일에 해당하면 기간은 그 다음날로 만료한다. 여기서 공휴일이란 관공서의 공휴일에 관한 규정에 따라 규정된 공휴일을 말한다.

> **예제**
>
> 1. 2024년 2개월 이내 납부하라면 만료일은 언제인가?
>   ☞ 2월 29일 만료(윤년인 경우)
> 2. 증여세법상 증여에 의하여 재산을 취득한 자는 증여받은 날이 속하는 달의 말일부터 3월 이내에 증여세를 신고·납부하여야 한다. 8월 15일 증여를 받았다면 언제까지 증여세신고·납부하여야 하는가?
>   ☞ 기산일이 9월 1일이 되고 만료일은 11월 30일
> 3. 부가가치세법상 사업자등록신청은 사업개시일부터 20일 이내에 하여야 한다. 사업개시일이 3월 5일인 경우 언제까지 신청해야 하는가?
>   ☞ 3월 25일

4) 기간의 역산 계산

민법의 기간 계산방법은 일정한 기산일로부터 과거로 소급하여 계산되는 기간에도 준용된다. 이것을 기간의 역산이라고 하며, 이 경우 기간의 역산 계산은 기산일의 전날부터 계산하여 과거로 소급하여 계산한다.

> **예제**
>
> 1. 법인세법상 재고자산평가방법을 변경하려는 법인은 변경하려는 사업연도 종료일 이전 3월이 되는 날까지 변경신고를 하여야 한다. 사업연도가 2024. 1. 1~2024. 12. 31인 법인이 해당 사업연도부터 평가방법을 변경하려는 경우 언제까지 신고하여야 하는가?
> ☞ 2024년 9월 30일까지 변경신고 하여야 한다.

2. 기 한

(1) 의 의

기한(期限)은 장차 도래할 것이 확실한 시간상의 시점 즉, 어떤 순간적인 의미의 시점을 의미하므로 그 시점을 중심으로 하여 어떤 법률효과가 발생할 것인가가 주로 중요시된다. 즉 기한이란 조세법률행위의 당사자가 그 효력의 발생·소멸 또는 채무의 이행을 의존하게 하기 위하여 정하는 장래에 발생하는 것이 확실한 사실(시점)을 말한다. 따라서 **기한이란 법률행위의 효력을 발생·소멸시키거나 채무의 이행을 의존하게 하기 위하여 정하는 확정일이나 기간의 말일을 의미한다**고 할 수 있다.

기한은 시기와 종기로 구분할 수가 있다. 시기는 법률행위의 효력을 발생시키는 기한을 말하며, 종기란 법률행위의 효력을 소멸시키는 기한을 말한다. 요컨대 법률행위의 효력의 발생에 관한 기한으로 '언제부터'라고 표시하는 것이 시기이고, 소멸에 관한 기한으로 '언제까지'라고 표시하는 것이 종기이다.

(2) 기한의 특례

1) 기한 다음날 연장의 원칙

국세기본법 또는 세법에서 규정하는 신고·신청·청구, 그 밖에 서류의 제출·통지·납부 또는 징수에 관한 기한이 토요일 및 일요일, 공휴일 및 대체공휴일이거나 「근로자의 날 제정에 관한 법률」에 따른 근로자의 날일 때에는 토요일 및 일요일, 공휴일 및 대체공휴일이거나 근로자의 날의 다음날을 기한으로 한다(기법 5 ①).

2) 우편신고의 발신주의 적용

우편에 의하여 서류 등을 제출하는 경우에 기한의 도래와 관련하여 도달주의와 발신주의의 문제가 발생한다. 도달주의는 의사표시가 상대방에게 도달한 때 그 의사표시의 효력이 생기고, 발신주의는 상대방에게 발신된 때에 효력이 생긴다는 주의이다.

국세기본법에서는 우편으로 과세표준신고서, 과세표준수정신고서, 경정청구서 또는 과세표준신고·과세표준수정신고·경정청구와 관련된 서류를 제출한 경우「우편법」에 따른 우편날짜도장이 찍힌 날(우편날짜도장이 찍히지 아니하였거나 분명하지 아니한 경우에는 통상 걸리는 배송일수를 기준으로 발송한 날로 인정되는 날)에 신고되거나 청구된 것으로 본다(기법 5의2)고 규정하고 있어 납세자의 편의를 위하여 **발신주의**를 채택하고 있다.

3) 국세정보통신망의 장애에 따른 전자신고·납부의 연장

신고서 등을 국세정보통신망을 이용하여 제출하는 경우에는 해당 신고서 등이 국세청장에게 전송된 때에 신고되거나 청구된 것으로 본다(기법 5의2 ②). 그러나 이 법 또는 세법에서 규정하는 신고기한 만료일이나 납부기한 만료일에 국세정보통신망이 다음과 같은 장애로 가동이 정지되어 전자신고나 전자납부(이 법 또는 세법에 따라 납부할 국세를 정보통신망을 이용하여 납부하는 것을 말한다)를 할 수 없는 경우에는 그 장애가 복구되어 신고 또는 는 납부할 수 있게 된 날의 다음날을 기한으로 한다(기법 5 ③, 기령 1의3).

① 정전
② 통신상의 장애
③ 프로그램의 오류
④ 그밖의 부득이한 사유에 의하여 국세정보통신망의 가동이 정지되어 전자신고 또는 전자납부를 할 수 없게 되는 경우

(3) 천재 등으로 의한 기한의 연장

1) 개 념

천재지변이나 그 밖에 사유로 세법에서 규정하는 신고·신청·청구, 그 밖에 서류의 제출·통지를 정해진 기간까지 할 수 없다고 인정되거나 납세자의 신청이 있는 경우에는 관할 세무서장은 그 기한을 연장할 수 있다(기법 6). 이 기한의 연장은 과세권자의 직권연장과 납세의무자의 신청에 의한 신청연장으로 나눌 수 있으며 당연연장은 인정되지

않는다.

2) 기한연장사유

기한을 연장받을 수 있는 사유는 천재·지변 및 다음과 같은 경우로서 세무서장이 인정하는 경우에만 해당한다(기령 2).

① 납세자가 화재·전화(戰禍), 그 밖에 재해를 입었거나 도난을 당한 경우
  여기서「그밖의 재해」란 화약류·가스류 등의 폭발사고, 광해, 교통사고, 건물의 도괴, 그 밖에 이에 준하는 물리적인 재해를 말한다. 다만, 조세포탈 목적의 고의적인 행동에 의한 재해는 제외한다(국기통 6-2…1).
② 납세자 또는 그 동거가족이 질병이나 중상해로 6개월 이상의 치료가 필요하거나 사망하여 상중(喪中)인 경우
③ 정전, 프로그램의 오류, 그 밖에 부득이한 사유로 한국은행(그 대리점을 포함한다) 및 체신관서의 정보통신망의 정상적인 가동이 불가능한 경우
④ 금융회사(한국은행 국고대리점 및 국고수납대리점인 금융회사만 해당한다) 또는 체신관서의 휴무 그 밖에 부득이한 사유로 정상적인 세금납부가 곤란하다고 국세청장이 인정할 경우
⑤ 권한 있는 기관에 장부 또는 서류가 압수되거나 영치된 경우
⑥ 납세자의 장부작성을 대행하는 세무사(공인회계사, 세무법인 및 회계법인을 포함한다)가 화재, 전화, 그 밖에 재해를 입거나 도난을 당한 경우
⑦ ①, ② 또는 ⑤에 준하는 사유가 있는 경우

3) 기한의 연장절차

가) 기한연장의 신청

기한의 연장을 받으려는 자는 기한 만료일 3일 전까지 다음의 사항을 적은 기한연장 승인신청서로 해당 행정기관의 장에게 신청할 수 있다. 이 경우 해당 행정기관의 장은 기한연장을 신청하는 자가 기한만료일 3일 전까지 신청할 수 없다고 인정하는 경우에는 기한의 만료일까지 신청하게 할 수 있다(기령 3).

① 기한의 연장을 받으려는 자의 주소 또는 거소와 성명
② 연장을 받으려는 기한
③ 연장을 받으려는 사유
④ 그 밖에 필요한 사항

나) 기한연장의 승인·통지

① 행정기관의 장은 **직권연장**의 경우에는 신청에 준하는 사항을 적은 기한연장(승인)통지서로 지체없이 관계인에게 통지하여야 하고, **신청연장**에 대해서는 기한 만료일 전에 그 승인 여부를 통지하여야 한다(기령 4).

② 행정기관의 장은 다음에 해당하는 경우에는 개별적인 통지 규정에도 불구하고 관보 또는 일간신문에 공고하는 방법으로 통지에 갈음할 수 있다(기령 4 ②).

  ㉠ 정전, 프로그램의 오류, 그 밖에 부득이한 사유가 전국적으로 일시에 발생하는 경우
  ㉡ 기한연장의 통지대상자가 불특정 다수인 경우
  ㉢ 기한연장의 사실을 그 대상자에게 개별적으로 통지할 시간적 여유가 없는 경우

③ 국세기본법 또는 세법에서 정한 납부기한 **만료일 10일 전**에 위 '가'에 따른 납세자의 납부기한 연장 신청에 대하여, 세무서장이 신청일로부터 10일 이내에 승인여부를 통지하지 아니한 때에는 그 10일이 되는 날에 납부기한의 연장을 승인한 것으로 본다.

4) 기한연장의 기간

천재·지변 등에 의한 기한연장은 3개월 이내로 하되, 해당 기한연장의 사유가 소멸되지 아니하는 경우 관할 세무서장은 1개월의 범위에서 그 기한을 다시 연장할 수 있다. 다만, 신고와 관련된 기한연장은 9개월을 초과하지 아니하는 범위에서 관할 세무서장이 이를 연장할 수 있다(기령 2의2).

(4) 전자신고로 인한 제출기한의 연장

전자신고된 경우 과세표준신고 또는 과세표준수정신고와 관련된 서류 중 수출대금입금증명서 등에 대해서는 10일의 범위에서 제출기한을 연장할 수 있다(기법 5의2 ③). 이 경우 「부가가치세법」에 따른 조기환급에 필요한 서류의 제출기한의 연장은 국세청장이 따로 정하여 고시한다.

국세기본법 시행규칙 [별지 제1호 서식] (개정 2016.3.7.)

수수료: 없음

기한연장승인신청서

제출서류
- 사유를 증명하는 자료

| 접수번호: | 접수일: | 처리기간: 3일 |

1. 신청인 정보

이름: 주민등록번호:
사업자등록번호:
주소(영업소):
                         (연락처:)
상호: 업종:

2. 신청내용

기한의 구분:
기한:
연장받으려는 사유:
연장받으려는 기간: 년 월 일부터   (   )일간
                  년 월 일까지

3. 서명 및 날인

「국세기본법」 제6조 및 같은 법 시행령 제3조에 따라 위와 같이 기한 연장의 승인을 신청합니다.

년   월   일

신청인   (서명 또는 인)

세무서장 귀하

210mm×297mm[백상지(80g/㎡) 또는 중질지(80g/㎡)]

제 3 절 서류의 송달

1. 서 론

서류의 송달(送達)이란 **국세기본법 또는 세법에 따라 과세관청이 행정처분의 내용이 담긴 서류를 법에 정한 절차에 따라 납세자에게 송부·전달하는 행위**를 말한다. 이러한 서류의 송달은 각종 행정처분의 효력을 발생·소멸시키고 기한이나 기간의 기산점을 정하는데 중요한 의미를 갖는다. 즉 국세의 부과·징수 또는 환급 등에 관한 행정처분은 서류송달에 의하여 그 처분의 효력이 발생되기도 하고 시효가 중단되거나 정지되므로 서류의 송달은 조세채권·채무관계에 중대한 영향을 미치는 중요한 행정행위이다.

2. 서류송달장소

(1) 일반적인 서류송달장소

국세기본법 또는 세법에서 규정하는 서류는 그 명의인의 주소·거소·영업소 또는 사무소에 송달한다. 다만 서류를 송달받을 자가 주소 또는 영업소 중에서 송달을 받을 장소를 정부에 신고한 경우에는 그 신고된 장소에 송달하여야 한다(기법 9). 이 경우 정보통신망을 이용한 전자송달인 경우에는 명의인의 전자우편주소(국세정보통신망에 저장하는 경우에는 명의인의 사용자확인기호를 이용하여 접근할 수 있는 곳)에 송달한다.

① **명의인**(名義人)이란 해당 서류에 수신인으로 지정되어 있는 자를 말하며, '주소'란 생활의 근거가 되는 곳을 말하며, 이는 생계를 같이하는 가족 및 자산의 유무 등 생활관계의 객관적 사실에 따라 판정하되(국기통 8-0…1), 주소를 알 수 없는 경우와 국내에 주소가 없는 경우에는 거소를 주소로 한다(국기통 8-0…2 ②).

② 법인의 주소는 본점 또는 주사업소의 소재지에 있는 것으로 한다. 또한 "거소"란 다소의 기간 동안 계속하여 거주하는 장소로서 주소와 같이 밀접한 일반적 생활관계가 발생하지 아니하는 장소를 말한다(국기통 8-0…2).

(2) 예외적인 서류송달장소

1) 연대납세의무자에게 서류를 송달한 경우

연대납세의무자에게 서류를 송달할 때에는 그 대표자를 명의인으로 하며, 대표자가 없는 경우에는 연대납세의무자 중 국세를 징수하기에 유리한 자를 명의인으로 한다. 다만, 납세의 고지와 독촉에 관한 서류는 연대납세의무자 모두에게 각각 송달하여야 한다.

2) 상속재산관리인이 있을 때

상속이 개시된 경우 상속재산관리인이 있을 때에는 그 상속재산관리인의 주소 또는 영업소에 송달한다(기법 8③).

3) 납세관리인이 있을 때

납세관리인이 있을 때에는 납세의 고지와 독촉에 관한 서류는 그 납세관리인의 주소 또는 영업소에 송달한다(기법 8④).

4) 수감자 등에 대한 송달

송달받아야 할 사람이 교정시설 또는 국가경찰관서의 유치장에 체포·구속 또는 유치(留置)된 사실이 확인된 경우에는 해당 교정시설의 장 또는 국가경찰관서의 장에게 송달한다(기법 8 ⑤).

5) 송달을 받을 장소를 정부에 신고한 경우

서류를 송달받을 자가 주소 또는 영업소 중에서 송달을 받을 장소를 정부에 신고한 경우에는 그 신고된 장소에 송달하여야 한다(기법 9). 송달을 받을 장소의 신고(변경신고를 포함)에 있어서는 다음의 사항을 적은 문서를 해당 행정기관의 장에게 제출하여야 한다.
① 납세자의 성명
② 납세자의 주소·거소 또는 영업소의 소재지
③ 서류를 송달받을 장소
④ 서류를 송달받을 장소를 정하는 이유
⑤ 그 밖에 필요한 사항

6) 소재불명의 법인에 대한 서류송달

법인의 소재가 불명한 경우에는 법인대표자의 주소지를 확인하여 서류를 송달하고 대표자의 주소지도 불명하여 송달이 불가능한 경우에는 공시송달한다(국기통 8-0…3).

7) 제한능력자에 대한 송달

송달받아야 할 자가 제한능력자인 경우에는 그 법정대리인의 주소 또는 영업소에 서류를 송달한다(국기통 8-0…4). 여기서 제한능력자란 단독으로 완전유효한 법률행위를 할 수 있는 능력(행위능력)이 없는 자, 즉 미성년자, 성년후견 및 한정후견이 개시된 자를 말한다.

8) 파산자에 대한 송달

송달을 받을 자가 파산선고를 받은 경우에는 파산관재인의 주소 또는 영업소에 서류를 송달한다(국기통 8-0…5).

3. 서류의 송달방법

서류의 송달방법에는 교부송달과 우편송달, 전자송달 그리고 공시송달이 있으며, 원칙적으로 **교부송달과 우편송달, 전자송달**의 방법으로 서류를 송달하여야 하고(기법 10 ①), 정상적인 방법에 따른 서류의 송달이 어려운 경우에만 예외적으로 **공시송달**이 이용된다(기법 11 ①).

(1) 교부송달

1) 개 념

교부에 의한 서류 송달은 해당 행정기관의 소속 공무원이 서류를 송달할 장소에서 그 송달받아야 할 자에게 서류를 교부하는 방법으로 한다.11)

2) 송달장소

① 서류를 받아야 할 자가 송달받기를 거부하지 아니하면 다른 장소에서 교부할 수 있

---

11) 대법원 2003두13908, 2004.4.9.
『[1] 납세고지서의 교부송달 및 우편송달에 있어서는 반드시 납세의무자 또는 그와 일정한 관계에 있는 사람의 현실적인 수령행위를 전제로 하고 있다고 보아야 하며, 납세자가 과세처분의 내용을 이미 알고 있는 경우에도 납세고지서의 송달이 불필요하다고 할 수는 없다.
[2] 납세고지서의 송달을 받아야 할 자가 부과처분 제척기간이 임박하자 그 수령을 회피하기 위하여 일부러 송달을 받을 장소를 비워 두어 세무공무원이 송달을 받을 자와 보충송달을 받을 자를 만나지 못하여 부득이 사업장에 납세고지서를 두고 왔다고 하더라도 이로써 신의성실의 원칙을 들어 그 납세고지서가 송달되었다고 볼 수는 없다.』

다(기법 10 ③).

② 송달할 장소에서 서류의 송달받아야 할 자를 만나지 못하였을 때에는 그 사용인이나 그밖의 종업원 또는 동거인으로서 사리를 판별할 수 있는 사람에게 서류를 송달할 수 있다.

③ 서류를 송달받아야 할 자 또는 그 사용인이나 그밖의 종업원 또는 동거인으로서 사리를 판별할 수 있는 사람이 정당한 사유없이 서류 수령을 거부할 때에는 송달할 장소에 서류를 둘 수 있다(기법 10 ④).

3) 주소 이전시 송달

서류를 송달함에 있어서 그 송달받아야 할 자가 주소 또는 영업소를 이전하였을 때에는 주민등록표 등등으로 이를 확인하고 그 이전한 장소에 송달하여야 한다(기법 ⑤).

4) 송달절차

서류를 교부하였을 때에는 ① 서류의 명칭, ② 송달받아야 할 자의 성명, ③ 수령한 자의 성명, ④ 교부장소, ⑤ 교부 연월일, ⑥ 서류의 주요 내용 등이 기재된 교부송달서에 수령인이 서명 또는 날인하도록 하여야 한다. 수령인이 서명 또는 날인을 거부하면 그 사실을 송달서에 적어야 한다(기령 6).

(2) 우편송달

1) 개 념

우편송달에는 **일반우편**으로 하는 방법과 **등기우편**으로 하는 방법의 두 가지가 있다. 이 중 과세관청은 납부의 고지·독촉·강제징수 또는 세법에 따른 정부의 명령에 관계되는 서류를 우편에 의하여 송달할 때에는 등기우편에 의하여야 한다(기법 10 ②). 다만, 소득세 중간예납세액의 납부고지서, 부가가치세의 개인사업자에 대한 예정고지를 위한 납부고지서 및 법정신고기한 내에 과세표준신고서를 제출하였으나 세액의 전부 또는 일부를 납부하지 아니하여 과세관청이 납부고지서를 발송하는 경우로서 50만원 금액 미만에 해당하는 납세고지서는 일반우편으로 송달할 수 있다.

그밖의 서류는 일반우편에 의하여 송달할 수 있으며, 이 경우는 해당 행정기관의 장은 ① 서류의 명칭, ② 송달받아야 할 자의 성명, ③ 송달장소, ④ 발송 연월일, ⑤ 서류의 주요내용에 관한 사항을 확인할 수 있는 기록을 작성하여 갖춰 두어야 한다(기법 10 ⑦).

2) 송달장소

우편송달의 경우에도 송달할 장소에서 서류의 송달받아야 할 자를 만나지 못한 경우에는 그 사용인이나 그밖의 종업원 또는 동거인으로서 사리를 판별할 수 있는 자에게 서류를 송달할 수 있으며, 서류의 송달받아야 할 자 또는 그 사용인이나 그밖의 종업원 또는 동거인으로서 사리를 판별할 수 있는 자가 정당한 사유없이 서류의 수령을 거부한 경우에는 송달할 장소에 서류를 둘 수 있다(기법 10 ④).

하지만 등기우편의 경우「우편법」에 따라 수취인·동거인 또는 수령인으로부터 그 수령 사실의 확인을 받고 배달하여야(우편법시행령 42 ③) 하기 때문에 정당한 사유없이 서류의 수령을 거부할 때에는 송달할 장소에 서류를 둘 수 없다고 볼 수 있다.

3) 주소 이전시 송달

우편에 의하여 서류를 송달하는 경우에 있어서도 교부송달과 마찬가지로 송달받아야 할 자가 주소 또는 영업소를 이전한 경우에는 주민등록표 등에 의하여 이를 확인하고 그 이전한 장소에 송달하여야 한다.

(3) 전자송달

1) 개 념

전자송달은 서류를 송달받아야 할 자가 신청한 경우에만 할 수 있다. 다만, 납세고지서가 송달되기 전에 납세자가 국세정보통신망을 통해 다음 중 어느 하나에 해당하는 세액을 확인한 후 계좌이체의 방법으로 국세의 전액을 이 법 또는 세법이 정하는 바에 따라 자진납부한 경우 납부한 세액에 대해서는 자진납부한 시점에 전자송달을 신청한 것으로 본다(기령 6의2 ⑤).

① 「소득세법」에 따른 중간예납세액
② 「부가가치세법」에 따른 개인사업자의 예정고지 납부세액 및 간이과세자의 예정부과 납부세액

전자송달은 해당 납세자가 지정한 전자우편주소로 송달하여야 하지만, 전자송달의 경우에도 국세정보통신망의 장애로 전자송달을 할 수 없는 경우나 그 밖에 그 밖에 전자송달이 불가능한 경우로서 국세청장이 정하는 경우에는 교부 또는 우편의 방법으로 송달할 수 있다.

2) 전자송달의 신청과 철회

전자송달의 개시 및 철회는 신청서를 접수한 날의 다음날부터 적용하며, 전자송달의 신청을 철회한 자가 전자송달을 재신청하는 경우에는 철회신청일부터 30일이 지난날 이후 이를 신청할 수 있다. 전자송달을 신청하거나 그 신청을 철회하려는 자는 다음의 사항을 적은 문서를 관할 세무서장에게 제출하여야 한다(기령 6의2 ①).

① 납세자의 성명·주민등록번호 등 인적사항
② 납세자의 주소 또는 본점소재지 및 사업장소재지
③ 전자송달과 관련한 안내를 받을 수 있는 전자우편주소 또는 연락처
④ 전자송달의 안내방법 및 신청(철회)사유

국세정보통신망에 접속하여 서류를 열람할 수 있도록 하였음에도 불구하고 해당 납세자가 전자송달된 서류를 다음의 기한까지 열람하지 아니한 경우가 2회 연속되는 경우 그 두 번째로 열람하지 않은 서류에 대한 다음의 기한의 다음 날에 전자송달 신청을 철회한 것으로 본다. 다만, 납세자가 전자송달된 납부고지서에 따른 납부기한내에 납부해야하는 세액을 전액 납부한 경우에는 해당서류를 열람한 것으로 본다(기령 6의2 ④).

① 해당 서류에 납부기한 등 기한이 정해져 있는 경우 : 정하여진 해당 기한
② 위 ① 외의 경우 : 국세정보통신망에 해당 서류가 저장된 때부터 1개월이 되는 날

3) 전자송달서류의 범위

전자송달할 수 있는 서류는 납부고지서, 독촉장, 국세환급금통지서, 신고안내문, 그 밖에 국세청장이 정하는 서류로 한다. 서류 중 납부고지서 및 국세환급금통지서를 전자송달하는 경우에는 해당 납세자로 하여금 국세정보통신망에 접속하여 해당 서류를 열람할 수 있게 하여야 한다(기령 6의4 ②).

(4) 공시송달

1) 개 념

공시송달(公示送達)이란 서류를 송달받아야 할 자가 교부나 우편에 의한 정상적인 방법으로 송달할 수 없는 일정한 사유가 있을 때 서류의 요지를 공고함으로써 서류 송달이 된 것으로 보는 효과를 발생시키는 제도이다. 따라서 공시송달은 법령이 정하고 있는 사유에 해당하는 경우에만 적용한다.

2) 공시송달의 사유

서류를 송달받아야 할 자가 다음 중 하나에 해당하는 경우에 공시송달을 할 수 있다(기법 11 ①, 기령 7의2).

① 주소 또는 영업소가 국외에 있고 송달하기 곤란한 경우
② 주소 또는 영업소가 분명하지 아니한 경우
　여기서 "주소 또는 영업소가 분명하지 아니한 경우"란 주민등록표·법인등기부 등에 의해서도 주소 또는 영업소를 확인할 수 없는 경우를 말한다(기령 7).
③ 서류를 **등기우편**으로 송달하였으나 수취인이 부재중인 것으로 확인되어 반송됨으로써 납부기한 내에 송달이 곤란하다고 인정되는 경우
④ 세무공무원이 **2회 이상** 납세자를 방문(처음 방문과 마지막 방문의 기간이 토요일, 공휴일 제외하고 3일 이상이어야 함)하여 서류를 교부하려고 하였으나 수취인이 부재중인 것으로 확인되어 납부기한까지 송달이 곤란하다고 인정되는 경우

3) 공시송달의 방법

공시송달에 따른 공고는 다음 중 어느 하나에 게시하거나 게재하여야 한다. 이 경우 국세정보통신망을 이용하여 공시송달을 할 때에는 다른 공시송달 방법과 함께 하여야 한다(기법 11 ②).

① 국세정보통신망
② 세무서의 게시판이나 그밖의 적절한 장소
③ 해당 서류의 송달 장소를 관할하는 특별자치시·특별자치도·시·군·구(자치구를 말함)의 홈페이지, 게시판이나 그밖의 적절한 장소
④ 관보 또는 일간신문

4. 송달의 효력 발생

(1) 도달주의원칙

서류의 송달은 도달주의원칙에 따라 서류가 송달받아야 할 자에게 도달하는 때부터 그 효력이 발생한다(기법 12 ①). 다만, 전자송달의 경우에는 송달받을 자가 지정한 컴퓨터에 입력된 때(국세정보통신망에 저장하는 경우에는 저장된 때)에 그 송달받아야 할 자에게 도달한 것으로 본다.[12]

여기에서 「도달」이란 송달받아야 할 자에게 직접 수교할 것임을 요하는 것이 아니고,

상대방의 지배권 내에 들어가 사회통념상 일반적으로 그 사실을 알 수 있는 상태에 있을 때(예컨대, 우편이 수신함에 투입된 때 또는 동거하는 가족·친족이나 고용인이 수령한 때)를 말하며, 일단 유효하게 송달된 서류가 후에 반송되더라도 송달의 효력에는 영향이 없다(국기통 12-0…1).

(2) 공시송달의 효력

공시송달의 경우에는 서류의 주요 내용을 적법한 방법으로 공고한 날부터 14일이 지나면 서류의 송달이 있는 것으로 본다고 하고 있으므로(기법 11 ①), 공시송달의 효력도 서류의 요지를 공고한 날부터 14일이 지남으로써 발생하게 된다.

[서류의 송달방법 유형 요약]

구분	내용
1. 교부송달	소속공무원이 서류를 송달할 장소에서 받아야 할 자에게 전달
2. 우편송달	일반우편, 등기우편(납세고지, 독촉, 강제징수, 정부명령의 경우 이용)
3. 전자송달	국세정보통신망 이용(신청한 경우에만 가능)
4. 공시송달(예외적 방법)	공시송달사유(주소가 국외에 있고 송달이 곤란한 경우 등 4가지)가 있는 경우 공시송달 방법(국세정보통신망 등 4가지)으로 송달

---

12) 헌재2016헌가19, 2017.10.26.
『전자송달의 경우 수신인이 송달문서를 열어 확인한 때가 아니라 국세정보통신망(홈택스)에 고지서가 저장된 때 효력이 발생함.』

[별지 제4호 서식] (97.4.4. 개정)

	송 달 서			
① 서 류 의 명 칭				
② 명 의 인 의 성 명				
③ 명의인의 주소 또는 영업소				
④ 교 부 장 소				
⑤ 교 부 연 월 일				
⑥ 서 류 의 주 요 내 용				
⑦ 수 령 인 이 부 재 중 임	1회	2회	⑧ 수령인의 서명날인 또는 수령인이 서명날인을 거부 한 사실	
⑨ 다음 사람(송달받을 사람, 그 사용인·종업원·동거인)이 정당한 사유없이 송달받기를 거부하므로 그 장소에 서류를 두었음.				
년 월 일 소 속 : 직 급 : 성 명 :　　　　　　(서명 또는 인)				
※ 비고 : 이 송달서는 국세기본법 제10조·제11조 및 국세기본법시행령 제6조·제7조의 2의 규정에 따른 것임.				

22226-74911일　　　　　　　　　　　　　　　　　　210㎜×297㎜
97.2.11. 승인　　　　　　　　　　　　　　　　　　(신문용지 54g/㎡)

제 4 절 인 격

1. 서 론

 민법은 모든 살아 있는 사람과 사람의 집단(사단) 및 일정한 목적을 가진 재산의 집단(재단)에 대하여 권리의무의 주체가 될 수 있는 지위를 인정하고 있는데, 권리의무의 주체가 될 수 있는 지위인 권리능력 또는 권리의무능력을 인격(人格)이라고 한다. 권리의무(權利義務)의 능력이 있는 살아 있는 사람을 '자연인'이라고 하고, 권리의무의 능력이 인정된 사단과 재단을 '법인'이라고 한다. 즉 인격은 자연인과 법인으로 구분된다.
 세법에서도 권리의무능력을 가진 인격체로서의 개인이나 법인은 당연히 납세의무자가 될 수 있다. 하지만 세법은 실질적으로는 법인으로서 실체(단체)를 가지고 있으면서 형식적인 요건으로서 등기를 갖추지 못한 단체 즉, 법인 아닌 단체에 대해서도 공평과세 등을 위하여 납세의무를 지우도록 하고 있다.
 문제는 이 법인 아닌 단체를 세법상 납세주체로서 어떻게 취급할 것인가 하는 것이다. 즉, 민법상 권리의무능력이 없는 법인 아닌 단체를 세법에서는 개인으로 보는 경우와 법인으로 보는 경우로 명확히 할 필요가 있다. 그 이유는 법인세와 소득세의 과세표준과 세액의 계산체계가 다를 뿐만 아니라 부가가치세법 등에서의 의무와 과세체계도 다르기 때문이다. 현행 세법에서 인격에 대한 세법적용을 요약하면 다음과 같다.

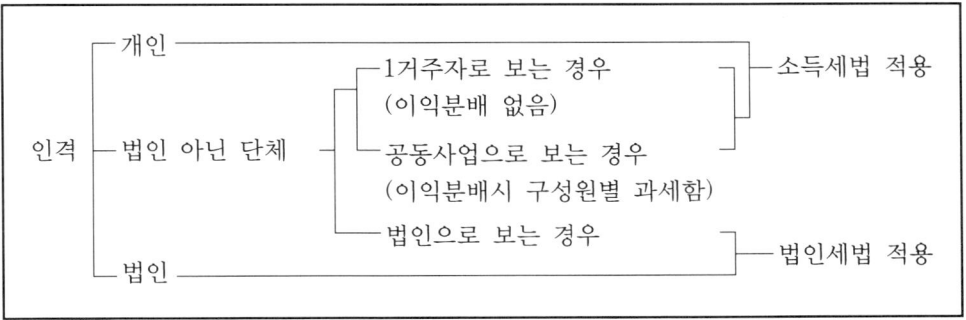

2. 개 인

 사람은 출생한 때부터 권리의무능력을 취득하고, 오직 사망으로 인하여서만 권리의무능력의 소멸을 가져온다. 세법은 자연인으로서 납세의무자가 되는 자를 개인이라고 표현하고 있다. 개인은 출생한 때부터 사망할 때까지 납세의무자가 될 자격이 있으며, 소득에 대한 과세요건을 충족하면 소득세의 납세의무자가 된다. 개인은 거주자(국내에 주소 또는 183일 이상 거소를 둔 자)와 비거주자로 구분하여 전자에게는 무제한적 납세의무를 후자에게는 제한적 납세의무를 지우고 있다.

3. 법 인

자연인이 아니면서 법에 따라 권리능력이 부여되고 있는 사단과 재단을 법인(法人)이라고 한다. 사단은 일정한 목적과 조직하에 결합된 사람의 단체이며, 재단은 일정한 목적에 바쳐진 재산의 집합체를 말한다. 모든 법인은 설립등기에 의하여 권리의무능력을 가지는 때부터 납세의무자가 될 자격이 있고, 소득에 대한 과세요건을 충족하면 법인세 납세의무자가 된다.

법인은 설립 목적에 따라 영리법인과 비영리법인으로 나눈다. 영리법인은 영리를 목적으로 설립된 합명회사, 합자회사, 유한회사 및 주식회사를 말하며 모든 소득에 대하여 무제한적 납세의무를 진다. 비영리법인은 학술, 종교, 자선, 기예, 사교, 그 밖에 영리 아닌 공익을 목적으로 설립된 사단법인 또는 재단법인과 학교법인 그리고 특별법에 따라 설립된 법인 등을 말하며 원천소득 중 수익사업에서 생긴 소득에 대하여서만 제한적 납세의무를 진다.

4. 법인으로 보는 단체

(1) 의 의

법인(내국법인 및 외국법인)과 같은 실체를 갖추고 있는 사단이나 재단임에도 설립등기를 하지 아니하여 법인격을 구비하지 못한 단체를 법인 아닌 단체라고 한다. 민·상법에서는 법인 아닌 단체는 권리의무의 주체가 될 수 없는 것이 원칙이지만, 세법은 법인 아닌 단체가 납세의무의 주체가 될 수 있는 지위를 부여하고 있다.

국세기본법에서는 법인 아닌 단체가 일정한 요건을 갖춘 설립등기를 하지 아니한 사단 또는 재단을 법인으로 의제(擬制)하도록 규정하여 법인세를 부과하도록 하고 있으며, 법인으로 의제하지 아니한 사단 또는 재단의 경우에는 소득세를 부과하도록 규정하고 있다.

(2) 법인으로 보는 법인 아닌 단체

1) 기본적으로 법인으로 보는 단체(당연 의제)

법인이 아닌 사단·재단, 그밖의 단체 중 다음 중 하나에 해당하는 경우로서 수익을 구성원에게 분배하지 아니하는 것은 법인으로 보아 이 법과 세법을 적용한다(기법 13 ①).
① 인허가 또는 등록된 미등기단체 : 주무관청의 허가 또는 인가를 받아 설립하거나 법령에 따라 주무관청에 등록한 사단·재단, 그밖의 단체로서 등기되지 아니한 것
② 공익목적의 미등기재단 : 공익을 목적으로 출연된 기본재산이 있는 재단으로서 등기되지 아니한 것

2) 신청·승인에 의하여 법인으로 보는 단체(승인 의제)

가) 요 건

법인 아닌 단체 중 다음의 모든 요건을 갖춘 것으로서 **대표자나 관리인이 관할 세무서장에게 신청하여 승인**을 받은 것도 법인으로 보아 이 법과 세법을 적용한다. 이 경우 해당 사단, 재단, 그밖의 단체의 계속성과 동질성이 유지되는 것으로 본다. 다만, 이 경우는 관할 세무서장으로부터 승인을 받은 날이 속하는 과세기간과 그 과세기간이 끝난 날부터 **3년간은 거주자로 변경할 수 없다**. 그러나 요건을 갖추지 못하게 되어 승인 취소를 받는 경우에는 그러하지 아니하다(기법 13 ③).
① 사단·재단, 그밖의 단체의 조직과 운영에 관한 규정을 가지고 대표자나 관리인을 선임하고 있을 것
② 사단·재단, 그밖의 단체 자신의 계산과 명의로 수익과 재산을 독립적으로 소유·관리할 것
③ 사단·재단, 그밖의 단체의 수익을 구성원에게 분배하지 아니하는 것

나) 신 청

법인으로 승인을 얻고자 하는 법인이 아닌 사단·재단, 그밖의 단체(법인 아닌 단체)의 대표자나 관리인은 다음의 사항을 적은 문서를 관할 세무서장에게 제출하여야 한다(기령 8 ①).
① 단체의 명칭
② 주사무소의 주소지
③ 대표자나 관리인의 성명과 주소 또는 거소
④ 고유사업

⑤ 재산상황
⑥ 정관 또는 조직과 운영에 관한 규정
⑦ 그 밖에 필요한 사항

다) 승 인

관할 세무서장은 법인 아닌 단체의 대표자나 관리인이 제출한 문서에 대하여 그 승인 여부를 신청일부터 10일 이내에 신청인에게 통지하여야 한다(기령 8 ②). 승인을 받은 법인 아닌 단체에 대해서는 승인과 동시에 부가가치세법시행령 제8조 제2항에 규정하는 고유번호를 주어야 한다. 다만, 해당 단체가 수익사업을 영위하려는 경우로서 법인세법 제111조에 따라 사업자등록을 하여야 하는 경우에는 그러하지 아니하다(기령 8 ③).

라) 승인취소

승인을 받은 법인 아닌 단체가 승인의 요건을 갖추지 못하게 되었을 때에는 관할 세무서장은 지체없이 그 승인을 취소하여야 한다(기령 8 ④).

3) 법인으로 보는 단체의 대표자 변경 신고

① 법인으로 보는 단체는 국세에 관한 의무 이행을 위하여 대표자나 관리인을 선임하거나 변경한 경우에는 대통령령으로 정하는 바에 따라 관할 세무서장에게 신고하여야 한다.

② 법인으로 보는 단체가 위 '①'에 따른 신고를 하지 아니한 경우에는 관할 세무서장은 그 단체의 구성원 또는 관계인 중 1명을 국세에 관한 의무를 이행하는 사람으로 지정할 수 있다.

국세기본법 시행규칙 [별지 제6호서식] <개정 2018. 3. 19.>

법인으로 보는 단체의 승인신청서

(앞쪽)

접수번호	접수일	처리기간 10일

신청단체	명 칭		결성연월일	
	소재지			
	전화번호		전자우편주소	

대표자 또는 관리인	성 명		주민등록번호	
	주소 또는 거소			
	전화번호 (자택)	(휴대전화)	전자우편주소	

사업내용	고유사업	
	수익사업	

단체의 재산상황

구 분	소재지(발행처)	가액
부 동 산		
유가증권 및 그 밖의 재산		
합 계		

신청인의 위임을 받아 대리인이 신청을 하는 경우 아래 사항을 적어 주시기 바랍니다.

대 리 인 인적사항	성 명		주민등록번호	
	주소 또는 거소			
	전화번호 (자택)	(휴대전화)	신청인과의 관계	

국세청이 제공하는 국세정보 수신동의 여부	[　] 문자(SMS) 수신에 동의함(선택)
	[　] 이메일 수신에 동의함(선택)

「국세기본법」 제13조제2항 및 같은 법 시행령 제8조제1항에 따라 위와 같이 신청합니다.

년　　월　　일

신청인　　　　　(서명 또는 인)

위 대리인　　　　(서명 또는 인)

세무서장　　　　　　　　　　　　　　귀하

첨부서류	1. 정관 또는 조직과 운영에 관한 규정 1부 2. 대표자 또는 관리인임을 입증할 수 있는 자료	수수료 없 음

210mm×297mm[백상지 80g/㎡(재활용품)]

(뒤쪽)

| 처리절차 |

이 신청서는 아래와 같이 처리됩니다.

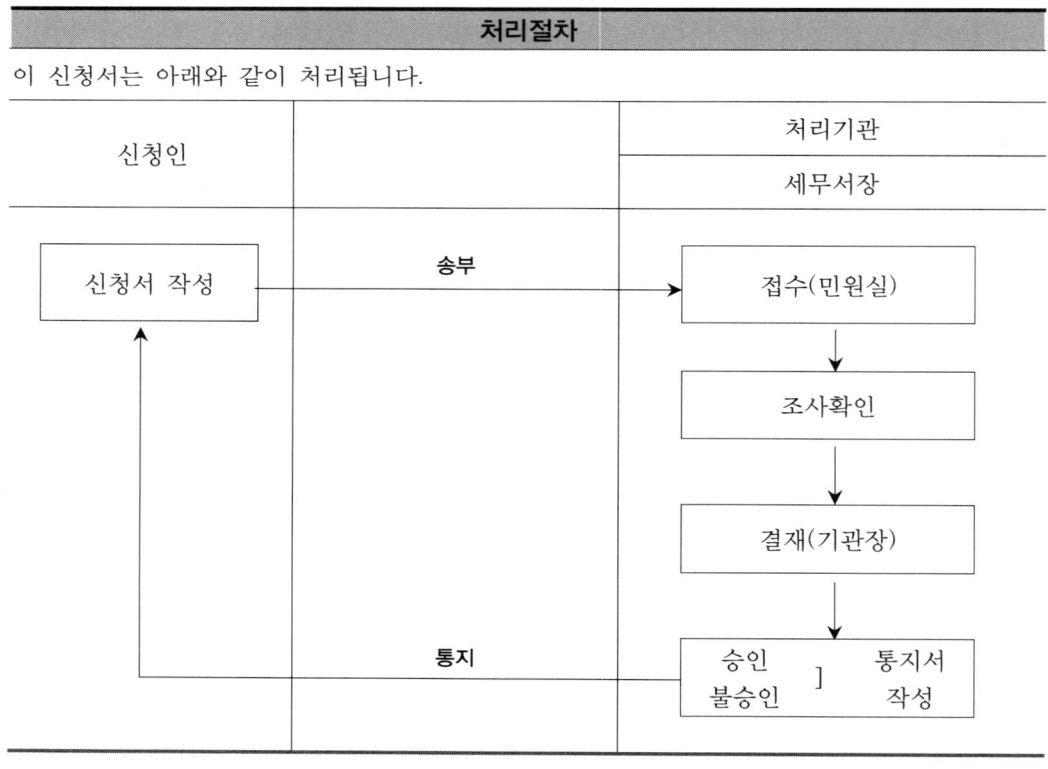

국세기본법 시행규칙[별지 제6호의 4 서식] (2014.3.14. 개정)

법인으로 보는 단체의 대표자 등의 선임(변경)신고서

접수번호	접수일		처리기간	즉시

신고 단체	명 칭		고유번호 또는 사업자등록번호
	소재지		
	전화번호		전자우편주소

신고 내용	선임(변경)연월일		신고사유 [ ]최초선임 [ ]변 경	
	최초 선임 (변경 전)	성명	주민등록번호	
		주소 또는 거소		
	변경 후	성명	주민등록번호	
		주소 또는 거소		

「국세기본법」 제13조 제5항 및 같은 법 시행령 제9조에 따라 위와 같이 신고합니다.

년   월   일

신고인   (서명 또는 인)

세무서장 귀하

첨부서류	없 음	수수료 없 음

210mm×297mm[백상지 80g/㎡(재활용품)]

(3) 개인으로 보는 법인 아닌 단체

법인으로 의제하지 아니하는 법인 아닌 단체는 개인으로 보아 소득세법을 적용한다(소법 2 ③). 법인 아닌 단체는 1거주자로 보는 경우(이익분배하지 않음)와 공동사업으로 보아 이익분배시 구성원별로 과세하는(소득세 또는 법인세) 경우로 구분한다.

[개인(사업자)과 법인(사업자)의 비교]

구분	개인(사업자)	법인
설립절차	간단함	복잡함
등기여부	등기 불필요	법인등기 의무(법인 등기부등본)
출자	출자금(대표자 인출가능)	자본금(대표자 인출불가능)
자금조달	대표자 개인에 의존	증권발행 용이(주식, 채권 등)
책임한도	대표자 무한책임	주주 유한책임
관련세법	소득세법(세율 6%~45%)	법인세법(세율 10%~25%)
과세근거	소득원천설(종합소득, 퇴직소득, 양도소득으로 분류과세)	순자산증가설
기장의무	수입금액에 따라 복식부기의무자, 간편장부대상자로 구분됨(전기수입 4,800만원 미만 무기장가산세 배제함)	모두 복식부기의무자임

주 1) 개인사업자의 사업소득과 법인세법상 영리법인의 소득은 소득의 본질과 범위가 유사하나, 세법상 과세소득의 범위와 과세방법은 약간의 차이가 있다.
   2) 모든 사업자(개인과 법인 관계없이)는 사업자등록을 하여야 한다(부가가치세법 제8조).

제2장 국세부과와 세법적용의 원칙

제 1 절 국세부과의 원칙

1. 서 론

조세의 부과란 과세요건의 충족을 확인하고 그 세액을 확정하는 행위로 납세의무자가 하는 자기부과(신고과세조세)와 과세권자인 정부가 하는 정부부과(부과과세조세)가 있다. 따라서 **국세부과의 원칙이란 국가 또는 납세자가 국세에 관한 과세요건의 충족을 확인하고 그 세액을 확정함에 있어서 지켜야 할 원칙**이다. 이 원칙은 조세법률관계를 확실히 하여 납세의무자의 공평한 세부담과 국민의 재산권보장, 그리고 과세권의 원만한 행사를 위한 기본방향을 구체적으로 밝힌 것이라는 데에 중요한 의미를 지닌다. 국세기본법은 국세부과의 원칙으로서 실질과세의 원칙과 신의·성실의 원칙, 근거과세의 원칙 그리고 조세감면 사후관리의 원칙 등 네 가지를 규정하고 있다. 하지만 **국세부과의 원칙**에 대하여 개별세법에 특례규정을 둘 수 있도록 허용함으로써 이 원칙들에 대한 **예외**를 인정하고 있다.

[국세부과의 원칙 유형]

구분	내용
실질과세의 원칙	① 귀속에 관한 실질과세 ② 거래내용에 관한 실질과세 ③ 거래행위에 관한 실질과세
신의·성실의 원칙	신의칙·금반언(禁反言), 쌍방준수 의무, 배신적 처분 금지
근거과세의 원칙	① 원칙 : 실지조사결정 ② 예외 : 추계결정
조세감면사후관리의 원칙	조세특례제한법 등 규정

2. 실질과세의 원칙

(1) 의 의

실질과세의 원칙은 조세법률관계에서 형식·외관과 그 실질·내용이 서로 다른 경우에 그 실질·내용에 따라 과세한다는 것이다. 이는 조세부담능력을 고려한 적정과세를 실현하고 또한 실질과 어긋나는 법적 형식을 통하여 조세부담을 회피하는 부당행위를 차단하려는 이념을 바탕으로 한다. 다시 말해 실질과세의 원칙은 조세는 그 본질이 경제적 부담이고 조세를 감당하는 것은 납세의무자의 경제력이라고 볼 때 조세가 법형식이나 법적 외관에 따라 과세될 것이 아니고 경제적 실질을 추구하여 그에 과세되어야 한다는 것이다.

실질과세의 원칙은 세법의 해석 및 요건사실의 검토·확인에 있어서 조세부담의 공평이 이루어지도록 경제적 의의 및 실질에 따라 해석하고 판단해야 한다는 세법만의 고유원칙으로 세법에 실질과세의 원칙이 규정되는 것은 법규정 이전의 문제라고 본다.

(2) 실질과세원칙의 유형

국세기본법상 실질과세원칙은 세 가지 유형으로 나눌 수 있는데 하나는 귀속에 관한 실질주의이고, 다른 하나는 거래내용 및 거래행위에 관한 실질주의이다.

1) 귀속에 관한 실질과세(납세주체에 관한 실질과세)

귀속에 관한 실질과세는 과세의 대상이 되는 소득·수익·재산·행위 또는 거래의 귀속이 명의(名義)일 뿐이고 사실상 귀속되는 자가 따로 있을 때에는 사실상 귀속되는 자를 납세의무자로 하여 세법을 적용한다는 원칙이다.[13]

귀속에 관한 실질과세의 예를 기본통칙에서 살펴보면 다음과 같다.

---

13) 대법원 2011두9935, 2014.5.16.
『소득이나 수익, 재산, 행위 또는 거래 등의 과세대상에 관하여 귀속 명의와 달리 실질적으로 이를 지배·관리하는 자가 따로 있는 경우에는 형식이나 외관을 이유로 귀속 명의자를 납세의무자로 삼을 것이 아니라, 실질과세의 원칙에 따라 실질적으로 당해 과세대상을 지배·관리하는 자를 납세의무자로 삼아야 할 것이다. 그리고 그러한 경우에 해당하는지는 명의사용의 경위와 당사자의 약정 내용, 명의자의 관여 정도와 범위, 내부적인 책임과 계산 관계, 과세대상에 대한 독립적인 관리·처분 권한의 소재 등 여러 사정을 종합적으로 고려하여 판단하여야 한다.』

① 사업자등록명의자와 실제사업자가 상이한 경우

사업자명의등록자와는 별도로 사실상의 사업자가 있을 때에는 사실상의 사업자를 납세의무자로 본다(국기통 14-0…1).

② 1인 명의로 사업자등록을 하고 수인이 동업하는 경우

1인 명의로 사업자등록을 하고 2명 이상이 동업하여 그 수익을 분배하는 경우에는 외관상의 사업명의인이 누구이냐에 관계없이 실질과세의 원칙에 따라 국세를 부과한다(국기통 14-0…2).

③ 명의상 주주에 대한 과세문제

회사의 주주로 명부상 등재되어 있더라도 회사의 대표자가 임의로 등재한 것일 뿐 회사의 주주로서 권리행사를 한 사실이 없는 경우에는 그 명의자인 주주를 세법상 주주로 보지 않는다(국기통 14-0…3).

④ 공문서상 명의자와 실질소유자가 다른 경우

공문서상 등기·등록 등이 타인의 명의로 되어 있더라도 사실상 해당 사업자가 취득하여 사업에 공하였음이 확인되는 경우에는 이를 그 사실상 사업자의 사업용 자산으로 본다(국기통 14-0…4).

⑤ 명의신탁자에 대한 과세

명의신탁부동산을 매각처분한 경우에는 양도의 주체 및 납세의무자는 명의수탁자가 아니고 명의신탁자이다(국기통 14-0…6).

2) 거래내용에 관한 실질과세(과세객체에 관한 실질과세)

거래내용에 관한 실질과세는 과세표준 계산에 있어서 소득, 수익, 재산, 행위, 거래는 그 명칭이나 형식 여하에 관계없이 그 실질내용에 따라 판단하여 조세를 부과하여야 한다(기법 14 ②)는 원칙이다.[14] 이와 같은 실질과세원칙이 추구하는 궁극적인 이념은 조세부담의 공평이다. 조세부담의 공평은 인간의 평등사상 중 경제적 측면에 대한 것으로 모든 국민은 동일한 조건하에서 동일한 금액의 조세를 부담하여야 한다는 것이다.

거래의 실질내용은 형식상의 기록내용이나 거래명의에 관계없이 상거래관례, 구체적

---

14) 대법원 2016두49525, 2019.6.27.
『주식의 매도가 자산거래인 주식 양도에 해당하는지 또는 자본거래인 주식소각이나 자본 환급에 해당하는지는 법률행위 해석의 문제로서 거래의 내용과 당사자의 의사를 기초로 판단해야 하지만, 실질과세의 원칙상 단순히 계약서의 내용이나 형식에만 의존할 것이 아니라, 당사자의 의사와 계약체결의 경위, 대금의 결정방법, 거래의 경과 등 거래의 전체 과정을 실질적으로 파악하여 판단해야 한다』

인 증빙, 거래 당시의 정황 및 사회통념 등을 고려하여 판단한다(국기통 14-0···5).

3) 우회거래행위에 관한 실질과세

제3자를 통한 간접적인 방법이나 둘 이상의 행위 또는 거래를 거치는 방법으로 국세기본법 또는 세법의 혜택을 부당하게 받기 위한 것으로 인정되는 경우에는 그 경제적 실질내용에 따라 당사자가 직접 거래를 한 것으로 보거나 연속된 하나의 행위 또는 거래를 한 것으로 보아 국세기본법 또는 세법을 적용한다.

(3) 부당행위계산부인

소득세법 또는 법인세법의 부당행위계산부인에 관한 규정은 특수관계자와의 비정상적인 행위 또는 계산을 부인하여 과세의 공평을 기하고 조세회피를 방지하려는 것이다. 다시 말하면 사법상의 측면에서는 행위나 계산 자체가 계속적으로 유효하지만, 조세법적인 측면에서는 경제적 사실 등에 비추어 합리성이 결여되어 있어 그 행위나 계산을 부인하여 보다 실질에 가까운 과세를 하자는 것이다.

(4) 실질과세원칙과 조세법률주의와의 관계

실질과세의 원칙은 헌법상의 기본이념인 평등의 원칙을 조세법률관계에 구현하기 위한 실천적 원리로서, 조세의 부담을 회피할 목적으로 과세요건사실에 관하여 실질과 괴리되는 비합리적인 형식이나 외관을 취하는 경우에 그 형식이나 외관에 불구하고 실질에 따라 담세력이 있는 곳에 과세함으로써 부당한 조세회피행위를 규제하고 과세의 형평을 제고하여 조세정의를 실현하고자 하는 데 주된 목적이 있다. 이는 조세법의 기본원리인 조세법률주의와 대립관계에 있는 것이 아니라 조세법규를 다양하게 변화하는 경제생활관계에 적용함에 있어 예측가능성과 법적 안정성이 훼손되지 않는 범위 내에서 합목적적이고 탄력적으로 해석함으로써 조세법률주의의 형해화(형식만 있고 가치가 없음을 의미한다)를 막고 실효성을 확보한다는 점에서 조세법률주의와 상호보완적이고 불가분적인 관계에 있다고 할 것이다(대법원 2017두58236, 2018.2.28. 등 참조).

3. 신의·성실의 원칙

(1) 의 의

신의·성실의 원칙(또는 신의칙 원칙)은 인간이 사회공동생활의 일원으로서 신의와 성실을 가지고 행동함으로써 상대방의 신뢰를 배반하여서는 안된다는 원칙이다. 이는 자신의 과거의 언행에 반하는 주장을 함으로써 그의 과거의 언행을 신뢰하고 행동한 상대방의 이익을 침해할 수 없다는 영미법상의 금반언(Estoppel)의 원칙과 유사한 의미이다.

국세기본법은 "납세자가 그 의무를 이행할 때에는 신의에 따라 성실하게 하여야 한다. 세무공무원이 그 직무를 수행할 때에도 또한 같다(기법 15)"라고 하여 공법관계인 국가와 국민간의 조세채권·채무관계의 이행에 있어서도 일반 사법관계인 채권·채무의 영역에서와 마찬가지로 납세자와 세무공무원 쌍방이 신의·성실의 원칙을 준수할 것을 규정하고 있다.

(2) 적용요건

신의·성실의 원칙은 과세관청이 세법을 해석·적용함에 있어서도 중요한 기준이 된다. 과세관청이 신의·성실의 원칙에 위배되는 과세처분을 할 경우 그 처분은 당연히 위법이다. 예컨대 판례는 「일반적으로 조세법률관계에서 다음과 같은 요건이 모두 충족될 때에는 과세관청의 처분은 신의·성실의 원칙에 위반되는 행위로서 위법하다고 보게 된다.」고 판시하고 있는데, 이 네 가지가 신의성실의 원칙의 적용요건이라 할 수 있다(대법원 1987.5.26. 선고 86누92).

① 과세관청이 납세자에게 신뢰의 대상이 되는 공적인 견해표명을 하여야 하고,
② 과세관청의 견해표명이 정당하다고 신뢰한 데 대하여 납세자에게 귀책사유가 없어야 하며,
③ 납세자가 그 견해표명을 신뢰하고 이에 따라 무엇인가 행위를 하여야 하고,
④ 과세관청이 위 견해표명에 반하는 처분을 함으로써 납세자의 이익이 침해되는 결과가 초래되어야 한다.

(3) 신의·성실의 원칙의 위반효과

과세관청이 당초의 의견표명에 반하는 처분을 함으로써 납세자의 신뢰를 저버리는 행정처분(과세처분 등)을 행한 경우에는 신의·성실의 원칙의 위반이 된다. 이 경우는 그 행정처분이 비록 적법한 처분이라 하더라도 취소 가능한 행정처분이 된다. 만약 납세자가

신의·성실의 원칙을 위반하면 세금추징 등이 이루어진다.

4. 근거과세의 원칙

(1) 의 의

근거과세의 원칙은 납세의무자가 세법에 따라 장부를 갖추어 기록하고 있을 경우에는 해당 국세의 과세표준의 조사와 결정은 그 **장부와 이에 관계되는 증거자료**에 의하여야 한다는 원칙이다(기법 16 ①).

이는 추계과세에 의한 과세권의 남용을 방지하여 국민의 재산권을 보호하고, 성실한 기장유도를 통하여 정확한 과세표준과 세액의 산정, 과세권자와 납세자간의 조세마찰을 방지하기 위한 원칙이라 할 것이다.

(2) 근거과세의 예외

국세를 조사·결정할 때 장부의 기록 내용이 사실과 다르거나 장부의 기록에 누락된 것이 있을 때에는 그 부분에 대해서만 과세관청이 조사한 사실에 따라 결정할 수 있다고 하여 **추계과세**를 인정하고 있다(기법 16 ②).

정부는 장부의 기록 내용과 다른 사실 또는 장부 기록에 누락된 것을 조사하여 결정하였을 때에는 정부가 조사한 사실과 결정의 근거를 결정서에 적어야 하며(기법 16 ③), 행정기관의 장은 해당 납세의무자나 그 대리인이 요구하면 이 결정서를 열람하거나 복사하게 하거나 그 등본 또는 초본이 원본과 일치함을 확인하여야 한다(기법 16 ④). 이때 요구는 구술로 하지만 해당 행정기관의 장이 필요하다고 인정하는 경우에는 열람하거나 복사한 사람의의 서명을 요구할 수 있다.

법인세법·소득세법 및 부가가치세법 등에서 실지조사결정을 할 수 없는 경우 기준경비율·단순경비율 또는 동업자권형 등에 의하여 추계결정을 하도록 규정하고 있다.

5. 조세감면 사후관리의 원칙

조세감면은 일종의 조세 우대조치로서 국가가 어떤 정책적 목적을 달성하기 위하여 특정한 요건을 충족하는 납세자에게 담세력 등 그밖의 상황이 동일함에도 관계없이 세부담을 경감 또는 면제하여 주는 제도를 말한다. 이는 동일한 담세력에 대하여 차별적 조세를 부과할 뿐 아니라 특정 납세자 집단의 세부담을 다른 납세자 집단의 부담으로 떠

넘기는 결과가 되어 조세공평주의의 원칙에 크게 역행하는 제도이다.

하지만 국가에서는 중소기업육성, 기업의 재무구조 개선, 인구집중의 억제, 특정산업의 육성 등 국가의 정책적 목적을 달성하기 위하여 조세감면제도를 광범위하게 활용하고 있다. 따라서 조세감면은 기업에 대한 무조건적인 혜택이 아니므로 기업은 조세감면으로부터 얻은 재원을 그 감면조치가 목적하는 용도에 사용하여야 할 것이며, 국가에서는 의도한 정책목표를 성공적으로 달성하기 위하여 감면하여 준 세액을 기업이 어떻게 이용하는가에 대하여 사후관리할 필요가 있다.

국세기본법은 "정부는 국세를 감면한 경우에 그 감면의 취지를 성취하거나 국가정책을 수행하기 위하여 필요하다고 인정하면 세법에서 정하는 바에 따라 감면한 세액에 상당하는 자금 또는 자산의 운용범위를 정할 수 있으며, 그 운용 범위를 벗어난 자금 또는 자산에 상당하는 감면세액은 세법에서 정하는 바에 따라 감면을 취소하고 징수할 수 있다"고 규정하고 있다(기법 17).

제 2 절 세법적용의 원칙

1. 서 론

세법적용의 원칙이란 조세법규의 해석 및 적용에 있어서 지켜야 할 원칙이다. 다시 말하면 각 세법규정의 규범적 의미를 명확히 해석하고, 구체적인 조세사실이 어느 법규에 해당하는가를 확인하여 적용하며, 결과적으로는 이들 양자를 결부시킴으로써 조세법률 효과를 발생토록 하는 과정에서 준수하여야 할 원칙이다. 이 원칙은 세무당국이 지켜야 할 행동원칙이다.

국세기본법은 세법적용의 원칙으로는 세법해석의 기준, 소급과세금지의 원칙, 세무공무원의 재량의 한계, 그리고 기업회계존중의 원칙을 규정하고 있으며, 세법해석의 기준 및 소급과세의 금지기준에 적합한 세법해석을 위하여 기획재정부에 국세예규심사위원회를 두도록 규정하고 있다.

[세법적용의 원칙 유형]

구 분	내 용
세법해석의 기준 (재산권 부당 침해 금지)	① 세법 해석·적용시 과세의 형평과 해당 조항의 합목적성 고려 ② 엄격해석(확장·유추해석 금지)
소급과세의 금지	① 입법에 의한 소급과세의 금지 ② 행정상 소급과세의 금지
세무공무원의 재량의 한계	법규재량(자유재량은 허용하지 않음)
기업회계의 존중	세법 우선 적용 → 세법에 특별한 규정이 없는 경우 기업회계 적용

2. 세법해석의 기준

(1) 의 의

국세기본법은 "세법의 해석·적용할 때에는 과세의 형평과 해당 조항의 합목적성에 비추어 납세자의 재산권이 부당하게 침해되지 아니하도록 하여야 한다"고 하는 세법해석의 기준을 규정하고 있다(기법 18 ①). 이 **세법해석의 기준**은 세법이 본질적으로 납세자의 재산권에 대한 침해적인 성격을 띠므로 그러한 세법규정의 해석·적용에 관한 한계를 명확히 제시함으로써 조세공평주의와 조세법률주의의 이념에 비춰 납세자의 재산권이 부당하게 침해되는 것을 방지하려는 것이다.

이 세법의 해석기준을 구체적으로 살펴보면 다음 세 가지로 나누어 볼 수 있다.

① 세법은 조세부담이 국민들의 담세력에 따라 과세의 형평이 이루어지도록 해석하여야 한다.
② 세법의 해석은 먼저 해당 세법의 목적을 고려하고 해당 조항의 제정 목적을 고려하여야 한다.
③ 세법의 해석은 납세자의 재산권이 부당히 침해되지 않도록 하여야 한다.

(2) 해석방법

조세법규의 해석은 특별한 사정이 없으면 법문대로 해석하여야 하며, 합리적 이유없이 확장해석하거나 유추해석 하는 것은 허용되지 않는다. 특히 감면요건규정 가운데에 명백히 특혜규정이라고 볼 수 있는 것은 엄격하게 해석하는 것이 조세공평의 원칙에도 부합한다.[15]

(3) 해석유형

해석유형은 크게 법규의 문자를 그 뜻대로 해석하는 **문리해석**과 법규의 취지나 목적에 따라 해석하는 **논리해석**으로 구분할 수 있고, 논리해석은 확장해석·유추해석·물론해석·반대해석 그리고 축소해석 등 여러 가지로 구분할 수 있다. 문제는 성문법주의 국가에서는 어떠한 법의 해석에 있어서도 문리해석이 주된 것이고, 논리해석은 보다 엄격하게 하여 보충적 방법일 수밖에 없다는 것이다.16)

① 문리해석(文理解釋) : 이는 법령의 문자·문언·문장의 문법적 구조에 중점을 두고 해석하는 것을 말한다.
② 논리해석(論理解釋) : 법에 담겨 있는 이치 내지 조리(條理), 법령의 취지 내지 목적에 중점을 두고 해석하는 것을 말한다.
  ㉮ 확장해석(擴張解釋) : 통상적인 의미보다 넓은 개념으로 해석하는 것을 말한다.
  ㉯ 축소해석(縮小解釋) : 통상적인 의미보다 좁은 개념으로 해석하는 것을 말한다.
  ㉰ 유추해석(類推解釋) : 어떤 사항에 관하여 직접 규정하고 있지 아니한 경우에 가장 유사한 사항에 관하여 규정한 법규정을 찾아 해석하는 방법이다.
  ㉱ 물론해석(勿論解釋) : 법의 규정에 명문으로 표현되어 있지 않더라도 그 법의 입법목적 내지 입법취지에 비추어 보아 마땅히 그렇다고 해석하는 방법이다.

(4) 국세예규심사위원회

1) 개 념

다음의 사항을 심의하기 위하여 기획재정부에 국세예규심사위원회를 둔다(기법18의 2).
① (세법해석의 기준 및 소급과세금지의 기준에 맞는) 세법의 해석 및 이와 관련되는 「국세기본법」의 해석에 관한 사항
② 「관세법」의 해석 및 이와 관련되는 「자유무역협정의 이행을 위한 관세법의 특례에 관한 법률」 및 「수출용 원재료에 대한 관세 등 환급에 관한 특례법」의 해석에 관한 사항

---

15) 대법원 2019두, 2019.5.30.
『조세법률주의의 원칙상 과세요건이거나 비과세요건 또는 조세감면요건을 막론하고 조세법규의 해석은 특별한 사정이 없으면 법문대로 해석할 것이고 합리적 이유없이 확장해석하거나 유추해석하는 것은 허용되지 아니 하고, 특히 감면요건규정 가운데에 명백히 특혜규정이라고 볼 수 있는 것은 엄격하게 해석하는 것이 조세공평의 원칙에도 부합한다.』
16) 대법원 2016다212722, 2017.10.12.
『조세법률주의의 원칙상 조세법규의 해석은 특별한 사정이 없는 한 법문대로 해석하여야 하고 합리적 이유 없이 확장해석하거나 유추해석하는 것은 허용되지 않는다. 그렇지만 법규 상호간의 해석을 통하여 그 의미를 명백히 할 필요가 있는 경우에는 조세법률주의가 지향하는 법적 안정성 및 예측가능성을 해치지 않는 범위 내에서 입법취지 및 목적 등을 고려한 합목적적 해석을 하는 것은 불가피하다.』

2) 구 성

국세예규심사위원회는 위원장 1명을 포함한 50명 이내의 위원으로 구성한다. 이 때 위원장은 기획재정부 세제실장이 되고, 위원은 다음의 사람으로 구성된다. '⑥'의 민간위원의 임기는 2년으로 하며, 한 차례만 연임할 수 있다(기령 9의3).

① 기획재정부의 고위공무원단에 속하는 공무원이 근무하는 직위로서 기획재정부장관이 지명하는 직위에 근무하는 사람
② 법제처의 고위공무원단에 속하는 공무원이 근무하는 직위로서 법제처장이 추천하는 직위에 근무하는 사람
③ 국세청의 고위공무원단에 속하는 공무원이 근무하는 직위로서 국세청장이 추천하는 직위에 근무하는 사람
④ 관세청의 고위공무원단에 속하는 공무원이 근무하는 직위로서 관세청장이 추천하는 직위에 근무하는 사람
⑤ 조세심판원의 고위공무원단에 속하는 공무원이 근무하는 직위로서 조세심판원장이 추천하는 직위에 근무하는 사람
⑥ 법률·회계 또는 경제 전반에 대한 학식과 경험이 풍부한 사람으로서 기획재정부장관이 위촉하는 사람

3) 의 결

① 위원장은 국세 예규심사위원회의 회의를 소집하고, 그 의장이 된다.
② **국세예규심사위원회의 회의**는 위원장과 위원장이 회의마다 지정하는 12명 이상 20명 이내의 위원으로 구성하되, 이 경우 민간위원 2분의 1 이상을 포함하여야 한다.
③ 국세예규심사위원회의 회의는 구성원 과반수의 출석으로 개의하고, 출석위원 과반수의 찬성으로 의결한다.
④ 국세예규심사위원회의 회의는 공개하지 아니한다. 다만, 위원장이 필요하다고 인정하는 경우에는 공개할 수 있다.

4) 위원의 제척과 회피

국세예규심사위원회의 위원은 다음 중 어느 하나에 해당하는 경우에는 위원회의 심의·의결에서 제척(除斥)된다. 그리고 국세예규심사위원회의 위원은 다음 중 어느 하나에 해당하는 경우에는 스스로 해당 안건의 심의·의결에서 회피(回避)하여야 한다.

① 질의자(세법 해석 등에 관하여 질의를 한 자를 말하며, 국세청장이 해석을 요청한 경우 국세청장에게 질의한 자를 포함한다) 또는 질의자의 위임을 받아 질의 업무를 수행하거나 수행하였던 자인 경우
② 위 ①에 규정된 사람의 친족이거나 친족이었던 경우
③ 위 ①에 규정된 사람의 사용인이거나 사용인이었던 경우(질의일 기준으로 최근 5년 이내에 사용인이었던 경우로 한정한다)
④ 질의의 대상이 되는 처분이나 처분에 대한 이의신청, 심사청구 또는 심판청구에 관하여 증언 또는 감정을 한 경우
⑤ 질의일 전 최근 5년 이내에 질의의 대상이 되는 처분, 처분에 대한 이의신청·심사청구·심판청구 또는 그 기초가 되는 세무조사에 관여하였던 경우
⑥ 위 ④ 또는 ⑤에 해당하는 법인 또는 단체에 속하거나 질의일 전 최근 5년 이내에 속하였던 경우
⑦ 그 밖에 질의자 또는 질의자의 위임을 받아 질의 업무를 수행하는 자의 업무에 관여하거나 관여하였던 경우

5) 위원의 지명철회·추천철회·해촉

① 기획재정부장관은 국세예규심사위원이 다음 중 어느 하나에 해당하는 경우에는 그 지명을 철회할 수 있다(기령 9의4).
  ㉮ 심신장애로 인하여 직무를 수행할 수 없게 된 경우
  ㉯ 직무와 관련된 비위사실이 있는 경우
  ㉰ 직무태만, 품위손상이나 그밖의 사유로 인하여 위원으로 적합하지 아니하다고 인정되는 경우
  ㉱ 제척(除斥)사유 중 어느 하나에 해당하는 데에도 불구하고 회피하지 아니한 경우
  ㉲ 위원 스스로 직무를 수행하는 것이 곤란하다고 의사를 밝히는 경우
② 앞 '2) 구성' 중 ②부터 ⑤까지의 위원을 추천한 자는 해당 위원이 위 '①'의 어느 하나에 해당하는 경우에는 그 추천을 철회할 수 있다.
③ 기획재정부장관은 법률·회계 또는 경제 전반에 대한 학식과 경험이 풍부한 사람으로서 기획재정부장관이 위촉하는 위원이 위 '①'의 어느 하나에 해당하는 경우에는 해당 위원을 해촉(解囑)할 수 있다.

(5) 세법해석에 관한 질의회신 절차와 방법

기획재정부장관 및 국세청장은 세법의 해석과 관련된 질의에 대하여 국세기본법에 따른 세법해석의 기준에 따라 해석하여 회신하여야 한다. 그 절차와 방법은 다음과 같다 (기령 10).

① 국세청장이 회신한 경우 회신한 문서의 사본을 해당 문서의 시행일이 속하는 달의 다음 달 말일까지 기획재정부장관에게 송부하여야 한다.
② 국세청장은 세법해석에 관한 질의가 국세예규심사위원회의 심의사항 중 하나에 해당하는 경우에는 기획재정부장관에게 의견을 첨부하여 해석을 요청하여야 한다.
③ 국세청장은 위 '②'에 따른 기획재정부장관의 해석에 이견이 있을 때에는 그 이유를 붙여 재해석을 요청할 수 있다.
④ 기획재정부장관에게 제출된 세법해석과 관련된 질의는 국세청장에게 이송하고 그 사실을 민원인에게 통지하여야 한다. 다만, 다음 중 어느 하나에 해당하는 경우에는 기획재정부장관이 직접 회신할 수 있으며, 이 경우 회신한 문서의 사본을 국세청장에게 송부하여야 한다.
 ㉮ 국세예규심사위원회의 심의사항 중 하나에 해당하여 국세예규심사위원회의 심의를 거쳐야 하는 질의
 ㉯ 국세청장의 세법해석에 대해 다시 질의한 사항으로서 국세청장의 회신문이 첨부된 경우의 질의(사실판단과 관련된 사항은 제외한다)
 ㉰ 세법이 새로 제정되거나 개정되어 이에 대한 기획재정부장관의 해석이 필요한 경우
 ㉱ 그 밖에 세법의 입법 취지에 따른 해석이 필요한 경우로서 납세자의 권리보호를 위하여 필요하다고 기획재정부장관이 인정하는 경우

3. 소급과세금지의 원칙

(1) 의 의

소급과세금지원칙(遡及課稅禁止原則)이란 과세불소급의 원칙이라고도 하는데, 이는 새로운 세법이 제정되거나 세법의 해석이나 국세행정의 관행이 종전과 달라진 경우에 그 새로운 세법이나 달라진 해석이나 실행에 의하여 소급하여 과세할 수 없다는 원칙을 말한다. 즉 세법의 해석이나 국세행정의 관행이 일반적으로 납세자에게 받아들여진 후에는 그 해석이나 관행에 따른 행위 또는 계산은 정당한 것으로 보며 새로운 해석이나 관행에 의하여 소급하여 과세되지 아니한다는 것이다.[17]

이 소급과세금지원칙은 납세자의 재산적 기득권 보호, 법적 안정성의 유지와 예측가능성 확보, 그리고 조세법률주의의 존중을 목적으로 하고 있다. 납세자는 경제생활을 영위함에 있어 현행 조세법에 따른 부과·징수절차를 신뢰하고 모든 거래를 하게 되는데, 소급과세하면 법적 안정성과 예측가능성을 해하여 국민의 재산권을 침해하기 때문에 소급과세금지를 하는 것이다.

하지만 납세자에게 불이익을 주지 않는(과세기간 중 법률개정으로 인한) 조세입법의 소급효과는 예외적으로 인정된다는 것이 통설이다('부진정 소급효'라고 함).

(2) 소급과세금지의 원칙 분류

1) 입법상 소급과세금지의 원칙

국세를 납부할 의무(세법에 징수의무자가 따로 규정되어 있는 국세의 경우에는 국세를 징수하여 납부할 의무)가 성립한 소득·수익·재산·행위 또는 거래에 대해서는 그 성립 후의 새로운 세법에 따라 소급하여 과세하지 아니한다(기법 18 ②). 이는 완결된 사실에 대하여 소급입법에 의한 과세를 금지하는 것이다. 이 경우 사실의 완결 여부는 **납세의무의 성립시점**을 기준으로 하여 판단한다.

2) 행정상 소급과세금지의 원칙

세법의 해석이나 국세행정의 관행이 일반적으로 납세자에게 받아들여진 후에는 그 해석이나 관행에 따른 행위 또는 관행은 정당한 것으로 보며, 새로운 해석이나 관행에 의하여 소급하여 과세되지 아니한다(기법 18 ③).

여기서 「세법의 해석이나 국세행정의 관행이 일반적으로 납세자에게 받아들여진 후」란 성문화의 여부에 관계없이 행정처분의 선례가 반복됨으로써 납세자가 그 존재를 일반적으로 확신하게 된 것을 말하며 명백히 법령위반인 경우는 제외한다(국기통 18-0…1). 그리고 새로운 세법해석이 종전의 해석과 상이한 경우에는 새로운 해석이 있은 날 이후에 납세의무가 성립하는 분부터 새로운 해석을 적용한다(국기통 18-0…2).

세법 이외의 법률 중 국세의 부과·징수·감면 또는 그 절차에 관하여 규정하고 있는 조항은 세법해석의 기준과 소급과세금지규정의 적용에 있어서 이를 세법으로 보도록 하고 있다(기법 18 ⑤).

---

17) 대법원 2020두44633, 2020.10.29.
『소급과세금지원칙은 조세를 납부할 의무가 성립한 소득, 수익, 재산, 행위 또는 거래에 대하여 그 성립 후의 새로운 세법에 의하여 소급하여 과세하지 아니한다는 원칙으로, 세법이 제정되거나 개정된 후에 조세를 납부할 의무가 성립한 경우에는 이 원칙이 적용될 여지가 없다.』

4. 세무공무원의 재량의 한계

세무공무원이 **재량으로 직무를 수행할 때에는 과세의 형평과 해당 세법의 목적에 비추어 일반적으로 적당하다고 인정되는 한계를 엄수**하여야 한다(기법 19). 이는 세무공무원이 조세를 부과·징수할 때에는 법률로 정하는 바에 따라야 한다는 원칙이다. 그러나 복잡하고 다양한 과세요건과 부과·징수절차를 모두 법률로 정하는 것은 현실적으로 불가능하므로 일선에서 조세징수 업무를 수행하는 세무공무원에게도 어느 정도 재량의 여지가 주어지게 되는 것이다.

세무공무원의 재량은 크게 자유재량과 법규재량(또는 기속재량)으로 나눌 수 있는데 재량의 한계를 엄수하여야 한다는 것은 자유재량을 허용하지 않는다고 볼 수 있겠다. 따라서 세무공무원은 그 재량의 범위를 법규재량(기속재량)에 한정된다고 보아야 할 것이다. 만약 세무공무원의 재량의 한계를 벗어나면 조세처분은 위법한 처분으로 행정소송의 대상이 되며, 재량의 한계 내에서도 그 재량을 그르치면 부당한 처분으로서 행정심판의 대상이 된다고 보게 된다.

5. 기업회계존중의 원칙

(1) 의 의

세무회계는 과세소득을 적정하게 계산하고 납세자간의 소득계산의 통일성과 조세부담의 공평성을 유지하는 기능을 가진 회계로서 국가재정의 조달을 위한 세수확보와 조세의 균형유지 및 조세의 합법적 징수를 목적으로 한 회계이다. 이에 반해 기업회계는 기업의 이해관계자에게 경제적 정보를 측정, 전달하는 기능을 가지는 회계로서 기업의 발전 유지를 위하여 일반적으로 공정·타당하다고 여기는 기업회계기준에 따라 기업의 재무상태 및 경영성과를 파악하고 기간손익을 확정하는 것을 목적으로 하는 회계이다. 이와 같은 시각에서 보면 세무회계와 기업회계가 차이를 갖는 것을 당연하다고 할 것이다.

이에 국세기본법은 「**세무공무원이 국세의 과세표준을 조사·결정할 때에는 해당 납세의무자가 계속하여 적용하고 있는 기업회계의 기준 또는 관행으로서 일반적으로 공정·타당하다고 인정되는 것은 존중하여야 한다. 다만 세법에 특별한 규정이 있는 것은 그러하지 아니한다.**」라고 규정하여 기업회계존중의 원칙으로 명시하고 있다(기법 20). 이 조항은 다음과 같이 기업회계존중의 원칙을 규정할 뿐만 아니라 기업회계 인정의 한계를 명확히 하고 있다. 물론 이 네 가지 조건이 모두 충족될 때 기업회계의 기준이나 관행이 존중된다고 할 수 있다.

① 기업회계는 조세의 과세표준을 조사·결정함에 있어서 존중되어야 한다.
② 해당 납세의무자가 계속적으로 적용하고 있는 기업회계의 기준 또는 관행만이 존중된다.
③ 그 기업회계의 기준 또는 관행은 일반적으로 공정·타당하다고 인정되는 것이어야 한다.
④ 세법에 특별한 규정이 없는 경우에 기업회계가 존중된다.

(2) 기업회계존중의 이유

과세표준을 조사·결정함에 있어 기업회계존중의 이유는 첫째, 세제를 간소화하고 둘째, 건전한 회계관행을 성숙시키며 셋째, 징세비용의 최소화에 목적이 있다고 할 수 있다. 현행 법인세법에서도「내국법인의 각 사업연도의 소득금액계산에 있어서 해당 법인이 익금과 손금의 귀속사업연도와 자산·부채의 취득 및 평가에 관하여 일반적으로 공정·타당하다고 인정되는 기업회계의 기준을 적용하거나 관행을 계속적으로 적용하여 온 경우에는 이 법 및「조세특례제한법」에서 달리 규정하고 있을 때를 제외하고는 해당 기업회계의 기준 또는 관행에 따른다(법법 43).」라고 규정하여 기업회계에 따른 회계처리를 세법이 정하고 있는 것은 제외하고는 그대로 인정하고 있다.

[기업회계기준과 관행의 범위]

법인세법 제43조에 따른 기업회계의 기준 또는 관행은 다음 각 호의 어느 하나에 해당하는 회계기준(해당 회계기준에 배치되지 아니하는 것으로서 일반적으로 공정·타당하다고 인정되는 관행을 포함한다)으로 한다. <법인세법시행령 제79조>
1. 한국채택국제회계기준
1의2.「주식회사 등의 외부감사에 관한 법률」제13조 제1항 제2호 및 같은 조 제4항에 따라 한국회계기준원이 정한 회계처리기준(일반기업회계기준)
2. 증권선물위원회가 정한 업종별회계처리준칙
3.「공공기관의 운영에 관한 법률」에 따라 제정된 공기업·준정부기관 회계규칙
4.「상법 시행령」제15조제3호에 따른 회계기준(중소기업 회계기준)
5. 기타 법령에 의하여 제정된 회계처리기준으로서 기획재정부장관의 승인을 받은 것
   원문참고: 한국회계기준원 홈페이지 검색

[국세부과원칙과 세법적용원칙의 비교]

구분	국세부과의 원칙	세법적용의 원칙
1. 근거법	국세기본법 14조~17조	국세기본법 18조~20조
2. 이론적 사항	1. 과세권행사의 기본방향 2. 납세자와 과세관청이 지켜야 할 공동원칙	1. 구체적인 과세권행사 2. 과세관청이 지켜야 할 원칙
3. 구체적 내용	실질과세, 신의성실, 근거과세, 조세감면 사후관리	세법해석기준, 소급과세금지, 세무공무원재량, 기업회계존중
4. 적용의 제한	각 개별세법에 특례규정을 둘 수 있음 (국세기본법 제3조 1항)	각 세법에 특례규정을 둘 수 없음 (기본적인 규정임). 국기법이 항상 우선

제 3 절 중장기 조세정책운용계획

1. 개 념

기획재정부장관은 효율적인 조세정책의 수립과 조세부담의 형평성 제고를 위하여 매년 해당 연도부터 5개 연도 이상의 기간에 대한 중장기 조세정책운용계획을 수립하여야 한다. 이 경우 중장기 조세정책운용계획은 「국가재정법」 제7조[18])에 따른 국가재정운용계획과 연계되어야 한다.

2. 중장기 조세정책운용계획 내용

중장기 조세정책운용계획에는 다음 각 호의 사항이 포함되어야 한다(기법 20의2 ②).
① 조세정책의 기본방향과 목표
② 주요 세목별 조세정책 방향
③ 비과세·감면 제도 운용 방향
④ 조세부담 수준

3. 중장기 조세정책운용계획 협의 및 보고

① 기획재정부장관은 중장기 조세정책운용계획을 수립할 때에는 관계 중앙관서의 장과 협의하여야 한다.
② 기획재정부장관은 수립한 중장기 조세정책운용계획을 국회 소관 상임위원회에 보고하여야 한다.

---

18) 제7조(국가재정운용계획의 수립 등) ① 정부는 재정운용의 효율화와 건전화를 위하여 매년 해당 회계연도부터 5회계연도 이상의 기간에 대한 재정운용계획(이하 "국가재정운용계획"이라 한다)을 수립하여 회계연도 개시 120일 전까지 국회에 제출하여야 한다.
② 국가재정운용계획에는 다음 각 호의 사항이 포함되어야 한다.
   1. 재정운용의 기본방향과 목표
   2. 중기 재정전망 및 근거
   3. 분야별 재원배분계획 및 투자방향
   4. 재정규모증가율 및 그 근거
   4의2. 의무지출(재정지출 중 법률에 따라 지출의무가 발생하고 법령에 따라 지출규모가 결정되는 법정지출 및 이자지출을 말하며, 그 구체적인 범위는 대통령령으로 정한다)의 증가율 및 산출내역
   4의3. 재량지출(재정지출에서 의무지출을 제외한 지출을 말한다)의 증가율에 대한 분야별 전망과 근거 및 관리계획
   4의4. 세입·세외수입·기금수입 등 재정수입의 증가율 및 그 근거
   5. 조세부담률 및 국민부담률 전망
   6. 통합재정수지 전망과 근거 및 관리계획
   7. 삭제
   8. 그 밖에 대통령령이 정하는 사항

제3장 납세의무의 성립·확정·소멸

제1절 납세의무의 성립

1. 서 론

납세의무는 과세요건(課稅要件)이 충족됨으로써 동시에 자동적으로 성립(成立)하게 된다. 즉, 특정의 시기에 특정의 과세요건사실 또는 상태가 존재함으로써 과세물건이나 대상 또는 행위가 납세의무자에게 귀속되고, 세법에서 정하는 바에 따라 과세표준을 산정하고 거기에 세율을 적용하여 세액을 결정하는 것이 가능하게 되는 때에 성립하는 것이다.

과세요건인 과세권자와 납세의무자·과세대상·과세표준·세율 등이 충족됨으로써 다른 신고행위나 행정처분(부과처분)이 없이도 납세의무가 성립되는데, 이때의 납세의무를 추상적 납세의무(납세의무의 성립)라고 한다. 추상적 납세의무는 과세권자의 부과처분이나 납세의무자의 신고에 따라 구체적으로 확정된다. 추상적으로 성립한 납세의무는 과세권자의 부과처분이나 납세의무자의 신고행위와 같은 확정절차를 거침으로써 구체적 납세의무로 확정되는 것이다.

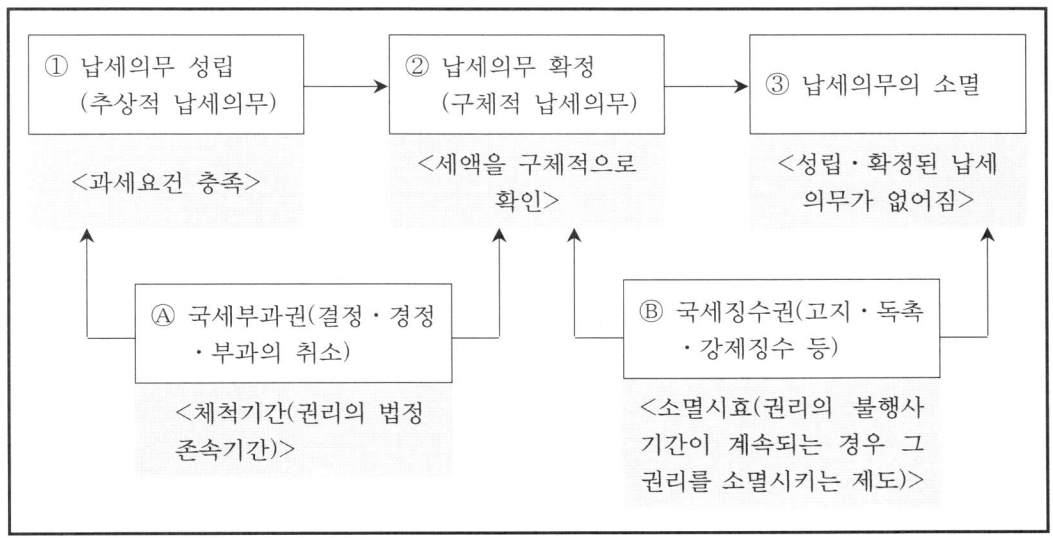

2. 과세요건

(1) 의 의

과세요건은 납세의무의 성립요건을 의미한다. 즉, 세법에서 규정된 추상적 요건이 그에 해당하는 사실에 의하여 충족되면 납세의무가 성립하는 법률효과가 발생한다. 따라서 과세요건은 납세의무를 성립시키는 법률요건이라고 할 수 있으며 조세법률주의에서는 매우 중요하다.

이러한 과세요건은 일반적으로 과세권자·납세의무자·과세대상·과세표준·세율을 구성요소로 하며, 학자들에 따라 과세대상과 과세대상의 귀속을 구분하여 별도의 과세요건으로 설명하기도 한다. 다음에서는 이러한 과세요건의 구성요소들을 설명하기로 한다.

(2) 과세요건의 구성요소

1) 과세권자(조세채권자)

과세권이란 조세를 부과·징수할 수 있는 권한을 갖는 과세주체를 말하며, 국세에 있어서는 국가가 과세권자가 되지만 지방세에 있어서는 지방자치단체가 과세권자가 된다.

여기서 과세권자라는 용어는 조세권력관계설에 부합하는 것이며, 조세채권채무관계설의 입장에서는 과세권자 대신에 조세채권자라는 용어가 더 적합한 것으로 받아들여지며,

이런 점에서 과세권자도 조세채권의 과세요건의 하나가 된다고 할 수 있다. 즉, 조세채권·채무관계설의 입장에서는 국가도 납세의무자와 마찬가지로 조세법률관계의 당사자이므로 납세의무자가 조세채무자로서 조세주체인 것과 같이 국가도 조세채권자로서 과세주체가 되는 것이다.

2) 납세의무자

납세의무자(조세채무자)는 조세실정법의 정하는 바에 따라 조세법률관계에 있어서 조세채무를 부담하는 지위에 있는 자를 말하며, 국세기본법에서는 세법에 따라 국세를 납부할 의무가 있는 자를 납세의무자라고 정의하고 있다. 조세채권·채무 관계설에서는 납세의무자를 과세권자인 조세채권자에 대응하는 개념으로 조세채무자라고 하는데, 납세의무자와 조세채무자는 그 본질에 있어서 동일한 의미를 갖는다 하겠다.

납세의무자가 될 수 있는 자격은 원칙적으로 권리의무의 주체가 될 수 있는 자연인과 법인의 인격체에 인정된다. 그러나 민·상법상 권리의무의 주체가 될 수 없는 법인 아닌 단체도 세법에서는 납세의무자의 지위를 인정하고 있다.

3) 과세대상

가) 개 념

과세대상이란 조세법이 과세의 대상으로 정하고 있는 물건·행위 또는 사실로서 조세채권·채무가 성립하기 위하여 반드시 필요한 요건 중의 하나이다. 이러한 과세대상과 유사한 개념으로 과세객체·과세대상·과세물품 등의 용어가 사용되고 있는데 이들은 본질적으로 동일한 의미를 가지는 것들이다.

과세대상은 모두 조세주체인 납세의무자의 경제적 부담능력을 측정할 수 있는 것으로 정하여지고 있다. 조세 그 자체가 경제적 부담인 이상 조세를 부과하는 대상인 과세대상은 납세의무자의 경제적 부담능력을 나타내는 것이 되어야 하기 때문이다.

과세대상의 선택은 조세를 부과하기로 결정을 하면 제일 먼저 논의되어야 할 문제이며 조세부담의 공평성과 경제적 효율이 고려되어야 한다.

나) 과세대상의 유형

과세대상은 크게 소득(income)·소비(expenditure)·재산(property)으로 나눌 수 있는데, 그 중 어느 것에 과세하느냐에 따라 국민계층간의 조세부담상 공평 정도가 달라진다.

① 소　득

　소득을 과세대상으로 하는 조세는 소득이 많은 자에게 많은 조세를 부과한다는 의미에서 응능부담의 원칙에 적합할 뿐만 아니라 누진세율을 적용할 경우에는 소득재분배에도 크게 기여하게 된다. 그러나 납세의무자의 소득을 정확히 파악하기 어렵다는 점에서 조세행정을 복잡하게 하고, 소득에 대한 과세가 과중하면 국민의 근로의욕을 위축시킨다는 점에서 한계를 가진다. 소득은 현재 국세의 대종을 이루는 소득세·법인세의 과세대상으로서 일정기간 동안의 부의 증가액을 의미한다.

② 소　비

　소비를 과세대상으로 하는 조세는 재화를 소비하는 자에게 조세를 부과하기 때문에 여러 가지 측면에서 소득세와 반대되는 효과를 갖는다. 즉 소득이나 재산에 관계없이 국민의 소비지출에 대하여 과세하기 때문에 저소득자에게는 상대적으로 과중한 부담이 될 수 있고, 이러한 이유에서 소득재분배를 오히려 악화시킬 수 있다. 반면에 조세를 재화의 가격에 포함시켜 징수하는 간접세 형태로 과세되므로 국민의 조세저항이 적고, 소비지출을 억제하여 저축을 장려하는 결과가 되어 자본형성에 유리하다. 현재 소비지출을 과세대상으로 하는 세목으로는 부가가치세, 개별소비세, 주세, 관세 등이 있다.

③ 재　산

　재산을 과세대상으로 하는 조세는 세원이 일정한 지역에 고정되어 있고, 과세대상 가액의 변동이 적어 세수의 안정성이 쉽게 확보되므로 많은 나라에서 지방세원으로 이용하고 있다. 국세에는 종합부동산세가 지방세 중에서는 재산세, 자동차세, 지역자원시설세 등이 재산을 과세대상으로 하는 대표적인 조세이다. 소득의 축적이 재산이라고 볼 때 재산세에 의하여 소득세를 보완함으로써 소득의 재분배를 이룰 수 있다는 유용성을 갖는 반면에 직접세로서 과세되기 때문에 조세부담감이 무겁고, 세원의 원본을 감소시킬 가능성이 있어 조세저항이 매우 큰 조세 중의 하나이다.

　이상의 과세대상 이외에도 재화의 이전 또는 유통의 사실을 과세대상으로 포착하여 과세하는 경우가 있는데, 이러한 조세로는 거래세 또는 유통세의 형태로서 부동산 및 동산의 권리이전에 대하여 등록면허세, 인지세, 취득세 등이 있다. 주권 또는 지분의 양도에 대해 그 양도가액을 과세표준으로 하여 부과되고 있는 증권거래세도 거래세로 분류된다. 거래세는 거래가 있으면 조세부담능력이 생긴다고 보아 과세하지만 실질적인 담세자는 거래시에 당사자들의 세력관계에 의하여 결정되는 것이 보통이므로 세부담의 귀착이 분명하지 않고, 과세의 공평을 기하기가 어렵다는 비난을 받고 있다.

다) 과세대상의 귀속

과세대상과 조세채무를 부담할 자와의 결합관계를 과세대상의 귀속이라 한다. 과세대상이 인식되었다 하더라도 그것이 누구에게 귀속되는가를 알지 못하면 그 과세대상에 대해서는 조세를 부과할 수 없게 될 것이다. 따라서 각 세법은 과세대상의 귀속에 대하여 규정하고 있고, 별도로 규정하지 않은 경우에는 세법의 내용에 의하여 판단이 가능하도록 되어 있다.

각 세법상의 과세대상의 귀속자에 대하여 살펴보면 다음과 같다.
① 법인세 – 소득을 얻는 법인
② 소득세 – 소득을 얻는 개인
③ 부가가치세 – 재화 및 용역의 공급행위의 귀속자, 즉 사업자
④ 종합부동산세 – 재산의 소유자
⑤ 상속세 – 상속재산에 대한 소유권의 취득자
⑥ 증여세 – 증여계약에 따라 재산에 대한 소유권을 취득한 자
⑦ 등록면허세 – 등록 및 등기의 신청한 자
⑧ 개별소비세 – 특정 물품의 판매행위자 또는 반출행위자, 특정 장소의 경영자
⑨ 주세 – 법정주류의 출고 및 주류수입자(관세의무자)
⑩ 취득세 – 재산에 대한 소유권 취득자
⑪ 재산세 – 재산의 소유자
⑫ 주민세 – 균등할주민세는 거주자, 소득세분 지방소득세는 소득을 얻은 자

4) 과세표준

가) 개 념

과세표준은 세법에 따라 직접적으로 산출세액의 기초가 되는 과세대상의 수량 또는 가액이다. 즉 과세표준은 납세의무자에게 귀속되는 과세대상을 일정한 가치척도에 따라 측정한 측정치이며, 과세표준이 과세대상의 수량으로 표시되는 조세를 종량세라고 하고, 가액으로 표시되는 조세를 종가세라고 하는데, 소득세·법인세·부가가치세 등 대부분의 조세는 종가세이지만 주정에 대하여 부과되는 주세·인지세·자동차세 등은 종량세이다.

조세채권채무가 성립하기 위해서는 납세의무자와 과세대상, 그리고 그 과세대상의 귀속관계가 확인되어야 할 뿐만 아니라 과세대상에 대한 측정이 이루어져야 한다. 즉, 과세대상의 수량 또는 금액을 나타내는 과세표준이 확정되어야만 세액이 결정될 수 있고

이로써 과세권자와 납세의무자 간에 구체적인 조세채권·채무관계가 성립할 수 있는 것이다.

나) 세목별 과세표준

각 세법에서 규정하고 있는 과세표준의 일부를 살펴보면 다음과 같다.

① 소득세 - 개인의 종합소득금액에서 종합소득공제액을 차감한 가액
② 법인세 - 법인의 과세소득에서 이월결손금과 비과세소득, 소득공제액을 차례로 차감한 가액
③ 상속세 - 상속세 과세가액에서 기초공제액, 그 밖에 인적공제액, 배우자상속공제액 등을 차감한 가액
④ 증여세 - 증여재산의 과세가액에서 인적 공제액 등을 차감한 가액
⑤ 종합부동산세 - 주택의 공시가격을 합산한 금액에서 6억원을 공제한 금액으로 한다.
⑥ 부가가치세 - 물품의 판매 또는 용역의 제공에 대한 공급가액
⑦ 주세 - 주정, 탁주, 맥주의 경우에는 주류제조장으로부터 반출하거나 수입신고하는 수량. 주정 이외의 주류에 대해서는 반출하거나 수입신고한 때의 가격
⑧ 인지세 - 과세문서의 종류 및 수량
⑨ 개별소비세 - 과세물품을 제조하여 반출하거나 판매한 때의 가격 또는 수량, 보세구역으로부터 반출한 경우에는 수입신고를 한 때의 가액
⑩ 증권거래세 - 주권이나 지분의 양도가액

5) 세 율

가) 개 념

과세표준에 대한 납부세액과의 비율을 세율(tax rate)이라고 한다. 즉 세율이란 세액을 구체적으로 결정하기 위하여 과세표준에 곱하는 비율을 말한다. 세율은 세법상에 구체적으로 규정되어 있는 것이 일반적이며, 종가세의 경우에는 백분비(%)로 표시되고 종량세의 경우에는 금액으로 표시된다. 가장 간단한 방법으로 세액을 정의하면 그것은 과세표준에 세율을 곱한 것으로 정의할 수 있으며, 다음과 같이 식으로 나타낼 수 있다.

① $T = B \times R$
② $R = \dfrac{T}{B}$ (T = 세액, B = 과세표준, R = 세율)

나) 비례세율·누진세율·역진세율

① 비례세율

비례세율(proportional rate)은 과세표준의 증가에 관계없이 과세표준과 세액의 일정비율이 변함없이 유지되는 세율을 뜻한다. 우리나라에서 비례세율을 채택하고 있는 세목으로는 부가가치세, 개별소비세, 주세 및 증권거래세가 있다. 부가가치세는 10%의 단일세율로 단순비례세율이며, 개별소비세는 과세대상에 따라 차등의 세율을 적용하는 차등비례세율이다.

② 누진세율

누진세율(progressive rate)은 과세표준금액이 커짐에 따라 그에 적용되는 세율이 점점 높아지는 세율이다. 누진세율은 다시 단순누진세율과 초과누진세율로 구분되는데, 단순누진세율은 과세표준을 크기에 따라 여러 단계로 구분하고 과세표준이 큰 단계로 올라갈수록 높은 세율을 적용하는 방법이다. 또 초과누진세율은 단순누진세율을 적용하는 경우에 나타나는 단점을 보완하기 위하여, 세율이 높아지는 경계에 위치한 한계소득자의 세부담이 불합리해지는 점을 시정하기 위하여 고안된 방법이다. 따라서 세율은 대부분 초과누진세율을 채택하고 있으며, 여기에는 소득세와 법인세·상속세·증여세가 있다.

[단순누진세율과 초과누진세율의 산출세액 비교]

세율	과세표준 2억		과세표준 2억 100만원	
	단순누진세율	초과누진세율	단순누진세율	초과누진세율
10%(2억 이하)	20,000,000원	20,000,000원	-	20,000,000원
20%(2억 초과)	-	-	40,200,000원	200,000원
산출세액	20,000,000원	20,000,000원	40,200,000원	20,200,000원

③ 역진세율

역진세율(regressive rate)은 과세표준금액이 증가함에 따라 그에 적용되는 세율은 낮아지는 세율구조를 뜻한다. 그러나 현대세제에 있어서는 역진세율이 적용되는 세목이 전혀 없지만, 조세부담과 소득과의 관계에 있어서 조세부담이 역진현상을 나타내는 것이 있는데 이는 대부분 비례세율구조를 갖는 조세에서 발생한다. 예컨대 개인의 조세부담능력에 관계없이 특정의 소비지출에 관하여 징수하는 부가가치세와 개별소비세, 자동차세 등은 가난한 사람에게 상대적으로 큰 조세부담을 요구하기 때문에 역진적 현상이 나타난다.

다) 탄력세율·표준세율·잠정세율

① 탄력세율

탄력세율은 조세의 경기조절적 기능을 보다 원활하게 활용하기 위하여 두는 세율제도이다. 즉, 경기가 과열할 때는 높은 세율을 적용하여 초과수요를 흡수하고, 경기가 침체할 때는 세율은 낮추어 수요를 증대시키는 세율제도이다. 이는 조세법률주의에 따라 필요한 세율은 국회에서 입법되어져야 하지만, 시간적 대응이 지체될 수 있기 때문에 국회는 세법에 세율의 상한과 하한을 정하여 두고 시행세율은 그 범위에서 행정부에 위임하는 세율제도이다. 현재 우리나라에서는 개별소비세(개별 1 ⑦) 중 일부 간접세에서 채택하고 있다. 이 두 경우에는 각 기본세율의 30%의 범위에서 시행세율을 정하고 있다.

② 표준세율

표준세율은 지방세법에서 채용하고 있는 제도이다. 즉, 지방자치단체가 지방세를 부과하는 경우에 통상 적용하여야 할 세율로서 표준세율을 정해 놓았으나 재정상 그 밖에 특별한 사유가 있을 때에는 이에 따르지 아니할 수 있는 세율을 말한다(지법 2 ① (6)). 현행 지방세법에서는 소득세분 지방소득세의 경우 표준세율의 50%를 가감조정할 수 있도록 하는 등의 규정이 있으며 이는 조례로서 정한다.

③ 잠정세율

잠정세율은 과세물품 중 기술개발을 선도하는 특정한 물품에 대하여 행정부에 위임하여 잠정적으로 경감된 세율을 적용하는 제도이다(개별 1의 2).

라) 평균세율·실효세율·한계세율

다음 세율은 조세부담률이나 조세부담의 공평성을 분석하는 데 이용된다.

① 평균세율은 단순히 세액을 과세표준으로 나눈 비율을 말한다.
② 실효세율은 세액을 각종의 공제 또는 면제되지 않은 상태의 총소득으로 나눈 비율을 말한다. 이 실효세율은 법정세율(표면세율)과 대비하여 세율구조가 어느 정도 수직적 공평을 반영하고 있는가를 분석하는 등에 사용되고, 나아가 평균세율과 비교함으로써 조세부담의 경감도를 측정하는 등에 이용되는 도구로서의 뜻이 있다.
③ 한계세율은 과세액의 변화를 과세표준의 변화로 나누어 산출하는 비율이다.

[주요 세법의 과세요건 비교]

구분	소득세	법인세	부가가치세	상속세
납세의무자	개인 (거주자+비거주자)	법인	사업자 (개인+법인)	상속인
과세대상	개인의 소득(종합소득, 퇴직소득, 양도소득)	법인의 소득(각 사업연도소득, 청산소득, 특정토지등 양도소득, 미환류소득)	재화와 용역의 공급, 재화의 수입거래	모든 상속재산
과세표준	종합소득금액-종합소득공제-조특법상 소득공제	각사업연도소득금액-(이월결손금, 비과세소득, 소득공제)	공급가액(과세, 영세율, 면세)	상속세과세가액-상속공제-감정평가수수료
세율	6%~45% (누진세율)	9%~24%(누진세율)	10%(단일세율)	10%~50% (누진세율)
비고	-	-	간이과세제도 (간소화목적)	상속공제(인적공제+물적공제)

3. 납세의무의 성립시기

납세의무는 각 세법에서 정하는 과세요건의 충족, 즉 특정의 시기에 특정사실 또는 상태가 존재함으로써 과세대상(물건 또는 행위)이 납세의무자에게 귀속됨으로써 세법에서 정하는 바에 따라 과세표준의 산정 및 세율의 적용이 가능하게 되는 때에 성립하며, 그 구체적인 성립시기는 다음과 같다.

(1) 일반원칙

국세를 납부할 의무는 세목별로 다음의 시기에 성립한다(기법 21 ②).
① 소득세·법인세 : 과세기간이 끝나는 때. 다만, 청산소득에 대한 법인세는 그 법인이 해산을 하는 때를 말한다.
② 상속세 : 상속이 개시되는 때
③ 증여세 : 증여에 의하여 재산을 취득하는 때
④ 종합부동산세 : 과세기준일(매년 6월 1일)
⑤ 부가가치세 : 과세기간이 끝나는 때. 다만, 수입재화의 경우에는 세관장에게 수입신고를 하는 때를 말한다.

⑥ 개별소비세, 주세, 교통·에너지·환경세 : 과세물품을 제조장으로부터 반출하거나 판매장에서 판매하는 때 또는 과세장소에 입장하거나 과세유흥장소에서 유흥음식행위를 하는 때 또는 과세영업장소에서 영업행위를 하는 때. 다만, 수입물품의 경우에는 세관장에게 수입신고를 하는 때를 말한다.
⑦ 인지세 : 과세문서를 작성한 때
⑧ 증권거래세 : 해당 매매거래가 확정되는 때
⑨ 교육세 : 다음 중 어느 하나에 해당하는 경우
  ㉮ 국세에 부과되는 교육세 : 해당 국세의 납세의무가 성립하는 때
  ㉯ 금융·보험업자의 수익금액에 부과되는 교육세 : 과세기간이 끝나는 때
⑩ 농어촌특별세 : 「농어촌특별세법」의 규정에 따른 본세의 납세의무가 성립하는 때
⑪ 가산세 : 법정 신고기한(또는 법정 납부기한)이 경과하는 때와 가산할 국세의 납세의무가 성립하는 때

(2) 예 외

다음 국세의 납부할 의무는 위 '①~⑪'의 규정에도 불구하고 다음 시기에 성립한다(기법 21 ③).
① 원천징수하는 소득세·법인세 : 소득금액 또는 수입금액을 지급하는 때
② 납세조합이 징수하는 소득세 또는 예정신고납부하는 소득세 : 과세표준이 되는 금액이 발생한 달의 말일
③ 중간예납하는 소득세·법인세 또는 예정신고기간·예정부과기간에 대한 부가가치세 : 중간예납기간 또는 예정신고기간·예정부과기간이 끝나는 때
④ 수시부과하여 징수하는 국세 : 수시부과할 사유가 발생한 때

제 2 절 납세의무의 확정

1. 서 론

납세의무의 확정(確定)이란 과세요건의 충족으로 인하여 추상적으로 성립된 납세의무의 이행이 가능하도록 세액을 확정하는 절차를 의미한다. 다시 말해 납세의무의 확정이란 조세의 납부 또는 징수를 위하여 세법에서 정하는 바에 따라 납부할 세액을 납세의무자 또는 과세관청의 일정한 행위나 절차를 거쳐서 구체적으로 확정하는 것을 말한다. 이는 발생한 조세사실에 관련 세법을 적용하여 납세의무의 구체적 내용을 사후적으로 확인하는 절차이다.

2. 납세의무의 확정절차

(1) 의 의

국세기본법에서는 납세의무의 확정절차는 각 개별 세법이 정한 절차에 따라 확정되는 경우와 납세의무가 성립하는 때 특별한 절차없이 확정되는 경우를 규정하고 있다(기법 22). 여기서 각 개별 세법이 정한 절차에 따라 확정되는 방식은 납세의무의 성립 후 납세의무를 확정하기 위한 별도의 절차가 요구되는 것으로서 납세자의 신고에 따라 확정되는 신고납세제도와 정부의 결정에 따라 확정되는 부과과세제도로 구분할 수가 있고, 특별한 절차없이 확정되는 방식은 납세의무의 성립과 동시에 당연히 확정되는 자동확정방식이 있다.

(2) 신고납세제도

신고납세제도는 납세의무자 자신이 과세표준과 세액을 조사·계산·확인하고 신고함으로써 납세의무가 확정하는 제도로 자기부과제도라고도 한다. 즉, 납세의무자가 자기의 과세표준과 세액을 과세당국에 신고하면 과세당국의 별다른 행정처분을 기다리지 않고 신고한 그대로 납세의무가 확정되는 제도이다. 신고납세제도는 납세의무를 확정하는 절차가 1차적으로 납세의무자 자신에게 맡겨져 있으므로 과세당국의 조세에 대한 조사·확정권은 2차적이고 보충적인 지위에 머무르게 된다. 그러나 납세의무자의 신고가 없거나 그 신고내용에 오류 또는 탈루가 있다고 판단될 때에는 과세당국의 조사 및 결정·경정권이 발동되어 정부가 세액을 결정하여 확정되므로 그 의미는 달라진다.

다음의 국세는 납세의무자가 과세표준과 세액을 정부에 신고했을 때에 확정된다. 다만, 납세의무자가 과세표준과 세액의 신고를 하지 아니하거나 신고한 과세표준과 세액이 세법이 정하는 바에 맞지 아니한 경우에는 정부가 과세표준과 세액을 결정하거나 경정하는 때에 그 결정 또는 경정에 따라 확정된다(기법 22 ②).

① 소득세
② 법인세
③ 부가가치세
④ 개별소비세
⑤ 주세
⑥ 증권거래세
⑦ 교육세
⑧ 교통·에너지·환경세
⑨ 종합부동산세(납세의무자가 「종합부동산세법」 제16조 제3항에 따라 과세표준과 세액을 정부에 신고하는 경우에 한정한다)

(3) 부과과세제도

추상적으로 성립된 납세의무를 과세당국이 과세처분이라는 행정처분에 의하여 구체적인 납세의무로 확정하는 제도가 부과과세제도 또는 정부부과제도이다. 이는 납세의무자의 신고 여부에 관계없이 성립된 납세의무의 내용을 정부가 조사·확인하여 과세표준과 세액을 결정하는 행위가 있음으로써 비로소 납세의무가 확정되도록 하는 제도이다. 이때 정부가 과세표준 및 세액의 결정하는 행위를 과세처분이라고 한다. 이 과세처분(행정처분)이 그 효력을 발생하기 위해서는 해당 납세의무자에 대한 납세의 고지가 있어야 하며, 세무서장은 납세의무자를 명시하여 국세징수법 제9조에 따른 과세기간, 세목, 세액 및 그 산출근거, 납부기한 및 납부장소를 구체적으로 밝힌 납부고지서를 발급하여야 한다.

부과과세제도를 채택하고 있는 조세의 경우에도 납세의무자에게 과세표준의 신고의무를 부여하고 있는 경우가 대부분이다. **이 경우 과세표준의 신고행위는 납세의무를 확정지우는 효력은 없고 단순히 과세당국이 과세처분을 하는 데 필요한 참고자료나 근거자료를 제공하는 협력의무에 그치는 것이다.** 부과과세제도를 채택하고 있는 조세로는 상속세·증여세, 종합부동산세가 있는데, 이들 조세는 그 과세표준과 세액을 정부가 결정하는 때에 납세의무가 확정된다.

다만, 종합부동산세의 경우 납세의무자가 「종합부동산세법」에 따라 종합부동산세의 과세표준과 세액을 정부에 신고하는 경우에는 그 신고하는 때로 한다.[19]

과세당국이 행하는 부과과세제도하에서의 부과처분과 신고납세제도하에서의 결정 또는 경정에 대한 법률적 해석은 행정관청이 의무를 창설하는 하명처분이라는 설과, 과세요건의 충족에 의하여 이미 존재하고 있는 납세의무를 확인하는 확인행위라고 보는 설로 나누어져 있으나 확인행위라고 보는 설이 통설로 인정되고 있다.

[신고납세제도와 부과과세제도의 비교]

구 분		신고납세제도	부과과세제도
의 의		납부할 세액을 납세자의 신고에 따라 확정	납부할 세액을 행정관청의 과세처분에 의하여 확정
조세 채권 확정	주체	납세의무자	정부(세무서장)
	시기	과세표준과 세액 신고시	정부의 조사·결정시
	절차	과세표준신고서 제출	납부고지서 발부
적용세목		소득세·법인세·부가가치세·개별소비세·주세·증권거래세·교육세	상속세·증여세, 종합부동산세
탈루세액에 대한 조치		세액 추징·처벌	세액 추징
조세포탈 기수시기		신고·납부기한 경과시점	정부의 결정에 따른 납부기한 경과시점

---

19) 종합부동산세법 제16조 【부과·징수 등】
① 관할 세무서장은 납부하여야 할 종합부동산세의 세액을 결정하여 해당연도 12월 1일부터 12월 15일(이하 "납부기간"이라 한다)까지 부과·징수한다.
② 관할 세무서장은 종합부동산세를 징수하고자 하는 때에는 납부고지서에 주택 및 토지로 구분한 과세표준과 세액을 기재하여 납부기간 개시 5일 전까지 발급하여야 한다.
③ 제1항 및 제2항의 규정에 불구하고 종합부동산세를 신고납부방식으로 납부하고자 하는 납세의무자는 종합부동산세의 과세표준과 세액을 해당연도 12월 1일부터 12월 15일까지 대통령령으로 정하는 바에 따라 관할 세무서장에게 신고하여야 한다. 이 경우 제1항의 규정에 따른 결정은 없었던 것으로 본다.

(4) 자동확정제도

조세의 납세의무는 각 세법이 규정하고 있는 절차 즉, 납세의무자의 신고행위 또는 과세당국의 과세처분에 의하여 확정된다. 그러나 국세기본법에서는 각 세법의 규정에도 관계없이 납세의무가 성립하는 때에 특별한 절차없이 세액이 확정되는 조세를 따로 정하고 있다. 납세의무가 성립함과 동시에 납세의무가 자동적으로 확정되는 조세는 다음과 같다(기법 22 ④).

① 인지세
② 원천징수하는 소득세 또는 법인세
③ 납세조합이 징수하는 소득세
④ 중간예납 하는 법인세(세법에 따라 정부가 조사결정하는 경우는 제외)
　　※ 소득세의 중간예납은 정부 고지에 의하여 확정된다.
⑤ 납부지연가산세 및 원천징수 등 납부지연 가산세(납부고지서에 따른 납부기한 후의 가산세로 한정함)

3. 경정 등의 효력

경정이란 납세의무자가 신고한 내용 또는 과세관청이 결정한 내용에 오류 또는 탈루가 있다고 판단될 때 세무서장 또는 지방국세청장이 이를 시정하기 위하여 행하는 행정처분을 말한다. 이러한 경정(更正)의 효력은 다음과 같다.

① 세법에 따라 당초 확정된 세액을 증가시키는 경정은 당초 확정된 세액에 관한 이 법 또는 세법에서 규정하는 권리·의무관계에 영향을 미치지 아니한다(기법 22의2 ②).
② 세법에 따라 당초 확정된 세액을 감소시키는 경정은 그 경정으로 감소되는 세액외의 세액에 관한 이 법 또는 세법에서 규정하는 권리·의무관계에 영향을 미치지 아니한다.

제 3 절　납세의무의 소멸

1. 개　념

　납세의무의 소멸(消滅)이란 조세채권자의 권리와 조세채무자의 의무가 더 이상 지속되지 **않는 조세법률관계**를 말한다. 이러한 납세의무의 소멸(또는 납부의무)은 신고·조사결정 등 세법이 정한 절차에 따라 확정된 구체적 납세의무뿐만 아니라 과세요건의 충족에 의하여 성립한 추상적 납세의무도 세법이 정한 여러 가지 사유에 의하여 소멸하게 된다는 것이다. 일반적으로 확정된 납세의무는 보통 납세자가 납세의무를 자발적으로 이행함으로써 소멸되지만 강제적 이행과 부과의 취소와 소멸시효의 완성 등에 의해서도 소멸되며, 성립된 납세의무는 제척기간의 만료에 의해서 소멸된다.

2. 납세의무의 소멸사유

(1) 의　의

　국세기본법은 국세 또는 강제징수비를 납부할 의무는 납부·충당·부과의 취소가 있을 때나, 국세를 부과할 수 있는 기간에 국세가 부과되지 아니하고 그 기간이 끝난 때, 그리고 국세징수권의 소멸시효가 완성한 때에 소멸한다고 규정하고 있다(기법 26). 여기에서는 납세의무의 소멸사유 중 납부·충당·부과의 취소에 대해서 설명하고 국세부과권의 제척기간 만료와 국세징수권의 소멸시효의 완성은 뒤에서 상술하기로 한다.

[납세의무의 소멸사유]

납세의무의 소멸사유		내　용
1. 납세의무 이행	(1) 납부	• 납세의무자 또는 제3자의 납부
	(2) 충당	• 국세환급금과 상계
2. 납세의무 불이행	(3) 부과의 취소	① 부과처분의 결함으로 부과의 취소 ② 결정·판결에 따른 부과의 취소
	(4) 제척기간 만료	• 법정기간(5년~15년, 안 날로부터 1년)의 만료
	(5) 소멸시효 완성	• 5년 또는 10년(소멸시효의 정지와 중단이 있다)

(2) 납 부

납세의무는 확정된 세액을 납세자가 정부에 납부함으로써 소멸된다. 이 경우 「납부」란 해당 납세의무자는 물론 연대납세의무자, 제2차 납세의무자, 납세보증인, 물적납세의무자 및 그 밖에 이해관계가 있는 제3자 등에 의한 납부를 말한다(국기통 26-0…1). 납부는 납세의무 소멸의 가장 전형적인 방법이다.

(3) 충 당

일반적으로 「충당」이란 국세환급금을 해당 납세의무자가 납부할 국세 및 체납처분비 상당액과 상계시키는 것을 말한다(국기통 26-0…2). 그러나 여기에 덧붙여서 국세징수법에 의해서 강제적으로 징수하는 과정에서 수취한 금전 즉, 압류한 금전과 압류재산의 매각, 납세담보물의 매각 및 채권의 추심에 의하여 수취한 금전을 납세의무자가 납부할 국세와 체납처분비와 상계하는 것도 충당이라고 한다(징법 81 ②).

(4) 부과의 취소

부과의 취소란 과세권자의 부과처분에 의하여 확정된 납세의무가 과세권자의 취소처분에 의하여 소멸되는 것을 의미한다. 이때 취소처분은 이미 행하여진 처분에 결함(중대하고 명백하지 아니한 위법·부당한 것)이 있는 것을 이유로 그 처분의 법률상 효력을 소급하여 상실시키는 행정처분이다.

과세당국이 조세를 부과하고 이를 취소하게 되는 경우는 다음 두 가지로 나누어 볼 수 있다.

① 과세당국이 이미 내려진 부과처분에 내재한 결함을 발견하고 직권으로 그 부과처분을 취소하는 것이다.
② 납세자가 부과처분에 대하여 불복하여 심사청구, 심판청구 또는 행정소송을 제기하고 그 결정이나 판결의 결과 과세당국의 부과처분에 결함이 있거나 위법·부당한 것으로 나타난 경우에 그 부과처분을 취소하는 것이다.

3. 국세부과의 제척기간

(1) 부과권과 제척기간

1) 부과권

부과권(賦課權)이란 과세요건이 충족되어 추상적으로 성립한 조세채무에 관하여 과세권자가 그 충족사실을 확인하여 조세채권·채무관계를 확정하는 권리를 말한다. 다시 말해 조세의 부과권이란 추상적으로 성립한 조세채권·채무를 구체적으로 확정할 수 있는 국가의 권리로서 결정, 경정결정, 재경정결정, 부과취소와 같은 처분을 할 수 있는 권리를 말한다. 이 부과권의 본질은 형성권인데, 형성권이란 타인의 협력이 필요없이 권리자의 일방적인 의사표시 또는 행위만으로 법률관계의 발생·변경·소멸을 가져오는 권리를 말한다.

2) 제척기간

제척기간(除斥期間)은 일정한 권리(국세를 부과할 권리)에 대해 법으로 정하는 존속기간(법정기간)을 의미하며, 이 제척기간은 권리에 대한 법률관계를 속히 종결지으려는 데 그 목적이 있기 때문에 시간이 지나서 **제척기간이 끝나면 권리는 당연히 소멸**한다. 이는 시간의 경과에 의하여 권리가 소멸한다는 점에서 소멸시효와 비슷하나 권리의 존속기간(법정기간)이 예정되고 그 기간이 만료함에 의하여 권리가 당연히 소멸된다는 시간의 경과에 불과하며, 권리의 불행사라는 사실상태의 계속을 요건으로 하지 않는다는 점에서 소멸시효와는 다르다. 따라서 제척기간에 관하여는 소멸시효에서와 같이 중단이나 정지라는 문제가 생기지 않는다.

결국 국세부과의 제척기간은 권리관계를 조속히 확정시키려는 것이므로 국세징수권 소멸시효와는 달리 진행기간의 중단이나 정지가 없으므로 제척기간이 끝나면 정부의 부과권은 소멸되어 과세표준이나 세액을 변경하는 어떤 결정(경정)도 할 수 없다. 다만, 부과에 대하여 이의신청, 심사청구, 심판청구, 감사원법에 따른 감사청구 또는 행정소송법에 따른 소송의 제기가 있는 경우 해당 판결·결정 또는 상호합의를 이행하기 위한 경정결정 그 밖에 필요한 처분은 제외한다.

법인세법에 따라 처분되는 상여는 법인이 소득금액변동통지서를 받은 날에 그 소득금액을 지급한 것으로 의제되어 법인의 원천징수의무가 성립하나 그 소득금액의 귀속사업연도 소득에 대한 국세부과의 제척기간이 만료되면 원천징수의무도 소멸한다(국기통 26의 2-0…2).

(2) 국세부과의 제척기간

1) 상속세·증여세를 제외한 일반세목의 제척기간

상속세·증여세를 제외한 일반세목은 다음에 규정하는 기간이 끝난 날 후에는 부과할 수 없다. 다만, 조세의 이중과세를 방지하기 위하여 체결한 조세조약의 규정에 따라 상호합의절차가 진행중인 경우에는 「국제조세조정에 관한 법률」에서 정하는 바에 따른다(기법 26의2 ① (1)·(2)·(3)).

① **납세자가 사기나 그 밖에 부정한 행위로 국세를 포탈하거나 환급·공제받은 경우**에는 해당 국세를 부과할 수 있는 날부터 10년간[역외거래{「국제조세조정에 관한 법률」제2조 제1항 제1호에 따른 국제거래 및 거래 당사자 양쪽이 거주자(내국법인과 외국법인의 국내사업장을 포함한다)인 거래로서 국외에 있는 자산의 매매·임대차, 국외에서 제공하는 용역과 관련된 거래를 말한다. 이하 같다}에서 발생한 부정행위로 국세를 포탈하거나 환급·공제받은 경우에는 15년간]. 이 경우 부정행위로 포탈하거나 환급·공제받은 국세가 법인세이면 이와 관련하여 「법인세법」에 따라 처분된 금액에 대한 소득세 또는 법인세에 대해서도 그 소득세 또는 법인세를 부과할 수 있는 날부터 10년간(역외거래에서 발생한 부정행위로 법인세를 포탈하거나 환급·공제받아 「법인세법」제67조에 따라 처분된 금액에 대한 소득세 또는 법인세의 경우에는 15년간)으로 한다.

여기서 "사기나 그 밖의 부정한 행위"란 다음 중 어느 하나에 해당하는 행위로서 조세의 부과와 징수를 불가능하게 하거나 현저히 곤란하게 하는 적극적 행위를 말한다.

> ㉮ 이중장부의 작성 등 장부의 거짓 기장
> ㉯ 거짓 증빙 또는 거짓 문서의 작성 및 수취
> ㉰ 장부와 기록의 파기
> ㉱ 재산의 은닉, 소득·수익·행위·거래의 조작 또는 은폐
> ㉲ 고의적으로 장부를 작성하지 아니하거나 비치하지 아니하는 행위 또는 계산서, 세금계산서 또는 계산서합계표, 세금계산서합계표의 조작
> ㉳ 전사적 기업자원관리설비의 조작 또는 전자세금계산서의 조작
> ㉴ 그 밖에 위계(僞計)에 의한 행위 또는 부정한 행위

② 납세자가 사기나 그밖의 부정한 행위로 소득세법·법인세법에 따른 계산서나 부가가치세법에 따른 세금계산서의 미발급, 무거래 발급, 타인명의 발급 등에 따라 각 세법상 가산세 부과대상이 되는 경우 해당 가산세는 부과할 수 있는 날부터 10년간

③ **납세자가 법정신고기한까지 과세표준신고서를 제출하지 아니한 경우**에는 해당 국세를 부과할 수 있는 날부터 7년간(역외거래의 경우 10년간)
④ 위의 '①' ~ '③'에 해당하지 아니하는 경우에는 해당 국세를 부과할 수 있는 날부터 5년간(역외거래의 경우 7년간)
⑤ 위 '③' 및 '④'의 기간이 끝난 날이 속하는 과세기간 이후의 과세기간에 「소득세법」 및 「법인세법」에 따라 **이월결손금[20]을 공제하는 경우**에는 해당 결손금이 발생한 과세기간의 소득세 또는 법인세는 위 '③' 및 '④'의 규정에도 관계없이 이월결손금을 공제한 과세기간의 법정신고기한으로부터 1년간
⑥ **부담부증여**에 따라 증여세와 양도소득세가 과세되는 경우 그 소득세는 다음 '2)'에 따라 증여세에 대하여 정한 기간

2) 상속세 · 증여세의 제척기간

상속세 · 증여세의 제척기간은 부과할 수 있는 날부터 10년간이다. 다만, 다음에 해당하는 각각의 경우에는 부과할 수 있는 날부터 15년간으로 한다.
① 납세자가 사기나 그 밖에 부정한 행위로 상속세 · 증여세를 포탈하거나 환급 · 공제받은 경우
② 상속세와 증여세법에 따라 상속세와 증여세의 과세표준신고서를 제출하지 아니한 경우
③ 상속세와 증여세법에 따라 신고서를 제출한 자가 거짓 신고 또는 누락신고를 한 경우(그 거짓 신고 또는 누락신고를 한 부분만 해당한다). 여기에서 거짓 신고 또는 누락신고를 한 경우란 다음에 해당하는 경우를 말한다(기령 12의 2).
  ㉠ 상속재산가액 또는 증여재산가액에서 가공(架空)의 채무를 빼고 신고한 경우
  ㉡ 권리의 이전이나 그 행사에 등기, 등록, 명의개서 등(이하 이 호에서 "등기등"이라 한다)이 필요한 재산을 상속인 또는 수증자의 명의로 등기등을 하지 아니한 경우로서 그 재산을 상속재산 또는 증여재산의 신고에서 누락한 경우
  ㉢ 예금 · 주식 · 채권 · 보험금, 그밖의 금융자산을 상속재산 또는 증여재산의 신고에서 누락한 경우
④ 납세자가 사기나 그 밖에 부정한 행위로 상속세 · 증여세를 포탈하는 경우로서 다음에 해당하는 경우에는 제척기간의 만료에도 관계없이 해당 재산의 상속 또는 증

---

[20] 이월결손금은 각 사업연도의 개시일 전 15년(2019년까지는 10년) 이내에 개시한 사업연도에서 발생한 결손금을 말한다(소법45③ 및 법법13①).

여가 있음을 안 날부터 1년 이내에 상속세와 증여세를 부과할 수 있다. 다만, 상속인(수유자를 포함)이나 증여자 및 수증자가 사망한 경우와 포탈세액 산출의 기준이 되는 재산가액(다음에 해당하는 재산의 가액을 합친 것을 말한다)이 50억원 이하인 경우는 제외한다.

㉠ 제3자의 명의로 되어 있는 피상속인이나 증여자의 재산을 상속인이나 수증자가 취득한 경우
㉡ 계약에 따라 피상속인이 취득할 재산이 계약 이행기간 중에 상속이 개시됨으로써 등기하거나 등록 또는 명의개서가 이루어지지 아니하고 상속인이 취득한 경우
㉢ 국외에 있는 상속재산이나 증여재산을 상속인이나 수증자가 취득한 경우
㉣ 등기하거나 등록 또는 명의개서가 필요하지 아니한 유가증권·서화·골동품 등 상속 재산이나 증여재산을 상속인이나 수증자가 취득한 경우
㉤ 수증자의 명의로 되어 있는 증여자의 「금융실명거래 및 비밀보장에 관한 법률」에 따른 금융자산을 수증자가 보유하고 있거나 사용·수익한 경우
㉥ 「상속세와 증여세법」에 따른 비거주자인 피상속인의 국내재산을 상속인이 취득한 경우
㉦ 「상속세와 증여세법」 제45조의2에 따른 명의신탁재산의 증여의제에 해당하는 경우
㉧ 상속재산 또는 증여재산인 가상자산을 해외거래서 또는 개인간 거래(P2P) 등의 방법으로 국내 가상자산사업자를 통하지 않고 상속인이나 수증자가 취득한 경우

3) 제척기간의 특례

다음의 경우에는 해당 기간이 지나기 전까지 경정결정이나 그 밖에 필요한 처분을 할 수 있다(기법 26의2 ⑥).
① 이의신청, 심사청구, 심판청구, 「감사원법」에 따른 심사청구 또는 「행정소송법」에 따른 소송에 대한 결정이나 판결이 확정된 경우: 결정 또는 판결이 확정된 날부터 1년.
② 위 '①'의 결정이나 판결이 확정됨에 따라 그 결정 또는 판결의 대상이 된 과세표준 또는 세액과 연동된 다른 세목(같은 과세기간으로 한정)이나 연동된 다른 과세기간(같은 세목으로 한정)의 과세표준 또는 세액의 조정이 필요한 경우: 제1호의 결정 또는 판결이 확정된 날부터 1년
③ 형사소송의 확정판결로 「소득세법」의 기타소득인 뇌물이나 알선수재 또는 배임수

재로 인한 소득이 확인된 경우 그 판결이 확정된 날부터 1년
④ 조세조약에 부합하지 아니하는 과세의 원인이 되는 조치가 있는 경우 그 조치가 있음을 안 날부터 3년 이내(조세조약에서 따로 규정하는 경우에는 그에 따른다)에 그 조세조약의 규정에 따른 상호합의가 신청된 것으로서 그에 대하여 상호합의가 이루어진 경우: 상호합의 절차의 종료일부터 1년
⑤ 국세기본법 또는「국제조세조정에 관한 법률」에 따른 경정청구 및 조정권고가 있는 경우: 경정청구일 또는 조정권고일부터 2개월
⑥ 위 '⑤'에 따른 경정청구 또는 조정권고가 있는 경우 그 경정청구 또는 조정권고의 대상이 된 과세표준 또는 세액과 연동된 다른 과세기간의 과세표준 또는 세액의 조정이 필요한 경우: 위 '⑤'에 따른 경정청구일 또는 조정권고일부터 2개월
⑦ 최초의 신고·결정 또는 경정에서 과세표준 및 세액의 계산 근거가 된 거래 또는 행위 등이 그 거래·행위 등과 관련된 소송에 대한 판결(판결과 같은 효력을 가지는 화해나 그 밖의 행위를 포함한다)에 의하여 다른 것으로 확정된 경우: 판결이 확정된 날부터 1년
⑧ 역외거래와 관련하여 제척기간이 지나기 전에「국세조세조정에 관한 법률」제31조 제1항에 따라 조세의 부과와 징수에 필요한 조세정보를 외국의 권한 있는 당국에 요청하여 조세정보를 요청한 날부터 2년이 지나기 전까지 조세정보를 받은 경우: 조세정보를 받은 날부터 1년
⑨ 글로벌 최저한세의 시행에 따라「국제조세조정에 관한 법률」제69조 제2항에 따른 국가별 실효세율이 변경된 경우: 국가별 실효세율의 변경이 있음을 안 날부터 1년

[부과제척기간 요약]

구 분	내 용	제척기간
(1) 상속세와 증여세 이외의 국세	① '②와 ③' 외의 일반적인 경우	5년(역외 거래 7년)
	② 법정신고기한까지 무신고	7년(역외 거래 10년)
	③ 사기·기타 부정행위로 ㉮ 국세 포탈, ㉯ 계산서와 세금계산서 미발급 등, ㉰ 법인세법에 따라 소득처분된 금액의 법인세·소득세	10년(역외 거래 15년)
	④ 제척기간 만료 이후에 해당 이월결손금을 공제한 경우	공제한 법정신고기한으로부터 1년
	⑤ 부담부증여로 양도소득세와 증여세가 과세된 경우	(2) 상속세·증여세와 같음

구 분	내 용	제척기간
(2) 상속세 ·증여세	① '②와 ③' 외의 일반적인 경우	10년
	② 사기·기타 부정행위로 포탈, 무신고	15년
	③ 사기·기타 부정행위로 포탈한 50억원 초과 재산가액 등을 제척기간의 만료 이후에 발견한 경우(특례)	제척기간의 만료와 관계없이 안 날부터 1년
(3) 제척기간의 특례	다음 사유가 진행되고 있는 경우 제척기간의 만료와 관계없이 해당 기간 내에 관련 처분을 할 수 있다.	
	① 경정청구	경정청구일이나 조정권고일로부터 2개월
	②「국제조세조정에 관한 법률」에 따른 조정권고가 있는 경우	
	③ 불복·소송의 결정 또는 판결이 있는 경우	결정 또는 판결이 있는 날, 또는 상호합의의 종결일로부터 1년
	④ 조세조약에 따른 상호합의가 있는 경우	

(3) 국세부과 제척기간의 기산일

제척기간의 기산일이란 국세부과권을 행사할 수 있는 최초의 시점을 말하는데 다음에 의한다(기령 12의 3).

① 과세표준과 세액을 신고하는 국세(「종합부동산세법」에 따라 신고하는 종합부동산세를 제외한다)에 있어서는 해당 국세의 과세표준과 세액에 대한 신고기한 또는 과세표준신고기한의 다음날. 이 경우 중간예납·예정신고기한과 수정신고기한은 과세표준신고기한에 포함되지 아니한다.
② 종합부동산세 및 인지세의 경우 해당 국세의 납세의무가 성립한 날
③ 원천징수의무자 또는 납세조합에 대하여 부과하는 국세의 경우 해당 원천징수세액 또는 납세조합징수세액의 법정납부기한의 다음날
④ 과세표준신고기한 또는 법정 납부기한이 연장되는 경우 그 연장된 기한의 다음 날
⑤ 공제·면제·비과세 또는 낮은 세율의 적용 등에 따른 세액(소득공제를 받은 경우에는 공제받은 소득금액에 상당하는 세액을 말하고, 낮은 세율을 적용받은 경우에는 일반세율과의 차이에 상당하는 세액)을 의무불이행 등의 사유로 징수하는 경우 해당 공제세액 등을 징수할 수 있는 사유가 발생한 날

[부과제척기간의 기산일]

구 분		제척기간 기산일(국세를 부과할 수 있는 날)
원칙	과세표준신고의무가 있는 국세	과세표준신고기한의 다음날 (중간예납・예정신고・수정신고기한은 제외)
	과세표준신고의무가 없는 국세 (종합부동산세 및 인지세)	납세의무가 성립한 날
예외	원천징수의무자 또는 납세조합에 대하여 부과하는 국세	법정납부기한의 다음날
	과세표준신고기한 또는 법정납부기한이 연장된 경우	연장된 기한의 다음날
	공제・면제받은 세액을 의무불이행 등의 사유로 징수	징수할 사유가 발생한 날

(4) 제척기간 만료의 효과

제척기간이 끝난 후에는 국세를 부과할 수 없는데 이때에는 별도의 절차가 필요 없다. 즉 제척기간의 만료에 의하여 조세부과권의 소멸이라는 법률효과가 자동적으로 생긴다는 의미이다. 이 경우 납세의무자에게는 반사적으로 추상적 납세의무의 소멸이라는 법률효과가 발생한다는 의미이다.

4. 국세징수권의 소멸시효

(1) 국세징수권과 소멸시효의 개념

조세징수권은 확정된 납세의무(조세채권)를 이행시키기 위하여 과세권자가 갖는 납부하는 세액을 수납하는 권리와 그 이행을 청구하여 수납을 꾀할 수 있는 권리를 포괄한다. 이 징수권은 확정된 세액의 납부를 명하는 것으로서(납세의 고지, 독촉, 강제징수 등), 일종의 재산적 청구권이다.

소멸시효(消滅時效)는 권리자가 권리를 행사할 수 있었음에도 관계없이 일정기간 권리를 행사하지 않은 경우 법률관계의 안정을 유지하고, 권리의 행사를 게을리 하는 자는 보호할 가치가 없다는 이유에서 그 권리를 소멸시키는 제도이다.

따라서 국세징수권의 소멸시효는 국가가 조세징수권을 행사하지 않는 사실상태가 일정기간 계속될 때에 그 사실상태를 존중하여 국가의 청구권을 소멸시키려는 제도이며,

국세기본법에서는 조세의 종목에 관계없이 "국세의 징수를 목적으로 하는 **국가의 권리는 이를 행사할 수 있는 때부터 5억원 이상의 국세는 10년, 그 밖의 국세는 5년간 행사**하지 아니하면 소멸시효가 완성된다. 이 경우 국세에서 가산세는 제외한다."고 규정하고 있다 (기법 27 ①). 이 소멸시효가 완성되면 국세징수권이 당연히 소멸하게 되고 납세의무자는 조세채무의 소멸이라는 이익을 얻게 된다.

(2) 소멸시효의 기산일

1) 개 념

국세징수권 소멸시효의 기산일은 국세의 징수를 목적으로 하는 국가의 권리를 행사할 수 있을 때이다(기법 27 ①). 이 경우 국세부과권의 제척기간 기산일은 신고납세조세와 부과과세조세의 구분을 떠나 과세표준과 세액을 신고하도록 한 국세는 신고서 제출기한의 다음날이지만 국세징수권의 소멸시효 기산일은 신고납세조세로 신고한 경우(신고에 의한 확정)에는 법정신고기한의 다음날, 그리고 과세표준과 세액을 정부가 결정·경정(신고납부조세의 미신고한 조세의 확정 포함) 또는 수시부과결정하는 경우에 고지한 해당 세액에 대해서는 그 납세고지에 의한 납부기한의 다음날이라는 것이 큰 차이점이다.

2) 신고납세조세

과세표준과 세액의 신고에 따라 납세의무가 확정되는 국세의 경우 신고한 세액에 대해서는 그 법정신고납부기한의 다음날을 국가의 징수권을 행사할 수 있을 때로 본다. 그러나 신고납세제도가 적용되는 국세에 있어서도 신고하지 아니한 세액에 대해서는 이 기산일이 적용되지 않는다.

3) 부과과세조세와 기타 정부가 결정·경정하는 조세

과세표준과 세액을 정부가 결정, 경정 또는 수시부과결정하는 경우 납세고지한 세액에 대해서는 그 고지에 따른 **납부기한의 다음 날**을 국가의 징수권을 행사할 수 있을 때로 본다. 여기에는 부과과세제도가 적용되는 조세뿐만 아니라 신고납세제도가 적용되는 조세 중에서 과세표준과 세액을 전혀 신고하지 아니하였거나 신고에서 누락된 부분의 세액도 포함되는 것으로 해석된다.

4) 원천징수 또는 납세조합이 징수하는 조세

원천징수의무자 또는 납세조합으로부터 징수하는 국세의 경우 납세고지한 원천징수세액 또는 납세조합징수세액에 대해서는 그 고지에 따른 **납부기한의 다음날**을 국가의 징수권을 행사할 수 있을 때로 본다.

5) 기 타

인지세의 경우 납세고지한 인지세액에 대해서는 그 고지에 따른 납부기한의 다음 날을 국가의 징수권을 행사할 수 있을 때로 본다. 그리고 신고납부제도가 적용되는 조세의 법정신고납부기한이 연장되는 경우 그 **연장된 기한의 다음날**을 국가의 징수권을 행사할 수 있을 때로 본다.

[소멸시효 기산일]

구 분		소 멸 시 효 기 산 일 (국세징수권을 행사할 수 있는 날)
원칙	신고납세조세의 신고세액	법정 신고납부기한의 다음날
	부과과세조세의 고지세액(신고납세조세 중 정부가 결정·경정·수시부과결정한 경우 포함)	납부고지에 따른 납부기한의 다음날
예외	원천징수의무자 또는 납세조합에 대하여 징수하는 국세	고지에 따른 납부기한의 다음날
	인지세	고지에 따른 납부기한의 다음날
	법정신고납부기한이 연장된 경우	연장된 기한의 다음날

(3) 소멸시효의 중단과 정지

1) 개 념

소멸시효는 권리자가 권리를 행사할 수 있었는데 그 행사를 게을리 하여 권리가 소멸되는 제도이므로 소멸시효가 완성되기 전에 권리의 행사가 있으면 소멸시효의 진행은 중단(中斷)되고, 만약 권리를 행사할 수 없는 합당한 사유가 있는 경우에는 소멸시효의 진행이 정지(停止)된다. 이때 시효의 중단이란 법에 정한 사유의 발생으로 인하여 이미 지난 시효기간의 효력이 상실되는 것을 말하며(국기통 28-0…1), 시효가 중단된 때에는 중단까지에 지난 시효기간은 효력을 상실하고 중단사유가 종료한 때부터 새로이 시효가 진행한다(기법 28 ②). 그리고 시효의 정지란 일정한 기간 동안 시효의 완성을 유예하는 것을 말하며, 이 경우는 그 정지사유가 종료한 후 잔여기간이 경과하면 시효가 완성한다(국기통 28-0…3). 국세징수권의 소멸시효의 중단사유와 정지사유는 다음과 같다.

2) 소멸시효의 중단사유(기법 28)

① 국세징수권의 소멸시효는 다음 사유로 중단된다.
   ㉮ 납부고지
   ㉯ 독촉
   ㉰ 교부청구
   ㉱ 압류(단, 압류금지재산 또는 제3자의 재산을 압류한 경우 소멸시효의 중단을 제외한다)
② 중단된 소멸시효는 다음의 기간이 지난 때부터 새로 진행한다.
   ㉮ 고지한 납부기간
   ㉯ 독촉에 의한 납부기간
   ㉰ 교부청구 중의 기간
   ㉱ 압류해제까지의 기간

3) 소멸시효의 정지사유

국세징수권의 소멸시효는 다음 기간에는 진행되지 아니한다.
① 세법에 따른 분납기간
② 세법에 따른 납부고지의 유예, 지정납부기한·독촉장에서 정하는 기한의 연장, 징수유예기간
③ 세법에 따른 압류·매각의 유예기간
④ 세법에 따른 연부연납(年賦延納) 기간
⑤ 세무공무원이 「국세징수법」에 따른 사해행위(詐害行爲) 취소소송이나 「민법」에 따른 채권자대위 소송을 제기하여 그 소송이 진행 중인 기간. 다만, 사해행위 취소소송 또는 채권자대위 소송의 제기로 인한 시효정지의 효력은 소송이 각하·기각 또는 취하된 경우에는 효력이 없다.
⑥ 체납자가 국외에 6개월 이상 계속 체류하는 경우 해당 국외 체류 기간

(4) 소멸시효완성의 효과

소멸시효가 완성하면 국세징수권이 당연히 소멸하는데 「소멸시효가 완성한다」함은 소멸시효기간이 완성하면 국세징수권이 당연히 소멸하는 것을 말한다(국기통 27-0…1). 이 경우 국세의 소멸시효가 완성한 때에는 그 국세의 강제징수비 및 이자상당액에도 그 효력이 미치며, 주된 납세자의 국세가 소멸시효의 완성에 의하여 소멸한 때에는 제2차 납세의무자, 납세보증인과 물적납세의무자에도 그 효력이 미친다(국기통 27-0…2).

[국세부과의 제척기간과 국세징수권의 소멸시효의 비교]

구 분	국세부과의 제척기간	국세징수권의 소멸시효
(1) 개념	국세를 부과할 수 있는 법정 존속기간(권리의 행사가능기간)	국세징수권을 일정기간 행사하지 않는 경우에 그 징수권을 소멸시키는 제도(권리의 불행사기간)
(2) 적용대상	부과권(형성권의 일종)	징수권(청구권의 일종)
(3) 기간	5년, 7년, 10년, 15년, 1년(특례), 2개월(특례)	5년, 10년
(4) 기산일	국세를 부과할 수 있는 날(신고의무의 유무에 따라 기산일이 달라짐)	국세징수권을 행사할 수 있는 날(언제 납세의무가 확정되었는가에 따라 기산일이 달라짐)
(5) 중단과 정지	없음	있음(징수권 행사시 소멸시효 중단, 징수권 행사가 불가능한 기간에는 소멸시효 정지)
(6) 소급효유무	소급효 없음(부과권이 장래를 향하여 소멸)	소급효 있음(징수권이 기산일로 소급하여 소멸) ; 결손처분 필요

[국세부과권과 국세징수권 행사시기 비교]

아래 도표는 정부부과과세 세목 중 「증여세」와 신고납세제도 세목인 「종합소득세」를 예를 들어 설명한 것이다. 다른 세목에도 동일하게 적용할 수 있다.

1. 정부부과과세 세목(예, 증여세)

수증일	과세표준 신고기한 및 법정납부기한 ▼		무신고시 고지서 발송일 (법정기일)	고지서상 납부기한 ▼	
1/1	4/30	→ 부과권 행사가능 (5/1)			→ 징수권 행사가능

2. 신고납세대상 세목(예, 종합소득세)

신고납세대상 세목은 법정기일내 자진신고한 경우와 신고하지 않은 경우로 구분할 수 있다.

가) **신고분**(국세부과권의 행사가 필요 없고 납부기한까지 납부하지 않은 것에 대해 국세징수권 행사)

과세기간 종료일		신고일 (법정기일)		과세표준 신고기한 및 법정납부기한 ▼	
12/31				5/31	→ 징수권 행사가능(6/1)

나) **무신고분**(정부부과과세 세목과 동일하게 적용함)

과세기간 종료일	과세표준 신고기한 및 법정납부기한 ▼		고지서 발송일 (법정기일)	고지서상 납부기한 ▼	
	5/31	→ 부과권 행사가능 (6/1)			→ 징수권 행사 가능

제4장 납세의무의 확장

제1절 납세의무의 확장

1. 서 론

납세의무의 확장(擴張)이란 본래의 납세의무가 본래의 납세의무자가 아닌 사람에게 확대 내지 이전되는 현상으로 법률상의 용어가 아니라 학술적인 용어이다. 즉 **납세의무의 확장**이란 납세의무가 성립되고 확정된 후 본래의 납세의무자가 납세의무를 이행하지 못할 경우 **법률이 정한 요건에 해당하는 사람에게로 납세주체가 변경되어 이전되는 것**을 말한다. 이 납세의무의 확장은 법이 정한 특별한 경우에 한하여 특정인에게 이전·확대되며, 국고주의적 성질을 다분히 가짐으로 납세의무 중 **납부의무의 이전·확장**이 주된 것으로 **국세채권을 보전하기 위한 납세보전제도**이다.

이러한 납세의무의 확장에는 국세기본법 또는 개별세법의 구체적인 규정에 따라 확장되는 법정납세의무확장과 납세의무자와 제삼자 사이의 계약을 근거로 하는 약정납세의무확장으로 분류할 수 있다.

[납세의무의 확장 유형]

구분	유형
법정납세의무확장 (국세기본법)	① 납세의무의 승계 ② 연대납세의무 ③ 제2차 납세의무 ④ 물적납세의무
약정납세의무확장 (국세징수법)	납세담보 중 납세보증인의 납세의무

2. 납세의무의 승계

(1) 의 의

 법률적으로 승계란 타인의 권리·의무에 기초하여 권리·의무를 취득하는 것을 의미하므로 납세의무의 승계란 타인이 가지고 있는 납세의무에 기초하여 발생한 납세의무를 의미한다. 국세기본법은 합병과 상속의 경우에 이미 성립되었거나 확정된 납세의무를 본래의 납세의무자로부터 권리·의무를 포괄적으로 승계받은 자에게 이전하는 납세의무의 승계를 규정하고 있다. 즉 납세의무의 승계는 권리의무의 일부만을 승계하는 특정승계의 경우에는 해당하지 아니하며 모든 권리의무가 일괄해서 취득되는 포괄승계의 경우에만 해당된다.

 법인의 합병이나 상속 등으로 인한 포괄승계의 경우에는 세법상의 납세의무뿐 아니라 그 성질상 이전을 허용하지 않는 것은 제외하고는 관련된 모든 권리의무가 승계되는 것으로 보아야 한다. 따라서 이미 구체적으로 확정되어 있는 납세의무뿐만 아니라 성립하기는 하였지만 아직 구체적으로 확정되지 않은 추상적인 납세의무까지도 승계되며, 승계 전에 수행된 과세관청의 처분이나 절차, 납세의무에 부수되는 신고의무나 서류제출의무 등도 승계된다.

(2) 법인의 합병으로 인한 납세의무의 승계

 법인이 합병한 때에 합병 후 존속하는 법인 또는 합병으로 설립된 법인은 합병으로 소멸된 법인에 부과되거나 그 법인이 납부할 국세 및 강제징수비를 납부할 의무를 진다(기법 23). 여기서 「합병한 때」란 합병 후의 존속법인 또는 합병으로 인한 신설법인이 그 본점 소재지에서 합병등기를 한 때를 말한다(국기통 23-0…1).

 그리고 「부과되거나 납부할 국세와 강제징수비」란 합병(상속)으로 인하여 소멸된 법인(피상속인)에게 귀속되는 국세 및 강제징수비와 세법에 정한 납세의무의 확정절차에 따라 장차 부과되거나 납부하여야 할 국세 및 강제징수비를 말한다(국기통 23-0…2). 또 소멸법인에 대하여 ① 납기연장의 신청·징수유예 또는 물납의 신청, ② 납기연장·징수 또는 체납처분에 관한 유예, ③ 물납의 승인, ④ 담보의 제공 등의 처분이 있는 상태로 납세의무가 승계되면 합병 후 존속법인 또는 합병으로 인한 신설법인은 그러한 처분까지 그대로 승계한다(국기통 23-0…3).

(3) 상속으로 인한 납세의무의 승계

1) 개 념

국세기본법은 상속이 개시된 때에 그 상속인[수유자(受遺者) 포함] 또는 상속재산관리인은 피상속인에게 부과되거나 그 피상속인이 납부할 국세와 강제징수비를 상속으로 받은 재산을 한도로 하여 납부할 의무를 진다고 규정하고 있다(기법 24 ①).

상속이 개시된 때에 피상속인에게 부과되거나 피상속인이 납부할 국세 및 강제징수비는 상속인이나 상속재산관리인에게 납세의무에 대한 별도의 지정조치 없이 국세기본법에 따라 당연히 승계되며, 피상속인의 생전에 피상속인에게 한 처분 또는 절차는 상속으로 인한 납세의무를 승계하는 상속인이나 상속재산관리인에 대해서도 효력이 있다. 그러나 피상속인이 사망한 후 그 승계되는 국세 등의 부과징수를 위한 잔여 절차는 상속인이나 상속재산관리인을 대상으로 하여야 한다(국기통 24-0…2).

피상속인이 사망하기 전에 독촉을 한 체납액에 관하여 그 상속인의 재산을 압류하려는 경우에는, 국세징수법에 따른 납기전징수 사유가 있는 경우를 제외하고는 사전에 그 상속인에 대하여 승계세액의 납부를 촉구하여야 한다(국기통 24-0…7). 상속으로 인한 납세의무의 승계는 피상속인이 부담할 제2차 납세의무도 포함하며, 이러한 제2차 납세의무의 승계에는 반드시 피상속인의 생전에 국세징수법에 따른 납부고지가 있어야 하는 것은 아니다(국기통 24-0…1).

2) 상속으로 인한 납세의무의 승계자의 구분

가) 상속인이 2명 이상인 경우 등

상속인이 2명 이상인 때에는 각 상속인은 피상속인에게 부과되거나 그 피상속인이 납부할 국세와 강제징수비를 민법에 따른 **상속분** 또는 각 상속인이 상속으로 받은 재산의 가액을 각 상속인이 상속으로 받은 재산 가액의 합계액으로 나누어 계산한 **비율**(상속인 중에 ①수유자 또는 ②상속포기자 및 ③유류분을 받은 자가 있거나 ④상속으로 받은 재산에 보험금이 포함되어 있는 경우)에 따라 나누어 계산한 체납액(국세와 강제징수비)을 상속으로 받은 재산의 한도에서 연대하여 납부할 의무를 진다.

그리고 상속인이 2명 이상인 때에는 각 상속인은 피상속인의 국세와 강제징수비를 납부할 대표자를 정하여 상속개시일로부터 30일 이내에 그 성명과 주소·거소, 그밖의 필요한 사항을 적은 문서(전자문서 포함)로 관할 세무서장에게 신고하여야 한다(기령 12①). 만약 신고가 없을 때에는 세무서장은 상속인 중 1명을 대표자로 지정할 수 있다. 이 경우 세무서장은 그 사실을 적은 문서로 지체없이 각 상속인에게 통지하여야 한다(기령 12②).

만약 태아에게 상속이 된 경우에는 그 태아가 출생한 때에 상속으로 인한 납세의무가 승계된다(국기통 24-0…4).

그리고 피상속인의 혼인무효의 소 또는 조정이 계류중이거나, 그밖의 상속의 효과를 가지는 신분관계의 존부확정에 관하여 쟁송중인 경우 등 상속인이 명확하지 아니한 경우에는, 원칙적으로 그 무효의 소, 그밖의 그 쟁송사유가 없는 것으로 보는 경우의 상속인에 대하여 상속으로 인한 납세의무의 승계의 규정을 적용한다(국기통 24-0…5). 예를 들면 다음과 같다.

① 이혼무효심판중 : 이혼한 상태로 봄.
② 친생자부인심판중 : 친생자로 봄.
③ 상속신분부존재청구중 : 상속신분존재로 봄.
④ 상속신분존재확인청구중 : 상속신분부존재로 봄.

나) 수유자

수유자란 유언에 의하여 유증을 받을 자로 정해진 자를 말하며, 「수유자」에는 사인증여(민법 562)를 받는 자를 포함한다(국기통 24-0…3). 이때 사인증여란 증여자의 사망으로 효력을 발생하는 증여를 말한다. 유언대용신탁 및 수익자연속신탁에 의하여 신탁의 수익권을 취득한 자도 포함한다(상증법 2 5호).

다) 상속재산 관리인

상속재산 관리인이란 재산상속인의 존부가 분명하지 아니한 때 상속재산을 관리하기 위하여 피상속인의 친족, 그밖의 이해관계인 또는 검사의 청구에 의하여 법원이 선임한 관리인을 의미한다. 국세기본법은 상속인의 존부가 분명하지 않은 경우에는 상속인에게 행하여야 할 납세의 고지·독촉이나 그 밖에 필요한 사항이 상속재산 관리인에게 행하여지며, 상속인의 존부가 분명하지 아니하고 상속재산 관리인도 없을 때에는 세무서장이 법원에 상속재산 관리인의 선임을 청구할 수 있다(기법 24 ⑤).

3) 납세의무의 승계 한도

상속인이 승계하는 납세의무는 상속으로 받은 재산의 한도에서 하며, 상속으로 받은 재산은 다음 계산식에 따른 가액(價額)으로 한다(기령 11 ①). 이 경우 수유자가 받은 자산·부채 및 납부할 상속세와 상속재산으로 보는 보험금 및 그 보험금을 받은 자가 납부할 상속세를 포함하여 상속으로 받은 재산의 가액을 계산한다.

> 상속받은 자산총액 - (상속받은 부채총액 + 상속으로 인하여 부과되거나 납부할 상속세)

그리고 상속으로 인하여 얻은 자산총액과 부채총액은 상속세와 증여세법의 규정을 준용하여 상속개시일 현재의 시가에 의하여 평가하여야 한다.

자산총액과 부채총액을 계산함에 있어서는 다음 사항에 유의한다(국기통 24-11…1).

① 상속재산에는 사인증여 및 유증의 목적이 된 재산을 포함한다.
② 생명침해 등으로 인한 피상속인의 손해배상청구권도 상속재산에 포함된다.
③ 피상속인의 일신에 전속하는 권리의무는 제외한다. 즉 대리권(상행위의 위임으로 인한 것 제외)과 부양청구권(이행지체분 제외), 그리고 상속개시 전에 구체화되지 아니한 신원보증채무와 신용보증채무, 피상속인이 예술가·저술가인 경우 예술·저술의 행위 채무 등, 피상속인이 부담하는 벌금·과료 등은 제외한다.
④ 피상속인이 수탁하고 있는 신탁재산은 수탁자의 상속재산에 속하지 아니한다.

4) 상속포기자의 특례

납세의무 승계를 피하면서 재산을 상속받기 위하여 피상속인이 상속인을 수익자로 하는 보험계약을 체결하고, 상속인은 「민법」에 따라 상속을 포기한 것으로 인정되는 경우로서 상속포기자가 피상속인의 사망으로 인하여 보험금(「상속세와 증여세법」 제8조에 따른 보험금을 말한다)을 받는 때에는 상속포기자를 상속인으로 보고, 보험금을 상속받은 재산으로 보아 납세의무의 승계 규정을 적용한다(기법 24 ②).

3. 연대납세의무

(1) 의 의

연대납세의무(連帶納稅義務)란 하나의 동일한 납세의무를 2명 이상이 연대하여 납부할 의무를 지는 것을 말하며, 연대하여 납부할 의무를 지는 자를 연대납세의무자라 한다. 이 경우 각 연대납세의무자는 각자가 납부할 세액분이 있지만 국가가 다른 연대납세의무자의 세액분에 대하여도 고지를 하면 그 전부에 대하여 납부할 의무를 지는 것이다. 다만, 채권자인 국가는 모든 연대납세의무자에게 각자의 납세액을 고지하거나 연대납세액을 고지하여야만 그 효력이 있으며 고지되지 않은 다른 연대납세의무자에게는 고지의 효력이 없다고 본다(기법 8 ②).

국세기본법의 연대납세의무에 관한 규정은 각 세법에 특례규정이 있는 경우에는 그 특례규정이 우선하여 적용된다(기법 3). 그러므로 각 세법에 연대납세의무에 관한 규정이 없는 부분에 대하여만 국세기본법의 연대납세의무 규정이 적용된다.

(2) 국세기본법상의 연대납세의무

1) 공유물·공동사업 등에 관한 연대납세의무

국세기본법은 ① 공유물(共有物), ② 공동사업, ③ 해당 공동사업에 속하는 재산에 관계되는 국세와 강제징수비는 그 공유자 또는 공동사업자가 연대하여 납부할 의무를 진다고 규정하고 있다(기법 25). 이 경우 '공유물'이란 민법 제262조(물건의 공유)의 규정에 따른 공동소유의 물건을 말한다(국기통 25-0…1). 또한 '공동사업'이란 그 사업이 당사자 전원의 공동의 것으로서, 공동으로 경영되고 따라서 당사자 전원이 그 사업의 성공 여부에 대하여 이해관계를 가지는 사업을 말한다(국기통 25-0…2).

2) 법인의 분할되거나 분할합병에 의한 연대납세의무

① 법인이 분할되거나 분할합병된 후 분할되는 법인이 존속하는 경우(존속 분할) 다음의 법인은 분할등기일 이전에 분할법인에 부과되거나 납세의무가 성립한 국세 및 강제징수비에 대하여 분할로 승계된 재산가액을 한도로 연대하여 납부할 의무가 있다.
　㉠ 분할법인
　㉡ 분할되거나 분할합병으로 설립되는 법인(이하 이 조에서 "분할신설법인"이라 한다)
　㉢ 분할법인의 일부가 다른 법인과 합병하는 경우 그 합병의 상대방인 다른 법인
　　(이하 이 조에서 "분할합병의 상대방 법인"이라 한다)
② 법인이 분할 또는 분할합병한 후 소멸하는 경우(소멸 분할) 다음 각 호의 법인은 분할법인에 부과되거나 분할법인이 납부하여야 할 국세 및 강제징수비에 대하여 분할로 승계된 재산가액을 한도로 연대하여 납부할 의무가 있다.
　㉠ 분할신설법인
　㉡ 분할합병의 상대방 법인

3)「채무자 회생 및 파산에 관한 법률」에 따른 신회사의 연대납세의무

법인이「채무자 회생 및 파산에 관한 법률」제215조에 따라 신회사를 설립하는 경우 기존의 법인에 부과되거나 납세의무가 성립한 국세 및 강제징수비는 신회사가 연대하여 납부할 의무를 진다.

(3) 연대납세의무에 관한 민법 준용

국세기본법은 다른 세법에 따라 국세와 강제징수비를 연대하여 납부할 의무가 있는 경우에는 민법 제413조 내지 제416조, 제419조, 제421조, 제423조, 제425조부터 제427조의 연대채무에 관한 규정을 준용한다(기법 25의2)고 규정하고 있다.[21]

---

[21] 다음은 연대납세의무에서 준용할 민법 조항이다.
  제413조 【연대채무의 내용】
   수인의 채무자가 채무 전부를 각자 이행할 의무가 있고 채무자 1명의 이행으로 다른 채무자도 그 의무를 면하게 되는 때에는 그 채무는 연대채무로 한다.
  제414조 【각 연대채무자에 대한 이행청구】
   채권자는 어느 연대채무자에 대하여 또는 동시나 순차로 모든 연대채무자에 대하여 채무의 전부나 일부의 이행을 청구할 수 있다.
  제415조 【채무자에 생긴 무효·취소】
   어느 연대채무자에 대한 법률행위의 무효나 취소의 원인은 다른 연대채무자의 채무에 영향을 미치지 아니한다.
  제416조 【이행청구의 절대적 효력】
   어느 연대채무자에 대한 이행청구는 다른 연대채무자에게도 효력이 있다.
  제419조 【면제의 절대적 효력】
   어느 연대채무자에 대한 채무면제는 그 채무자의 부담부분에 한하여 다른 연대채무자의 이익을 위하여 효력이 있다.
  제421조 【소멸시효의 절대적 효력】
   어느 연대채무자에 대하여 소멸시효가 완성한 때에는 그 부담부분에 한하여 다른 연대채무자도 의무를 면한다.
  제423조 【효력의 상대성의 원칙】
   전 7조의 사항 외에는 어느 연대채무자에 관한 사항은 다른 연대채무자에 효력이 없다.
  제425조 【출재채무자의 구상권】
   ① 어느 연대채무자가 변제 그 밖에 자기의 출재로 공동면책이 된 때에는 다른 연대채무자의 부담부분에 대하여 구상권을 행사할 수 있다.
   ② 전항의 구상권은 면책된 날 이후의 법정이자 및 피할 수 없는 비용 그 밖에 손해배상을 포함한다.
  제427조 【상환무자력자의 부담부분】
   ① 연대채무자 중에 상환할 자력이 없는 자가 있을 때에는 그 채무자의 부담부분은 구상권자 및 다른 자력이 있는 채무자가 그 부담부분에 비례하여 분담한다. 그러나 구상권자에게 과실이 있을 때에는 다른 연대채무자에 대하여 분담을 청구하지 못한다.
   ② 전항의 경우에 상환할 자력이 없는 채무자의 부담부분을 분담할 다른 채무자가 채권자로부터 연대의 면제를 받은 때에는 그 채무자의 분담할 부분은 채권자의 부담으로 한다.

(4) 각 세법상의 연대납세의무

1) 법인세법

연결법인은 각 연결사업연도에 대한 법인세(토지 등 양도소득에 대한 법인세 및 미환류법인세 포함)를 연대하여 납부할 의무가 있다(법법 3 ③).

2) 소득세법

공동사업에 관한 소득금액을 계산하는 때에는 해당 거주자별로 납세의무를 진다. 다만, 주된 공동사업자에게 합산과세되는 경우 해당 합산과세되는 소득금액에 대해서는 주된 공동사업자 외의 특수관계자는 그의 손익분배비율에 해당하는 소득금액을 한도로 주된 공동사업자와 연대하여 납세의무를 진다(소법 2 ①). 이 규정은 국세기본법상 **연대납세의무를 배제**하는 것이다. 즉 공동사업에 의하여 부동산소득·사업소득 또는 양도소득이 있다고 할지라도 공동사업자는 연대납세의무를 지지않고 그 지분 또는 손익분배의 비율에 의하여 분배되었거나 분배될 소득금액에 따라 각 거주자별로 그 소득금액을 계산한다(소법 43 ②).

3) 상속세와 증여세법

상속세는 상속인이나 수유자 각자가 받았거나 받을 재산을 한도로 연대하여 납부할 의무가 있다(상증법 3의2 ①). 그리고 증여자는 수증자가 다음 각 호의 1에 해당하는 경우에는 수증자가 납부할 증여세에 대하여 연대하여 납부할 의무를 진다(상증법 4의2 ⑥).
① 비거주자이거나 주소 또는 거소가 분명하지 아니한 경우로서 조세채권의 확보가 곤란한 경우
② 증여세를 납부할 능력이 없다고 인정되는 경우로서 강제징수를 하여도 조세채권의 확보가 곤란한 경우
③ 수증자가 비거주자인 경우

4) 인지세법

하나의 과세문서를 2명 이상이 공동으로 작성한 경우에는 그 작성자는 작성한 과세문서에 연대하여 인지세를 납부할 의무가 있다(인지법 1 ②).

4. 제2차 납세의무

(1) 의 의

제2차 납세의무란 함은 본래의 납세자가 납세의무를 이행할 수 없는 경우에 납세자에 갈음하여 납세의무를 지는 경우를 말한다. 즉 **본래 납세의무자가 납세의무를 이행하지 않아 그 납세자의 재산에 대하여 강제징수를 하여도 그 확정된 세액을 징수하는 데 부족한 경우에 그와 특수관계에 있는 제3자에게 본래의 납세의무자로부터 징수하지 못한 금액을 한도로 하여 2차적으로 납세의무를 부담하게 하는 제도**이다. 이는 보충적 납세의무로 조세채권의 확보를 위하여 제3자에게 납세의무를 이행하게 하여 납세의무를 확장시키는 조세징수의 제도이다.

국세기본법은 청산인 등의 제2차 납세의무, 출자자의 제2차 납세의무, 법인의 제2차 납세의무, 그리고 사업양수인의 제2차 납세의무를 규정하고 있다(법법 38~41).

[제2차 납세의무자의 유형]

유 형	본래 납세의무자	요 건	제2차 납세의무자	한 도
(1) 청산인 등의 제2차 납세의무	해산한 법인	① 잔여재산의 분배 또는 인도 ② 부과되거나 납부할 국세의 체납처분 부족한 금액	청산인	분배·인도가액
			잔여재산을 분배·인도 받은 자	분배·인도받은 자산가액
(2) 출자자의 제2차 납세의무	법인 (유가증권시장 및 코스닥 상장 제외)	① 부과되거나 납부할 국세의 체납처분 부족한 금액 ② 납세의무성립일 현재	무한책임사원	무제한적 납세의무
			실질지배 과점주주	법인의 부족 국세×지분율
(3) 법인의 제2차 납세의무	무한책임 사원·과점주주	① 주식·출자지분의 비시장성·비환가성 ② 납부할 국세의 체납처분 부족한 금액 ③ 납부기간 만료일 현재	법인	법인의 순자산 가액 × 지분율
(4) 사업양수인의 제2차 납세의무	사업 양도인	① 포괄적인 사업양도·양수 ② 사업양도일 이전 사업에 관련된 납세의무 확정된 국세의 강제징수시 부족한 금액	사업양수인	양수한 재산 가액 한도

(2) 제2차 납세의무의 법적 성격

1) 보충성

제2차 납세의무는 납세자의 재산에 대하여 강제징수를 하여도 납세자의 국세 및 강제징수비에 충당하기에 부족한 경우에 그 부족한 금액에 한하여 부담된다. 이를 제2차 납세의무의 보충성이라고 한다.[22]

2) 부종성

제2차 납세의무는 본래의 납세의무의 존재를 전제로 하여 성립하므로 본래의 납세의무가 어떤 사유에 인하여 소멸하면 제2차 납세의무도 소멸하게 되는 부종성의 성격을 갖는다. 따라서 제2차 납세의무를 지우기 위해서는 먼저 선행요건으로서 본래의 납세의무자에 대한 과세처분(강제징수) 등이 있어야 한다.

(3) 청산인 등의 제2차 납세의무

1) 개 념

법인이 해산한 경우에 그 법인에게 부과되거나 그 법인이 납부할 국세 또는 강제징수비를 납부하지 아니하고 청산 후 남은 재산을 분배하거나 인도하였을 그 법인에 대하여 강제징수를 집행하여도 징수할 금액에 미치지 못하는 경우에는 **청산인 또는 청산 후 남은 재산을 분배받거나 인도받은 자는 그 부족한 금액에 대하여 제2차 납세의무**를 진다(기법 38 ①).

2) 요 건

① 본래의 납세의무자인 법인이 해산하여야 한다.

여기서 '법인이 해산한 경우'란 해산등기의 유무에 관계없이 다음의 경우를 말한다(국기통 38-0…2).

㉠ 주주총회, 그밖의 이에 준하는 총회 등에서 해산한 날을 정한 경우에는 그 날이 지난 때

㉡ 해산할 날을 정하지 아니한 경우에는 해산결의를 한 때

---

[22] 대법원 2003두10718, 2004.5.14.
『주된 납세자의 납세의무와의 관계에서 이른바 부종성과 보충성을 가지므로 제2차 납세의무자에 대하여 납부고지를 하려면 본래의 납세의무자에 대하여 납세의 고지를 함으로써 납세의무가 구체적으로 확정되어야 하나 본래의 납세의무자의 재산에 대하여 체납처분을 하더라도 징수할 국세와 체납처분비에 충당하기에 부족할 것이라는 점이 인정되기만 하면 제2차 납세의무자에 대하여 납부고지를 할 수 있다.』

ⓒ 해산사유(존립기간의 만료, 정관에 정한 사유의 발생·파산·합병 등)의 발생으로 해산하는 경우에는 그 사유가 발생하였을 때
ⓔ 법원의 명령 또는 판결에 의하여 해산하는 경우에는 그 명령 또는 판결이 확정되었을 때
ⓜ 주무관청이 설립허가를 취소한 경우에는 그 취소의 효력이 발생하는 경우 등

② 해산법인에게 부과되거나 납부할 국세가 있다.

해산법인에게 부과되거나 그 법인이 납부할 국세란 해당 법인이 결과적으로 납부하여야 할 모든 국세를 말하며, 해산할 때나 잔여재산을 분배 또는 인도하는 때에 이미 납세의무가 성립된 국세에 한하지 아니한다(국기통 38-0…3).

③ 잔여재산의 분배 또는 인도가 있어야 한다.

'분배'란 법인이 청산하는 경우에 있어서 잔여재산을 사원·주주·조합원·회원 등에게 원칙적으로 출자액에 따라 분배하는 것을 말하며, '인도'란 법인이 청산하는 경우에 있어서 잔여재산을 민법 제80조(잔여재산의 귀속) 등에 따라 처분하는 것을 말한다(국기통 38-0…4).

④ 강제징수하여도 징수 부족한 금액이 발생한 경우이다.

여기서 '징수할 금액에 부족한 경우'란 주된 납세자에게 귀속하는 재산(제3자 소유의 납세담보재산 및 보증인의 납세보증을 포함)을 강제징수(교부청구 및 참가압류를 포함)으로 징수할 수 있는 가액이 그 법인이 부담할 국세총액에 부족한 경우를 말하며, 이 경우 그 부족여부의 판정은 납부통지를 하는 때의 현황에 의한다. 또한 상기의 재산가액 산정에 있어서는 다음 사항을 유의하여야 한다(국기통 38-0…5).

ⓐ 매각하여 국세 등을 징수하려는 재산(이하 "재산"이라 한다)에 국세기본법 또는 그 밖에 법률의 규정에 따라 국세에 우선하는 채권, 공과금, 지방세 등이 있는 경우에는 그 우선하는 채권액에 상당하는 금액을 그 재산의 처분예정가액에서 공제하여 그 재산가액을 산정한다.
ⓑ 교부청구 등을 한 경우에는 장차 배분받을 수 있다고 인정되는 금액을 기준으로 하여 재산가액을 산정한다.
ⓒ 재산 중에 국세징수법 제31조(압류금지재산)의 규정 등에 의하여 체납처분을 할 수 없는 재산이 있을 때에는 이를 제외하여 재산가액을 산정한다.
ⓔ 재산의 종류가 채권인 경우에는 그 채권을 환가하는 경우의 평가액을 기준으로 하고, 장래의 채권 또는 계속수입 등의 채권은 장래의 그 이행가능성을 고려한 금액을 재산가액으로 산정한다.
ⓜ 강제징수비가 필요하다고 인정하는 경우에는 그 징수예상가액은 강제징수비를 공

제하여 재산가액을 산정한다.

⑤ 제2차 납세의무자는 청산인과 잔여재산을 분배받은 자

청산인이란 정관의 규정, 주주총회의 결의 또는 법원에 의하여 선임(법정청산인)되어, 현존사무의 종결, 채권의 추심과 채무의 변제, 재산의 환가처분, 잔여재산의 분배 등과 같은 해산법인의 청산사무를 집행하는 자를 말한다(국기통 38-0…1). 그런데 이 청산인은 회사의 채무를 완전히 변제한 후가 아니면 회사의 재산을 출자자나 주주에게 분배하지 못하며, 청산인이 고의나 과실로 인하여 채무의 변제없이 잔여재산을 분배한 때에는 손해배상의 책임을 지도록 되어 있다.

3) 한 도

청산인 등의 제2차 납세의무는 청산인의 경우 분배하거나 인도한 재산의 가액을 한도로 하고, 그 분배 또는 인도를 받은 자의 경우에는 각자가 받은 재산의 가액을 한도로 한다(기법 38 ②). 이 때 이들 재산의 가액은 청산 후 남은 재산을 분배하거나 인도한 날 현재의 시가로 한다(기령 19). 만약 청산인이 2명 이상 있는 경우에는 제2차 납세의무의 범위(한도)는 다음과 같다(국기통 38-0…9).

① 각 청산인이 각각 별도로 분배 등을 한 경우에는 그 분배 등을 한 재산가액을 각각 그 한도로 한다.
② 분배 등에 관한 청산인 회의 결의에 찬성한 청산인의 경우에는 그 결의에 의하여 분배 등을 한 재산가액 전액을 각각 그 한도로 한다.
③ 공동행위에 의하여 분배 등을 한 청산인의 경우에는 그 분배 등을 한 재산가액 전액을 각각 그 한도로 한다.

4) 제2차 납세의무자 상호간의 관계

제2차 납세의무자가 2명 이상인 경우에 제2차 납세의무자 상호간의 관계는 다음과 같다(국기통 38-0…10).

① 제2차 납세의무자 1명에 대하여 발생한 이행(납부, 충당 등) 이외의 사유는 다른 제2차 납세의무자의 제2차 납세의무에는 영향을 미치지 아니한다.
② 제2차 납세의무자 1명이 그의 제2차 납세의무를 이행한 경우에는 그 이행에 의하여 제2차 납세의무가 소멸된 세액이 다른 제2차 납세의무자의 제2차 납세의무의 범위에 포함되어 있으면 그 제2차 납세의무도 소멸한다. 이 경우 '범위에 포함되어 있는지'에 관하여는 분배 등을 한 재산의 가액을 기준으로 하여 판정한다.

(4) 출자자의 제2차 납세의무

1) 개 념

일반적으로 무한책임사원을 제외한 주식회사의 주주와 유한회사 및 합자회사의 유한책임사원은 유한책임의 원칙에 의하여 출자액 또는 주식의 인수가액을 한도로 회사의 채무 및 손실에 대해 책임을 지는 것이 원칙이다. 그런데 국세기본법은 주주 또는 유한책임사원이 법인형태를 남용함으로써 생기는 폐단을 없애기 위하여 특별한 경우에는 그들에게도 무한책임사원과 같은 의무를 지우는 법인격부인의 법리를 적용하고 있다.

국세기본법은 "**법인의 재산으로 그 법인에 부과되거나 그 법인이 납부할 체납액(국세와 강제징수비)에 충당하여도 부족한 경우에는 그 국세의 납세의무 성립일 현재 무한책임사원과 과점주주는 그 부족한 금액에 대하여 제2차 납세의무를 진다**. 다만, 과점주주의 경우에는 그 부족한 금액을 그 법인의 발행주식총수(의결권이 없는 주식은 제외한다) 또는 출자총액으로 나눈 금액에 과점주주의 소유주식수(의결권이 없는 주식을 제외한다) 또는 출자액(과점주주의 경우에는 해당 과점주주가 실질적으로 권리를 행사하는 주식수 또는 출자액)을 곱하여 산출한 금액을 한도로 한다."고 규정하고 있다(기법 39 ①).

2) 요 건

1) 본래의 납세의무자는 법인

본래의 납세의무자는 법인(**유가증권 상장·코스닥 상장법인 제외**)에 해당한다(기법 39 ①).

2) 법인에게 부과되거나 납부할 국세가 있다.

법인의 재산으로 그 법인에게 부과되거나 그 법인이 납부할 국세와 강제징수비에 충당하여도 부족한 경우에만 해당한다.

3) 제2차 납세의무자는 무한책임사원과 과점주주

① **무한책임사원**

무한책임사원이란 납세의무성립일 현재 ① 합명회사 사원 또는 ② 합자회사의 무한책임사원을 말하며, 이 무한책임사원의 책임은 퇴사등기 후 2년 또는 해산등기 후 5년이 경과해야 소멸하므로 제2차 납세의무를 지우기 위해서는 이 기간에 제2차 납세의무자에 대한 납부통지를 해야 한다.

2 과점주주

과점주주(寡占株主)란 주주[23] 또는 사원(합자회사의 유한책임사원, 유한책임회사의 사원, 유한회사의 사원) 1명과 그의 특수관계인 중 대통령령으로 정하는 자로서 그들의 소유주식 합계 또는 출자액 합계가 해당 법인의 발행주식 총수 또는 출자총액의 50%를 초과하면서 그 법인의 경영에 대하여 지배적인 영향력을 행사하는 자들을 말한다(기법 39 ②). 이때 과점주주의 판정은 국세의 납세의무성립일 현재 주주 또는 유한책임사원과 그 친족, 그밖의 특수관계에 있는 자의 주식총액 또는 출자총액을 합계하여 그 점유비율이 50% 초과하는지를 계산하는 것이며, 이 요건에 해당되면 당사자 개개인을 전부 과점주주로 본다(국기통 39-0…3).

$$\text{과점주주} = \frac{\text{주주 1명과 그와 특수관계 있는 자의 소유주식 등 합계}}{\text{해당 법인의 발행주식총액(출자총액)}} > 50\%$$

그러나 법인의 주주에 대하여 제2차 납세의무를 지우기 위해서는 과점주주로서 주금을 납입하는 등 출자한 사실이 있거나 주주총회에 참석하는 등 운영에 참여하여 그 법인을 실질적으로 지배할 수 있는 위치에 있음을 요하며 형식상 주주명부에 등재되어 있는 것만으로는 과점주주라 할 수 없다(국기통 39-0…2 ①). 만약 어느 특정주주와 그와 친족·그 밖에 특수관계에 있는 주주들의 소유주식금액을 합하여 해당 법인의 발행주식총액의 100분의 50을 초과하면, 특정주주를 제외한 여타주주들 사이에 친족, 그밖의 특수관계가 없더라도 그 주주 전원을 과점주주로 본다(국기통 39-0…2 ②).

국세기본법은 이러한 과점주주 중 다음에 해당하는 자는 출자자의 제2차 납세의무를 진다고 규정하고 있다(기법 39 ①). 다만, 과점주주의 경우에는 그 부족한 금액을 그 법인의 발행주식총수(의결권이 없는 주식을 제외한다) 또는 출자총액으로 나눈 금액에 과점주주의 소유주식수 또는 출자액(다음 'ㄱ'와 'ㄴ'의 과점주주의 경우에는 해당 과점주주가 실질적으로 권리를 행사하는 주식수 또는 출자액)을 곱하여 산출한 금액을 한도로 한다.

ㄱ 해당 법인의 발행주식총수 또는 출자총액의 100분의 50을 초과하는 주식 또는 출자지분에 관한 권리를 실질적으로 행사하는 자

ㄴ 법인의 경영에 대하여 지배적인 영향력을 행사하는 자들

---

[23] '주주'란 주식의 소유자로서 주주명부 등에 기재유무와 관계없이 사실상 주주권을 가진 자를 말하며, 주권의 발행 전에 주식 또는 주주권이 양도된 경우에는 그의 양수인을 말한다(국기통 39-0…1).

③ **과점주주의 특수관계인 범위**

과점주주를 구성하는 특수관계인은 해당 주주 또는 유한책임사원과 다음 중 어느 하나에 해당하는 관계에 있는 자를 말한다.

① 친족관계
② 경제적 연관관계
③ 경영지배관계 중 다음에 해당하는 경우
  ㉮ 본인이 개인인 경우 : 본인이 직접 또는 그와 친족관계 또는 경제적 연관관계에 있는 자를 통하여 법인의 경영에 대하여 지배적인 영향력을 행사하고 있는 경우 그 법인
  ㉯ 본인이 법인인 경우
    ㉠ 개인 또는 법인이 직접 또는 그와 친족관계 또는 경제적 연관관계에 있는 자를 통하여 본인인 법인의 경영에 대하여 지배적인 영향력을 행사하고 있는 경우 그 개인 또는 법인
    ㉡ 본인이 직접 또는 그와 경제적 연관관계 또는 가목의 관계에 있는 자를 통하여 어느 법인의 경영에 대하여 지배적인 영향력을 행사하고 있는 경우 그 법인
  ㉰ 위의 ㉮와 ㉯를 적용할 때 다음의 구분에 따른 요건에 해당하는 경우 해당 법인의 경영에 대하여 지배적인 영향력을 행사하고 있는 것으로 본다.
    ㉠ 영리법인인 경우
      ⓐ 법인의 발행주식총수 또는 출자총액의 50% 이상을 출자한 경우
      ⓑ 임원의 임면권의 행사, 사업방침의 결정 등 법인의 경영에 대하여 사실상 영향력을 행사하고 있다고 인정되는 경우
    ㉡ 비영리법인인 경우
      ⓐ 법인의 이사의 과반수를 차지하는 경우
      ⓑ 법인의 출연재산(설립을 위한 출연재산만 해당한다)의 50% 이상을 출연하고 그 중 1인이 설립자인 경우

3) 한 도

국세의 납세의무 성립일 현재 무한책임사원은 그 재산으로 징수부족된 금액에 대해서는 무제한적으로 납세의무를 진다. 다시 말하면 출자자의 출자액을 초과하는 금액에 대하여도 납세의무를 져야 한다. 그러나 과점주주의 경우에는 그 부족한 금액을 그 법인의 발행주식총수(의결권이 없는 주식을 제외) 또는 출자총액으로 나눈 금액에 과점주주의 소

유주식수(의결권이 없는 주식을 제외) 또는 출자액(소유주식을 실질적으로 관리하거나 경영을 사실상 지배하는 과점주주의 경우에는 해당 과점주주가 실질적으로 권리를 행사하는 주식수 또는 출자액)을 곱하여 산출한 금액을 한도로 한다(기법 39 ①).

(5) 법인의 제2차 납세의무

1) 개 념

국세(둘 이상의 국세에 있어서는 납부기한이 뒤에 도래한 국세)의 **납부기간의 만료일 현재 법인의 무한책임사원 또는 과점주주의 재산(그 법인의 발행주식 또는 출자지분은 제외)으로 그 무한책임사원 또는 과점주주가 납부할 국세와 강제징수비에 충당하여도 부족한 경우**에는 해당 법인은 특정한 요건에 해당하는 경우에 한하여 그 무한책임사원 또는 과점주주의 소유주식 또는 출자지분의 가액을 한도로 그 부족한 금액에 대하여 제2차 납세의무를 진다(기법 40).

이는 법인의 제2차 납세의무는 출자자 등이 제2차 납세의무를 지는 경우와는 반대되는 경우로 법인의 주식 등 유가증권이 경제성이 없어 매수희망자가 없거나, 법률이나 정관의 규정 또는 다른 무한책임사원의 반대에 의하여 양도가 제한된 경우에는 그 법인을 실질적으로 지배할 수 있는 무한책임사원과 과점주주의 경우에 한하여 법인이 제2차 납세의무를 지도록 되어 있다.

2) 요 건

① 본래의 납세의무자는 무한책임사원과 과점주주

무한책임사원과 과점주주의 개념은 앞의 출자자의 제2차 납세의무에서의 개념과 같다. 그러나 법인의 제2차 납세의무의 경우 무한책임사원과 과점주주의 판단시점은 '납부기한 종료일' 현재를 기준으로 하므로 출자자의 제2차 납세의무의 판단시점인 '납세의무 성립일'과는 다르다. 만약 납부할 국세가 두 가지 이상일 때에는 납부기한이 뒤에 도래한 국세의 납부기한 종료일 현재의 무한책임사원 또는 과점주주의 국세와 체납처분비에 대하여 해당 법인이 제2차 납세의무를 진다.

② 주식과 출자지분 등의 시장성과 환가성이 결여된 경우

법인의 제2차 납세의무는 다음 중 하나에 해당하는 경우만이 해당된다.

㉠ 정부가 출자자의 소유주식 또는 출자지분을 재공매하거나 수의계약으로 매각하려 하여도 매수희망자가 없을 경우

ⓒ 그 법인이 외국법인인 경우로서 출자자의 소유주식 또는 출자지분이 외국에 있는 재산에 해당하여 「국세징수법」에 따른 압류 등 강제징수가 제한되는 경우

ⓒ 법률 또는 그 법인의 정관에 의하여 출자자의 소유주식 또는 출자지분의 양도가 제한된 경우(「국세징수법」에 따라 심판청구 등이 계속중이어서 공매할 수 없는 경우는 제외한다)

예를 들면 합명회사 및 합자회사의 지분은 상법 제197조, 제269조, 제276조에 따라 다른 무한책임사원 전원의 동의가 없으면 양도할 수 없으므로, 환가 전에 무한책임사원 중 1명이라도 환가에 의한 지분양도에 대하여 반대의사를 표시하는 경우는 '양도가 제한된 때'에 해당한다(국기통 40-0…1).

③ 출자자 등이 납부할 국세가 있다.

무한책임사원 또는 과점주주가 납부할 국세와 체납처분비가 있는 경우에 법인은 제2차 납세의무를 진다(기법 40). 여기서 납부할 국세 등은 구체적으로 확정된 납세의무를 말하므로 추상적으로 성립한 즉, 부과할 납세의무는 제외된다.

④ 본래 납세의무자에게 체납처분을 하여도 징수 부족한 금액이 발생하여야 한다.

무한책임사원 또는 과점주주가 납부할 국세와 체납처분비에 충당하여도 부족한 경우에는 해당 법인은 그 부족한 금액에 대하여 제2차 납세의무를 진다(기법 40).

⑤ 제2차 납세의무자는 법인이다.

국세의 납부기한 종료일 현재 무한책임사원 또는 과점주주로 되어 있는 법인이 제2차 납세의무를 진다.

3) 한 도

법인이 지는 제2차 납세의무의 한도는 그 법인의 자산총액에서 부채총액을 뺀 가액을 그 법인의 발행주식총액 또는 출자총액으로 나눈 가액에 그 출자자의 소유주식금액 또는 출자액을 곱하여 산출한 금액을 한도로 한다(기법 40 ②). 이때 자산총액과 부채총액의 평가는 해당 국세의 납부기한 종료일 현재의 시가로 한다(기령 21). 다만, 두 가지 이상의 국세에 있어서는 납부기한이 뒤에 도래하는 국세의 납부기한 종료일 현재의 시가로 한다.

이를 수식으로 나타내면 다음과 같다(기법 40 ②).

$$\text{한도액} = (\text{법인의 자산총액} - \text{법인의 부채총액}) \times \frac{\text{출자자의 소유주식금액(출자액)}}{\text{발행주식총액(출자총액)}}$$

(6) 사업양수인의 제2차 납세의무

1) 개 념

사업이 양도·양수된 경우에 양도일 이전에 양도인의 납세의무가 확정된 그 사업에 관한 국세와 강제징수비를 양도인의 재산으로 충당하여도 부족할 때에는 사업장별로 그 사업에 관한 모든 권리와 의무를 포괄적으로 승계한 사업의 양수인은 그 부족한 금액에 대하여 양수한 재산의 가액을 한도로 제2차 납세의무를 진다(기법 41 ①).

2) 요 건

① 사업의 포괄적인 양도·양수가 있어야 한다.

사업양수인의 제2차 납세의무는 사업장별로 그 사업에 관한 모든 권리(미수금에 관한 것은 제외)와 모든 의무(미지급금에 관한 것은 제외)를 포괄적으로 승계한 자로서 다음 중 어느 하나에 해당하는 자를 말한다(기령 22).
㉠ **양도인과 특수관계인인 자**
㉡ **양도인의 조세회피를 목적으로 사업을 양수한 자**

여기서 '**사업의 양도·양수**'란 계약의 명칭이나 형식에 관계없이 실질상 사업에 관한 권리와 의무 일체를 포괄적으로 양도·양수하는 것을 말하며, 개인간 및 법인간은 물론 개인과 법인 사이에도 사업의 양도·양수가 이루어질 수 있다(국기통 41-0…1 ①). 만일 사업의 양도·양수계약이 그 사업장 내의 시설물, 비품, 재고상품, 건물 및 대지 등 대상 목적에 따라 부분별·시차별로 별도로 이루어졌다 하더라도 결과적으로 사회통념상 사업 전부에 관하여 행하여진 것이라면 사업의 양도·양수에 해당한다(국기통 41-0…1 ②). 그러나 다음에 해당하는 경우에는 사업의 양도·양수로 보지 아니한다(국기통 41-0…2).
㉠ 영업에 관한 일부의 권리와 의무만을 승계한 경우
㉡ 강제집행절차에 따라 경락된 재산을 양수한 경우
㉢ 보험업법에 따른 자산 등의 강제이전의 경우

② 양도일 이전에 양도인의 납세의무가 확정되어 있어야 한다.

사업양수자가 제2차 납세의무를 지는 대상이 되는 국세 등은 사업의 양수일 현재 납세의무가 확정되어 납부기한이 도래하거나 이미 부과된 세액만 해당한다.

③ 양도한 해당 사업에 관한 국세이어야 한다.

사업양수인이 제2차 납세의무를 지는 국세 등은 양수한 사업에 관한 것이므로 직접세·간접세를 불문한 모든 국세이다. 하지만 '해당 사업에 관한 국세'에는 사업용 부동산을 양도함으로 인하여 발생한 양도소득세 및 토지등 양도소득에 대한 법인세를 포함하지 아니한다(국기통 41-0…3). 따라서 양도소득세 또는 토지등 양도소득에 대한 법인세에 대한 제2차 납세의무를 지지 않는다(국기통 4-2-27).

④ 사업양도인에게 체납처분을 하여도 징수 부족한 금액이 발생하여야 한다.

무한책임사원 또는 과점주주가 납부할 국세와 강제징수비에 충당하여도 부족한 경우에는 해당 법인 그 부족한 금액에 대하여 제2차 납세의무를 진다(기법 40).

⑤ 제2차 납세의무자는 사업양수인이다.

사업을 재차양도·양수한 경우 즉, 법인의 사업을 갑이 양수하고, 갑이 다시 그 사업을 을에게 양도한 경우에 을은 법인의 제2차 납세의무를 지지 않는다. 그러나 갑이 을에게 사업을 양도할 당시에 법인에 대한 제2차 납세의무의 지정을 받았을 경우에는 그러하지 않다(국기통 41-0…5 ①). 따라서 사업의 양도로 인한 제2차 납세의무는 사업의 양도·양수 사실이 발생할 때마다 그 요건에 해당되면 제2차 납세의무의 지정을 해야 한다(국기통 41-0…5 ②).

3) 한 도

사업양수인의 제2차 납세의무는 **양수한 재산의 가액을 한도**로 한다. 여기서 양수한 재산가액이란 다음의 가액을 말한다(기령 23 ②).

① 사업의 양수인이 양도인에게 지급하였거나 지급하여야 할 금액이 있는 경우에는 그 금액

② 위 '①'의 규정에 따른 금액이 없거나 불분명한 경우에는 양수한 자산 및 부채를 상속세와 증여세법 제60조부터 제66조까지의 규정을 준용하여 평가한 후 그 자산총액에서 부채총액을 **뺀** 가액

③ '②'에도 불구하고 같은 '①'에 따른 금액과 시가의 차액이 3억원 이상이거나 시가의 30%에 상당하는 금액 이상인 경우에는 '①'의 금액과 '②'의 금액 중 큰 금액으로 한다.

만일 사업의 양도인에게 둘 이상의 사업장이 있는 경우에 하나의 사업장을 양수한 자의 제2차 납세의무는 양수한 사업장에 관계되는 국세와 강제징수비(둘 이상의 사업장에 공통되는 국세와 강제징수비가 있는 경우에는 양수한 사업장에 배분되는 금액을 포함한다)에 대해서만 진다(기령 23 ①).

여기서 '양수한 사업장에 배분되는 금액'의 계산은 구체적인 사례에 따라 그 계산방법을 달리하여야 할 것이나, 일반적으로는 다음의 예에 의하여 계산한다(국기통 41-23…1).

① 사업장별로 소득금액을 계산할 수 있는 경우

$$\text{공통되는 국세 등} \times \frac{\text{양수한 사업장에서 발생한 소득금액}}{\text{각 사업연도의 소득금액}}$$

② 사업장별로 소득금액을 계산할 수 없는 경우

$$\text{공통되는 국세 등} \times \frac{\text{양수한 사업장의 수입금액}}{\text{공통하는 사업장의 수입금액 합계액}}$$

5. 양도담보권자의 물적납세의무

(1) 의 의

양도담보(讓渡擔保)란 당사자간의 계약에 따라 채무자가 채무보증의 목적으로 채권자에게 재산을 양도하는 것으로, 양도담보재산을 실질적으로 소유하고 사용하는 것은 양도담보설정자(채무자)이지만 그 **형식적인 소유권은 양도담보권자(채권자)**에게 양도되어 있어 채무자가 장래 채무의 이행을 하지 않는 경우에 소유권이 실질적으로 양도담보권자에게 이전되기로 하는 계약이다. 그런데 국세기본법은 이러한 양도담보재산을 가지고 있는 양도담보권자에게 보충적 제2차 납세의무인 물적납세의무를 지우고 있다.

현행 국세기본법은 "납세자가 국세 또는 강제징수비를 체납한 경우에 그 납세자에게 양도담보재산이 있을 때에는 그 납세자의 다른 재산에 대하여 강제징수를 집행하여도 징수할 금액에 미치지 못하는 경우에만「국세징수법」에서 정하는 바에 따라 그 양도담보재산으로써 납세자의 국세와 강제징수비를 징수할 수 있다. 다만, 그 국세의 법정기일 전에 담보의 목적이 된 양도담보재산에 대해서는 그러하지 아니하다"고 규정하고 있다(기법 42 ①).

양도담보권자의 물적납세의무는 징수대상이 되는 재산의 실질적인 소유권이 원래의 납세의무자에게 있다는 점에서 제2차 납세의무와 다를 뿐, 다른 점에서는 제2차 납세의무와 유사하다. 즉, ㉠ 원래의 납세자에게 발생한 사유(납세의무의 무효·취소·면제 등)의 효과가 물적 납세의무자에게 미치는 종속성과, ㉡ 납세자의 다른 재산에 대하여 체납처분을 집행하여도 징수할 금액에 부족한 경우에 그 부족분에 대하여 물적납세의무를 지는 보충성을 가진다.

(2) 요 건

① 본래의 납세자(양도담보설정자·채무자)가 국세 또는 강제징수비를 체납하고 있어야 한다.
② 본래의 납세자에게 양도담보재산이 있어야 한다.
　여기서 '양도담보재산'이란 당사자간의 계약에 따라 납세자가 그 재산을 양도하였을 때에 실질적으로 양도인에 대한 채권담보의 목적이 된 재산을 말한다(기법 42 ③). 다시 말해 양도담보재산이란 납세자가 자기 또는 제3자의 채무를 담보하기 위하여 채권자 또는 제3자에게 양도한 재산을 말하며, 다음에 게기한 양도담보설정계약에 의하는 것이 일반적이다(국기통 42-0…1).
　㉠ 채권의 담보목적을 위하여 담보의 목적물을 채권자에게 양도하고, 그 담보된 채무를 이행하는 경우에는 채권자로부터 그 목적물을 반환받고 불이행하는 경우에는 채권자가 그 재산을 매각하여 우선 변제를 받거나 그 재산을 확정적으로 취득한다는 취지의 양도담보설정계약(협의의 양도담보)
　㉡ 담보를 위한 권리이전을 매매형식에 의하고 매도인이 약정기간에 매매대가를 반환하면 매수인으로부터 목적물을 되돌려 받을 수 있는 권리를 유보한 매매(환매약관부매매)의 형식을 취한 양도담보설정계약 또는 매도한 목적물에 대하여 매도인이 장래 예약완결권을 행사함으로써 재차매매계약이 성립하여 목적물을 다시 매도인에게 돌려준다는 취지의 예약(재매매의 예약)의 형식을 취한 양도담보설정계약(매도담보)

　이러한 양도담보재산 즉, 양도담보의 목적물은 동산, 유가증권, 채권, 부동산, 무체재산권 등과 그 이외에 법률상으로 아직 권리로 인정되어 있지 않은 것이라도 양도할 수 있는 것은 모두 된다(국기통 42-0…2).
　그리고 양도담보재산의 사실 여부는 양도담보의 공시에 의하는데, 그 공시는 다음의 방법에 따라 목적물의 권리를 이전함에 의한다(국기통 42-0…3).
　㉠ 동산 … 인도 또는 점유개정
　㉡ 부동산 … 등기
　㉢ 무기명채권 및 지시채권 … 증서의 교부
　㉣ 지명채권 … 양도인으로부터 통지 또는 채무자의 승낙
　㉤ 그 밖에 … 인도, 등기하거나 등록 등 위 각호에 준함.
③ 본래의 납세자에게 다른 재산 즉, 양도담보재산 이외의 재산에 대하여 강제징수를 집행하여도 징수할 금액에 부족한 경우에만 해당한다.
④ 양도담보재산은 채무자(양도담보설정자)가 체납한 국세 등의 법정기일 이후에 담보로 제공된 것이어야 한다.

따라서 체납된 국세의 법정기일 전에 담보로 제공된 재산에 대해서는 그 담보권자는 물적납세의무를 지지 않는다. 여기서 법정기일[24]이란 납세의무가 확정되는 때를 말한다. 또한 양도담보권자의 물적 납세의무에 해당되어 납세고지를 받기 전에 양도담보권을 실행하여 소유권을 취득하고, 양도담보권자의 대금채무와 양도담보설정자의 피담보채무를 상계하였으면 양도담보권은 이미 소멸한 것이므로 물적납세의무를 지울 수 없다(국기통 42-0…5).

(3) 물적납세의무자에 대한 납부고지

① 관할 세무서장은 양도담보설정자의 체납액을 물적납세의무를 부담하는 자(양도담보권자)로부터 징수하는 경우 양도담보권자에게 납부고지서를 발급하여야 한다.

② 납부고지를 받기 전에 양도담보권을 실행하여 소유권을 취득하고 양도담보권자의 대금채무와 양도담보설정자의 피담보채무를 상계하였으면 양도담보권은 이미 소멸한 것이므로 물적납세의무를 지울 수 없다.

③ 양도담보권자에게 **납부고지가 있은 후** 납세자가 양도에 의하여 실질적으로 담보된 채무를 불이행하여 해당 재산이 양도담보권자에게 확정적으로 귀속되고 양도담보권이 소멸하는 경우에는 납부고지 당시의 양도담보재산이 계속하여 양도담보재산으로서 존속하는 것으로 본다(기법 42 ②). 이는 양도담보관련 물적납세의무를 확장하기 위한 제도이다.

---

24) 【法定期日】 이 법령에서의 법정기일은 규정되어 있지 않으므로 국세채권과 담보채권의 우선 여부를 판정하는 기준이 되는 법정기일을 살펴본다(기법 35 ②)).
   ① 과세표준과 세액의 신고에 따라 납세의무가 확정되는 국세(중간예납하는 법인세와 예정신고납부하는 부가가치세를 포함한다)에 있어서 신고한 해당 세액에 대해서는 그 신고일
   ② 과세표준과 세액을 정부가 결정·경정 또는 수시부과결정하는 경우에 고지한 해당 세액에 대해서는 그 납부고지서의 발송일
   ③ 원천징수의무자 또는 납세조합으로부터 징수하는 국세와 인지세에 있어서는 위 '①'과 '②'의 규정에도 불구하고 납세의무의 확정일
   ④ 제2차 납세의무자(보증인을 포함한다)의 재산에서 국세를 징수하는 경우에는 제2차 납세의무자에게 납부고지하기 위한 납부고지서의 발송일
   ⑤ 양도담보재산에서 국세를 징수하는 경우에는 양도담보권자에게 납부고지하기 위한 납부고지서의 발송일
   ⑥ 납세자의 재산을 압류한 경우에 그 압류는 해당 압류재산의 소유권이 이전되기 전에 법정기일이 도래한 국세에 대한 체납액에 대하여도 효력을 미친다(징법 46 ②). 이 경우 그 압류와 관련하여 확정된 세액에 대해서는 위 '①' 부터 '⑤'까지의 규정에도 불구하고 압류등기일 또는 등록일
   ⑦ 부가가치세법과 종합부동산세법에 따라 신탁재산에서 징수하는 부가가치세와 종합부동산세는 납부고지서 발송일

(4) 한 도

본래 납세자의 재산으로 징수 부족분이 발생한 경우 그 부족한 금액의 범위 내에서 양도담보재산을 한도로 납세의무를 진다. 따라서 양도담보권자의 물적납세의무는 유한책임이다. 여기서 제2차 납세의무자도 납세자에 해당하므로 그 소유재산에 대한 양도담보권자는 물적납세의무를 진다(국기통 42-0…4).

(5) 짜고한 거짓 계약에 의한 양도담보설정계약의 취소 청구

세무서장은 납세자가 제3자와 짜고 거짓으로 재산에 다음의 어느 하나에 해당하는 계약을 하고 그 등기 또는 등록을 하거나「주택임대차보호법」제3조의 2 제2항 또는 「상가건물 임대차보호법」제5조 제2항에 따른 대항요건과 확정일자를 갖춘 임대차 계약을 체결함으로써 그 재산의 매각금액으로 국세를 징수하기가 곤란하다고 인정할 때에는 그 행위의 취소를 법원에 청구할 수 있다. 이 경우 납세자가 국세의 법정기일 전 1년 내에 친족이나 그밖의 특수관계인과 전세권·질권 또는 저당권 설정계약, 임대차 계약, 가등기 설정계약 또는 양도담보 설정계약을 한 경우에는 짜고 한 거짓 계약으로 추정한다.

① 전세권·질권 또는 저당권의 설정계약 및 임대차 계약
② 가등기 설정계약
③ 양도담보 설정계약

제5장 국세와 일반채권의 관계

제1절 국세의 우선권

1. 서 론

국세의 우선권이란 국세와 공과금 및 그밖의 채권이 납세자의 재산에서 경합되어 징수 또는 변제되는 경우에는 공과금 및 그밖의 채권보다 국세를 우선적으로 징수할 수 있도록 하는 제도이다. 이는 조세채권에 대해서는 민사상의 채권자 평등의 원칙이 인정되지 않는다는 것이다. 다시 말해 민사상의 채권자 평등의 원칙이란 채무자의 재산에 대하여 수개의 채권이 경합하는 경우에는 채권상호간의 발생원인·발생시기의 선후·금액의 다소에 관계없이 모든 채권이 평등하게 다루어지고, 어떠한 특정 채권도 우선적으로 변제받을 수 없다는 원칙인데, 조세채권에 대해서는 이 원칙이 배제된다는 것이다.

그 이유는 국세는 국가의 존립을 위한 경제적 기초가 되는 공익비용으로서 일반적 재정수요를 충당하기 위하여 법률에 따라 당연히 발생하는 채권이기 때문에 당사자간의 약정에 의하여 성립하고, 선택에 의하여 담보를 제공받을 수 있는 일반채권과는 성질을 달리하기 때문이다. 따라서 국세에 대해서는 특정한 경우를 제외하고는 공과금과 그밖의 채권에 우선하여 징수할 수 있는 법적 지위를 부여하고 있는 것이다.

2. 국세의 일반적 우선

국세의 우선은 일반적으로 우선하는 경우와 압류에 의하여 우선권이 부여된 경우, 그리고 납세담보에 대한 우선의 경우 등이 있다. 따라서 국세의 일반적 우선이라는 것은 압류나 담보에 의해서 국세가 우선하는 것과 구분하기 위해서 사용하는 용어이다.

국세의 일반적 우선이란 국세채권과 공과금 및 그밖의 채권이 납세자의 재산에서 징수 또는 변제되는 경우에는 공과금 및 그밖의 채권보다 국세채권이 우선적으로 징수되어야 한다는 것이다. 즉, 국세의 우선은 강제징수절차(압류물의 환가·교부청구)상에서 조세가 공과금 및 그밖의 채권과 경합한 경우에만 적용되는 것이다. 즉 납세자가 강제징수절차 개시 전에 체납된 국세를 납부하지 아니하고 임의로 그밖의 채권을 먼저 변제했다면 국세의 우선권 문제는 발생하지 않는다.

국세기본법은 국세 또는 강제징수비는 다른 공과금이나 그밖의 채권에 우선하여 징수한다고 규정하고 있다(기법 35 ①). 여기서 '우선하여 징수한다'라고 함은 납세자의 재산을 강제매각절차에 따라 매각하는 경우에 그 매각대금 중에서 국세를 우선하여 징수하는 것을 말한다(국기통 35-0…1).

3. 국세 우선의 예외

국세의 우선징수권은 민사(民事)상의 채권자 평등원칙에 대한 중대한 예외로서 사법질서를 해할 염려가 있으므로 최소한의 범위 내에서만 적용되어야 한다. 따라서 다음에 해당하의 경우에는 국세의 우선징수권이 제한되고 있다(기법 35). 즉, 해당하는 공과금이나 그밖의 채권이 우선하여 변제된다.

(1) 선집행 지방세와 공과금의 강제징수비

지방세나 공과금의 체납처분 또는 강제징수를 할 때 그 체납처분 또는 강제징수금액 중에서 국세 또는 강제징수비를 징수하는 경우의 그 지방세나 공과금의 체납처분비 또는 강제징수비는 국세에 우선한다(기법 35 ① (1)).

(2) 강제집행·경매 또는 파산절차에 소용된 비용

강제집행·경매 또는 파산절차에 따라 재산을 매각할 때 그 매각금액 중에서 국세 또는 강제징수비를 징수하는 경우의 그 강제집행·경매 또는 파산절차에 소용된 비용은 국세에 우선한다(기법 35 ① (2)). 여기에서 '강제집행, 경매 또는 파산절차에 소요된 비용'에는 다음에 게기하는 비용이 포함된다(국기통 35-0…2).

① 강제집행의 경우에는 강제집행의 준비 비용인 집행문의 부여, 판결의 송달, 집행신청을 하기 위한 출석에 필요한 비용(재판 외의 비용에 한함) 등과 강제집행의 개시에 의하여 발생한 비용인 집행관의 수수료, 체당금, 감정비용, 담보공여의 비용, 압류재산의 보존비용 등에서 채무자가 부담하여야 할 비용

② 민사소송법에 따른 경매절차의 경우에는 전호에 준하는 비용

③ 파산절차의 경우에는 파산법 제38조(재단채권의 범위) 제3호에 규정한 관리, 환가 및 배당에 관한 비용, 같은 법 제61조 제1항 단서의 규정에 의거 파산관재인이 파산재단을 위한 강제집행 등의 절차를 속행하는 경우의 비용 등

(3) 저당권 등으로 담보된 채권과 확정일자를 갖춘 임차보증금

1) 개 념

국세의 법정기일 전에 전세권[25]·질권[26]·저당권[27] 설정을 등기하거나 등록한 사실[28]이나「주택임대차보호법」또는「상가건물 임대차보호법」에 따른 대항요건과 확정일자를 갖춘 사실이 증명되는 재산을 매각할 때 그 매각대금[29] 중에서 국세를 징수하는 경우에 그 전세권·질권·저당권에 의하여 담보된 채권[30]이나 확정일자를 갖춘 임대권 또는 임대차계약서상의 보증금은 국세에 우선한다(기법 35 ① (3)). 여기서 등기하는 질권이란 저당권으로 담보한 채권을 질권의 목적으로 한 때에 그 저당권 등기에 질권의 부기등기를 함으로써 그 효력이 제3자에 대한 대항요건으로 되어 있는 질권을 말한다(국기통 35-0…8 ①). 그리고 등록하는 질권이란 무체재산질, 기명사채질 그밖의 등록이 제3자

---

[25] '전세권'이란 전세금을 지급하고 타인의 부동산을 점유하여 그 부동산의 용도에 좇아 사용·수익하는 것을 내용으로 하는 권리로서 등기된 것을 말한다(국기통 35-0…4).

[26] '질권'이란 채권의 담보로서 채무자 또는 제3자(물상보증인)로부터 받은 목적물을 채무의 변제시까지 유치하고, 변제가 없을 때에는 그 목적물을 환가하여 우선변제를 받을 수 있는 담보물권을 말한다. 따라서 질권은 유치적 효력과 환가적 효력의 양자를 가지는 점에서 유치적 효력이 없는 저당권과 다르다.
질권에는 납세자에 대한 채권으로 납세자의 재산에 질권을 설정하고 있는 경우와 납세자 이외의 자에 대한 채권으로 납세자의 재산에 질권을 설정하고 있는 경우(납세자가 물상보증인이 되고 있는 경우 등)를 포함한다(국기통 35-0…6).

[27] '저당권'이란 채무자 또는 제3자(물상보증인)가 채무의 담보로 제공한 부동산 그밖의 목적물을 채권자가 인도받지 아니하고 담보제공자의 사용·수익에 맡겨두면서 변제가 없을 때에 그 목적물로부터 우선변제를 받는 것을 목적으로 하는 담보물권을 말하며, 저당권에는 민법 제357조의 근저당을 포함한다(국기통 35-0…9).

[28] '저당권 설정을 등기한 사실'에는 납세자에 대한 채권의 담보로서 납세자의 재산상에 저당권을 설정하는 경우와 납세자 이외의 자에 대한 채권의 담보로서 납세자의 재산상에 저당권을 설정하는 경우(납세자가 물상보증인인 경우)를 포함한다(국기통 4-1-10).

[29] 국세에 우선하는 채권액은 저당권이 설정된 재산의 가액을 한도로 하며 그 '매각대금'에는 부합물, 종물, 과실 등 저당권의 효력이 미치는 것의 매각대금을 포함한다(국기통 4-1-11).

[30] ① 전세권에 의하여 담보되는 채권액의 범위는 전세금 외에 위약금이나 배상금 등으로 등기된 금액을 포함한다(국기통 4-1-5).

② 질권에 의하여 담보되는 채권액의 범위에는 설정행위에 특별한 규정이 없으면 민법 제334조에서 규정하는 원금, 이자, 위약금, 질권실행비용, 질권보존비용 및 채무불이행 또는 질물의 하자로 인한 손해배상금 등이 포함된다(국기통 4-1-7).

③ 저당권에 의하여 담보되는 채권액의 범위에는 채권의 원금, 이자, 위약금, 채무불이행으로 인한 손해배상 및 저당권실행비용을 포함하되 등기된 채권최고액의 범위 이내만 해당한다(국기통 4-1-12).

에 대한 대항요건 또는 효력요건으로 되어 있는 질권을 말한다(국기통 35-0…8 ②).

하지만 법정기일 전에 설정된 전세권, 임차권 등이라도 해당 재산에 부과된 상속세, 증여세, 종합부동산세는 다른 채권 또는 임차보증금 반환채권보다 우선한다. 양도, 상속, 증여로 소유권이 이전된 후에는 종합부동산세만 국세우선의 원칙을 적용한다(법정기일이 전세권등의 설정일보다 **빠른 경우 한정**)(기법 35 ③).

2) 등기하거나 등록한 사실의 증명

여기에서 전세권·질권 또는 저당권 설정을 등기하거나 등록한 사실 또는 「주택임대차보호법」 제3조의 2 제2항 또는 「상가건물 임대차보호법」 제5조제2항에 따른 대항요건과 확정일자를 갖춘 사실은 다음 중 어느 하나에 해당하는 것으로 증명한다(기령 18 ②).

① 부동산등기부등본
② 공증인의 증명
③ 질권에 대한 증명으로서 세무서장이 인정하는 것
④ 공문서 또는 금융회사의 장부상의 증명으로서 세무서장이 인정하는 것

3) 법정기일

국세채권과 담보채권의 우선 여부를 판정하는 기준이 되는 법정기일[31]이란 다음의 기일을 말한다(기법 35 ②).

① 과세표준과 세액의 신고에 따라 납세의무가 확정되는 국세(중간예납하는 법인세와 예정신고납부하는 부가가치세 및 양도소득세를 포함한다)에 경우 신고한 해당 세액에 대해서는 **그 신고일**
② 과세표준과 세액을 정부가 결정·경정 또는 수시부과결정을 하는 경우에 고지한 해당 세액에 대해서는 그 **납부고지서의 발송일**
③ 원천징수의무자나 납세조합으로부터 징수하는 국세와 인지세에 있어서는 위 '①'과

---

[31] 국세기본법 제35조 제2항에서 규정하는 '법정기일'이란 국세채권과 저당권 등에 의하여 담보된 채권간의 우선 여부를 결정하는 기준일을 말하며, 구체적인 사항은 다음과 같다.
 1. 「신고일」이란 신고서 접수일을 말한다. 다만, 우편신고의 경우에는 통신날짜도장이 찍힌 날, 전자신고의 경우에는 국세정보통신망에 입력된 날을 말한다(국기통 35-0…3).
 2. 나, 라, 마목에서의 '발송일'이란 다음 각 호의 구분에 의한 날을 말한다.
  ① 우편송달의 경우 : 우편발송일
  ② 교부송달의 경우 : 고지서 등의 교부를 위한 출장일
  ③ 공시송달의 경우 : 반송 또는 수령거부된 당초 고지서 등의 발송일. 다만, 주소불분명 등으로 처음부터 공시송달에 의하는 경우에는 기법 제11조의 규정에 따른 공고일
 3. '압류등기일 또는 등록일'이란 등기부 또는 등록부에 기재된 압류서류의 접수일

'②'의 규정에도 불구하고 그 납세의무의 확정일
④ 제2차 납세의무자(보증인을 포함한다)의 재산에서 국세를 징수하는 경우에는 제2차 납세의무자에게 납부고지하기 위한 납부고지서의 발송일
⑤ 양도담보재산에서 국세를 징수하는 경우에는 양도담보권자에게 납부고지하기 위한 납부고지서의 발송일
⑥ 「국세징수법」에 따라 납세자의 재산을 압류한 경우에 그 압류는 해당 압류재산의 소유권이 이전되기 전에 법정기일이 도래한 국세에 대한 체납액에 대하여도 효력을 미친다(징법 31 ②). 이 경우 그 압류와 관련하여 확정된 세액에 대해서는 위 '①'부터 '⑤'까지의 규정에도 불구하고 압류등기일 또는 등록일
⑦ 「부가가치세법」 제3조의2에 따라 신탁재산에서 부가가치세 등을 징수하는 경우에는 같은 법 제52조의2 제1항에 따른 납부고지서의 발송일
⑧ 종합부동산세법에 따라 신탁재산에서 징수하는 종합부동산세 등 : 납부고지서 발송일

(4) 주택 또는 건물의 소액보증금

1) 개념

「주택임대차보호법」 제8조 또는 「상가건물임대차보호법」 제14조가 적용되는 임대차 관계에 있는 주택 또는 건물을 매각할 때 그 매각대금 중에서 국세를 징수하는 경우에 그 임차인의 소액보증금에 대한 채권은 국세에 우선하여 변제한다(기법 35 ① (4)).

세무서장은 이 경우 국세 등에 우선하는 채권과 관계 있는 재산을 압류한 경우에는 그 사실을 해당 채권자에게 다음의 사항을 적은 문서로 통지하여야 한다(기령 18 ③). 그러나 통지를 받지 못한 자라도 국세보다 우선하는 채권임이 확인되는 경우에는 국세보다 우선변제된다.

① 체납자의 성명과 주소 또는 거소
② 압류와 관계되는 국세의 과세기간·세목·세액과 납부기한
③ 압류재산의 종류·수량·품질과 소재지
④ 압류연월일

2) 우선변제를 받을 임대주택의 소액보증금 범위

주택임대차보호법에 의하면 주택에 대한 경매신청의 등기 전에 임차인이 주택의 인도와 주민등록을 마친 때 다음의 소액보증금은 국세에 우선한다. 임차인의 소액보증금이

대지가액을 포함하는 **주택가액의 2분의 1을 초과하는 경우에는 2분의 1에 해당하는 금액**에 한하여 우선변제권이 있다(주택임대차보호법시행령 10).

① 서울특별시 : 보증금 1억 5천만원 이하인 경우에 대하여 5,000만원 이하의 금액
② 「수도권정비계획법」에 따른 과밀억제권역32)(서울특별시는 제외한다) : 보증금 1억 3천만원 이하인 경우에 대하여 4,300만원 이하의 금액
③ 광역시(「수도권정비계획법」에 따른 과밀억제권역에 포함된 지역과 군지역은 제외한다), 안산시, 용인시, 김포시 및 광주시 : 보증금 7,000만원 이하인 경우에 대하여 2,300만원 이하의 금액
④ 그 밖의 지역 : 보증금 6,000만원 이하인 경우에 대하여 2,000만원 이하의 금액

3) 우선변제를 받을 상가 임대건물의 소액보증금 범위

「상가건물임대차보호법」에 따라 우선변제를 받을 보증금 중 일정 금액의 범위는 다음에 정한 금액 이하로 한다. 다만, 임차인의 보증금 중 일정 금액이 **상가건물의 가액의 2분의 1을 초과하는 경우에는 상가건물의 가액의 2분의 1에 해당하는 금액**에 한하여 우선변제권이 있다. 이 때 하나의 상가건물에 임차인이 2명 이상이고, 그 각 보증금 중 일정 금액의 합산액이 상가건물의 가액의 2분의 1을 초과하는 경우에는 그 각 보증금 중 일정 금액의 합산액에 대한 각 임차인의 보증금 중 일정 금액의 비율로 그 상가건물의 가액의 2분의 1에 해당하는 금액을 분할한 금액을 각 임차인의 보증금 중 일정 금액으로 본다(상가건물임대차보호법시행령 7).

① 서울특별시 : 보증금 6,500만원 이하인 경우에 대하여 2,200만원 이하의 금액
② 「수도권정비계획법」에 따른 과밀억제권역(서울특별시는 제외한다) : 보증금 5,500만원 이하인 경우에 대하여 1,900만원 이하의 금액
③ 광역시(「수도권정비계획법」에 따른 과밀억제권역에 포함된 지역과 군지역은 제외한다), 안산시, 용인시, 김포시 및 광주시: 보증금 3,800만원 이하인 경우에 대하여 1,300만원 이하의 금액
④ 그 밖의 지역 : 보증금 3,000만원 이하인 경우에 대하여 1,000만원 이하의 금액

---

32) 과밀억제권역 : 서울특별시, 인천광역시(강화군, 옹진군, 서구 대곡동·불로동·마전동·금곡동·오류동·왕길동·당하동·원당동, 인천경제자유구역 및 남동 국가산업단지 제외), 의정부시, 구리시, 남양주시(호평동, 평내동, 금곡동, 일패동, 이패동, 삼패동, 가운동, 수석동, 지금동 및 도농동만 해당), 하남시, 고양시, 수원시, 성남시, 안양시, 부천시, 광명시, 과천시, 의왕시, 군포시, 시흥시(반월특수지역은 제외)

(5) 근로관계로 인한 채권

사용자의 재산을 매각하거나 추심할 때 그 매각금액 또는 추심금액 중에서 국세를 징수하는 경우에 「근로기준법」제38조에 또는 「근로자퇴직급여 보장법」 제12조에 따라 국세에 우선하여 변제되는 임금·퇴직금·재해보상금, 그 밖에 근로관계로 인한 채권에는 국세가 우선하지 않는다.

이 경우도 위의 '(4)'에서와 같이 국세 등에 우선하는 채권과 관계있는 재산을 압류한 경우에는 그 사실을 해당 채권자에게 문서로 통지하여야 한다. 다만, 해당 채권을 가진 사람이 여러 명인 경우에는 세무서장이 선정하는 대표자에게 통지할 수 있으며, 통지를 받은 대표자는 공고 또는 게시의 방법으로 그 사실을 해당 채권의 다른 채권자에게 알려야 한다(기령 18 ③). 물론 통지를 받지 못한 자라도 국세보다 우선하는 채권임이 확인되는 경우에는 국세보다 우선변제된다(국기통 35-18…2).

근로기준법 제38조에는 "임금, 재해보상금, 그 밖에 근로 관계로 인한 채권은 사용자의 총재산에 대해서 질권(質權) 또는 저당권에 따라 담보된 채권 외에는 조세·공과금 및 다른 채권에 우선하여 변제되어야 한다. 다만, 질권 또는 저당권에 우선하는 조세·공과금에 대해서는 그렇지 않다. 그러나 최종 3월분의 임금과 최종 3년간의 퇴직급여 및 재해보상금은 사용자의 총재산에 대하여 질권 또는 저당권에 의하여 담보된 채권, 조세·공과금 및 다른 채권에 우선하여 변제되어야 한다"고 규정하고 있다.

(6) 법정기일 전 가등기되어 담보된 채권

납세의무자를 등기의무자로 하고 채무불이행을 정지조건으로 하는 대물변제의 예약[33])에 의하여 권리이전 청구권의 보전을 위한 가등기(가등록을 포함)나[34] 그밖의 이와 유사한 담보의 목적으로 된 가등기가 되어 있는 재산을 압류하는 경우에 그 가등기에 따른 본등기가 압류 후에 행하여진 때에는 그 가등기의 권리자는 그 재산에 대한 체납처분에 대하여 그 가등기에 따른 권리를 주장할 수 없다. 다만, 국세(그 재산에 대하여 부과된 국세는 제외)의 법정기일 전에 가등기된 재산에 대해서는 그러하지 아니하다(기법 35 ②).

여기서 가등기된 재산에 대하여 부과된 국세란 상속세와 증여세와 종합부동산세를 말한다(기법 35 ⑤). 따라서 상속세, 증여세는 가등기의 설정을 등기하거나 등록한 일자에

---

33) '정지조건부 대물변제의 예약'이란 소비대차의 당사자간에서 채무자가 기한 내에 변제를 하지 않으면 채권담보의 목적물의 소유권이 당연히 채권자에게 이전된다고 미리 약정하는 것을 말한다(국기통 35-0…17).
34) '가등기, 가등록'이란 본등기하거나 본등록을 할 수 있는 형식적 또는 실질적 요건을 완비하지 못한 경우에 장래의 본등기하거나 본등록의 순위보존을 위하여 하는 등기하거나 등록을 말하며 가등기, 가등록에 기한 본등기, 본등록의 순위는 가등기, 가등록의 순위에 의한다(국기통 35-0…18).

관계없이 항상 우선한다. 세무서장은 가등기재산을 압류하거나 공매하는 때에는 그 사실을 가등기권리자에게 지체없이 통지하여야 한다(기법 35 ③).

세무서장은 납세자가 제3자와 짜고 거짓으로 가등기 설정계약 을 하고 그 등기하거나 등록을 함으로써 그 재산의 매각금액으로 국세를 징수하기가 곤란하다고 인정하는 경우에는 그 행위의 취소를 법원에 청구할 수 있다. 이 경우 납세자가 국세의 법정기일 전 1년 내에 특수관계인과 전세권·질권 또는 저당권 설정계약, 가등기 설정계약 또는 양도담보 설정계약을 한 경우에는 짜고 한 거짓 계약으로 추정한다(기법 35 ④).

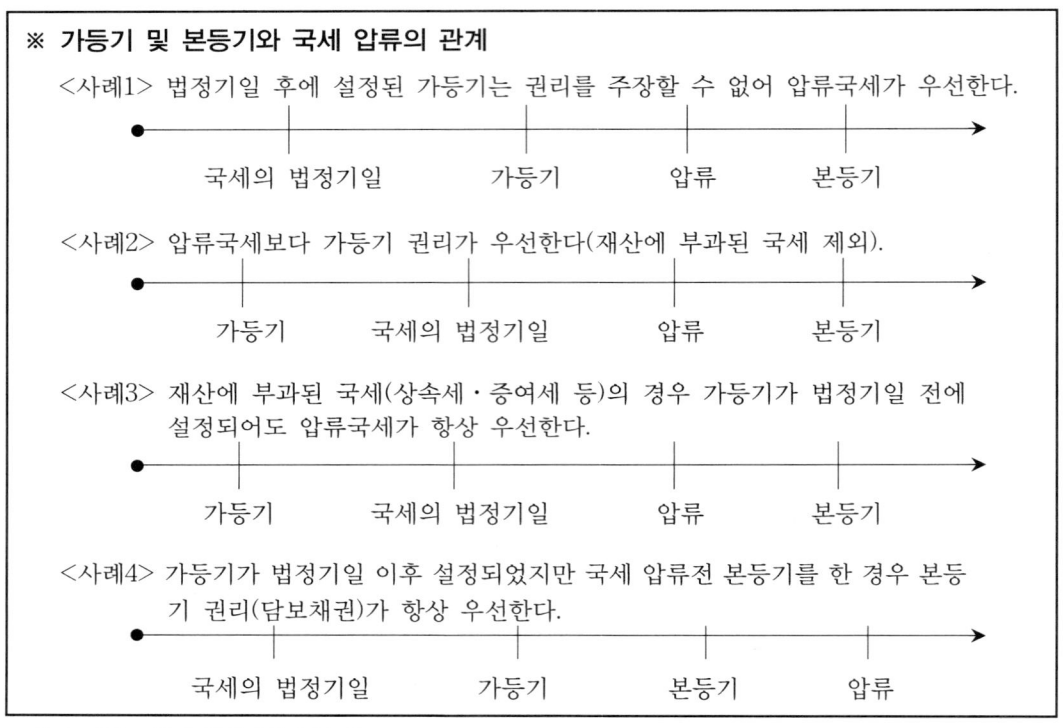

참고 자료 : 국기 집행기준 35-0-13

(7) 짜고 한 거짓 계약에 따른 저당권 등의 설정계약 취소

세무서장은 납세자가 제3자와 짜고 거짓으로 재산에 다음 중 어느 하나에 해당하는 계약을 하고 그 등기하거나 등록을 함으로써 그 재산의 매각금액으로 국세를 징수하기가 곤란하다고 인정하는 경우에는 그 행위의 취소를 법원에 청구할 수 있다. 이 경우 납세자가 국세의 법정기일 전 1년 내에 친족이나 그밖의 특수관계인과 전세권·질권 또는 저당권 설정계약, 가등기 설정계약 또는 양도담보 설정계약을 한 경우에는 짜고 한 거짓 계약으로 추정한다(기법 35 ⑥).

① 전세권·질권 또는 저당권 설정계약
② 관련법에 따라 대항요건과 확정일자를 갖춘 임대차 계약
③ 가등기 설정계약
④ 양도담보 설정계약

여기서 짜고 한 거짓 계약으로 추정되는 계약의 특수관계인은 다음 중 어느 하나에 해당하는 관계에 있는 자를 말한다.
① 친족관계
② 경제적 연관관계
③ 경영지배관계 중 다음에 해당하는 경우
　㉮ 본인이 개인인 경우 : 본인이 직접 또는 그와 친족관계 또는 경제적 연관관계에 있는 자를 통하여 법인의 경영에 대하여 지배적인 영향력을 행사하고 있는 경우 그 법인
　㉯ 본인이 법인인 경우
　　㉠ 개인 또는 법인이 직접 또는 그와 친족관계 또는 경제적 연관관계에 있는 자를 통하여 본인인 법인의 경영에 대하여 지배적인 영향력을 행사하고 있는 경우 그 개인 또는 법인
　　㉡ 본인이 직접 또는 그와 경제적 연관관계 또는 가목의 관계에 있는 자를 통하여 어느 법인의 경영에 대하여 지배적인 영향력을 행사하고 있는 경우 그 법인
　㉰ 위의 ㉮와 ㉯를 적용할 때 다음의 구분에 따른 요건에 해당하는 경우 해당 법인의 경영에 대하여 지배적인 영향력을 행사하고 있는 것으로 본다.
　　㉠ 영리법인인 경우
　　　ⓐ 법인의 발행주식총수 또는 출자총액의 50% 이상을 출자한 경우
　　　ⓑ 임원의 임면권의 행사, 사업방침의 결정 등 법인의 경영에 대하여 사실상 영향력을 행사하고 있다고 인정되는 경우
　　㉡ 비영리법인인 경우
　　　ⓐ 법인의 이사의 과반수를 차지하는 경우
　　　ⓑ 법인의 출연재산(설립을 위한 출연재산만 해당한다)의 50% 이상을 출연하고 그 중 1인이 설립자인 경우

(8) 타법에 따른 국세우선징수권의 예외

국세우선징수에 대하여 타법에 다음과 같은 예외가 있음을 유의하여야 한다(국기통 35-0…14).

① 「채무자 회생 및 파산에 관한 법률」 제180조(공익채권의 변제 등) 및 제477조(재단부족의 경우 변제방법)에 따라 공익채권 또는 재단채권으로 있는 국세가 타의 공익채권 또는 재단채권과 동등 변제되는 것이 있다.

② 「관세법」 제3조(관세징수의 우선)에 따른 관세를 납부하여야 할 물품에 대하여는 관세가 다른 조세 등에 우선한다.

〈국세 또는 강제징수비와 임차인의 보증금 중 일정액, 임금채권 등
그 밖의 다른 채권과의 우선순위 사례〉

1. 압류재산에 국세의 법정기일 전에 질권 또는 저당권에 의하여 담보된 채권이 있는 경우
    (1순위) 강제징수비
    (2순위) 임차인의 보증금 중 일정액, 최종 3월분의 임금과 최종 3년간의 퇴직금 및 재해보상금
    (3순위) 질권 또는 저당권에 의하여 담보된 채권
    (4순위) 최종 3개월분 이외의 임금 및 기타 근로관계로 인한 채권
    (5순위) 국세
    (6순위) 일반채권

2. 압류재산에 국세의 법정기일 이후에 질권 또는 저당권에 의하여 담보된 채권이 있는 경우
    (1순위) 강제징수비
    (2순위) 임차인의 보증금 중 일정액, 최종 3월분의 임금과 최종 3년간의 퇴직금 및 재해보상금
    (3순위) 국세
    (4순위) 질권 또는 저당권에 의하여 담보된 채권
    (5순위) 최종 3개월분 이외의 임금 및 기타 근로관계로 인한 채권
    (6순위) 일반채권

3. 압류재산에 질권 또는 저당권에 의하여 담보된 채권이 없는 경우
    (1순위) 강제징수비
    (2순위) 임차인의 보증금 중 일정액, 최종 3월분의 임금과 최종 3년간의 퇴직금 및 재해보상금
    (3순위) 최종 3개월분 이외의 임금 및 기타 근로관계로 인한 채권
    (4순위) 국세
    (5순위) 일반채권

자료 : 국기 집행기준 35-0-12 수정
주) 최종 3개월분 이외의 임금 및 기타 근로채권은 항상 담보채권 뒤에 위치한다.

4. 조세채권 상호간의 관계

(1) 의 의

국세의 우선은 일반적으로 우선하는 경우와 압류에 의하여 우선권이 부여된 경우, 그리고 납세담보에 대한 우선의 경우 등이 있다고 하였다. 그리고 일반적으로 국세 또는 체납처분비는 다른 공과금이나 그밖의 채권에 우선하여 징수한다. 하지만 **국세와 국세가 경합하는 경우와 국세와 지방세가 경합하는 경우**에는 국세의 일반적 우선이 적용되지 않고 조세채권 상호간에 징수상의 순위조정이 필요로 하는데, 그 우선순위를 결정짓는 것이 다음과 같은 압류 조세채권의 우선과 담보 조세채권의 우선이다.

(2) 담보에 의한 우선

국세기본법에서는 **납세담보의 효력을 압류의 효력보다 우선**하여 인정하고 있다. 즉, 납세담보물을 매각하였을 때에는 압류에 의한 우선에도 불구하고 그 국세·강제징수비는 매각대금 중에서 다른 국세·강제징수비와 지방세에 우선하여 징수한다(기법 37).

(3) 압류에 의한 우선

동일한 우선징수권을 가지는 여러 국세 또는 지방세가 경합하는 경우에는 어떤 조세를 우선적으로 징수할 것인가 하는 문제가 발생한다. 국세기본법에서는 징세기관의 징세노력에 따라 우선징수권을 주기 위하여 **압류우선주의**를 인정하고 있다.

즉, 국세의 강제징수에 의하여 납세자의 재산을 압류한 경우에 다른 국세·강제징수비 또는 지방세의 교부청구(참가압류 포함)가 있은 때에는 압류와 관계되는 국세 또는 체납처분비는 교부청구된 다른 국세·강제징수비와 지방세보다 우선하여 징수하고(기법 36 ①), 지방세 체납처분에 의하여 납세자의 재산을 압류한 경우에 국세 또는 강제징수비의 교부청구가 있으면 교부청구된 국세 또는 강제징수비는 압류와 관계되는 지방세의 다음 순위로 징수한다(기법 36 ②).

[강제징수시 배분 우선순위 정리]

순위	내용	
1순위	공익비용(강제집행비용, 강제징수비 등)	
2순위	소액임차보증금, 최종 3개월분 임금, 최종 3년간 퇴직급여	
(상황)	법정기일 전 피담보채권 설정한 경우*	법정기일 후에 피담보채권을 설정한 경우
3순위	피담보채권	법정기일이 담보설정일보다 이전인 국세
4순위	그 밖의 임금채권**	피담보채권
5순위	법정기일이 담보설정일보다 이후인 국세	그 밖의 임금채권**
6순위	공과금 및 일반채권	공과금 및 일반채권

* 해당 재산에 부과된 조세(상속세, 증여세, 종합부동산세)는 법정기일전 피담보채권이 설정되어도 피담보채권보다 우선 징수한다.
** 그 밖의 임금채권은 항상 피담보채권 바로 다음 순서로 지급한다.

국세우선권 실습 1

국세 압류 후 재산처분액이 8천만원인 경우 국세징수 가능액은 얼마인지 순위별로 배분하시오.

> 1. 강제징수비: 5백만원
> 2. 소액보증금과 최종 3개월분 임금채권: 1천만원
> 3. 저당권채권: 3천만원(법정기일 전에 설정됨)
> 4. 최종 3개월분 이외의 임금채권: 3백만원
> 5. 국세: 5천만원
> 6. 일반채권: 7천만원

풀이 국세회수가능액= 처분액(8천만원)-1순위 강제징수비(5백만원)-2순위 소액보증금 등(1천만원)-3순위 피담보채권(3천만원)-4순위 그 밖의 임금채권(3백만원) = 3천 2백만원

해답 국세는 우선순위자에게 먼저 지급한 후 잔액인 3천2백만원을 징수할 수 있다.

국세우선권 실습 2

앞의 문제에서 만일 국세의 법정기일 후에 저당권이 설정된 경우에는 국세징수 가능액은 얼마인가?

해설 우선순위별로 정리함(매각액 8천만원)
  1순위: 강제징수비 5백만원
  2순위: 소액보증금과 최종 3개월분 임금채권 1천만원
  3순위: 국세 5천만원
  4순위: 저당권채권 3천만원(법정기일 후 설정되었으므로)
  5순위: 최종 3개월분 이외의 임금채권 3백만원(항상 저당채권 뒤에 위치함)
  6순위: 일반채권 7천만원

풀이 국세징수 가능액= 매각액 8천만원-1순위 강제징수비 5백만원- 2순위 소액보증금 등 1천만원 = 6천5백만원

해답 국세는 3순위로서 국세징수 가능액 6천5백만원이므로 국세는 5천만원 모두 징수할 수 있다. 남은 금액은 차순위자에게 순서대로 지급한다.

제6장 과 세

제 1 절 관할관청

1. 서 론

관할관청이란 국세를 납세자가 국가에 신고·납부하거나 국가가 납세자에게 부과·징수함에 있어서 법률상 유효하게 사무처리를 담당하는 행정기관을 말한다. 즉, 국세의 과세표준과 세액의 신고를 받고 조사·결정권을 행사하는 등 국세에 관한 사무를 담당하는 행정기관을 말한다.

따라서 국세의 신고·납부 그리고 부과·징수는 적법한 관할관청에 함이 원칙이며, 만일 관할을 위반하는 행위는 적법하지 못한 행위이므로 세법에 특별히 규정하고 있는 경우를 제외하고는 원칙적으로 효력이 없다고 보아야 한다. 관할관청에 대한 국세기본법의 규정은 다른 세법에 특별한 규정이 없는 경우에 한하여 우선적으로 적용된다.

2. 과세표준신고의 관할

(1) 과세표준신고서 제출

과세표준신고서는 그 신고 당시 해당 국세의 납세지를 관할하는 세무서장에게 제출하여야 한다. 다만, 전자신고를 하는 경우에는 지방국세청장이나 국세청장에게 제출할 수 있다. 여기서 '해당 국세의 납세지를 관할하는 세무서장'이란 다음의 세무서장을 말한다(국기통 43-0…1).

① 소득세·법인세·부가가치세 또는 증권거래세에 있어서는 소득세법 제6조 부터 제10조까지, 법인세법 제7조, 부가가치세법 제4조 및 증권거래세법 제4조의 규정에 따른 납세지를 관할하는 세무서장

② 상속세 및 증여세에 있어서는 상속세와 증여세법 제6조의 규정에 따른 관할 세무서장(상속세는 피상속인의 주소지를 관할하는 세무서장, 증여세는 수증자의 주소지를 관할하는 세무서장)
③ 개별소비세에 있어서는 개별소비세법 제9조에 규정하는 판매장, 제조장, 과세장소 또는 과세유흥장소를 관할하는 세무서장
④ 주세에 있어서는 주세법시행령 제30조의 규정에 따른 제조장 관할 세무서장
⑤ 교육세에 있어서는 교육세법 제6조의 규정에 따른 납세지를 관할하는 세무서장. 다만, 같은 법 제3조 제2호 또는 제3호의 경우에는 해당 개별소비세 또는 주세의 납세지를 관할하는 세무서장
⑥ 농어촌특별세에 있어서는 농어촌특별세법 제6조 규정에 따른 해당 본세의 납세지를 관할하는 세무서장

(2) 관할을 위반한 신고의 효과

신고 당시의 관할 세무서장 외의 세무서장에게 과세표준신고서를 제출된 경우에도 그 신고의 효력에는 영향이 없다. 관할 세무서장 외의 세무서장에게 제출되는 과세표준신고서에 대해서는 관할세무서를 밝혀 그 세무서장에게 제출하도록 하여야 하며(기령 24 ①), 해당 과세표준신고서를 접수한 후 소관이 아님을 알게 되었을 때에는 그 신고서를 관할 세무서장에게 지체없이 송부하고, 그 뜻을 적은 문서로 해당 납세자에게 통지하여야 한다(기령 24 ②).

3. 결정 또는 경정결정의 관할

국세의 과세표준과 세액의 결정(決定) 또는 경정결정은 그 처분 당시 해당 국세의 납세지를 관할하는 세무서장이 한다. 여기서 그 처분 당시 해당 국세의 납세지를 관할하는 세무서장이란 결정 또는 경정결정하는 때의 그 국세의 납세지를 관할하는 세무서장을 말한다(국기통 44-0…1). 만약 국세청과 그 소속기관 직제에 의하여 관할구역이 변경된 이후에는 변경 후 납세지를 관할하는 세무서장이 국세의 과세표준과 세액을 경정 또는 결정한다. 주소지·사업장의 이전 또는 납세지의 지정에 따라 납세지가 변경된 경우도 또한 같다(국기통 44-0…2).

국세의 과세표준과 세액을 결정 또는 경정결정(更正決定)하는 때에 그 국세의 납세지를 관할하는 세무서장 외의 세무서장이 행한 결정 또는 경정결정처분은 그 효력이 없다. 다만, 세법 또는 다른 법령 등에 의하여 권한있는 세무서장이 결정 또는 경정결정하는 경우에는 그러하지 아니하다(국기통 44-0…3).

제 2 절 수정신고와 경정 등의 청구

1. 수정신고

(1) 의 의

과세표준 또는 세액의 신고는 거의 모든 조세에 필요한 절차이다. 즉 부과과세조세나 신고납부조세를 불문하고 과세표준신고서를 제출하여야 한다. 그런데 이미 **제출한 과세표준신고서의 신고사항에 누락이나 오류가 있다면 이를 수정하는 제도가 필요하다. 이는 진실하고 적법한 과세표준의 신고를 가능하게 하고, 납세의무자로 하여금 가산세와 같은 불이익을 면하도록 하기 위한 제도**이다.

과세표준신고서를 법정신고기한까지 제출한 자(「소득세법」에 따라 과세표준확정신고의 예외에 해당하는 자 및 기한후 과세표준신고서를 제출한 자를 포함)는 과소신고와 과대환급 등 일정한 요건에 해당하면 관할 세무서장이 각 세법의 규정에 따라 해당 국세의 과세표준과 세액을 결정 또는 경정하여 통지하기 전으로서 국세 부과의 제척기간이 끝나기 전까지 과세표준수정신고서를 제출할 수 있다(기법 45 ①).

(2) 수정신고의 요건

1) 당초의 과세표준신고서를 법정신고기한까지 제출한 자 및 기한후 과세표준신고서를 제출한 자

무신고자는 수정신고를 할 수 없다. 여기서 '법정신고기한'이란 각 세법에서 규정하는 과세표준과 세액에 대한 신고기한 또는 신고서 제출기한을 말한다. 다만, 법 제5조 및 제6조에 따라 신고기한이 연장된 경우에는 그 연장된 기한을 법정신고기한으로 본다(국기통 5-2-1).

2) 과소신고와 과대환급

당초의 신고에 오류나 누락이 있어 과소신고를 하였거나 과대환급을 받은 등 다음과 같은 경우에 수정신고는 가능하며, 반대로 과대신고나 과소환급을 받은 경우는 수정신고의 대상이 아니다(기법 45 ①).

① 과세표준신고서 또는 기한후 과세표준신고서에 기재된 과세표준 및 세액이 세법에 따라 신고하여야 할 과세표준 및 세액에 미치지 못할 때

② 과세표준신고서 또는 기한후 과세표준신고서에 기재된 결손금액이나 환급세액이 세법에 따라 신고하여야 할 결손금액이나 환급세액을 초과할 때
③ 소득세의 원천징수의무자가 다음 중 어느 하나에 해당하는 자의 소득 등을 누락한 경우(경정 등의 청구를 할 수 있는 경우는 제외)
　㉮ 근로소득만 있는 자
　㉯ 퇴직소득만 있는 자
　㉰ 「국민연금법」에 따라 받는 각종 연금. 「공무원연금법」, 「군인연금법」, 「사립학교교직원연금법」 또는 「별정우체국법」에 따라 받는 각종 연금, 연계노령연금·연계퇴직연금소득만 있는 자
　㉱ 원천징수되는 사업소득으로서 간편장부대상자가 받는 해당하는 사업소득
　㉲ 위 '㉮' 및 '㉯'의 소득만 있는 자
　㉳ 위 '㉯' 및 '㉰'의 소득만 있는 자
　㉴ 위 '㉯' 및 '㉱'의 소득만 있는 자
④ 법인세법의 세무조정과정에서 국고보조금, 공사부담금 및 토지의 재평가차액에 상당하는 금액을 익금과 손금에 동시에 산입하지 아니한 경우(경정 등의 청구를 할 수 있는 경우는 제외)
⑤ 「법인세법」 제44조, 제46조, 제47조 및 제47조의2에 따라 합병, 분할, 물적분할 및 현물출자에 따른 양도차익에 대하여 과세를 이연받는 경우로서 세무조정 과정에서 양도차익의 전부 또는 일부에 상당하는 금액을 익금과 손금에 동시에 산입하지 아니한 경우(기칙 12)

3) 과세표준과 세액을 결정 또는 경정하여 통지하기 전까지 제출

관할 세무서장이 각 세법의 규정에 따라 해당 국세의 과세표준과 세액을 결정 또는 경정하여 통지하기 전으로서 국세 부과의 제척기간이 끝나기 전까지는 언제든지 과세표준수정신고서를 제출할 수 있다.

(3) 수정신고에 따른 추가자진납부

세법에 따라 과세표준신고액에 상당하는 세액을 자진납부하는 국세에 관하여 과세표준수정신고서를 제출하는 납세자는 이미 납부한 세액이 과세표준수정신고액에 상당하는 세액에 미치지 못할 때에는 그 부족한 금액과 이 법 또는 세법에서 정하는 가산세를 납부하여야 한다. 수정신고에 따라 국세를 추가하여 납부하는 자는 세법에서 정하는 자진

납부계산서에 당초의 납부계산서의 기재내용을 함께 기록하여 작성한 추가자진납부계산서를 제출하여야 한다(기령 26 ①).

이때 추가자진납부하여야 할 세액 중 일부만 추가자진납부한 경우에는 일부 추가자진납부에 의하여 수정된 범위에서 가산세를 경감한다(국기통 45-0…2). 또한 당초 신고한 과세표준과 세액의 과소신고로 인하여 부과되는 가산세가 아니고 과세표준신고에 있어서 필수적인 첨부서류 등을 제출하지 아니하여 신고된 것으로 보지 않음으로써 부과되는 가산세는 수정신고서를 제출하더라도 면제되지 아니한다(국기통 49-0…1).

(4) 수정신고에 의한 감면

관할 세무서장은 과세표준수정신고서를 법정신고기한이 지난 후 1개월 이내 제출한 자에 대해서는 과소신고가산세·초과환급신고가산세·영세율과세표준불성실가산세의 경우 90%, 1개월 초과 3개월 이내는 75%, 3개월 초과 6개월 이내에 제출한 경우 50%, 6개월 초과 1년 이내의 경우 30%, 1년 초과 1년 6개월 이내에는 20%, 1년 6개월 초과 2년 이내의 경우 10%를 경감한다. 다만, 과세표준수정신고서를 제출한 과세표준과 세액을 경정할 것을 미리 알고 제출한 경우에는 감면하지 아니한다(기법 48 ②). 여기서 '경정이 있을 것을 미리 알고 제출한 경우'란 해당 국세에 관하여 세무공무원이 조사에 착수한 것을 알고 과세표준수정신고서를 제출한 경우로 한다(기령 29).

(5) 수정신고의 효력

국세의 수정신고는 당초의 신고에 따라 확정된 과세표준과 세액을 증액하여 확정하는 효력을 가진다. 따라서 국세의 수정신고는 당초 신고에 따라 확정된 세액에 관한 이 법 또는 세법에서 규정하는 권리·의무관계에 영향을 미치지 아니한다.

[수정신고, 경정 등의 청구 및 기한 후 신고 비교]

구 분	수 정 신 고	경 정 청 구		기한 후 신고
		일반적 경정청구	후발적 사유로 인한 경정청구	
대상자	법정신고기한 내 신고한 자(소득세 확정신고의무가 없는 자 포함) 및 기한후 신고한 자	법정신고 기한 내 신고한 자 및 기한후 신고한 자	법정신고기한 내 신고한 자 또는 신고없이 결정을 받은자	법정신고기한 내 신고하지 아니한 자(가산세를 제외한 납부하여야 할 세액이 있는 자)
사 유	① 과세표준·세액의 과소신고 ② 결손·환급세액의 과대신고 ③ 세무조정누락, 정산과정누락 등에 의한 불완전한 신고	① 과세표준·세액의 과대신고·결정·경정 ② 결손·환급세액의 과소신고·결정·경정		
기 한	결정·경정통지 전까지	법정신고기한이 지난 후 **5년 내**	후발적 사유발생을 안날부터 **3개월 내**	결정 통지 전까지
확 정	신고납세확정 : 수정신고일 정부부과확정 : 결정·경정일	결정·경정일(세무서장은 경정청구일로부터 **2개월 이내** 결정·경정 여부 통지의무 있음). 2개월내 처리 곤란시 진행상황 및 불복청구 안내 통지		관할 세무서장은 세법에 따라 해당 국세의 과세표준과 세액을 '**3개월 이내**' 결정
가산세 감면	<감면 대상 - 과소신고가산세·초과환급신고가산세·영세율과세표준불성실가산세> ① 1개월 이내 수정신고 : 90% 감면 ② 1개월 초과 3개월 이내 : 75% ③ 3개월 초과 6개월 이내에 제출한 경우 : 50% ④ 6개월 초과 1년 이내의 경우 : 30% ⑤ 1년 초과 1년 6개월 이내 : 20% ⑥ 1년 6개월 초과 2년 이내의 경우 : 10%			<감면 대상 - 무신고가산세> ① 1개월 이내에 한 경우 : 50% 감면 ② 1개월 초과 3개월 이내에 한 경우 : 30% ③ 3개월 초과 6개월 이내 : 20%

국세기본법 시행규칙 [별지 제16호서식] (개정 2017. 3. 15.) (앞쪽)

과세표준수정신고서 및 추가자진납부계산서

처리기간
즉시

신고인	① 성 명		② 주민등록번호	③ 사업자등록번호
	④ 주소(거소) 또는 영업소		⑤ 전화번호	
	⑥ 상 호			

신 고 내 용

⑦ 법 정 신 고 일		⑧ 최초 신고일	
⑨ 수 정 신 고 사 유			

구 분	최 초 신 고	수 정 신 고
⑩ 세 목		
⑪ 과 세 표 준		
⑫ 산 출 세 액		
⑬ 가 산 세 액		
⑭ 공 제 및 감 면 세 액		
⑮ 납 부 할 세 액		
⑯ 기 납 부 세 액		
⑰ 자 진 납 부 세 액		
⑱ 추 가 자 진 납 부 세 액		

「국세기본법 시행령」 제25조 및 제26조에 따라 위와 같이 신고하고 이에 따라
　　　　원을 추가로 자진납부합니다.

년 월 일

신고인　　(서명 또는 인)

세무서장 귀하

구비서류: 최초 신고서 사본 및 자진납부계산서(수정된 내용을 함께 기입합니다)
※ 이 용지는 무료로 배부합니다.

수수료
없 음

위임장	신고인의 위임을 받아 대리인이 과세표준수정신고 및 추가자진납부계산서를 제출하는 경우 아래 사항을 적어 주시기 바랍니다.					
	위임자 (신고인)	대리인				
		구 분	성 명	사업장 소재지	사업자등록번호 (전자우편)	전화번호 (휴대전화번호)
	(서명 또는 인)	세무사 공인회계사 변호사	(서명 또는 인)	(㊞　　)		

접수증(과세표준수정신고 및 추가자진납부계산서)

성 명		주 소	

첨부서류
1. 최초 신고서 사본　　(　　)
2. 자진납부계산서　　　(　　)

접 수 자
접수일자인

210㎜×297㎜(백상지 80g/㎡(재활용품))

2. 경정 등의 청구

(1) 일반적 경정 등의 청구

1) 의　의

경정이란 정부의 부과처분이나 납세의무자의 신고에 따라 확정된 과세표준과 세액에 오류나 탈루가 있을 때 정부가 이것을 조사에 의하여 발견하고 고쳐서 결정하는 것을 경정이라고 한다. 그리고 결정이란 납세의무를 확정시키는 것을 말한다.

부과과세방식에서 정부가 납세의무자의 신고에 따라 또는 신고없이 조사에 의하여 최초로 과세표준과 세액을 확정하는 것을 결정이라고 하며, 그 결정에 오류나 탈루가 있어서 수정결정하는 것을 경정이라고 한다. 이에 비하여 신고납부방식에서는 납세자의 과세표준신고가 없어서 정부가 조사결정하는 것을 결정이라고 하고, 과세표준의 신고가 있었는데 그 신고에 오류·탈루가 있어서 정부가 다시 고쳐 결정하는 것이 경정이다. 경정된 것을 다시 고치는 것을 재경정이라고 한다.

과세표준신고서를 법정신고기한까지 제출한 자 및 기한후 과세표준신고서를 제출한 자는 과대신고와 과소환급 등 일정한 요건에 해당할 때에는 최초신고 및 수정신고한 국세의 과세표준 및 세액의 결정 또는 경정을 **법정신고기한이 지난 후 5년 이내**에 관할 세무서장에게 청구할 수 있다. 다만, **결정 또는 경정으로 인하여 증가된 과세표준 및 세액**에 대하여는 해당 처분이 있음을 안 날(처분의 통지를 받은 때에는 그 받은 날)부터 90일 이내(법정신고기한이 지난 후 5년 이내에 한한다)에 경정을 청구할 수 있다(기법 45의2 ①). 또한 각 세법의 규정에 따라 이미 결정 또는 경정이 있었던 경우에도 해당 결정 또는 경정 후의 과세표준 및 세액의 재결정 또는 재경정을 청구할 수 있다.

2) 경정 등의 청구 요건

① 과세표준신고서를 법정신고기한까지 제출한 자 및 기한후 과세표준신고서를 제출한 자 또는 종합부동산세를 부과·고지받은 자 – 법정신고기한은 수정신고에서와 같다.
② 과대신고와 과소환급 – 당초의 신고에 오류나 누락이 있어 과대신고를 하였거나 과소환급을 받은 경우에 경정 등의 청구를 할 수 있으며, 반대로 과소신고나 과대환급을 받은 경우는 경정 등의 청구를 할 수 없다.
　㉠ 과세표준신고서에 기재된 과세표준 및 세액 등이 세법에 따라 신고하여야 할 과세표준 및 세액을 초과할 때

ⓒ 과세표준신고서에 기재된 결손금액이나 환급세액이 세법에 따라 신고하여야 할 결손금액이나 환급세액에 미치지 못할 때

(2) 후발적 사유로 인한 경정 등의 청구

과세표준신고서를 법정신고기한까지 제출한 자 또는 국세의 과세표준 및 세액 등의 결정을 받은 자는 다음에 해당하는 사유가 발생하였을 때에는 법정신고기한이 지난 후 5년 이내라는 규정에도 불구하고 그 사유가 발생한 것을 안 날부터 3개월 이내에 결정 또는 경정을 청구할 수 있다(기법 45의 2 ②).

① 최초 신고·결정 또는 경정에서 과세표준 및 세액의 계산 근거가 된 거래 또는 행위 등이 그에 관한 심사청구, 심판청구, 「감사원법」에 따른 심사청구에 대한 결정이나 소송에 대한 판결(판결과 같은 효력을 가지는 화해나 그밖의 행위를 포함한다)에 의하여 다른 것으로 확정되었을 때
② 소득이나 그밖의 과세대상의 귀속을 제3자에게로 변경시키는 결정 또는 경정이 있을 때
③ 조세조약의 규정에 따른 상호합의가 최초의 신고·결정 또는 경정의 내용과 다르게 이루어졌을 때
④ 결정 또는 경정으로 인하여 그 결정 또는 경정의 대상이 된 과세표준 및 세액과 연동된 다른 세목(같은 과세기간으로 한정)이나 연동된 다른 과세기간(같은 세목으로 한정)의 과세표준 또는 세액이 세법에 따라 신고하여야 할 과세표준 또는 세액을 초과할 때
⑤ 그밖의 위와 유사한 다음 사유가 해당 국세의 법정신고기한이 지난 후에 발생하는 경우(기령 25의 2)
　　ⓐ 최초의 신고·결정 또는 경정을 할 때 과세표준 및 세액의 계산 근거가 된 거래 또는 행위 등의 효력과 관계되는 관청의 허가나 그밖의 처분이 취소된 경우
　　ⓑ 최초의 신고·결정 또는 경정을 할 때 과세표준 및 세액의 계산 근거가 된 거래 또는 행위 등의 효력과 관계되는 계약이 해제권의 행사에 의하여 해제되거나 해당 계약의 성립 후 발생한 부득이한 사유로 해제되거나 취소된 경우
　　ⓒ 최초의 신고·결정 또는 경정을 할 때 장부 및 증거서류의 압수, 그밖의 부득이한 사유로 과세표준 및 세액을 계산할 수 없었으나 그 후 해당 사유가 소멸한 경우
　　ⓓ 그 밖에 위 'ⓐ'부터 'ⓒ'까지에 준하는 사유가 있는 경우

(3) 원천징수대상자의 경정청구

근로소득, 퇴직소득, 연금소득 및 특정사업소득만 있는 자 또는 분리과세되는 국내원천소득이 있는 비거주자 및 외국법인은 원천징수 또는 연말정산에 의하여 세액을 납부하고 과세표준확정신고를 하지 아니하는 것이 원칙이다. 하지만 다음에 해당하는 경우에는 과세표준확정신고를 하지 아니한 경우에도 원천징수의무자 또는 해당 소득이 있는 자(원천징수대상자)는 연말정산세액 또는 원천징수세액의 납부기한이 지난 후 5년 이내에 원천징수의무자 납세지 관할 세무서장에게 일반적 경정청구를 할 수 있고, 후발적 사유에 해당하는 경우에는 이로 인한 경정을 청구할 수 있다.

① 원천징수의무자가 근로소득·퇴직소득·연금소득·사업소득을 연말정산 또는 원천징수에 의하여 소득세(분리과세 이자, 배당, 연금, 기타소득 포함)를 납부하고 지급명세서를 제출기한까지 제출한 경우. 다만, 원천징수의무자의 폐업 등 대통령령이 정하는 사유가 있으면 예외로 함.
② 원천징수의무자가 퇴직소득 및 비거주자의 국내원천소득에 대한 원천징수한 소득세를 납부하고, 지급명세서를 제출기한까지 제출한 경우
③ 원천징수의무자가 「법인세법」에 따라 원천징수한 법인세를 납부하고, 지급명세서를 제출기한까지 제출한 경우

(4) 경정 등의 청구 결정 통지

결정 또는 경정의 청구를 받은 세무서장은 그 청구를 받은 날부터 2개월 이내에 과세표준 및 세액 등을 결정 또는 경정하거나, 결정 또는 경정하여야 할 이유가 없다는 사실을 그 청구를 한 자에게 통지하여야 한다. 다만, 청구를 한 자가 2개월 이내에 아무런 통지를 받지 못한 경우에는 통지를 받기 전이라도 그 2개월이 되는 날의 다음 날부터 이의신청, 심사청구, 심판청구 또는 「감사원법」에 따른 심사청구를 할 수 있다. 경정청구받은 후 2개월 이내에 처리가 곤란한 경우 진행상황 및 불복절차 안내를 통지하여야 한다(기법 45의2 ④).

국세기본법 시행규칙 [별지 제16호의2서식] (개정 2021.3.16.) (앞쪽)

과세표준 및 세액의 결정(경정)청구서

처리기간
2개월

청구인	① 성 명		② 주민등록번호 -	③ 사업자등록번호	
	④ 주소(거소) 또는 영업소			⑤ 전화번호	
	⑥ 상 호				

신 고 내 용

⑦ 법 정 신 고 일		⑧ 최 초 신 고 일	
⑨ 결정(경정)청구이유			
구 분	최 초 신 고	결 정(경 정) 청 구	
⑩ 세 목			
⑪ 과 세 표 준 금 액			
⑫ 산 출 세 액			
⑬ 가 산 세 액			
⑭ 공제 및 감면세액			
⑮ 납 부 할 세 액			
⑯ 국세환급금 계좌신고	거래은행 은행 지점	계좌번호	
⑰ 환 급 받 을 세 액			

「국세기본법」 제45조의2, 같은 법 시행령 제25조의3, 「소득세법」 제118조의15 및 같은 법 시행령 제178조의11에 따라 위와 같이 신고합니다.

년 월 일

청구인 (서명 또는 인)

세무서장 귀하

첨부서류	결정(경정)청구 사유 증명자료	수 수 료 없 음

위임장	청구인의 위임을 받아 대리인이 경정청구를 하는 경우 아래 사항을 적어 주시기 바랍니다.				
	위임자 (신청인)	대리인			
		구분	성명	사업장 소재지	사업자등록번호 (전자우편)	전화번호 (휴대전화번호)
위임장	(서명 또는 인)	[ ]세 무 사 [ ]공인회계사 [ ]변 호 사	(서명 또는 인)	(㊞)		

┄┄

접수증(과세표준 및 세액의 결정(경정)청구서)

성 명		주 소		
첨부서류	결정(경정)청구사유 증명자료	[ ]	접 수 자	
			접 수 일 인	

210㎜×297㎜[백상지(80g/㎡) 또는 중질지(80g/㎡)]

3. 기한 후 신고

(1) 의 의

법정신고기한까지 과세표준신고서를 제출하지 아니한 자는 관할 세무서장이 세법에 따라 해당 국세의 과세표준과 세액(국세기본법 및 세법에 따른 가산세를 포함한다)을 결정하여 통지하기 전까지 기한후과세표준신고서를 제출할 수 있다(기법 45의 3 ①). 이는 납세자의 편의를 도모하기 위한 것이다.

(2) 대상 및 기한

1) 대 상

법정신고기한까지 과세표준신고서를 제출하지 아니한 자

2) 기 한

관할 세무서장이 해당 국세의 과세표준과 세액을 결정하여 통지하기 전까지 할 수 있다.

(3) 과세표준과 세액의 결정 절차

1) 신고·납부

기한후과세표준신고서를 제출한 자로서 세법에 따라 납부하여야 할 세액이 있는 자는 그 세액을 납부하여야 한다(기법 45의 3 ②).

2) 결 정

기한후과세표준신고서를 제출하거나, 기한후 과세표준신고서를 제출한 자가 과세표준수정신고서를 제출한 경우 관할 세무서장은 세법에 따라 신고일로부터 3개월 이내에 해당 국세의 과세표준과 세액을 결정 또는 경정하여 신고인에게 통지하여야 한다(기법 45의 3 ③). 이는 납세의무자가 기한후과세표준신고서를 제출한 경우 신고납부조세일지라도 그 신고에 의해서 납세의무가 확정되는 것이 아니라 관할관청의 결정에 따라 납세의무가 확정된다는 것이다.

다만, 그 과세표준과 세액을 조사할 때 조사 등에 장기간이 걸리는 등 부득이한 사유로 신고일부터 3개월 이내에 결정 또는 경정할 수 없는 경우에는 그 사유를 신고인에게 통지하여야 한다.

(4) 효   과

기한 후 신고를 1개월 이내에 한 경우에는 무신고가산세를 50% 감면하며, 1개월 초과 6개월 이내의 경우에는 20%를 감면한다. 그리고 납부기한의 다음날부터 자진납부일 또는 납세고지일까지의 기간에 대하여 적용되는 납부불성실가산세의 경우 그 기간의 단축만큼 적게 계산된다.

4. 신고 후 미납세액납부

납세의무자는 세법에 따라 과세표준 신고액에 상당하는 세액을 각 세법에서 정하는 납부기한까지 납부하여야 한다. 법정신고·납부기한까지 신고·납부하지 않으면 신고불성실가산세와 납부불성실가산세가 부과된다.

만약, 과세표준신고서를 법정신고기한까지 제출하였으나 과세표준신고액에 상당하는 세액의 전부 또는 일부를 납부하지 아니한 자는 그 세액과 세법에서 정하는 가산세를 세무서장이 고지하기 전에 납부할 수 있다(기법 46 ③).

이 경우 기한후신고와 같이 가산세감면의 혜택은 없다. 다만, 납부기한의 다음날부터 자진납부일 전날 또는 고지일까지의 기간에 대하여 적용되는 납부지연가산세의 경우 역시 그 기간의 단축만큼 적게 계산된다.

제 3 절 가산세의 부과와 감면

1. 가산세의 부과

가산세란 세법에서 규정하는 의무의 성실한 이행을 확보하기 위하여 그 세법에 따라 산출한 세액에 가산하여 징수하는 금액을 말한다.

국가는 과세권을 행사하는 데 있어서 정확한 과세표준의 파악, 납세의무의 이행, 과세자료의 수집을 원활히 하기 위하여 납부의무 이외에도 자진신고의무, 등록의무 등 여러 가지 협력의무를 납세의무자에게 지우고 있는데 이 의무들을 이행하지 아니하면 가산세가 부과된다.

국세기본법은 "정부는 세법에서 규정한 의무를 위반한 자에게 국세기본법 또는 세법에서 정하는 바에 따라 가산세를 부과할 수 있다."고 규정하고 있다(기법 47 ①). 가산세는 해당 의무가 규정된 세법의 해당 국세의 세목(稅目)으로 한다. 다만, 해당 국세를 감면하는 경우에는 가산세는 그 감면대상에 포함시키지 아니하는 것으로 한다(기법 47 ②).

2. 가산세의 유형

(1) 무신고가산세

① **개념** : 납세의무자가 법정신고기한까지 국세의 과세표준 신고(예정신고 및 중간신고를 포함하며,「교육세법」에 따른 신고 중 금융·보험업자가 아닌 자의 신고와「농어촌특별세법」및「종합부동산세법」에 따른 신고는 제외한다)를 하지 아니한 경우에 적용한다.

② **가산세**
   ㉮ **일반무신고가산세** : 무신고납부세액의 20%이다. 다만, 법인세·복식부기의무자의 소득세는 무신고납부세액의 **20%와 수입금액의 1만분의 7 중 큰 금액**으로 하며, 부가가치세의 영세율과세표준이 있는 경우에는 납부세액의 20%에 영세율과세표준의 0.5%를 합한 금액으로 한다.

   여기서 무신고납부세액은 그 신고로 납부하여야 할 세액을 말하는데, 이 법 및 세법에 따른 가산세와 세법에 따라 가산하여 납부하여야 할 이자 상당 가산액이 있는 경우 그 금액은 제외한다.

   ㉯ **부정무신고가산세** : **부정행위**로 무신고한 경우 무신고납부세액의 40%(역외거래

에서 발생한 경우 60%)이다. 다만, 법인세·복식부기의무자의 소득세는 무신고납부세액의 **40%**(역외거래에서 발생한 경우 60%)**와 수입금액의 1만분의 14 중 큰 금액**으로 하며, 부가가치세의 영세율과세표준이 있는 경우에는 납부세액의 40%(역외거래에서 발생한 경우 60%)에 영세율과세표준의 0.5%를 합한 금액으로 한다.

> ▶ **부정행위(조처법 3⑥, 기령 12의2)**
> 납세자가 국세의 과세표준 또는 세액 계산의 기초가 되는 사실의 전부 또는 일부를 은폐하거나 가장하는 것에 기초하여 국세의 과세표준 또는 세액의 신고의무를 위반하는 다음에 해당하는 행위로서 조세의 부과와 징수를 불가능하게하거나 현저히 곤란하게 하는 적극적인 행위
> ⓐ 이중장부의 작성 등 장부의 거짓 기장
> ⓑ 거짓 증명 또는 거짓 문서의 작성 및 수취
> ⓒ 장부와 기록의 파기
> ⓓ 재산의 은닉이나 소득·수익·행위·거래의 조작 또는 은폐
> ⓔ 고의적으로 장부를 작성하지 않거나 비치하지 아니하는 행위 또는 계산서, 세금계산서 또는 계산서 합계표, 세금계산서 합계표의 조작
> ⓕ 전사적 기업자원 관리설비의 조작 또는 전자세금계산서의 조작
> ⓖ 그 밖에 위계(僞計)에 의한 행위 또는 부정한 행위

③ **무신고가산세 적용 배제**
㉮ 전자적 용역을 공급하는 자가 부가가치세를 납부하여야 하는 경우
㉯ 「부가가치세법」에 따라 납부의무가 면제되는 경우
㉰ 「부가가치세법」에 따른 대손세액

④ **무신고가산세 중복 배제**
㉮ 예정신고 및 중간신고와 관련된 가산세가 부과되는 부분에 대해서는 확정신고와 관련된 가산세를 적용하지 아니한다.
㉯ **무신고가산세** 와 「소득세법」의 무기장가산세, 주식등에 대한 장부의 비치·기록의무 및 기장 불성실가산세 또는 「법인세법」의 무기장가산세가 동시에 적용되는 경우에는 그 중 가산세액이 큰 가산세만 적용하고, 가산세액이 같은 경우에는 **무신고가산세**만 적용한다.

(2) 과소신고·초과환급신고가산세

① 개념 : 납세의무자가 법정신고기한까지 과세표준 신고(예정신고 및 중간신고를 포함하며, 「교육세법」에 따른 신고 중 금융·보험업자가 아닌 자의 신고와 「농어촌특별세법」에 따른 신고는 제외한다)를 한 경우로서 납부할 세액을 신고하여야 할 세액보다 과소신고하거나 환급받을 세액을 초과신고한 경우에 적용한다. 여기에는 「부가가치세법」에 따른 사업자가 아닌 자가 환급세액을 신고한 경우에도 적용한다.

② 가산세

㉮ **일반과소신고가산세** : 과소신고납부세액등의 10%이다. 다만, 부가가치세의 영세율과세표준을 과소신고(신고하지 아니한 경우 포함)한 경우에는 과소신고 납부세액과 초과신고분 환급세액의 합계 10%와 과소신고분 영세율과세표준의 0.5%를 합한 금액으로 한다.

여기서 과소신고납부세액등에는 이 법 및 세법에 따른 가산세와 세법에 따라 가산하여 납부하여야 할 이자 상당 가산액이 있는 경우 그 금액은 제외한다.

㉯ **부정과소신고가산세** : 과소신고납부세액등의 40%(역외거래에서 발생한 경우 60%)이다. 다만, 법인세·복식부기의무자의 소득세는 **산출세액의 40%**(역외거래에서 발생한 경우 60%)**와 수입금액의 1만분의 14 중 큰 금액**으로 하며, 부가가치세의 영세율과세표준을 과소신고(신고하지 아니한 경우 포함)한 경우에는 과소신고 납부세액과 초과신고분 환급세액의 합계 40%(역외거래에서 발생한 경우 60%)와 과소신고분 영세율과세표준의 0.5%를 합한 금액으로 한다.

㉰ 부정과소신고납부세액과 일반과소신고납부세액을 구분하기 곤란한 경우 부정과소신고납부세액은 다음과 같이 계산한 금액으로 한다.

$$\text{과소신고 납부세액등} \times \frac{\text{부정행위로 인해 과소신고한 과세표준}}{\text{과소신고한 과세표준}}$$

㉱ **영세율과세표준의 과소신고 가산세 적용 배제** : 부가가치세법에 따라 제출한 수출실적명세서, 내국신용장·구매확인서 전자발급명세서와 영세율첨부서류제출명세서의 기재사항이 착오로 기재되었으나 관련 증명자료 등에 의하여 그 사실이 확인되는 경우에는 영세율과세표준의 과소신고 가산세를 적용하지 아니한다.

㉲ **부정행위로 소득세등의 세액감면 또는 세액공제를 신청한 경우** : 부정행위로 세액감면 또는 세액공제를 받은 금액의 40%에 상당하는 금액

③ **과소신고가산세 적용 배제**
　㉮ 다음 중 어느 하나에 해당하는 사유로 상속세·증여세 과세표준을 과소신고한 경우
　　㉠ 신고 당시 소유권에 대한 소송 등의 사유로 상속재산 또는 증여재산으로 확정되지 아니하였던 경우
　　㉡ 「상속세와 증여세법」에 따른 기초공제 등 각종 공제 적용에 착오가 있었던 경우
　　㉢ 「상속세와 증여세법」에 따라 평가한 가액으로 과세표준을 결정한 경우(부정행위로 상속세 및 증여세의 과세표준을 과소신고한 경우는 제외한다)
　　㉣ 「법인세법」 제66조에 따라 법인세 과세표준 및 세액의 결정·경정으로 「상속세와 증여세법」 제45조의 3부터 제45조의 5까지의 규정에 따른 증여의제이익이 변경되는 경우(부정행위로 인하여 법인세의 과세표준 및 세액을 결정·경정하는 경우는 제외한다)
　　㉤ 부담부증여 시 양도로 보는 부분에 대한 양도소득세 과세표준을 결정·경정한 경우
　㉯ 「부가가치세법」에 따라 사업자가 대손세액을 빼지 아니한 경우
　㉰ 위 '㉮의 ㉣'에 해당하는 사유로 「소득세법」 제88조제2호에 따른 주식등의 취득가액이 감소된 경우
④ 위 (1) 무신고가산세의 ③과 ④를 준용한다.

(3) 납부지연가산세

① **개념** : 납세의무자(연대납세의무자, 납세자를 갈음하여 납부할 의무가 생긴 제2차 납세의무자 및 보증인을 포함한다)가 이 법 및 세법에 따른 법정납부기한까지 국세(인지세는 제외한다)의 납부(중간예납·예정신고납부·중간신고납부를 포함한다)를 하지 아니하거나 과소납부하거나 초과환급받은 경우에 적용한다. 여기에는 「부가가치세법」에 따른 사업자가 아닌 자가 환급세액을 신고한 경우에도 적용한다.
② **인지세 이외의 경우** : 인지세 이외 국세의 납부지연가산세는 **다음의 합계액으로 한다. 다만, 납부고지서에 따른 고지세액이 납부고지서별·세목별 150만원 미만인 경우에는 납부고지서에 따른 납부기한의 다음날부터 ㉮와 ㉯의 가산세는 적용하지 아니한다.**
　㉮ 납부고지서의 납부기간 이외의 기간
　　납부하지 아니한 세액 또는 과소납부분 세액[1] × 법정납부기한의 다음 날부터

납부일까지의 기간[2](납부고지일부터 납부고지서에 따른 납부기한까지의 기간은 제외한다) × 22/100,000

> [1] 법인세법 또는 조세특례제한법에 따라 소득세 및 법인세에 가산하여 납부하여야 할 이자상당가산액을 포함하여 산정한다. 부가가치세법」에 따른 사업자가 아닌 자가 부가가치세액을 환급받은 경우 포함하지만 대손세액에 상당하는 부분은 제외한다.
> [2] 납부고지서에 따른 납부기한의 다음 날부터 납부일까지의 기간(「국세징수법」제17조에 따라 체납액의 징수를 유예한 경우에는 그 징수유예기간을 제외한다)이 5년을 초과하는 경우에는 그 기간은 5년으로 한다.

㈏ 초과환급받은 세액 × 환급받은 날의 다음 날부터 납부일까지의 기간(납부고지일부터 납부고지서에 따른 납부기한까지의 기간은 제외한다) × 22/100,000

㈐ 납부고지일부터 납부고지서에 따른 납부기한까지의 기간
법정납부기한까지 납부하지 아니한 세액 또는 과소납부분 세액 × **3%(국세를 납부고지서에 따른 납부기한까지 완납하지 아니한 경우에 한정한다)**

③ 인지세(부동산의 소유권 이전에 관한 증서에 대한 인지세는 제외)를 납부하지 아니하거나 과소납부한 경우에는 납부하지 아니한 세액 또는 과소납부분 세액의 다음에 상당하는 금액(3개월 이내 100%, 3~6개월 200%, 6개월 초과시 300%)

④ 납부지연 가산세 **적용 배제**(납세자의 귀책사유가 없는 경우)

㈎ 사업자가 같은 법에 따른 납부기한까지 어느 사업장에 대한 부가가치세를 다른 사업장에 대한 부가가치세에 더하여 신고납부한 경우

㈏ 대손세액에 상당하는 부분

㈐ 「법인세법」제66조에 따른 법인세 과세표준과 세액의 결정·경정으로 「상속세와 증여세법」제45조의 3부터 제45조의 5까지의 규정에 따른 증여의제이익이 변경되는 경우(부정행위로 인하여 법인세의 과세표준과 세액을 결정·경정하는 경우는 제외한다)

㈑ ㈐의 사유로 소득세법 제88조 제2호에 따른 주식취득가액이 감소한 경우

㈒ 상속세·증여세를 법정신고 기한 내에 신고납부한 이후 평가심의 위원회를 통해 평가한 가액으로 과세표준을 결정·경정하는 경우

㈓ 법정신고기한까지 양도소득세를 납부한 경우로서 법정신고기한 이후 대통령령으로 정하는 방법에 따라 부담부증여 재산을 평가하여 양도소득세의 과세표준과 세액을 결정·경정한 경우

(4) 원천징수 등 납부지연 가산세

① 개념 : 국세를 징수하여 납부할 의무를 지는 자가 징수하여야 할 세액(납세조합의 경우에는 징수한 세액)을 법정납부기한까지 납부하지 아니하거나 과소납부한 경우 적용한다. 여기에는 납세조합이 소득세를 징수하여 납부할 의무와 부가가치세에 따라 **대리납부**할 의무가 있는 경우에도 적용한다.

② **가산세** : 납부하지 아니한 세액 또는 과소납부분 세액의 50%(다음의 ㉮ + ㉯ 중 법정납부기한 다음날부터 납부고지일까지의 기간이 해당하는 금액은 10%)에 상당하는 금액을 한도로 하여 다음의 금액을 합한 금액

　㉮ 납부하지 아니한 세액 또는 과소납부분 세액의 3%에 상당하는 금액

　㉯ 납부하지 아니한 세액 또는 과소납부분 세액 × 법정납부기한 다음날부터 납부일까지의 기간(납부고지일부터 납부고지서에 따른 납부기한까지 기간 제외) × 2.2/10,000(단, 체납세액이 150만원 미만인 경우 ㉯ 적용 배제)

③ 적용 배제 : 다음 중 어느 하나에 해당하는 경우에는 원천징수납부 등 불성실가산세를 적용하지 아니한다.

　㉮ 소득세를 원천징수하여야 할 자가 우리나라에 주둔하는 미군인 경우

　㉯ 소득세를 원천징수하여야 할 자가 공적연금 또는 공적연금 관련법에 따라 받는 일시금을 지급하는 경우

　㉰ 「소득세법」 또는 「법인세법」에 따라 소득세 또는 법인세를 원천징수하여야 할 자가 국가, 지방자치단체 또는 지방자치단체조합인 경우(원천징수 등 납부지연 가산세 특례[35])에 해당하는 경우는 제외한다)

④ 금융투자소득세 원천징수 납부지연가산세 한시 감면

　2025년 1월 1일 및 2026년 1월 1일이 속하는 각 과세기간에 발생한 금융투자소득의 원천징수세액에 대한 납부지연가산세는 ②에 따라 계산된 가산세에 대하여 100분의 50에 해당하는 금액으로 한다.

---

[35]) 국가·지방자치단체 또는 지방자치단체조합인 경우로서 국가등으로부터 근로소득을 받는 사람이 근로소득자 소득·세액공제신고서를 사실과 다르게 기재하여 부당하게 소득공제 또는 세액공제를 받아 국가 등이 원천징수하여야 할 세액을 정해진 기간에 납부하지 아니하거나 미달하게 납부한 경우에는 국가 등은 징수하여야 할 세액에 가산세액을 더한 금액을 그 근로소득자로부터 징수하여 납부하여야 한다.

3. 가산세 감면과 면제

(1) 개념

 정부는 세법에서 규정하는 의무를 위반한 자에 대하여 세법에서 정하는 바에 따라 가산세를 부과할 수 있고, 이때 부과되는 가산세는 해당 세법에서 정하는 국세의 세목으로 분류된다. 다만, 해당 국세를 감면하는 경우에 가산세는 그 감면하는 국세에 포함하지 아니하는 것으로 한다(기법 47). 만일 기한연장의 승인이 있을 때에는 그 승인된 기한까지는 가산세를 부과하지 아니한다(국기통 48-0…1).

(2) 가산세 감면(일부 감면)

 다음 중 어느 하나에 해당하는 경우에는 이 법 또는 세법에 따른 해당 가산세액에서 다음에서 정하는 금액을 감면한다.

① **법정신고기한이 지난 후 2년 이내에 수정신고를 한 경우 과소신고·초과환급신고가산세 감면**: 법정신고기한이 지난 후 1개월 이내에는 90%, 1~3개월 이내에는 75%, 3~6개월 이내에 수정신고한 경우에는 50%, 6개월 초과 1년 이내의 경우 30%, 1년~1년 6개월 이내에는 20%, 1년 6개월 초과 2년 이내의 경우 10%에 상당하는 금액을 감면한다. 다만, 과세표준과 세액을 경정할 것을 미리 알고 과세표준수정신고서를 제출한 경우를 제외한다. 여기서 경정할 것을 미리 알고 제출한 경우는 다음 중 어느 하나에 해당하는 경우를 말한다.

  ㉮ 해당 국세에 관하여 세무공무원이 조사에 착수한 것을 알고 과세표준수정신고서 또는 기한후과세표준신고서를 제출한 경우

  ㉯ 해당 국세에 관하여 관할 세무서장으로부터 과세자료 해명안내 통지를 받고 과세표준수정신고서를 제출한 경우

② **법정신고기한이 지난 후 6월 이내에 기한 후 신고를 한 경우 무신고가산세 감면**: 1개월 이내의 경우에는 50%, 1개월 초과 3개월 이내에는 30%, 3개월 초과 6개월 이내의 경우에는 20%에 상당하는 금액을 감면한다. 다만, 과세표준과 세액을 위 ①의 ㉮ 또는 ㉯와 같이 결정할 것을 미리 알고 기한후과세표준신고서를 제출한 경우는 제외한다.

③ 위 '①'에도 불구하고 세법에 따른 예정신고기한 및 중간신고기한까지 예정신고 및 중간신고를 하였으나 과소신고하거나 초과신고한 경우로서 확정신고기한까지 과세표준을 수정하여 신고한 경우에는 50%(과소신고·초과환급신고가산세만 해당)

④ 위 '②'에도 불구하고 세법에 따른 예정신고기한 및 중간신고기한까지 예정신고 및

중간신고를 하지 아니하였으나 확정신고기한까지 과세표준신고를 한 경우에는 50%(**무신고가산세만 해당**)

⑤ **과세전적부심사 결정·통지기간 이내에 그 결과를 통지하지 아니한 경우** : 여기에는 결정·통지가 지연됨으로써 해당 기간에 부과되는 납부·환급불성실가산세의 50%에 상당하는 금액을 감면한다.

⑥ **세법에 따른 제출·신고·가입·등록·개설의 기한이 지난 후 1월 이내에 해당 세법에 따른 제출 등의 의무를 이행하는 경우** : 제출 등의 의무위반에 대하여 세법에 따라 부과되는 가산세의 50%에 상당하는 금액을 감면한다.

(3) 가산세 면제(100% 감면)

국세기본법 또는 세법에 따라 가산세를 부과하는 경우 그 부과의 원인이 되는 사유가 다음의 사유에 해당할 경우 가산세를 부과하지 아니한다(기법 48).

① 그 부과의 원인이 되는 사유가 천재 등으로 인한 기한 연장 사유에 해당하는 경우
② 납세자가 의무를 이행하지 아니한 데에 정당한 사유가 있는 경우

또한 납세자가 의무를 이행하지 아니한 데 대한 다음과 같은 사유가 있을 때에는 해당 가산세를 부과하지 아니한다(기령 28).

① 세법해석에 관한 질의·회신 등에 따라 신고·납부하였으나 이후 다른 과세처분을 하는 경우
② 「공익사업을 위한 토지 등의 취득 및 보상에 관한 법률」에 따른 토지등의 수용 또는 사용, 「국토의 계획 및 이용에 관한 법률」에 따른 도시·군계획 또는 그 밖의 법령 등으로 인해 세법상 의무를 이행할 수 없게 된 경우
③ 의료비 지출연도와 실손의료보험금 수령연도가 달라 보험금 수령후 종전 의료비 세액공제를 수정신고하는 경우(기령 28)

가산세의 부과원인이 되는 기한, 즉 세법의 규정에 따른 의무의 이행기한 내에 천재·지변 등 사유가 발생한 경우에 한하여 가산세를 감면할 수 있다(국기통 48-0…2). 예를 들어 화재가 발생하여 납부기한까지 세액을 납부하기가 곤란하다고 인정되는 경우 가산세가 감면될 수 있으나 납부기한이 지난 후 화재가 발생한 경우에는 가산세의 감면대상이 되지 아니한다. 또한 조세포탈을 위한 증거인멸목적 또는 납세자의 고의적인 행동에 의하여 위의 사유가 발생한 경우에는 가산세를 감면하지 아니한다(국기통 48-0…3). 가산세 감면 사유가 집단적으로 발생한 경우에는 납세자의 신청이 없는 경우에도 세무서장이 조사하여 직권으로 가산세를 감면할 수 있다(국기통 48-0…4).

(4) 가산세의 감면 등 신청

가산세의 감면 등을 받으려는 자는 다음의 사항을 적은 신청서를 관할 세무서장(세관장 또는 지방자치단체의 장을 포함한다)에게 제출하여야 한다. 관할 세무서장은 신청서를 제출받은 경우에는 그 승인 여부를 통지하여야 한다.

① 감면을 받으려는 가산세에 관계되는 국세의 세목 및 부과연도와 가산세의 종류 및 금액
② 해당 의무를 이행할 수 없었던 사유

4. 가산세 한도

다음 중 어느 하나에 해당하는 가산세에 대해서는 그 의무위반의 종류별로 각각 5천만원(중소기업이 아닌 기업은 1억원)을 한도로 한다(기법 49 ①). 다만, 해당 의무를 고의적으로 위반한 경우는 제외한다. 이때 한도액의 구분은 소득세법·법인세법·부가가치세법에 따른 가산세는 과세기간 단위, 상속세와 증여세법에 따른 가산세는 의무를 이행하여야 할 기간 단위로 구분으로 하며, 조세특례제한법에 따른 가산세는 해당 세목의 구분에 따른다.

① 소득세법 : 영수증 수취명세서 제출·작성 불성실 가산세, 사업장 현황 신고 불성실가산세, 증명서류 수취 불성실 가산세, 기부금영수증 발급·작성·보관 불성실가산세, 계산서 등 제출 불성실가산세, 지급명세서 등 제출 불성실가산세, 특정외국법인의 유보소득 계산 명세서 제출불성실 가산세
② 법인세법 : 주주등의 명세서 등 제출 불성실 가산세, 기부금영수증 발급·작성·보관 등 불성실 가산세, 증명서류 수취 불성실 가산세, 지급명세서 등 제출불성실가산세, 계산서 등 제출 불성실 가산세, 특정외국법인의 유보소득 계산 명세서 제출 불성실 가산세
③ 부가가치세법 : 미등록가산세, 세금계산서 불성실가산세, 신용카드 매출전표 등 불성실가산세, 매출처별 세금계산서합계표불성실가산세, 매입처별 세금계산서합계표불성실가산세, 현금매출명세서 등 미제출가산세 등
④ 상속세 및 증여세법 : 공익법인의 출연금보고서 불성실가산세, 공익법인의 외부전문가의 세무확인 미이행가산세, 지급명세서 미제출·지연제출 가산세, 징수유예시 지정문화재 보고불성실 가산세
⑤ 조세특례제한법 : 창업자금에 대한 증여세 과세특례 명세서 미제출 등, 세금우대자료 미제출 가산세

국세기본법 시행규칙 [별지 제17호 서식] (2007.4.4. 개정)

가산세감면 등 신청서

처리기간
3일

신청인	①성 명		②주민등록번호	③사업자등록번호
	④주소 또는 영업소		⑤전화번호	
	⑥상 호			
	⑦사업의 종류		업 ⑧종 목	

⑨사유발생일	년 월 일
⑩감면 또는 부과예외를 받으려는 가산세의 종류와 금액	가산세 원
⑪가산세부과의 원인	
⑫의무를 이행할 수 없었던 사유	
⑬감면 또는 부과예외를 받으려는 가산세에 관계되는 국세의 세목·부과연도·기분 및 세액	세 연도 기분 원

「국세기본법」 제48조 및 동법 시행령 제28조에 따라 가산세의 감면 또는 부과예외를 신청합니다.

년 월 일

신청인 (서명 또는 인)

세무서장 귀하

구비서류 : 관계증명자료

※ 1. 의무를 이행할 수 없었던 사유는 구체적으로 기입합니다.
    2. 이 용지는 무료로 배부합니다.

수수료
없음

22226-08111민
92.12.28 승인

210㎜×297㎜
(신문용지 54g/㎡)

제7장 국세환급금과 국세환급가산금

1. 국세환급금

(1) 의 의

국세의 환급(還給)이란 납세의무자가 국세 및 강제징수비로서 이미 납부한 금액 중 잘못 납부하거나 초과하여 납부한 금액이나 각 세법에 따라 환급하여야 할 금액을 해당 납세자에게 환급하는 것을 말한다. 초과하여 납부한 금액은 납부 후 부과의 취소·경정결정·적법하게 납부한 후 세법 변경으로 인하여 초과된 납부액 등이 있는 경우에 발생하며, 잘못 납부한 금액은 납세자가 착오납부·이중납부한 경우에 발생한다.

국세환급의 법률적 성격은 납세의무자가 법률상 납부할 의무가 없음에도 관계없이 납부한 금전으로서 국가가 과세권자로서 보유하여야 할 정당한 권리가 없고, 이를 계속 보유하는 것은 부당이득에 해당한다. 따라서 이를 납부한 납세의무자는 환급청구권을 가지게 되고, 국가는 이를 환급할 채무를 부담하게 되는 것이다.

따라서 세무서장은 세법에 따라 환급하여야 할 환급세액[36]이 있을 때에는 즉시 그 잘못 납부한 금액, 초과하여 납부한 금액 또는 환급세액을 국세환급금으로 **결정**하여야 한다.

하지만 국세(소득세, 법인세 및 부가가치세만 해당한다)를 과세기간을 잘못 적용하여 신고납부한 경우에 실제 신고납부한 날에 실제 신고납부한 금액의 범위에서 당초 신고납부하였어야 할 과세기간에 대한 국세를 자진납부한 것으로 본 경우에는 환급하지 아니한다. 이 경우 착오납부·이중납부로 인한 환급청구는 환급신청서를 관할 세무서장에게 제출하여야 한다(기법 51 ①).

국세환급금의 지급절차를 요약하면 다음과 같다.

①국세환급금의 결정 → ②충당(일방적충당, 동의 충당) → ③남은 금액 지급

---

[36] 세법에 따라 환급세액에서 공제하여야 할 세액이 있을 때에는 공제한 후에 남은 금액을 말한다.

(2) 국세환급금의 발생원인

국세환급금(國稅還給金)은 납세의무자가 국세 또는 강제징수비로서 납부한 금액 중 잘못 납부하거나 초과하여 납부한 금액이 있거나 세법에 따라 환급하여야 할 환급세액이 있을 때에 발생한다(기법 51 ①).

1) 부적법한 납부로 발생한 환급금
① 납세자의 착오납부·이중납부 등으로 잘못 납부하거나 초과하여 납부한 경우
② 과세관청의 과세내용이 위법·부당한 것으로 그 부과처분이 취소되어 과납이 발생한 경우

2) 적법한 납부로 발생한 환급금
① 부가가치세법·개별소비세법·주세법 등 세법에 따른 환급세액이 발생하는 경우
② 법인세나 소득세 등에서 중간예납·수시부과·원천징수세액이 해당 과세기간의 결정세액을 초과하는 경우
③ 법률개정이나 감면결정으로 인하여 과오납이 된 경우

(3) 국세환급 대상자

국세환급대상자란 환급을 받을 납세자인데 국세환급금은 환급하여야 할 국세 또는 체납처분비를 납부한 해당 납세자에게 환급함을 원칙으로 한다. 다만, 세법 또는 다른 법령에 특별한 규정이 있을 때에는 그러하지 아니하다(국기통 51-0…1).

다음은 국세환급대상자의 구체적인 사례이다.

1) 제2차 납세의무자에 대한 환급(국기통 51-0…2)
① 제2차 납세의무자가 국세 등을 납부한 후에 제2차 납세의무가 없는 것이 밝혀진 때에는 세무서장이 제2차 납세의무자가 실지로 납부한 국세 등을 확인하여 제2차 납세의무자에게 충당 또는 환급한다.
② 제2차 납세의무자가 체납자의 국세 등을 납부한 후에 체납자에게 환급할 국세환급금이 발생한 경우에 제2차 납세의무자가 동 환급금의 환급을 청구한 때에는 세무서장은 구상권행사 여부를 조사하여 제2차 납세의무자가 승계납부한 한도 내에서 환급할 수 있다.

③ 2명 이상의 제2차 납세의무자가 납부한 국세 등에 대하여 발생한 국세환급금은 체납자와의 구상권행사 여부를 조사하여 각자가 납부한 금액에 비례하여 안분계산한 환급금을 각자에게 충당 또는 환급한다.

2) 물적납세의무자에 대한 환급

세무서장이 물적납세의무자에게 환급하는 경우에는 제2차 납세의무자에의 환급규정을 준용한다(국기통 51-0…3).

3) 보증인이 납부한 국세 등에 대한 환급

세법에 따른 보증인이 납부한 국세 등에 대하여 국세환급금이 발생한 때에는 피보증인인 납세자에게 충당 또는 환급한다. 다만, 보증인이 보증채무의 금액을 초과하여 납부함으로써 발생한 국세환급금은 해당 보증인에게 충당 또는 환급한다(국기통 51-0…4).

4) 연대납세의무자에 대한 환급(국기통 51-0…5)

① 연대납세의무자로서 납부한 후 연대납세의무자가 아닌 것이 밝혀진 때에는 해당 연대납세의무자가 실지로 부담 납부한 국세 등을 세무서장이 구체적으로 확인하여 충당 또는 환급한다.

② 2명 이상의 연대납세의무자가 납부한 국세 등에 대하여 발생한 국세환급금은 각자가 납부한 금액에 따라 안분한 금액을 각자에게 충당 또는 환급할 수 있다.

5) 상속인에 대한 환급

상속이 개시된 후에 피상속인에게 국세환급금이 발생한 때에는 상속인이나 상속재산관리인에게 충당 또는 환급한다. 이 경우 상속인이 2명 이상인 때에는 다음 각 호의 규정에 따라 충당 또는 환급한다(국기통 51-0…6).

① 국세환급금이 상속재산으로 분할된 때에는 그 분할된 바에 따라 각 상속인에게 충당 또는 환급한다.

② 국세환급금이 상속재산으로 분할되지 아니한 경우에는 민법 제1009조 부터 제1012조(법정상속분 등)까지의 규정에 따른 상속분에 따라 안분한 국세환급금을 각 상속인에게 충당 또는 환급한다.

6) 합병법인에 대한 환급

법인이 합병한 후에 합병으로 소멸한 법인에 국세환급금이 발생한 경우에는 합병 후 존속하는 법인 또는 합병으로 신설된 법인에게 충당 또는 환급한다(국기통 51-0…7).

7) 청산인에 대한 환급

청산중인 법인에 발생한 국세환급금은 대표청산인에게 환급한다(국기통 51-0…8).

8) 무능력자 등에 대한 환급

국세환급금의 환급을 받을 납세자가 무능력자 또는 한정치산자인 경우에도 해당 납세자에게 환급한다. 다만, 법정대리인이 명백히 존재하는 경우에는 환급받을 자를 명시하여 법정대리인에게 환급한다(국기통 51-0…9).

9) 전부명령이 있는 경우의 환급

국세환급금의 청구권이 민사소송법 제561조(금전채권의 압류)에 따라 압류되어 전부명령 또는 추심명령이 있는 경우에는 세무서장은 동 명령에 관한 국세환급금을 그 압류채권자에게 충당 또는 환급한다(국기통 51-0…10).

10) 국내사업장 없는 외국법인에 대한 원천징수세액의 환급

내국법인이 국내에 사업장이 없는 외국법인(부동산 소득이 있는 외국법인을 제외한다)에 대하여 착오로 법인세법 제59조 제1항 제3호에 의하여 법인세를 원천징수납부함으로써 과오납부된 금액은 법 제51조에 따라 원천징수의무자의 관할 세무서장이 해당 법인에 환급한다(국기통 51-0…11).

11) 체납처분에 의한 압류채권자에의 환급

국세환급금의 청구권이 국세징수법에 따른 체납처분(체납처분의 예에 의한 처분을 포함한다)에 의하여 압류된 경우에는 국세환급금을 그 압류채권자에게 환급한다(국기통 51-0…12).

12) 청산종료법인에의 환급

법인이 해산된 후 경정결정 등으로 환급금이 발생한 경우에, 법인이 청산종결등기를 필한 때에는 법인격이 소멸하고 실체 또한 존재하지 아니하며 권리능력을 상실하게 되므로 청산종료등기를 필한 법인에게는 국세환급금을 환급할 수 없다. 다만, 법인세법에 따라 납세의무가 존속하는 때에는 충당 또는 환급할 수 있다(국기통 51-0…13).

13) 채권 질권자에의 환급

세무서장이 압류한 체납자의 채권에 제3자의 질권이 설정되어 있는 경우에 있어서 그 채무자로부터 국세를 우선 지급받은 후 해당 국세의 감액결정으로 국세환급금이 발생한 경우에, 채권 질권자가 질권에 의하여 담보된 채권 중 변제받지 못한 금액의 범위에서 동 환급금의 지급을 청구한 때에는 세무서장은 이를 확인하여 해당 질권자에게 충당 또는 환급할 수 있다(국기통 51-0…14).

14) 인지세 과오납분의 환급

인지세법에 따라 현금으로 납부한 인지세의 과오납금은 법 제51조에 따라 환급할 수 있으나, 수입인지를 과다 첨부하여 납부함으로써 발생한 인지세의 과오납금은 환급할 수 없다(국기통 51-0…15).

15) 벌과금의 환급

벌과금을 환급할 때에는 별도예산(벌과금환부예산)에서 환급한다.
다만, 해당 연도의 벌과금수입금이 있어서 수납금의 과목경정을 할 수 있는 경우에는 국세 등에 충당할 수 있다(국기통 51-0…19).

16) 납세관리인에의 국세환급금지급

납세관리인이 국세환급금의 지급을 받고자 할 때에는 국세환급금 송금통지서에 관할 세무서장이 발행한 납세관리인증명서와 납세관리인의 인감증명서를 첨부하여 제출하여야 한다(국기통 51-40…1).

17) 국세환급금의 양수인에의 환급

세무서장이 국세환급금의 양도요구에 응한 때에는 이 법 제51조의 규정에 따라 국세환급금을 양수인에게 충당 또는 환급한다(국기통 53-42…2).

(4) 국세환급금의 충당

1) 국세환급금의 일방적 충당

충당이란 민법상의 상계와 비슷한 뜻으로서 국가의 국세채권과 환급채무와의 상계를 말한다. 다만, 국가의 일방적인 상계의사로서 이루어지고 상대방(납세자)의 동의를 요하지 않는 점에서 민법상의 상계와는 다르다.

세무서장은 국세환급금으로 결정한 금액을 다음의 국세 또는 강제징수비에 충당하여야 한다. 다만, '①'(국세징수법에 따른 납부기한전 징수사유에 해당하는 경우를 제외) 및 '③'의 국세에의 충당은 납세자가 그 충당에 동의하는 경우에만 해당한다(기법 51 ②). 이때 세무서장은 국세환급금(국세환급가산금을 포함)을 다른 국세 또는 강제징수비에 충당한 때에는 그 뜻을 적은 문서로 해당 납세자에게 통지하여야 한다(기법 51 ②).

① 납부고지에 의하여 납부하는 국세
② 체납된 국세와 강제징수비(다른 세무서에 체납된 국세와 강제징수비를 포함한다)
③ 세법에 따라 자진납부하는 국세

그러나 국세환급금 중 충당한 후 남은 금액이 10만원 이하이고, 지급결정을 한 날부터 1년 이내에 환급이 이루어지지 아니하는 경우에는 위 '①'의 국세에 충당할 수 있다. 이 경우 납세자가 그 충당에 동의가 있는 것으로 본다(기법 51 ⑧).

2) 국세환급금의 신청에 의한 충당

납세자가 세법에 따라 환급받을 환급세액이 있는 경우에는 이를 ① 납부고지에 의하여 납부하는 국세 및 ② 세법에 따라 자진납부하는 국세에 충당할 것을 청구할 수 있다. 이 경우 충당된 세액의 충당청구를 한 날에 해당 국세를 납부한 것으로 본다(기법 51 ④).

3) 다른 원천징수세액에 충당

원천징수의무자가 원천징수하여 납부한 세액에서 환급받을 환급세액이 있는 경우 그 환급액은 그 원천징수의무자가 원천징수하여 납부하여야 할 세액에 충당하고, 남은 금액을 환급한다. 다만, 해당 원천징수의무자가 그 환급액을 즉시 환급하여 줄 것을 요구하거나 원천징수하여 납부하여야 할 세액이 없는 경우에는 즉시 환급한다(기법 51 ⑤). 다른 세목의 원천징수세액에의 충당은 소득세법상의 원천징수이행상황신고서에 그 충당·조정명세를 기재하여 신고한 경우에만 할 수 있다.

4) 국세환급금의 충당 순위

세무서장이 국세환급금을 국세 등에 충당하는 때에는 다음과 같이 한다.
① 국세환급금을 충당할 경우에는 체납된 국세와 강제징수비에 우선 충당하여야 한다. 다만, 납세자가 납세고지에 의하여 납부하는 국세에 충당하는 것을 동의하거나 신청한 경우에는 납세고지에 의하여 납부하는 국세에 우선 충당하여야 한다.
② 국세환급금은 국세환급금이 발생한 세목과 같은 세목이 있는 경우 같은 세목에 우선 충당한다.
③ 충당할 국세환급금이 2건 이상인 경우에는 소멸시효가 먼저 도래하는 것부터 충당하여야 한다.

5) 국세환급금의 충당 시기

세무서장은 국세환급금을 결정한 날부터 국세 등에 충당할 수 있으며, 국세환급금의 환급결정을 하고 이를 지급명령관에게 통보한 후에는 고지세액 또는 체납액이 발생하여도 충당할 수 없다(국기통 51-0…17).

6) 다른 세무서장의 체납세액에 충당 여부

국세환급금을 결정한 세무서장이 아닌 다른 세무서장의 소관세입금에 그 국세환급금을 법 제51조에 따라 충당할 수는 없다(국기통 51-0…18).

7) 국세환급금의 충당에 따른 소멸

국세환급금을 체납된 국세와 강제징수비에 충당한 경우 체납된 국세 또는 체납처분비와 국세환급금은 체납된 국세의 법정납부기한과 다음의 **국세환급금 발생일** 중 늦은 때로 소급하여 대등액에 관하여 소멸한 것으로 본다.
① 착오납부, 이중납부 또는 납부의 기초가 된 신고 또는 부과의 취소·경정에 따라 환급하는 경우 : 그 국세 납부일(세법에 따른 중간예납액 또는 원천징수에 따른 납부액인 경우에는 그 세목의 법정신고기한의 만료일). 다만, 그 국세가 2회 이상 분할납부된 것인 경우에는 그 마지막 납부일로 하되, 국세환급금이 마지막에 납부된 금액을 초과하는 경우에는 그 금액이 될 때까지 납부일의 순서로 소급하여 계산한 국세의 각 납부일로 한다.
② 적법하게 납부된 국세의 감면으로 환급하는 경우 : 그 감면 결정일
③ 적법하게 납부된 후 법률이 개정되어 환급하는 경우 : 그 개정된 법률의 시행일

④ 「소득세법」, 「법인세법」, 「부가가치세법」, 「개별소비세법」 또는 「주세법」에 따른 환급세액의 신고 또는 신고한 환급세액의 경정으로 인하여 환급하는 경우: 그 신고일. 다만, 환급세액을 신고하지 아니하여 결정에 따라 환급하는 경우에는 해당 결정일로 한다.
⑤ 원천징수의무자가 연말정산 또는 원천징수하여 납부한 세액을 경정청구에 의하여 환급하는 경우: 연말정산세액 또는 원천징수세액 납부기한의 만료일
⑥ 「조세특례제한법」에 따라 근로장려금을 환급하는 경우 : 근로장려금의 결정일

(5) 국세환급금의 환급 절차

1) 개 념

국세환급금 중 충당한 후 남은 금액은 국세환급금의 **결정을 한 날부터 30일 이내**에 납세자에게 지급하여야 한다(기법 51 ⑥). 국세환급금의 환급에 있어서는 한국은행이 세무서장의 소관수입금 중에서 지급한다(기법 51 ⑦).

2) 환급 절차

① 국세환급금의 환급통지와 국세환급금통지서

세무서장은 국세환급금(국세환급가산금을 포함)을 충당하고, 남은 금액이 있을 때에는 이를 해당 연도의 소관 세입금 중에서 납세자에게 지급하도록 한국은행에 통지하여야 한다(기령 33 ①). 한국은행은 이체지시서를 받은 때에는 지체없이 환급에 필요한 절차를 밟아야 한다(기령 33 ②).

이와 함께 세무서장은 한국은행 또는 체신관서에 국세환급금의 지급을 요구한 경우에는 지급금액, 지급이유, 수령방법, 지급장소, 지급요구일, 그 밖에 필요한 사항을 구체적으로 밝힌 국세환급금통지서를 납세자에게 송부하여야 한다(기령 36). 국세환급금통지서의 송달은 등기우편에 의하여야 한다. 다만, 5만원 미만의 국세환급금을 **현금지급방식**으로 지급하는 경우에는 일반우편으로 국세환급금통지서를 송달할 수 있다(기령 36 및 기칙 17 ②).

② 체신관서에 대한 환급자금 지급

세무서장은 체신관서에 계좌이체입금요구서 또는 현금지급요구서를 송부하는 때에는 한국은행을 거쳐야 한다. 이 경우 한국은행은 체신관서가 국세환급금을 납세자에게 지급할 수 있도록 환급에 필요한 금액을 체신관서에 지급하여야 한다(기령 38).

③ 국세환급금의 계좌이체지급

세무서장은 금융회사 또는 체신관서에 계좌를 개설하고 세무서장에게 그 계좌를 신고한 납세자에 대해서는 계좌이체방식으로 국세환급금을 지급할 수 있다(기령 34 ①). 이 경우 세무서장은 국세환급금을 지급하려는 경우에는 한국은행 또는 체신관서에 국세환급금계좌이체입금요구서를 송부하여야 한다.

한국은행 또는 체신관서는 계좌이체입금요구서를 받은 때에는 환급에 필요한 금액을 납세자의 계좌에 입금하고 그 내용을 해당 세무서장에게 통지하여야 한다. 다만, 계좌불명 등으로 입금이 불가능한 경우에는 계좌이체입금요구서를 받은 날의 다음날까지 그 사실을 세무서장에게 통지하여야 한다(기령 34 ③).

세무서장은 계좌불명 등으로 입금이 불가능하다는 통지를 받았을 때에는 지체없이 납세자의 계좌번호 등을 확인하여 한국은행 또는 체신관서에 계좌이체입금요구서를 다시 송부하여야 한다. 다만, 세무서장은 납세자의 계좌번호 등을 계좌불명 등으로 입금이 불가능하다는 통지를 받은 날부터 30일이 지날 때까지 알 수 없는 경우에는 현금지급방식으로 국세환급금을 지급할 수 있다(기령 34 ④).

④ 국세환급금의 현금지급

세무서장은 국세환급금을 계좌이체방식으로 지급할 수 없는 납세자에 대해서는 현금지급방식으로 지급할 수 있다. 현금지급방식에 의하여 국세환급금을 지급하는 경우에는 세무서장은 국세환급금현금지급요구서를 체신관서에 송부하여야 한다. 그리고 체신관서는 현금지급요구서를 받은 때에는 국세환급금의 현금지급절차에 따라 국세환급금을 납세자에게 지급하고, 그 내용을 해당 세무서장에게 통지하여야 한다.

현금지급방식에 의한 국세환급금 지급 절차가 진행중에 납세자가 계좌이체입금을 요구하는 경우에는 세무서장은 계좌이체입금 방식으로 국세환급금을 지급하게 할 수 있다(기령 35).

⑤ 국세환급금의 현금지급절차

체신관서는 국세환급금을 현금지급방식으로 받게 되는 납세자가 국세환급금통지서를 제시하였을 때에는 지체없이 현금지급요구서와 대조·확인한 후 그 내용에 따라 지급하여야 한다. 다만, 국세환급금통지서에 표시된 지급요구일부터 1년이 지난 경우에는 그러하지 아니하다(기령 37 ①). 이때 체신관서가 지급할 때에는 납세자로 하여금 주민등록증이나 그밖의 신분증을 제시하게 하여 그 납세자가 정당한 권리자인지를 확인하여야하고, 국세환급금통지서의 여백에 수령인의 주민등록번호를 기재하고 그 서명을 받아야 한다.

국세환급금통지서에 표시된 지급요구일로부터 1년이 지난 것인 경우에 납세자가 국세환급금의 환급을 받으려는 때에는 다음의 사항을 적은 문서에 해당 국세환급금통지서를 첨부하여 관할 세무서장에게 신청하여야 한다. 이 경우 세무서장은 다시 규정에 따른 환급절차를 밟아 환급하여야 한다.

　㉠ 환급받으려는 국세 또는 체납처분비의 연도 및 금액
　㉡ 국세환급금통지서를 받고 1년이 지나도록 수령하지 아니한 사유

⑥ 소관세입금계정간의 조정

국세청장 또는 지방국세청장은 세무서장의 소관세입금이 국세환급금을 지급하기에 부족하거나 부족할 염려가 있다고 인정되는 경우에는 해당 세무서장의 신청에 의하여 다른 세무서장의 소관세입금계정으로부터 필요한 금액을 이체하도록 지시할 수 있다. 이 경우 이체지시는 세입금이체명령서로 하며, 그 내용은 이체를 신청한 세무서장에게도 통지하여야 한다(기령 33의 2 ①).

⑦ 체신관서의 미지급자금 정리

체신관서는 환급금액 중 세무서장의 지급요구일부터 1년 이내에 지급하지 못한 금액이 있는 경우에는 그 지급을 취소하고, 지급하지 못한 금액을 그 취소한 날이 속하는 연도의 세입에 납입하여야 한다(기령 39).

⑧ 국세환급금지급액계산서 제출

세무서장은 국세환급금지급액계산서에 증거서류를 첨부하여 감사원장에게 제출하여야 한다(기령 43).

(6) 물납재산의 환급

1) 개　념

납세자가 「상속세 및 증여세법」에 따라 상속세를 물납한 후 그 부과의 전부 또는 일부를 취소하거나 감액하는 경정 결정에 따라 환급하는 경우에는 해당 물납재산으로 환급하여야 한다. 물납재산으로 환급하는 경우에는 국세환급가산금은 지급하지 아니한다.

물납재산이 매각되었거나 다음의 사유가 있는 경우에는 일반적(금전)인 환급의 규정을 준용한다(기법 51의2).

① 해당 물납재산의 성질상 분할하여 환급하는 것이 곤란한 경우
② 해당 물납재산이 임대 중이거나 다른 행정용도로 사용되고 있는 경우
③ 사용계획이 수립되어 해당 물납재산으로 환급하는 것이 곤란하다고 인정되는 경우 등 국세청장이 정하는 경우

2) 물납재산의 환급순서

물납재산을 환급하는 경우 환급의 순서에 관하여 납세자의 신청이 있는 경우에는 그 신청에 따라 관할 세무서장이 환급하고, 납세자의 신청이 없는 경우에는 「상속세와 증여세법 시행령」 제74조 제2항에 따른 물납에 충당하는 재산에 대한 허가 순서의 역순으로 환급한다.

3) 물납재산을 수납할 때부터 환급할 때까지의 관리비용 부담과 과실의 귀속

① 물납재산으로 환급하는 경우에 국가가 물납재산을 유지 또는 관리하기 위하여 지출한 비용은 국가의 부담으로 한다. 다만, 국가가 물납재산에 대하여 자본적 지출을 한 경우에는 이를 납세자의 부담으로 한다.
② 물납재산으로 환급하는 경우 물납재산이 수납된 이후 발생한 법정과실 및 천연과실은 납세자에게 환급하지 아니하고 국가에 귀속된다.

(7) 국세환급금의 결정취소

세무서장이 국세환급금의 결정이 취소됨에 따라 이미 충당 또는 지급된 금액의 반환을 청구함에 있어서는 국세징수법의 고지·독촉 및 강제징수의 규정을 준용한다(기법 51 ⑨).

2. 국세환급가산금

(1) 의의

환급가산금은 국가 또는 지방자치단체가 납세자에 대해 부당하게 점유한 이득에 대하여 법정이자상당액을 변상하도록 하기 위한 제도로서, 국가 또는 지방자치단체가 환급금을 보유한 채로 일정기간이 경과하면 그 경과일에 따라 환급하여야 할 금액에 가산하여 지급하는 금액을 말한다. 국세환급금을 충당 또는 지급하는 때에는 기산일부터 충당하는 날 또는 지급결정을 하는 날까지의 기간과 금융회사의 예금이자율 등을 참작한 국세환급가산금을 국세환급금에 가산하여야 한다. 이 경우 세법에 따른 중간예납액 또는 원천징수에 의한 납부액은 해당 세목의 법정신고기한 만료일에 납부한 것으로 본다.

(2) 국세환급가산금의 계산

1) 계산방법

세무서장은 국세환급금을 충당 또는 지급하는 때에는 다음 식과 같이 국세환급금 기산일부터 충당하는 날 또는 지급결정을 하는 날까지의 일수(계산기간)를 법령이 정한 이율(가산이율)을 곱하여 국세환급가산금으로 계산한다(기법 52).

> 국세환급가산금 = 국세환급금 × 금융회사의 1년 만기 정기예금 이자율 × 일수

다만, 국세환급금 중 충당한 후 남은 금액이 10만원 이하이고, 지급결정을 한 날부터 1년 이내에 환급이 이루어지지 아니하여 납세고지에 의하여 납부하는 국세에 충당하는 경우 국세환급가산금은 지급결정을 한 날까지 가산한다.

2) 가산이율

과세권자인 세무서장 또는 지방자치단체의 장이 환급금을 지급하려면 환급가산금도 결정을 하여야 하는데, 이때에 적용하는 국세환급가산금의 이자율은 「은행법」에 의한 은행업의 인가를 받은 금융회사로서 서울특별시에 본점을 둔 금융회사의 1년만기 정기예금 이자율인 2.9%(2023년 기준)로 한다(기령 43의3, 기칙 19의3). 다만, 조세불복 인용 확정일로부터 40일 이후 국세 환급금 지급시 국세환급가산금 이자율의 1.5배 적용한다.

3) 국세환급금의 계산기간

① **기산일**

환급가산금 계산의 기산일은 **다음의 구분에 따른 날의 다음 날**로 한다.

㉮ 착오납부, 이중납부 또는 납부 후 그 납부의 기초가 된 신고 또는 부과를 경정하거나 취소함에 따라 발생한 국세환급금: **국세 납부일**. 다만, 그 국세가 2회 이상 분할납부된 것인 경우에는 그 마지막 납부일로 하되, 국세환급금이 마지막에 납부된 금액을 초과하는 경우에는 그 금액이 될 때까지 납부일의 순서로 소급하여 계산한 국세의 각 납부일로 하며, 세법에 따른 중간예납액 또는 원천징수에 의한 납부액은 해당 세목의 법정신고기한 만료일에 납부된 것으로 본다.
㉯ 적법하게 납부된 국세의 감면으로 발생한 국세환급금: **감면 결정일**
㉰ 적법하게 납부된 후 법률이 개정되어 발생한 국세환급금: 개정된 법률의 시행일

㉣ 「소득세법」・「법인세법」・「부가가치세법」・「개별소비세법」・「주세법」 또는 「교통・에너지・환경세법에 따른 환급세액의 신고 또는 경정으로 인하여 환급하는 경우: 신고를 한 날(신고한 날이 법정신고일전인 경우에는 해당 법정신고기일)부터 30일이 지난 날. 다만, 법정신고기한까지 환급세액을 신고하지 아니함에 따른 결정으로 인하여 발생한 환급세액을 환급할 때에는 해당 결정일부터 30일이 지난 날로 한다. 다만, 각 세법에서 환급기한을 정한 경우에는 그 환급기한을 지난 날로 한다(예, 부가가치세 조기환급은 15일, 교통, 에너지・환경세 환급 등).

② **종료일**

종료일은 환급금을 다른 국세・강제징수비에 충당하는 날이나 환급금의 지급결정을 하는 날이 된다(기법 52). 종료일 이후에는 가산금을 붙이지 아니한다.

3. 국세환급금의 양도

(1) 개념

납세자는 국세환급금에 관한 권리를 타인에게 양도할 수 있다. 이 경우 국세환급금에 관한 권리를 타인에게 양도하려는 납세자는 세무서장이 국세환급금송금통지서를 발급하기 전에 다음의 사항을 적은 문서로 관할 세무서장에게 요구하여야 한다.

① 양도인의 주소와 성명
② 양수인의 주소와 성명
③ 양도하려는 권리의 내용

(2) 국세환급금의 양도 금액

세무서장은 양도인이 납부할 다른 국세 또는 강제징수비가 있거나 양수인이 납부할 국세 또는 강제징수비가 있으면, 그 국세 또는 강제징수비에 충당하고, 남은 금액에 대해서는 양도의 요구에 지체 없이 따라야 한다.

따라서 국세환급금에 관한 권리를 양도한 경우에, 양도인과 양수인간에 국세환급가산금에 관한 특별한 약정이 없을 때에는 다음에 따라 환급한다(국기통 6-0-22).

① 국세환급금 전액을 양도한 때에는 양수인에게 국세환급가산금을 충당 또는 환급한다.
② 국세환급금 중 일부를 양도・양수한 때에는 그 양도・양수한 금액에 대하여 양도한 날을 기준으로 양도일까지의 가산금은 양도인에게 충당 또는 환급하고, 양도일

의 익일부터 지급일까지의 가산금은 양수인에게 충당 또는 환급한다.

4. 국세환급금의 소멸시효

① 납세자의 국세환급금과 국세환급가산금에 관한 권리는 이를 행사할 수 있는 때부터 **5년간 행사하지 아니하면 소멸시효가 완성된**다(기법 54 ①). 국세환급금의 소멸시효에 관하여는 이 법 또는 세법에 특별한 규정이 있는 것은 제외하고는 민법에 따르며(기법 54 ②), 이 경우 국세환급금과 국세환급가산금을 과세처분의 취소 또는 무효확인청구의 소 등 행정소송으로 청구한 경우 시효의 중단에 관하여 「민법」 제168조 제1호에 따른 청구를 한 것으로 본다.

② 국세환급금의 소멸시효는 세무서장이 납세자의 환급청구를 촉구하기 위하여 납세자에게 하는 환급청구의 안내·통지 등으로 인하여 중단되지 아니한다.

5. 국세환급가산금의 배제

다음의 어느 하나에 해당하는 사유 없이 **고충민원**(국세와 관련하여 납세자가 경정 등의 청구, 이의신청, 심사청구, 심판청구, 「감사원법」에 따른 심사청구의 청구기한 또는 「행정소송법」에 따른 소송의 제소기한까지 그 청구 또는 소송을 제기하지 아니한 사항에 대하여 과세관청에게 직권으로 필요한 처분을 해 줄 것을 요청하는 민원을 말함)의 처리에 따라 국세환급금을 충당하거나 지급하는 경우에는 국세환급가산금을 가산하지 아니한다(기법 52 ③ 및 기령 43의3 ③).

① 경정 등의 청구
② 이의신청, 심사청구, 심판청구, 「감사원법」에 따른 심사청구 또는 「행정소송법」에 따른 소송에 대한 결정이나 판결

제8장 심사와 심판

제1절 총칙

1. 서 론

　심사와 심판제도란 국세의 부과·징수과정에 있어서 과세관청으로부터 위법·부당한 처분을 받거나 필요한 처분을 받지 못함으로써 권리나 이익의 침해를 당한 자가 그 처분의 취소 또는 변경이나 필요한 처분을 청구하여 그 침해받은 권리나 이익을 구제받을 수 있게 하는 사후적인 조세구제제도이다.

　국세의 부과·징수도 하나의 행정행위이므로 위법·부당한 처분에 불복(不服)하는 납세자는 사법적 구제를 위하여 행정소송을 제기할 수도 있지만 소송을 제기하기 전 국세기본법에서 규정하고 있는 불복절차를 거쳐야만 한다. 이 경우 국세에 대한 불복절차는 임의적인 이의신청과 필요선택적인 심사청구와 심판청구로 되어 있다.

　이와 같은 조세구제제도를 국세기본법에 규정하고 있는 이유는 조세법률관계가 일반 행정관계에서보다 국민의 재산권에 대해 침해할 여지가 많으므로, 위법·부당한 과세처분으로 국민의 권리나 이익이 침해당한 경우 이를 신속하고 적정하게 구제할 필요성이 있기 때문이다

　물론 국세에 대해서는 국세기본법에 따른 이의신청·심사청구 또는 심판청구에 의한 구제절차 이외에도 감사원법에 따른 감사원 심사청구에 의한 구제절차가 있다.

현재 국세에 대한 불복절차를 그림으로 표시하면 다음과 같다.

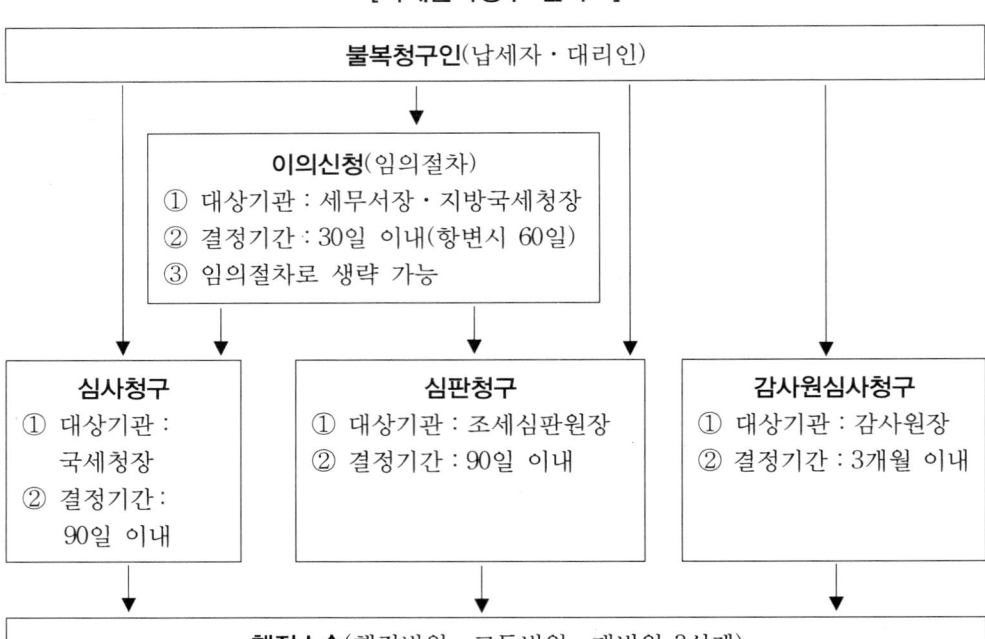

* ➡ 는 모두 90일 이내에 신청하여야 한다.
** 심사청구와 심판청구 중 하나만 선택한다.

2. 다른 법률과의 관계

(1) 행정심판법과의 관계

국세기본법은 "국세기본법 또는 세법에 따른 처분으로 위법·부당한 처분을 받거나 필요한 처분을 받지 못한 처분에 대해서는 행정심판법의 규정을 적용하지 아니한다."고 하여, 국세행정에 관한 심판은 우선적으로 국세기본법을 따르게 하여 행정심판법의 적용을 배제하고 있다. 다만, 심사청구 또는 심판청구에 관여하는 「행정심판법」 제15조, 제16조, 제20조부터 제22조까지, 제29조, 제36조 제1항, 제39조, 제40조, 제42조 및 제51조의 규정을 준용하되, 이 경우 "위원회"는 "국세심사위원회", "조세심판관회의 또는 조세심판관합동회의"로 보도록 하였다(기법 56 ①).

※ 행정심판법의 준용 규정

제15조【선정대표자】

① 여러 명의 청구인이 공동으로 심판청구를 할 때에는 청구인들 중에서 3명 이하의 선정대표자를 선정할 수 있다.
② 청구인들이 제1항에 따라 선정대표자를 선정하지 아니한 경우에 위원회는 필요하다고 인정하면 청구인들에게 선정대표자를 선정할 것을 권고할 수 있다.
③ 선정대표자는 다른 청구인들을 위하여 그 사건에 관한 모든 행위를 할 수 있다. 다만, 심판청구를 취하하려면 다른 청구인들의 동의를 받아야 하며, 이 경우 동의받은 사실을 서면으로 소명하여야 한다.
④ 선정대표자가 선정되면 다른 청구인들은 그 선정대표자를 통해서만 그 사건에 관한 행위를 할 수 있다.
⑤ 선정대표자를 선정한 청구인들은 필요하다고 인정하면 선정대표자를 해임하거나 변경할 수 있다. 이 경우 청구인들은 그 사실을 지체 없이 위원회에 서면으로 알려야 한다.

제16조【청구인의 지위 승계】

① 청구인이 사망한 경우에는 상속인이나 그 밖에 법령에 따라 심판청구의 대상에 관계되는 권리나 이익을 승계한 자가 청구인의 지위를 승계한다.
② 법인인 청구인이 합병(合倂)에 따라 소멸하였을 때에는 합병 후 존속하는 법인이나 합병에 따라 설립된 법인이 청구인의 지위를 승계한다.
③ 제1항과 제2항에 따라 청구인의 지위를 승계한 자는 위원회에 서면으로 그 사유를 신고하여야 한다. 이 경우 신고서에는 사망 등에 의한 권리·이익의 승계 또는 합병 사실을 증명하는 서면을 함께 제출하여야 한다.
④ 제1항 또는 제2항의 경우에 제3항에 따른 신고가 있을 때까지 사망자나 합병 전의 법인에 대하여 한 통지 또는 그밖의 행위가 청구인의 지위를 승계한 자에게 도달하면 지위를 승계한 자에 대한 통지 또는 그밖의 행위로서의 효력이 있다.
⑤ 심판청구의 대상과 관계되는 권리나 이익을 양수한 자는 위원회의 허가를 받아 청구인의 지위를 승계할 수 있다.
⑥ 위원회는 제5항의 지위 승계 신청을 받으면 기간을 정하여 당사자와 참가인에게 의견을 제출하도록 할 수 있으며, 당사자와 참가인이 그 기간에 의견을 제출하지 아니하면 의견이 없는 것으로 본다.
⑦ 위원회는 제5항의 지위 승계 신청에 대하여 허가 여부를 결정하고, 지체 없이 신청인에게는 결정서 정본을, 당사자와 참가인에게는 결정서 등본을 송달하여야 한다.
⑧ 신청인은 위원회가 제5항의 지위 승계를 허가하지 아니하면 결정서 정본을 받은 날부터 7일 이내에 위원회에 이의신청을 할 수 있다.

제20조【심판참가】

① 행정심판의 결과에 이해관계가 있는 제3자나 행정청은 해당 심판청구에 대한 제7조 제6항 또는 제8조 제7항에 따른 위원회나 소위원회의 의결이 있기 전까지 그 사건에 대하여 심판참가를 할 수 있다.

② 제1항에 따른 심판참가를 하려는 자는 참가의 취지와 이유를 적은 참가신청서를 위원회에 제출하여야 한다. 이 경우 당사자의 수만큼 참가신청서 부본을 함께 제출하여야 한다.

③ 위원회는 제2항에 따라 참가신청서를 받으면 참가신청서 부본을 당사자에게 송달하여야 한다.

④ 제3항의 경우 위원회는 기간을 정하여 당사자와 다른 참가인에게 제3자의 참가신청에 대한 의견을 제출하도록 할 수 있으며, 당사자와 다른 참가인이 그 기간에 의견을 제출하지 아니하면 의견이 없는 것으로 본다.

⑤ 위원회는 제2항에 따라 참가신청을 받으면 허가 여부를 결정하고, 지체 없이 신청인에게는 결정서 정본을, 당사자와 다른 참가인에게는 결정서 등본을 송달하여야 한다.

⑥ 신청인은 제5항에 따라 송달을 받은 날부터 7일 이내에 위원회에 이의신청을 할 수 있다.

제21조【심판참가의 요구】

① 위원회는 필요하다고 인정하면 그 행정심판 결과에 이해관계가 있는 제3자나 행정청에 그 사건 심판에 참가할 것을 요구할 수 있다.

② 제1항의 요구를 받은 제3자나 행정청은 지체 없이 그 사건 심판에 참가할 것인지 여부를 위원회에 통지하여야 한다.

제22조【참가인의 지위】

① 참가인은 행정심판 절차에서 당사자가 할 수 있는 심판절차상의 행위를 할 수 있다.

② 이 법에 따라 당사자가 위원회에 서류를 제출할 때에는 참가인의 수만큼 부본을 제출하여야 하고, 위원회가 당사자에게 통지를 하거나 서류를 송달할 때에는 참가인에게도 통지하거나 송달하여야 한다.

③ 참가인의 대리인 선임과 대표자 자격 및 서류 제출에 관하여는 제18조, 제19조 및 이 조 제2항을 준용한다.

제29조【청구의 변경】

① 청구인은 청구의 기초에 변경이 없는 범위에서 청구의 취지나 이유를 변경할 수 있다.

② 행정심판이 청구된 후에 피청구인이 새로운 처분을 하거나 심판청구의 대상인 처분을 변경한 경우에는 청구인은 새로운 처분이나 변경된 처분에 맞추어 청구의 취지나 이유를 변경할 수 있다.

③ 제1항 또는 제2항에 따른 청구의 변경은 서면으로 신청하여야 한다. 이 경우 피청구인과 참가인의 수만큼 청구변경신청서 부본을 함께 제출하여야 한다.

④ 위원회는 제3항에 따른 청구변경신청서 부본을 피청구인과 참가인에게 송달하여야 한다.

⑤ 제4항의 경우 위원회는 기간을 정하여 피청구인과 참가인에게 청구변경 신청에 대한 의견을 제출하도록 할 수 있으며, 피청구인과 참가인이 그 기간에 의견을 제출하지 아니하면 의견이 없는 것으로 본다.

⑥ 위원회는 제1항 또는 제2항의 청구변경 신청에 대하여 허가할 것인지 여부를 결정하고, 지체 없이 신청인에게는 결정서 정본을, 당사자 및 참가인에게는 결정서 등본을 송달하여야 한다.

⑦ 신청인은 제6항에 따라 송달을 받은 날부터 7일 이내에 위원회에 이의신청을 할 수 있다.

⑧ 청구의 변경결정이 있으면 처음 행정심판이 청구되었을 때부터 변경된 청구의 취지나 이유로 행정심판이 청구된 것으로 본다.

제36조【증거조사】
① 위원회는 사건을 심리하기 위하여 필요하면 직권으로 또는 당사자의 신청에 의하여 다음 각 호의 방법에 따라 증거조사를 할 수 있다.
  1. 당사자나 관계인(관계 행정기관 소속 공무원을 포함한다. 이하 같다)을 위원회의 회의에 출석하게 하여 신문(訊問)하는 방법
  2. 당사자나 관계인이 가지고 있는 문서·장부·물건 또는 그 밖의 증거자료의 제출을 요구하고 영치(領置)하는 방법
  3. 특별한 학식과 경험을 가진 제3자에게 감정을 요구하는 방법
  4. 당사자 또는 관계인의 주소·거소·사업장이나 그 밖의 필요한 장소에 출입하여 당사자 또는 관계인에게 질문하거나 서류·물건 등을 조사·검증하는 방법
② 위원회는 필요하면 위원회가 소속된 행정청의 직원이나 다른 행정기관에 촉탁하여 제1항의 증거조사를 하게 할 수 있다.
③ 제1항에 따른 증거조사를 수행하는 사람은 그 신분을 나타내는 증표를 지니고 이를 당사자나 관계인에게 내보여야 한다.
④ 제1항에 따른 당사자 등은 위원회의 조사나 요구 등에 성실하게 협조하여야 한다.

제39조【직권심리】
위원회는 필요하면 당사자가 주장하지 아니한 사실에 대하여도 심리할 수 있다.

제40조【심리의 방식】
① 행정심판의 심리는 구술심리나 서면심리로 한다. 다만, 당사자가 구술심리를 신청한 경우에는 서면심리만으로 결정할 수 있다고 인정되는 경우 외에는 구술심리를 하여야 한다.
② 위원회는 제1항 단서에 따라 구술심리 신청을 받으면 그 허가 여부를 결정하여 신청인에게 알려야 한다.
③ 제2항의 통지는 간이통지방법으로 할 수 있다.

제42조【심판청구 등의 취하】
① 청구인은 심판청구에 대하여 제7조 제6항 또는 제8조 제7항에 따른 의결이 있을 때까지 서면으로 심판청구를 취하할 수 있다.
② 참가인은 심판청구에 대하여 제7조 제6항 또는 제8조 제7항에 따른 의결이 있을 때까지 서면으로 참가신청을 취하할 수 있다.
③ 제1항 또는 제2항에 따른 취하서에는 청구인이나 참가인이 서명하거나 날인하여야 한다.
④ 청구인 또는 참가인은 취하서를 피청구인 또는 위원회에 제출하여야 한다. 이 경우 제23조 제2항부터 제4항까지의 규정을 준용한다.
⑤ 피청구인 또는 위원회는 계속 중인 사건에 대하여 제1항 또는 제2항에 따른 취하서를 받으면 지체 없이 다른 관계 기관, 청구인, 참가인에게 취하 사실을 알려야 한다.

제51조【행정심판 재청구의 금지】
심판청구에 대한 재결이 있으면 그 재결 및 같은 처분 또는 부작위에 대하여 다시 행정심판을 청구할 수 없다.

(2) 행정소송법과의 관계

국세기본법은 "국세의 위법한 처분에 대한 행정소송은 행정소송법 제18조 제1항 본문, 제2항 및 제3항에도 불구하고 이 법에 따른 심사청구 또는 심판청구와 그에 대한 결정을 거치지 아니하면 제기할 수 없다(기법 56 ②)."고 규정함으로서 **국세기본법에 따른 절대적 행정심판전치주의를 원칙**으로 하고 있다. 행정소송법의 적용을 배제한 것이다.

행정소송법 제18조 제1항은 "취소소송은 법령의 규정에 따라 해당 처분에 대한 행정심판을 제기할 수 있는 경우에도 이를 거치지 아니하고 제기할 수 있다."고 규정하고 있으며, 그리고 제2항과 제3항에 취소소송의 경우 행정심판의 재결을 거치지 아니하고 취소소송을 제기할 수 있는 사유를 열거하고 있어, 행정심판전치주의의 원칙을 배제한 것이다.

또한 국세기본법은 국세에 관한 행정소송 제소기간은 심사청구 또는 심판청구의 결정서를 받은 날부터 90일 이내에 하여야 한다. 하지만 각 결정기한(기법 80조의 2) 내에 그 결정통지를 받지 못한 경우에는 심사청구 또는 심판청구 결정기한이 지난날부터 90일 이내에 행정소송을 제기하도록 함으로써(기법 56 ③), 국세에 관한 행정소송의 제소기간에 관하여는 행정소송법보다 국세기본법이 우선하여 적용되는 특별법의 지위를 갖도록 규정하고 있다.

다만, 국세기본법에 따른 심사청구 및 심판청구의 재조사 결정에 따른 처분청의 처분에 대해서는 해당 재조사 결정을 한 재결청에 대하여 심사청구 또는 심판청구를 제기할 수 있지만, 이를 거치지 아니하고도 다음 기간 내에 행정소송을 제기할 수 있다,

㉮ 국세기본법에 따른 심사청구 또는 심판청구를 거치지 아니하고 제기하는 경우: 재조사 후 행한 처분청의 처분의 결과 통지를 받은 날부터 90일 이내. 다만, 재조사 결정이 있는 경우 재조사 결정일로부터 60일 이내(세무조사를 연기하거나 조사기간을 연장하거나 조사를 중지한 경우에는 해당 기간을 포함한다)의 **처분기간**에 처분청의 처분 결과 통지를 받지 못하는 경우에는 그 처분기간이 지난 날부터 행정소송을 제기할 수 있다.

㉯ 국세기본법에 따른 심사청구 또는 심판청구를 거쳐 제기하는 경우: 재조사 후 행한 처분청의 처분에 대하여 제기한 심사청구 또는 심판청구에 대한 결정의 통지를 받은 날부터 90일 이내. 다만, 재조사 결정이 있는 경우 재조사 결정일로부터 60일 이내의 **결정기간**에 결정의 통지를 받지 못하는 경우에는 그 결정기간이 지난 날부터 행정소송을 제기할 수 있다.

또한 국세청장, 지방국세청장, 세무서장은 심판청구를 거쳐 「행정소송법」에 따른 항고소송이 제기된 사건에 대하여 그 내용이나 결과 등 대통령령으로 정하는 사항을 반기마다 그 다음 달 15일까지 조세심판원장에게 알려야 한다.

※ 행정소송법의 규정

제18조【행정심판과의 관계】

① 취소소송은 법령의 규정에 따라해당 처분에 대한 행정심판을 제기할 수 있는 경우에도 이를 거치지 아니하고 제기할 수 있다. 다만, 다른 법률에 해당 처분에 대한 행정심판의 재결을 거치지 아니하면 취소소송을 제기할 수 없다는 규정이 있는 때에는 그러하지 아니하다.

② 제1항 단서의 경우에도 다음 각 호의 1에 해당하는 사유가 있는 때에는 행정심판의 재결을 거치지 아니하고 취소소송을 제기할 수 있다.
  1. 행정심판청구가 있은 날로부터 60일이 지나도 재결이 없는 때
  2. 처분의 집행 또는 절차의 속행으로 생길 중대한 손해를 예방하여야 할 긴급한 필요가 있는 때
  3. 법령의 규정에 의한 행정심판기관이 의결 또는 재결을 하지 못할 사유가 있는 때
  4. 그밖의 정당한 사유가 있는 때

③ 제1항 단서의 경우에 다음 각 호의 1에 해당하는 사유가 있는 때에는 행정심판을 제기함이 없이 취소소송을 제기할 수 있다.
  1. 동종사건에 관하여 이미 행정심판의 기각재결이 있은 때
  2. 서로 내용상 관련되는 처분 또는 같은 목적을 위하여 단계적으로 진행되는 처분 중 어느 하나가 이미 행정심판의 재결을 거친 때
  3. 행정청이 사실심의 변론종결 후 소송의 대상인 처분을 변경하여 해당 변경된 처분에 관하여 소를 제기하는 때
  4. 처분을 행한 행정청이 행정심판을 거칠 필요가 없다고 잘못 알린 때

④ 제2항 및 제3항의 규정에 의한 사유는 이를 소명하여야 한다.

제20조【제소기간】

① 취소소송은 처분 등이 있음을 안 날부터 90일 이내에 제기하여야 한다. 다만, 제18조 제1항 단서에 규정한 경우와 그 밖에 행정심판청구를 할 수 있는 경우 또는 행정청이 행정심판청구를 할 수 있다고 잘못 알린 경우에 행정심판청구가 있은 때의 기간은 재결서의 정본을 송달받은 날부터 기산한다.

② 취소소송은 처분 등이 있은 날부터 1년(제1항 단서의 경우는 재결이 있은 날부터 1년)을 경과하면 이를 제기하지 못한다. 다만, 정당한 사유가 있은 때에는 그러하지 아니하다.

③ 제1항의 규정에 의한 기간은 불변기간으로 한다.

(3) 감사원법과의 관계

감사원법 제43조 【심사의 청구】[37] 제1항에는 "감사원의 감사를 받는 자의 직무에 관한 처분이나 그밖의 행위에 관하여 이해관계가 있는 자는 감사원에 그 심사의 청구를 할 수 있다."고 규정하고 있다. 따라서 국세청이나 소속기관의 행정처분에 대해서도 감사원법에 따른 심사청구를 할 수 있으며, 만약 국세처분에 대해서 감사원법에 따른 심사청구를 한 경우 국세기본법에 따른 심사청구 등을 할 수 없다. 중복적인 불복을 배제하는 것이다.

국세기본법은 "감사원법에 따라 심사청구를 한 처분이나 그 심사청구에 대한 처분은 국세기본법상의 불복대상의 처분이 아니다(기법55 ⑤ (3))"고 규정하고 있다. 즉 감사원법에 따라 심사청구를 한 처분이나 그 심사청구에 대한 처분은 국세기본법상의 이의신청·심사청구·심판청구를 할 수 없다는 것이다. 그리고 "감사원법에 따른 심사청구를 거친 경우에는 이 법에 따른 심사청구 또는 심판청구를 거친 것으로 보고 행정소송을 제기할 수 있다(기법 56 ⑤)"고 규정하여 국세기본법에 따른 행정심판을 거치지 않고 행정소송을 할 수 있도록 한 것이다.

3. 불 복

(1) 불복의 대상

세무행정처분은 크게 부과처분, 징수처분(협의), 체납처분으로 구분할 수 있고, 이 중 부과처분은 추상적·객관적으로 성립한 조세채권의 내용을 구체적으로 확인하는 준법률행위적 행정처분이고 징수처분 및 체납처분은 확정된 조세채권을 실현하기 위한 하명행위로서 법률행위적인 행정처분이다. 법률행위적 행정처분은 행정청의 의사표시를 하는

---

[37] 감사원법 제43조 【심사의 청구】
① 감사원의 감사를 받는 자의 직무에 관한 처분이나 그밖의 행위에 관하여 이해관계가 있는 자는 감사원에 그 심사의 청구를 할 수 있다.
② 제1항의 심사청구는 감사원규칙으로 정하는 바에 따라 청구의 취지와 이유를 적은 심사청구서로 하되 청구의 원인이 되는 처분이나 그밖의 행위를 한 기관(이하 "관계기관"이라 한다)의 장을 거쳐 이를 제출하여야 한다.
③ 제2항의 경우에 청구서를 접수한 관계기관의 장이 이를 1개월 이내에 감사원에 송부하지 아니한 경우에는 그 관계기관을 거치지 아니하고 감사원에 직접 심사를 청구할 수 있다.
감사원법 제44조 【제척기간】
① 이해관계인은 심사청구의 원인이 되는 행위가 있음을 안 날부터 90일 이내에, 그 행위가 있은 날부터 180일 이내에 심사의 청구를 하여야 한다.
② 제1항의 기간은 불변기간(不變期間)으로 한다.

행위로서 그 효과의사의 내용에 따라서 법률적 효과가 발생됨에 대하여, 준법률행위적 행정처분은 효과의사가 아닌 판단·인식·관념·의사(효과의사 이외의 의사) 등을 표시하는 행위로서 그 법률효과는 행정청의 의사표시에 의거하는 것이 아니라 순전히 법률의 힘에 의거하여 발생한다.

그런데 이러한 조세행정처분에 하자가 발생하는 경우 '하자 있는 행정처분'이라 하는데, 이 하자 있는 행정처분은 그 하자의 효과에 의해서 당연무효가 되거나 취소할 수 있으며 납세자에게는 불복(不服)의 대상이 된다. 이 경우 불복이란 행정기관의 위법·부당(작위·부작위)한 처분으로 말미암아 권리나 이익을 침해당한 자가 그 처분의 취소 또는 변경이나 필요한 처분을 청구하는 것을 말하며, 불복이 있을 때에는 누구나 조세불복절차를 밟을 수가 있다.

국세기본법상 불복의 대상은 이 법 또는 세법에 따른 처분으로서 위법 또는 부당한 처분을 받거나 필요한 처분을 받지 못함으로 인하여 권리나 이익을 침해당한 경우(기법 55 ①)라고 규정하고 있는데 '이 법 또는 세법에 따른 처분'이란 일체의 세무행정처분을 의미하는 것으로 해석할 수 있다.

1) 위법한 처분

조세행정처분에 위법하는 하자가 발생하는 경우 '하자 있는 행정처분'으로 불복의 대상이 된다. 이 경우 하자 있는 행정처분이 당연무효로 되려면 하자가 법규의 중요한 부분을 위반한 중대한 것이어야 할 뿐 아니라 객관적으로 명백한 것이어야 하고, 하자가 중대하고 명백한 것인지 여부를 판별함에 있어서는 그 법규의 목적·의미·기능 등을 목적론적으로 고찰함과 동시에 구체적 사안 자체의 특수성에 관하여도 합리적으로 고찰하여야 한다.[38]

2) 부당한 처분

부당한 처분이란 법률위반은 아니지만 제도의 목적에서 보아 적당치 않은 처분이라는 뜻이다.

3) 필요한 처분을 받지 못한 경우

필요한 처분을 받지 못한 경우란 과세관청이 다음 사항을 명시적 또는 묵시적으로 거부하는 것을 말한다(국기통 55-0-3).

---

38) 대법원 2003두2403, 2004.11.26.

① 공제·감면신청에 대한 결정
② 국세의 환급
③ 사업자 등록신청에 대한 등록증교부
④ 허가·승인
⑤ 압류해제

(2) 불복대상의 예

1) 세관장의 국세처분에 대한 불복

세법에 따른 처분 중 수입물품에 부과하는 국세의 부과·징수·감면·환급 등에 관한 세관장의 처분에 대하여 불복을 제기하는 경우에는 세관장에게 이의신청을 하고 그 결과에 따라 관세청장에게 심사청구를 하거나, 조세심판원장에게 심판청구를 할 수 있다. 이 경우 세관장에 대한 이의신청은 생략할 수 있다(국기통 55-0…2).

2) 제2차 납세의무자의 불복

제2차 납세의무자, 물적납세의무자 또는 납세보증인은 납부통지된 처분에 대하여 불복하는 경우 그 납부통지의 원천이 된 본래 납세의무자에 대한 처분의 확정 여부에 관계없이 독립하여 납부통지된 세액의 내용에 관하여 다툴 수 있다(국기통 55-0…6).

3) 체납처분에 대한 불복

① 납세자에 대한 재산의 압류·매각 및 청산(배분)의 체납처분은 불복청구의 대상이 된다(국기통 55-0…7).
② 체납처분으로 압류한 재산이 제3자의 소유인 경우 제3자는 압류처분에 대하여 불복청구를 할 수 있다.

4) 인정상여소득자의 법인세에 대한 불복

법인세의 결정 또는 경정에서 그 소득을 상여처분함으로써 소득세의 과세처분을 받은 소득자는 그 원천이 된 법인세의 과세처분의 확정 여부에 관계없이 독립하여 상여처분된 내용에 관하여 다툴 수 있다(국기통 55-0…8).

5) 부가가치세 경정에 따른 소득세·법인세에 대한 불복

부가가치세를 경정한 처분에 대하여 불복청구를 하지 아니한 경우에도 그 경정에 의거 소득세 또는 법인세를 결정 또는 경정한 경우 소득세 또는 법인세에 대해서는 불복청구를 할 수 있다(국기통 55-0…9).

6) 양도소득세에 관한 불복

소득세법 제109조의 규정에 따른 토지 등 매매차익의 예정결정 또는 자산양도차익 예정결정에 대한 불복청구를 하여 재결을 받았다 하더라도 그 후 과세표준 확정신고에 따라 결정한 처분에 대하여 불복청구를 할 수 있다(국기통 55-0…10).

7) 사업자등록 등에 관한 불복

부가가치세법 제5조, 소득세법 제168조의 규정에 따른 사업자등록과 관련하여 다음의 경우에 불복청구를 할 수 있다(국기통 55-0…11).
  ① 사업자등록을 신청한 날부터 5일 내(연장된 교부기한 별도)에 등록증을 발급받지 못하였을 때
  ② 교부받은 사업자등록증의 등록사항에 이의가 있을 때
  ③ 사업자등록증의 검열을 거부한 때
  ④ 사업자등록의 말소처분

(3) 불복청구인

1) 본래의 납세의무자

국세기본법 또는 세법에 따른 처분으로서 위법 또는 부당한 처분을 받거나 필요한 처분을 받지 못함으로 인하여 권리나 이익을 침해당한 자는 불복을 하여 그 처분의 취소 또는 변경이나 필요한 처분을 청구할 수 있다. 여기서 권리나 이익의 침해를 받은 자란 위법부당한 처분을 받거나 필요한 처분을 받지 못한 직접적인 당사자를 말한다(국기통 55-0…4 ①).

2) 이해관계자

국세기본법 또는 세법에 따른 처분에 의하여 권리나 이익을 침해당하게 될 이해관계인으로서 다음 중 어느 하나에 해당하는 이해관계인은 위법 또는 부당한 처분을 받은 자

의 처분에 대하여 국세기본법의 규정에 따른 그 처분의 취소 또는 변경을 청구하거나, 그 밖의 필요한 처분을 청구할 수 있다(기법 55 ②).
① 제2차 납세의무자로서 납부고지서를 받은 자
② 물적납세의무를 지는 자로서 납부고지서를 받은 자
③ 보증인
④ 「부가가치세법」에 따라 신탁 관련 수탁자의 물적납세의무를 지는 자로서 납부고지서를 받은 자
⑤ 그 밖에 대통령령으로 정하는 자

즉, 법률에 따라 납세의무자와 특별한 관계를 갖게 되는 제2차 납세의무자·물적납세의무자·납세보증인은 납부통지된 처분에 대하여 불복할 수 있고, 이 경우 그 납부통지의 원천이된 본래 납세의무자에 대한 처분의 확정 여부에 관계없이 독립하여 납부통지된 세액의 내용에 관하여 불복할 수 있다.

3) 그밖의 제3자적 지위에 있는 자

제3자적 지위에 있는 자도 해당 위법·부당한 처분으로 권리나 이익의 침해를 당한 경우에는 불복청구할 수 있다. 다만, 단순히 반사적인 권리나 이익의 침해를 받은 자는 불복청구를 할 수 없다(국기통 55-0…4 ②). 즉, 체납처분으로 압류한 재산이 제3자의 소유인 경우에 그 제3자는 압류처분에 대하여 불복청구를 할 수 있다.

(4) 대리인

대리인의 권한은 서면으로 증명하여야 하며, 대리인은 본인을 위하여 불복행위의 신청 또는 청구에 관한 모든 행위를 할 수 있지만, 그 신청 또는 청구의 취하는 특별한 위임을 받은 경우에만 할 수 있다. 대리인을 해임하였을 때에는 그 사실을 서면으로 해당 재결청에 신고하여야 한다. 이 경우 대리인은 다음과 같이 구분할 수 있다.

① 위임대리인

이의신청인·심사청구인 또는 심판청구인은 변호사 또는 세무사(세무사법에 따라 세무사 등록부 또는 공인회계사 세무대리인업무 등록부에 등록한 공인회계사 포함)를 대리인으로 선임하여 불복청구에 관한 일체의 행위를 위임할 수 있다. 다만, 이의신청인, 심사청구인 또는 심판청구인은 신청 또는 청구의 대상이 심판청구금액이 **3천만원(지방세의 경우는 1천만원) 미만인 소액**인 경우에는 그 배우자, 4촌 이내의 혈족 또는 그 배우자의 4촌 이내의

혈족을 대리인으로 선임할 수 있다.

② 법정대리인

친권자, 후견인, 법원이 선임한 부재자의 재산관리인, 상속재산관리인 등의 법정대리인은 본인을 대리하여 불복청구를 할 수 있다. 이 경우 법정대리인임을 입증하는 서면을 제출하여야 한다(국기통 59-0…1).

(5) 국선대리인

1) 국선대리인의 신청 요건

이의신청인, 심사청구인 또는 심판청구인 및 과세전적부심사 청구인은 재결청(과세전적부심사의 경우는 통지를 한 세무서장이나 지방국세청장)에 다음의 요건을 모두 갖춘 경우 문서를 제출하여 변호사, 세무사 또는 「세무사법」에 따라 등록한 공인회계사를 국선대리인으로 선정하여 줄 것을 신청할 수 있다(기법 59의2 및 기령 49의2).

① 이의신청인등의 종합소득금액과 소유 재산의 가액이 각각 다음 금액 이하일 것
  ㉮ 종합소득금액이 **5천만원** 이하. 이 경우 종합소득금액은 신고기한 이전에 국선대리인의 선정을 신청하는 경우 그 신청일이 속하는 과세기간의 직전전 과세기간, 그 신고기한 이후에 신청하는 경우 그 신청일이 속하는 과세기간의 직전 과세기간의 종합소득금액으로 한다.
  ㉯ 소유 재산의 가액이 다음의 재산을 평가한 가액의 합계액이 **5억원** 이하. 이 경우 ㉠의 재산은 기준시가로 평가한 가액이며, 그 외의 재산은 재산의 성격, 시가 등을 고려하여 국세청장이 정하는 방법에 따라 평가한 가액으로 한다.
    ㉠ 토지, 건물
    ㉡ 승용자동차
    ㉢ 전세금(임차보증금을 포함한다)
    ㉣ 골프회원권 및 콘도미니엄회원권
    ㉤ 주식 또는 출자지분
② 이의신청인등이 법인이 아닐 것
③ **3천만원 이하**인 신청 또는 청구일 것
④ **상속세, 증여세 및 종합부동산세가 아닌 세목**에 대한 신청 또는 청구일 것
⑤ 법인의 국선대리인 신청자격은 직전사업연도 수입금액 및 자산가액이 각각 3억원 및 5억원 이하일 것.

여기서 심판청구에 해당하는 경우 조세심판원장은 심판청구인이 국선대리인의 선정을 신청한 경우 국세청장에게 위의 요건을 충족하는지 여부를 확인하여 줄 것을 요청할 수 있다.

2) 국선대리인의 신청

국선대리인의 선정을 신청하려는 자는 다음의 사항을 적은 문서를 재결청에 제출하여야 한다.
① 이의신청인·심사청구인 또는 심판청구인 및 과세전적부심사 청구인(이하 이 조에서 "이의신청인등"이라 한다)의 성명과 주소 또는 거소
② 위 '1)'의 요건을 충족한다는 사실
③ 재결청이 위 '1)'의 요건 충족여부를 확인할 수 있다는 것에 대한 동의에 관한 사항

3) 국선대리인의 신정 통지

이 경우 재결청은 위 요건을 모두 충족하는 경우 지체 없이 국선대리인을 선정하고, 신청을 받은 날부터 5일 이내에 그 결과를 이의신청인등과 국선대리인에게 각각 통지하여야 한다.

4) 국선대리인의 권한

국선대리인은 본인을 위하여 그 신청 또는 청구에 관한 모든 행위를 할 수 있다. 다만, 그 신청 또는 청구의 취하는 특별한 위임을 받은 경우에만 할 수 있다.

5) 국선대리인의 자격 등

국선대리인의 자격, 관리 등 국선대리인 제도의 운영에 필요한 사항은 대통령령으로 정한다.

(6) 불복청구대상에서 제외되는 처분

1) 국세기본법 이외의 처분

다음의 처분은 국세기본법에 따른 불복청구를 할 수 없다(기법 55 ①).
① 조세범 처벌법에 따른 통고처분 : 조세범 처벌법에 따른 통고처분[28]은 과세관청이

---

28) 조세범 처벌절차법 제15조 제1항의 내용
국세청장·지방국세청장 또는 세무서장은 범칙사건의 조사에 의하여 범칙의 확증을 얻은 때에는 그 이유를

행하는 처분이기는 하나 이는 사법행위에 속하므로 조세심판의 대상이 아니고 사법절차에 따라 불복하여야 한다.
② 감사원법에 따라 심사청구를 한 처분이나 그 심사청구에 대한 처분 : 감사원법에 따라 심사청구를 한 처분이나 그 심사청구에 대한 처분은 국세기본법상의 이의신청·심사청구·심판청구를 할 수 없으며, 감사원 심사청구에 대한 결정은 국세기본법상의 심판청구를 거친 것과 같이 행정소송을 제기할 수 있다.
③ 국세기본법 및 세법에 따른 과태료부과 처분

2) 중복된 불복의 배제

① 심사청구 또는 심판청구에 대한 처분에 대해서는 이의신청, 심사청구 또는 심판청구를 제기할 수 없다. 다만, 취소·경정 또는 필요한 처분을 하기 위하여 사실관계 확인 등 추가적으로 조사가 필요한 경우에는 처분청으로 하여금 이를 재조사하여 그 결과에 따라 취소·경정하거나 필요한 처분을 하도록 하는 재조사 결정에 따른 처분청의 처분에 대해서는 해당 **재조사 결정을 한 재결청에 대하여 심사청구 또는 심판청구를 제기할 수 있다.**
② 이의신청에 대한 처분과 취소·경정 또는 필요한 처분을 하기 위하여 사실관계 확인 등 추가적으로 조사가 필요한 경우에는 처분청으로 하여금 이를 재조사하여 그 결과에 따라 취소·경정하거나 필요한 처분을 하도록 하는 재조사 결정에 따른 처분청의 처분에 대해서는 해당 **재조사 결정을 한 재결청에 대하여 이의신청을 할 수 없다.**
③ 동일한 처분에 대해서는 심사청구와 심판청구를 중복하여 제기할 수 없다.

(7) 정보통신망을 이용한 불복청구

이의신청인, 심사청구인 또는 심판청구인은 국세청장 또는 조세심판원장이 운영하는 정보통신망을 이용하여 이의신청서, 심사청구서 또는 심판청구서를 제출할 수 있다. 따라서 이의신청서, 심사청구서 또는 심판청구서를 제출하는 경우에는 국세청장 또는 조세심판원장에게 이의신청서, 심사청구서 또는 심판청구서가 전송된 때에 이 법에 따라 제출된 것으로 본다.

명시하여 벌금에 해당하는 금액, 몰수 또는 몰취(沒取)에 해당하는 물품, 추징금에 해당하는 금액과 서류송달, 압수물건의 운반·보관에 요하는 비용을 지정한 장소에 납부할 것을 통고하여야 한다.

4. 불복이 집행에 미치는 효과

(1) 집행부중지원칙

집행부중지(執行不中止)란 이의신청·심사청구 또는 심판청구 또는 감사원 심사청구가 제기되어 있는 기간에도 그 청구의 목적이 된 처분의 집행에는 영향을 미치지 않는다는 것이다. 국세기본법은 이의신청·심사청구 또는 심판청구는 세법에 특별한 규정이 있는 것은 제외하고는 해당 처분의 집행에 효력을 미치지 아니한다고 규정하고 있어 집행부정지를 원칙으로 하고 있다. 따라서 불복기간 중에도 과세관청은 독촉·압류 등을 할 수 있다.

집행부정지원칙은 행정행위의 공정력·집행력에 의하여 그 처분이 취소될 때까지는 적법한 처분으로 추정되기 때문에 계속하여 집행을 할 수 있는 힘을 부여한 것이다.

(2) 예외적 집행중지

1) 재해조사를 위한 집행중지

해당 재결청(裁決廳)이 처분의 집행 또는 절차의 속행 때문에 이의신청인, 심사청구인 또는 심판청구인에게 중대한 손해가 생기는 것을 예방할 필요성이 긴급하다고 인정할 때에는 처분의 집행 또는 절차 속행의 전부 또는 일부의 집행정지를 결정할 수 있다. 이 경우 재결청은 집행정지 또는 집행정지의 취소에 관하여 심리·결정하면 지체 없이 당사자에게 통지하여야 한다.

2) 공매의 제한

국세기본법에 따른 이의신청·심사청구 또는 심판청구가 계류중에 있는 국세의 체납으로 인하여 압류한 재산에 대해서는 그 신청 또는 청구에 대한 **결정이나 소(訴)에 대한 판결이 확정되기 전**에는 이를 공매할 수 없다(징법 66 ④). 다만, 그 재산이 부패·변질 또는 감량되기 쉬운 재산으로서 속히 매각하지 아니하면 그 재산가액이 줄어들 우려가 있을 때에는 수의계약으로 매각할 수 있다(징법 67).

이와 같은 공매의 제한은 국세채권을 확보하기 위하여 압류까지는 허용되나 이를 공매한 후 처분의 취소결정이 되면 청구인의 권리를 회복할 수 없기 때문이다.

5. 관계서류의 열람 및 의견진술권

(1) 관계서류의 열람

불복청구인 또는 처분청(심판청구에 한정한다)은 그 신청·청구에 관계되는 서류를 열람할 수 있다. 이 경우 이의신청·심사청구 또는 심판청구와 관계되는 서류를 열람하거나 그 내용을 복사하려는 자는 이를 구술로 해당 재결청에 요구할 수 있으며, 요구를 받은 재결청은 그 서류를 열람하거나 복사하게 하거나 그 등본 또는 초본이 원본과 다르지 않음을 확인하여야 한다(기령 46 ②). 한편 요구를 받은 재결청은 필요하다고 인정하는 경우에는 그 열람하거나 복사하는 자의 서명을 요구할 수 있다(기령 46 ③).

(2) 의견진술권

불복청구인은 해당 재결청[29]에 의견을 진술할 수 있다(기법 58). 이에 의견을 진술하려는 자는 진술자의 주소 또는 거소 및 성명(심판청구의 경우 처분청의 소재지와 명칭)과 진술하려는 내용의 대강을 적은 문서로 해당 재결청에 신청하여야 한다.

의견진술 신청을 받은 재결청은 심판청구인이 의견진술을 신청하지 아니하고 처분청만 의견진술을 신청한 경우로서 심판청구의 목적이 된 사항의 내용 등을 고려할 때 처분청의 의견진술이 필요하지 아니하다고 인정하는 경우를 제외하고는 출석일시 및 장소와 필요하다고 인정되는 진술시간을 정하여 국세심사위원회·조세심판관회의 또는 조세심판관합동회의의 **회의개최일(이의신청의 경우에는 결정을 하는 날) 3일 전**까지 신청인에게 통지하여 의견진술의 기회를 주어야 한다(기령 47 ②). 다만, 이의신청, 심사청구 또는 심판청구를 최초로 심의하는 경우에는 국세심사위원회 또는 조세심판관회의 회의개최일 7일 전까지 통지하여야 한다.

이 경우 통지는 서면으로 하거나 심사청구서 및 심판청구서에 적힌 전화, 휴대전화를 이용한 문자전송, 팩시밀리 또는 전자우편 등 간편한 통지 방법으로 할 수 있다.

하지만 의견진술이 필요 없다고 인정될 때에는 재결청은 이유를 구체적으로 밝힌 문서로 그 사실을 해당 신청인에게 통지하여야 한다. 의견진술은 간단하고 명료하게 하여야 하며, 필요한 경우에는 이에 관한 증거, 그밖의 자료를 제시할 수 있다. 그리고 의견진술은 진술하려는 의견을 기록한 문서의 제출로 갈음할 수 있다.

---

[29] 결정을 내리는 행정관청을 말한다. 즉, 세무서(지방국세청)·국세청·조세심판원을 의미하며, 이를 결정청이라고는 하지 않는다.

6. 불복청구에 대한 심리와 결정

(1) 심 리

불복청구를 받은 행정청은 그 청구에 대한 결정을 위하여 심리를 하게 된다. 심리에는 요건심리와 본안심리가 있다.

1) 요건심리

요건심리(要件審理)는 불복청구가 법이 요구하는 형식적 요건, 즉 처분의 존재·권리나 이익의 침해·청구인의 적격성·불복청구기간내의 청구·전심절차를 정상적으로 밟았는가 등의 청구에 대한 형식적 적법성을 심리하는 것이다. 형식적 요건을 갖추지 않은 불복청구는 각하하여야 하지만 그 내용이나 절차를 보정함으로써 요건이 충족된다고 인정되는 경우에는 일정한 기간에 보정할 것을 요구를 수 있다.

2) 본안심리

불복청구가 적법하게 제기된 경우에는 청구의 중심이 되는 실체적 내용에 대한 심리를 하게되는데, 이를 본안심리(本案審理)라고 한다. 본안심리는 제출한 증거서류를 위주로 하는 서면심리주의가 원칙이다.

(2) 결 정

1) 개 념

결정이란 불복청구에 대한 권한 있는 결정기관의 판정을 말하는데 보통 재결이라고 한다. 결정은 재결청이 하는 것이며, 이는 법원이 내리는 판결과 구분되는 것이다.

2) 결정의 종류

불복청구에 대한 결정에는 각하·기각 및 인용의 세 가지가 있으며, 인용에는 다시 취소·경정 및 필요한 처분의 결정 등 세 가지가 있다(기법 65).

가) 각하결정

심사청구가 다음 중 어느 하나에 해당하는 경우에는 그 청구를 각하하는 결정을 한다. 각하결정(却下決定)은 본안심리에 들어갈 필요없이 요건심리만으로 각하결정을 하여야 한다.

① 심판청구를 제기한 후 심사청구를 제기(같은 날 제기한 경우도 포함한다)한 경우
② 청구기간이 지난 후에 청구된 경우
③ 심사청구 후 보정기간에 필요한 보정을 하지 아니한 경우
④ 심사청구가 적법하지 아니한 경우
⑤ 위 '①부터 ④'까지의 규정에 따른 경우와 유사한 경우로서 대통령령으로 정하는 경우

이러한 각하결정 사유에는 다음과 같은 것도 포함된다(기령 52의2).
① 불복청구의 대상이 된 처분이 존재하지 않을 때(처분의 부존재)
② 불복청구의 대상이 된 처분에 의하여 권리나 이익의 침해를 당하지 않은 자의 불복 (당사자 부적격)
③ 대리권 없는 자의 불복

나) 기각결정

불복청구에 대한 본안심리의 결과 불복청구가 이유 없다고 인정될 때에는 그 청구를 기각(棄却)하는 결정을 내리게 된다. 결정기간에 결정의 통지가 없는 경우에도 불복청구는 기각된 것으로 본다.

다) 인용결정

심사청구가 이유 있다고 인정될 때에는 그 청구의 대상이 된 처분의 취소·경정 결정을 하거나 필요한 처분의 결정을 한다. 다만, 취소·경정 또는 필요한 처분을 하기 위하여 사실관계 확인 등 추가적으로 조사가 필요한 경우에는 처분청으로 하여금 이를 재조사하여 그 결과에 따라 취소·경정하거나 필요한 처분을 하도록 하는 재조사 결정을 할 수 있다.

따라서 인용결정(認容決定)이란 불복의 대상이 된 처분이 위법 또는 부당한 처분임을 인정하여 내리는 결정이다. 또한 불복청구인이 필요한 처분을 받지 못함으로써 권리나 이익의 침해가 있다고 인정하는 경우에는 필요한 처분의 결정을 하여야 한다.

그러나 처분청은 재조사 결과 심사청구인의 주장과 재조사 과정에서 확인한 사실관계가 다른 경우 또는 심사청구인의 주장에 대한 사실관계를 확인할 수 없는 경우 등 대통령령으로 정하는 경우에는 해당 심사청구의 대상이 된 당초의 처분을 취소·경정하지 아니할 수 있다.

3) 재조사 결정기간과 통지

① 재조사 결정이 있는 경우 처분청은 재조사 결정일로부터 60일 이내에 결정서 주문에 기재된 범위에 한하여 조사하고, 그 결과에 따라 취소·경정하거나 필요한 처분을 하여야 한다. 이 경우 처분청은 세무조사를 연기하거나 조사기간을 연장하거나 조사를 중지할 수 있다.

② 처분청은 재조사 결과에 따라 청구의 대상이 된 처분의 취소·경정을 하거나 필요한 처분을 하였을 때에는 그 처분결과를 지체 없이 서면으로 심사청구인에게 통지하여야 한다.

4) 결정의 효력

가) 불가변력(不可辯力)의 발생

행정처분에 하자가 있으면 처분청 자신이 직권으로 또는 상급행정청의 감독권의 발동에 의하여 이를 취소·변경 또는 철회할 수 있다. 하지만 결정은 재결청 자신도 구속하므로 재결청 스스로 그 결정을 철회하거나 변경하는 것이 허용되지 않는다. 이를 불가변력 또는 **내용적 확정력**이라고 한다. 이는 결정 자체가 당사자가 참여하여 쟁송하는 준사법적 판단행위로 법적 안정성 때문에 특별히 인정되는 효력이며, 형식적인 확정을 요하지 않고 즉시 효력이 생긴다.

나) 불가쟁력(不可爭力)의 발생

경정·결정이 있은 후 일정한 청구기간에 해당 청구인이 다음 심급의 불복청구를 포기하거나 일정한 제소기간에 행정소송을 제기하지 않는 경우에는 그 결정이 형식적으로 확정되어 그 내용을 다른 청구나 쟁송에 의하여 다를 수 없게 되는 효력이 생기는데 이를 불가쟁력이라고 하며, **형식적 확정력**이라고도 한다. 예를 들어 심판청구에 대한 결정통지를 받은 날부터 90일 이내에 행정소송을 제기하지 않으면 천재·지변 등의 사유로 청구의 기간이 연장되지 않는 한 심판결정은 확정되어 다시 불복할 수 없게 된다는 것을 말한다.

다) 기속력(羈束力)의 발생

결정이 있으면 청구의 당사자나 처분청 및 관계행정청이 같은 사정에서 동일한 내용의 처분을 다시 하지 못하게 되며, 그것이 필요한 처분의 결정이면 그 처분의 이행을 강제하는 효력이 생긴다. 이 효력은 주관적으로는 해당 불복청구인과 처분청 외에도 널리 관계행정청에 미치며, 객관적으로는 해당 결정의 주문과 그 전제인 요건사실의 인정 및 효력에 미친다고 해석한다.

이는 인용결정에 한하는 효력이며, 각하·기각결정은 그 관계행정청에게 원처분의 유지의무를 부여하는 것이 아니고 청구인의 주장을 배척하는 데에 그치므로 정당한 사유가 있으면 직권에 의한 처분취소나 변경 또는 철회가 가능하다고 보는 것이 통설이다.

국세기본법은 심판청구의 결정은 기속력이 있는 것으로 규정하고 있다(기법 80 ①·②).

라) 형성력의 발생

결정은 새로운 법률관계의 발생 또는 기존 법률관계의 변경·소멸을 발생시키는 효력을 갖는다. 물론 모든 취소 또는 변경의 결정이 형성력(形成力)을 갖는가에 대해서는 의견이 갈린다. 이유는 심판청구처럼 재결청과 처분청이 다를 경우 처분청이 그 결정에 따른 처분을 함으로써 비로소 원처분이 취소 또는 변경되기 때문이다. 이 형성력은 성질상 각하·기각결정에는 인정될 수 없다.

5) 결정의 경정

심사청구 또는 심판청구에 대한 결정에 잘못된 기재, 계산착오, 그 밖에 이와 비슷한 잘못이 있는 것이 명백할 때에는 국세청장과 조세심판원장은 직권 또는 심사청구인의 신청에 의하여 이를 경정할 수 있다(기법 65의2 ①). 결정의 경정을 한 경우에는 국세청장과 조세심판원장은 경정서를 작성하여 지체없이 심사청구인에게 통지하여야 한다(기령 53의2).

7. 불복방법의 통지

(1) 의 의

이의신청·심사청구 또는 심판청구의 재결청은 결정서에 그 결정서를 받은 날부터 90일 이내에 이의신청인은 심사청구 또는 심판청구를, 심사청구인 또는 심판청구인은 행정소송제기를 할 수 있다는 사실을 적어야 한다. 또한 이의신청·심사청구 또는 심판청구의 재결청은 해당 신청 또는 청구에 대한 결정기간이 지나도 그 결정을 하지 못하였을 때에는 이의신청인은 심사청구 또는 심판청구를, 심사청구인 또는 심판청구인은 행정소송제기를 결정의 통지를 받기 전이라도 그 결정기간이 지난날부터 할 수 있다는 내용을 서면으로 지체없이 그 신청인 또는 청구인에게 통지하여야 한다(기법 60 ②).

(2) 불복방법의 통지를 잘못한 경우의 구제

재결청이 불복방법 등을 통지할 때 불복을 할 기관을 잘못 통지하여 신청인 또는 청구인이 그 통지된 기관에 신청 또는 청구를 한 경우에는 정당한 기관에 해당 이의신청·심사청구 또는 심판청구를 한 것으로 본다(기령 49 ①). 또한 통지의 잘못으로 그 신청 또는 청구를 받은 기관은 정당한 기관에 지체없이 이송하고 그 뜻을 해당 신청인 또는 청구인에게 통지하여야 한다(기령 49 ②).

제 2 절   이의신청

1. 서 론

이의신청(異議申請)이란 국세기본법 또는 세법에 따른 처분으로서 위법 또는 부당한 처분을 받거나 필요한 처분을 받지 못함으로 인하여 권리나 이익을 침해당한 자가, 그 처분을 하였거나 하였어야 할 세무서장 또는 해당 세무서장을 거쳐 관할지방국세청장에게 불복을 하여 그 처분의 취소 또는 변경이나 필요한 처분을 청구하는 불복제도를 말한다.

이의신청은 국세의 처분에 대한 불복사유가 있을 때 해당 처분을 하였거나 하였어야 할 세무서장을 상대로 또는 관할 세무서장을 거쳐 관할 지방국세청장을 상대로 제기하는 제1차적인 불복절차이며, **선택적 내지 임의적 절차**이므로 청구자가 원하는 경우에만 할 수 있는 불복절차이다(기법 55 ③).

다음의 경우에는 관할 지방국세청장에게 하여야 하며, 세무서장에게 한 이의신청은 관할 지방국세청장에게 한 것으로 본다(기법 66).
① 지방국세청장의 조사에 따라 과세처분을 한 경우
② 세무서장에게 과세전적부심사를 청구한 경우

2. 이의신청의 대상

과세관청의 위법·부당한 처분이 있거나 과세관청으로부터 필요한 처분을 받지 못함으로써 권리나 이익의 침해를 받은 것은 이의신청의 대상이 될 수 있다. 다만, 국세청장이 조사·결정 또는 처리하였거나 하였어야 할 다음의 처분에 대해서는 이의신청을 할 수 없다(기령 44의 2). 이때 이의신청이 배제되는 처분에 대하여 불복청구인이 이의신청서에 의하여 불복을 제기한 경우에는 국세청장에게 심사청구를 한 것으로 본다(국기통 55-44의 2…2).

① 국세청의 감사결과로서의 시정지시에 따른 처분
② 세법에 따라 국세청장이 하여야 할 처분

예를 들면 감사원장의 시정요구에 의하여 국세청장이 지시한 과세처분은 국세청장의 특별한 지시에 따른 처분으로서 이의신청의 대상이 아니고 심사청구의 대상이다(국기통 55-44의 2…1).

3. 이의신청기간

(1) 의 의

이의신청은 그 처분이 있음을 안 날(처분의 통지를 받았을 때에는 그 받은 날)로부터 90일 이내에 하여야 한다. 하지만 천재·지변 등의 기한연장사유(신고·신청·청구, 그밖의 서류의 제출·통지에 관한 기한연장사유만 해당한다)로 인하여 이 기간에 심사청구를 할 수 없을 때에는 그 사유가 소멸한 날부터 14일 이내에 이의신청을 할 수 있다. 이 경우 이의신청인은 그 기간에 이의신청을 할 수 없었던 사유, 그 사유가 발생한 날 및 소멸한 날, 그밖의 필요한 사항을 적은 문서를 함께 제출하여야 한다(기법 66 ⑥).

우편으로 제출(제5조의 2의 규정에서 정한 날을 기준)한 이의신청서가 청구기간을 지나서 도달한 경우에는 그 기간의 만료일에 적법한 청구를 한 것으로 본다.

(2) 이의신청기간의 계산

이의신청기간의 계산에 있어서는 세무서장에게 해당 신청서가 제출된 경우에 이의신청이 있음으로 한다. 해당 신청서가 세무서장 외의 세무서장·지방국세청장이나 국세청장에게 제출된 경우에도 또한 같다(기법 62 ②). 이의신청 또는 심사청구기간의 기산일은 다음과 같다(국기통 61-0…1).

① 경정 등의 청구에 의한 결정 또는 경정의 통지를 그 처리기간(2개월) 내에 받지 못하였을 때에는 그 처리기간종료일의 다음날

② 공시송달한 처분에 대하여 이의가 있을 때에는 공시송달 공고한 날부터 14일이 지난 날
③ 부과의 결정을 철회하였다가 재결정하여 통지한 처분에 대하여 이의가 있을 때에는 재결정의 통지를 받은 날의 다음날
④ 처분의 통지서를 사용인이나 그밖의 종업원 또는 동거인이 받은 경우는 사용인이나 그밖의 종업원 또는 동거인이 처분의 통지를 받은 날의 다음날
⑤ 피상속인 사망 전에 피상속인에게 행하여진 처분에 대하여 상속인이 불복청구를 하는 경우에는 피상속인이 해당 처분의 통지를 받은 날의 다음날

4. 이의신청절차

(1) 이의신청서의 접수

이의신청은 요식행위에 의하여야 한다. 즉, 이의신청은 불복의 사유를 갖춘 이의신청서를 관할 세무서장에게 하거나 관할 세무서장을 거쳐 지방국세청장에게 하여야 한다(기법 66 ①, 기령 54). 그리고 이의신청은 다음의 사항을 적은 이의신청서와 함께 관계 증거서류나 증거물이 있을 때에는 심사청구서에 이를 첨부하여야 한다.

① 청구인의 주소 또는 거소와 성명
② 처분이 있음을 안 연월일(처분통지를 받은 경우에는 통지를 받은 연월일)
③ 통지된 사항 또는 처분의 내용
④ 불복의 이유

(2) 이의신청서 등의 송부

1) 관할 세무서장 이외에게 접수된 경우

이의신청서가 관할 세무서장 외의 세무서장·지방국세청장이나 국세청장에게 제출된 경우에는 그 이의신청서를 관할 세무서장에게 지체없이 송부하고, 그 사실을 해당 청구인에게 통지하여야 한다(기령 50 ②).

2) 지방국세청장이 조사·결정할 사항인 경우

세무서장은 이의신청의 대상이 된 처분이 지방국세청장이 조사·결정 또는 처리하였거나 하였어야 할 것인 경우에는 이의신청을 받은 날부터 7일 이내에 해당 신청서에 의견서를 첨부하여 해당 지방국세청장에게 송부하고 그 사실을 이의신청인에게 통지하여

야 한다(기법 66 ②).

3) 지방국세청장에게 하는 이의신청

지방국세청장에게 하는 이의신청을 받은 세무서장은 이를 받은 날부터 7일 이내에 해당 신청서에 의견서를 첨부하여 지방국세청장에게 송부하여야 한다(기법 66 ③).

4) 이의신청인에게 의견서 송부

세무서장 또는 신청서 또는 의견서를 받은 지방국세청장은 지체 없이 이의신청의 대상이 된 처분에 대한 의견서를 이의신청인에게 송부하여야 한다. 이 경우 의견서에는 처분의 근거·이유, 처분의 이유가 된 사실 등이 구체적으로 기재되어야 한다.

국세기본법 시행규칙 [별지 제32호서식] (개정 2021. 3. 16.)

이의신청서

(앞쪽)

접수번호		접수일		처리기간	30일

신청인	성 명		주민등록번호 (사업자등록번호)	
	상 호		전화번호 (휴대전화번호)	
	주소(거소) 또는 사업장 소재지	(우) 전자우편(e-mail) :		

	처 분 청		조 사 기 관	

처분통지를 받은 날(또는 처분이 있는 것을 처음으로 안 날) :   년 월 일
 ※ 결정 또는 경정의 청구에 대해 아무런 통지를 받지 못한 경우에는 결정 또는 경정 기간이
    경과한 날

통지된 사항 또는 처분의 내용(과세처분인 경우에는 연도, 기분, 세목 및 세액 등을 적습니다)

 ※   년도   기분   세   원 부과처분

불복의 이유(내용이 많은 경우에는 별지에 적어 주십시오)

「국세기본법」 제66조 및 같은 법 시행령 제54조에 따라 위와 같이 이의신청합니다.

년   월   일

신청인   (서명 또는 인)

  세무서장
  지방국세청장 귀하

위임장	「국세기본법」 제59조제1항에 따라 아래 사람에게 위 이의신청에 관한 사항을 위임합니다. (이의신청의 취하는 이에 대한 별도의 위임이 있어야만 합니다)				
	위임자 (신청인)	대리인			
		상호(법인명)	구 분	성 명	사 업 장
	(서명 또는 인)	(서명 또는 인)	세무사 [ ] 공인회계사 [ ] 변호사 [ ] 배우자 등 [ ]		사업자등록번호 : (전자우편) 소재지 : (우) 전화번호(휴대번호) :

첨부서류	1. 불복이유서(불복의 이유를 별지로 작성한 경우에 한정하여 첨부합니다) 2. 불복이유에 대한 증거서류(첨부서류가 많은 경우 목록을 별도로 첨부하여 주십시오)	수수료 없 음

210㎜×297㎜[백상지(80g/㎡) 또는 중질지(80g/㎡)]

5. 이의신청의 결정

(1) 결정기관

세무서장이 조사·결정 또는 처리하거나 처리하여야 할 사항에 대해서는 이의신청을 받은 세무서장 또는 지방국세청장은 국세심사위원회의 심의를 거쳐 결정을 하여야 한다. 다만, 심사청구기간이 지난 후에 제기된 심사청구나 경미한 사유에 해당하는 경우에는 그러하지 아니하다(기법 66).

세무서의 관할구역 변경으로 처분의 통지를 한 세무서와 불복청구할 때의 세무서가 다른 경우에는 불복청구를 할 당시의 납세지를 관할하는 세무서장이 이의신청의 재결청이 된다. 또한 납세자가 부과처분의 통지를 받은 후 납세지를 변경한 경우에는 처분의 통지를 한 세무서장(납세지변경 전 세무서장)이 이의신청의 재결청이 된다(국기집행 66-0-3).

(2) 보정요구

1) 개 념

① 이의신청의 내용이나 절차가 국세기본법 또는 세법에 적합하지 아니하나 보정(補正)할 수 있다고 인정하는 경우에는 20일 이내의 기간을 정하여 보정할 것을 요구할 수 있다.[30] 다만, 보정할 사항이 경미한 경우에는 직권으로 이를 보정할 수 있다.[31] 이때 보정기간은 이의신청기간에 산입하지 아니한다(기법 63).
② 보정요구를 받은 심사청구인은 보정할 사항을 서면으로 작성하여 국세청장에게 제출하거나, 국세청에 출석하여 보정할 사항을 말하고 그 말한 내용을 국세청 소속공무원이 기록한 서면에 서명 또는 날인함으로써 보정할 수 있다.

2) 절 차

이의신청의 내용 또는 절차의 보정요구는 다음의 사항을 적은 문서로 하여야 한다(기령 52 ①). 재결청이 직권으로 보정을 한 때에는 그 사실을 적은 문서로 해당 이의신청인에게 통지하여야 한다(기령 52 ②).

---

[30] [청구서의 보정사항] 이의신청서 또는 심사청구서의 형식을 취하지 아니하고 처분의 취소·경정 또는 필요한 처분을 요구하는 서면이 제출되었을 경우에는 보정을 요구하여 심리할 수 있다(국기통 63-0…1).
[보정요구의 당사자] 대리인을 선임하여 불복청구를 한 경우 보정요구서의 송달은 본인 또는 법 제59조에 규정한 대리인 중 누구에게도 할 수 있다(국기통 63-0…2).
[31] [경미한 사항의 직권보정] 불복청구서가 법정양식과 상위(구양식, 地方稅法의 양식사용 등)하거나 경미한 사항에 착오 또는 누락 등이 있는 경우에는 직권으로 보정할 수 있다(국기통 63-0…3).

① 보정할 사항
② 보정을 요구하는 이유
③ 보정할 기간
④ 그 밖에 필요한 사항

(3) 결정기간

이의신청은 이의신청을 받은 날부터 30일 이내에 결정을 하여야 한다. 다만, 이의신청인이 송부받은 의견서에 대하여 결정기간 내에 항변하는 경우에는 이의신청을 받은 날부터 60일 이내에 하여야 한다. 이 때 보정기간은 결정기간에 포함하지 않는다.

(4) 결정의 통지

결정을 한 때에는 결정기간에 그 이유를 적은 결정서에 의하여 이의신청인에게 통지하여야 한다. 만약 이 결정기간에 신청인에게 결정통지가 없을 때에는 그 이의신청은 기각된 것으로 본다.

(5) 결정의 종류

제1절의 6. 불복청구에 대한 심리와 결정에서의 설명과 같다.

6. 국세심사위원회

(1) 개 념

이의신청, 심사청구 및 과세전적부심사 청구사항을 심의 및 의결하기 위하여 세무서, 지방국세청 및 국세청에 각각 국세심사위원회를 둔다. 국세심사위원회는 필요적 심의기관이나 의결기관은 아니다(심사청구의 경우는 의결기관임). 따라서 의결기관은 아니므로 심의위원회의 심의가 국세청장 등의 심사결정에 구속력을 갖는 것은 아니라고 본다. 그러나 심사청구기간이 지난 후에 제기되거나 경미한 사항에 속하는 사유에 해당하지 않는 경우에는 심사위원회의 심의를 거치지 아니하고 심사결정을 하였다면 이는 절차상 중대한 하자로 인하여 그 결정은 무효 또는 취소될 수 있다고 본다.

(2) 구 성

세무서, 지방국세청 및 국세청의 국세심사위원회는 위원장 1명을 포함하여 다음과 같이 위원회를 구성한다. 이 때 위원장은 세무서 소속은 세무서장, 지방국세청 소속은 지방국세청장, 국세청 소속은 국세청차장으로 한다.

① 세무서에 두는 국세심사위원회: 21명 이내의 위원
② 지방국세청에 두는 국세심사위원회: 27명 이내의 위원
③ 국세청에 두는 국세심사위원회: 35명 이내의 위원

(3) 위 원

1) 위원의 자격과 구성

국세심사위원회의 위원은 다음의 구분에 따른 사람이 된다. 민간위원의 임기는 2년으로 한다.

① 세무서에 두는 국세심사위원회: 지방국세청장이 해당 세무서 소속공무원 중에서 임명하는 4명 이내의 사람과 법률 또는 회계에 관한 학식과 경험이 풍부한 사람 중에서 위촉하는 16명 이내의 사람
② 지방국세청에 두는 국세심사위원회: 국세청장이 해당 지방국세청 소속공무원 중에서 임명하는 6명 이내의 사람과 법률 또는 회계에 관한 학식과 경험이 풍부한 사람 중에서 위촉하는 20명 이내의 사람
③ 국세청에 두는 국세심사위원회: 국세청장이 소속공무원 중에서 임명하는 10명 이내의 사람과 법률 또는 회계에 관한 학식과 경험이 풍부한 사람 중에서 위촉하는 24명 이내의 사람

2) 위원의 제척과 회피

국세심사위원회의 위원은 다음 중 어느 하나에 해당하는 경우에는 심사관여로부터 제척된다. 그리고 국세심사위원회의 위원은 다음 중 어느 하나에 해당하는 경우에는 스스로 해당 안건의 심의·의결에서 회피하여야 한다.

① 심사청구인 또는 그 대리인이거나 대리인이었던 경우
② 위 ①에 규정된 사람의 친족이거나 친족이었던 경우
③ 위 ①에 규정된 사람의 사용인이거나 사용인이었던 경우
④ 불복의 대상이 되는 처분이나 처분에 대한 이의신청에 관하여 증언 또는 감정을 한 경우
⑤ 심사청구일 전 최근 5년 이내에 불복의 대상이 되는 처분, 처분에 대한 이의신청 또는 그 기초가 되는 세무조사에 관여하였던 경우

⑥ 위 ④ 또는 ⑤에 해당하는 법인 또는 단체에 속하거나 심사청구일 전 최근 5년 이내에 속하였던 경우
⑦ 그 밖에 심사청구인 또는 그 대리인의 업무에 관여하거나 관여하였던 경우

3) 민간 위원의 위촉

국세심사위원회의 위원 중 공무원이 아닌 민간위원은 법률 또는 회계에 관한 학식과 경험이 풍부한 사람 중에서 조세심판원 비상임심판관 자격을 준용하여 다음의 구분에 따른 사람으로 한다. 임기는 2년으로 하며, 한 차례만 연임할 수 있다.
① 세무서에 두는 국세심사위원회: 지방국세청장이 위촉하는 사람
② 지방국세청 및 국세청에 두는 국세심사위원회: 국세청장이 위촉하는 사람

그리고 다음 중 어느 하나에 해당하는 사람은 민간위원이 될 수 없다.
①「공직자윤리법」 제17조 제1항 제3호부터 제6호에 따른 취업제한기관에 소속되어 있거나 취업제한기관에서 퇴직한 지 3년이 지나지 않은 사람
② 최근 3년 이내에 해당 국세심사위원회를 둔 세무서, 지방국세청 또는 국세청에서 공무원으로 근무한 사람
③「세무사법」 제17조에 따른 징계처분을 받은 날부터 5년이 지나지 않은 사람
④ 그 밖에 공정한 직무수행에 지장이 있다고 인정되는 사람으로서 국세청장이 정하는 사람

4) 위촉의 해제

국세청장(세무서에 두는 국세심사위원회는 지방국세청장을 말한다)은 위원이 다음 각 호의 어느 하나에 해당하는 경우에는 임명을 철회하거나 해촉할 수 있다.
① 심신장애로 인하여 직무를 수행할 수 없게 된 경우
② 직무와 관련된 비위사실이 있는 경우
③ 직무태만, 품위손상이나 그 밖의 사유로 인하여 위원으로 적합하지 아니하다고 인정되는 경우
④ 위원 스스로 직무를 수행하는 것이 곤란하다고 의사를 밝히는 경우
⑤ 위 '2)'의 제척 사유에 해당하는 데에도 불구하고 회피하지 아니한 경우

5) 공무원이 아닌 위원의 형법 적용

국세심사위원회의 위원 중 공무원이 아닌 위원은「형법」의 공무상 비밀의 누설, 수뢰,

사전수뢰, 제삼자뇌물제공, 수뢰후부정처사, 사후수뢰, 알선수뢰의 규정을 적용할 때에는 공무원으로 본다.32)

(4) 회 의

국세심사위원회의 회의는 위원장과 다음 구분에 따라 위원장이 회의마다 지정하는 사람으로 구성하되, **민간위원이 과반수 이상 포함**되어야 한다(기령 53 ⑪). 회의는 위원장을 포함한 재적위원 과반수의 출석으로 개의하고, 출석위원 과반수의 찬성으로 의결한다.

① 세무서에 두는 국세심사위원회: 6명
② 지방국세청에 두는 국세심사위원회: 8명
③ 국세청에 두는 국세심사위원회: 10명

(5) 통지 및 보고

① 국세심사위원회의 위원장은 심의가 필요하여 기일을 정하였을 때에는 그 기일 7일 전에 지정된 위원 및 해당 청구인 또는 신청인에게 통지하여야 한다.
② 국세심사위원회의 회의에서 의결한 사항은 위원장이 국세청장에게 보고하여야 한다.

(6) 간 사

국세심사위원회에 그 서무를 처리하게 하기 위하여 간사 1명을 두고, 간사는 위원장이 소속 공무원 중에서 지명한다.

---

32) 형법 제127조(공무상 비밀의 누설) 공무원 또는 공무원이었던 자가 법령에 의한 직무상 비밀을 누설한 때에는 2년 이하의 징역이나 금고 또는 5년 이하의 자격정지에 처한다.
   제129조(수뢰, 사전수뢰) ①공무원 또는 중재인이 그 직무에 관하여 뇌물을 수수, 요구 또는 약속한 때에는 5년 이하의 징역 또는 10년 이하의 자격정지에 처한다.
   ②공무원 또는 중재인이 될 자가 그 담당할 직무에 관하여 청탁을 받고 뇌물을 수수, 요구 또는 약속한 후 공무원 또는 중재인이 된 때에는 3년 이하의 징역 또는 7년 이하의 자격정지에 처한다.
   제130조(제삼자뇌물제공) 공무원 또는 중재인이 그 직무에 관하여 부정한 청탁을 받고 제3자에게 뇌물을 공여하게 하거나 공여를 요구 또는 약속한 때에는 5년 이하의 징역 또는 10년 이하의 자격정지에 처한다.
   제131조(수뢰후부정처사, 사후수뢰) ①공무원 또는 중재인이 전2조의 죄를 범하여 부정한 행위를 한 때에는 1년 이상의 유기징역에 처한다.
   ②공무원 또는 중재인이 그 직무상 부정한 행위를 한 후 뇌물을 수수, 요구 또는 약속하거나 제삼자에게 이를 공여하게 하거나 공여를 요구 또는 약속한 때에도 전항의 형과 같다.
   ③공무원 또는 중재인이었던 자가 그 재직 중에 청탁을 받고 직무상 부정한 행위를 한 후 뇌물을 수수, 요구 또는 약속한 때에는 5년 이하의 징역 또는 10년 이하의 자격정지에 처한다.
   ④ 전3항의 경우에는 10년 이하의 자격정지를 병과할 수 있다.
   제132조(알선수뢰) 공무원이 그 지위를 이용하여 다른 공무원의 직무에 속한 사항의 알선에 관하여 뇌물을 수수, 요구 또는 약속한 때에는 3년 이하의 징역 또는 7년 이하의 자격정지에 처한다.

제 3 절 심사청구

1. 서 론

심사청구(審査請求)는 처분청의 상급관청인 국세청장에게 제기하는 불복으로 국세청장의 감독권에 의한 판단을 구하는 절차이다. 불복청구인은 이의신청을 거쳐서 심사청구를 할 수도 있지만, 이의신청 없이 곧바로 심사청구를 할 수도 있다. 이 심사청구는 처분청인 세무서장을 거쳐서(경유기관) 제기하여야 한다. 심사청구는 국세의 처분에 대한 불복사유가 있을 때 이의신청을 거치지 않고 직접 국세청장을 상대로 제기하면 제1심적 불복절차이며, 이의신청을 거쳐서 하는 경우에는 제2심적 불복절차가 된다.

심사청구 결정에 대하여 불복하는 자는 결정의 통지를 받은 날부터 90일 이내에 또는 통지를 받지 못한 경우에는 결정통지를 받기 전이라도 그 결정기간이 지난날부터 행정법원에 행정소송을 제기할 수 있다(기법 56 ③).

2. 심사청구의 대상

과세관청의 위법·부당한 처분이 있거나 과세관청으로부터 필요한 처분을 받지 못함으로써 권리나 이익의 침해를 받은 것은 모두 심사청구의 대상이 된다(기법 55 ①).

3. 심사청구기간

(1) 이의신청을 거치지 아니한 경우

심사청구는 해당 처분이 있음을 안 날 또는 처분의 통지를 받았을 때에는 그 받은 날부터 90일 이내에 하여야 한다(기법 61).

(2) 이의신청을 거친 경우

이의신청을 거친 후 심사청구를 하려면 이의신청에 대한 결정의 통지를 받은 날부터 90일 이내에 하여야 한다. 다만, 이의신청 결정기간(30일) 내에 결정의 통지를 받지 못한 경우에는 결정기간이 지난 날부터 90일 이내에 심사청구가 가능하며, 이의신청에 대한 재조사 결정이 있은 후 처분기간(60일) 내에 재조사 후 행한 처분 결과의 통지를 받지 못한 경우에는 처분기간이 지난 날부터 90일 이내에 심사청구가 가능하다.

(3) 기한연장사유로 심사청구를 할 수 없는 경우

천재·지변 등의 기한연장사유(신고·신청·청구, 그밖의 서류의 제출·통지에 관한 기한연장사유만 해당한다)로 인하여 이 기간에 심사청구를 할 수 없을 때에는 그 사유가 소멸한 날부터 14일 이내에 심사청구를 할 수 있다. 이 경우 심사청구인은 그 기간에 심사청구를 할 수 없었던 사유, 그 사유가 발생한 날과 소멸한 날, 그 밖에 필요한 사항을 적은 문서를 함께 제출하여야 한다.

(4) 청구기간을 지나서 도달한 우편의 경우

우편으로 제출(통신날짜도장이 찍힌 날을 기준하며, 통신날짜도장이 찍히지 아니하였거나 분명하지 아니한 때에는 통상 걸리는 우송일수를 기준)한 심사청구서가 청구기간을 지나서 도달한 경우에는 그 기간의 만료일에 적법한 청구를 한 것으로 본다.

(5) 청구기간의 계산

심사청구기간의 계산은 앞 절의 이의신청과 같다.

(6) 국제거래가격에 대한 과세의 조정절차 등 진행 시 기간 계산의 특례

「국제조세조정에 관한 법률」에 따른 국제거래가격에 대한 과세의 조정절차 및 조세조약에 따른 상호합의절차 진행 시 기간 계산의 특례는 다음과 같다.
① 국제거래가격에 대한 과세의 조정을 신청한 날부터 통지를 받은 날까지의 기간은 「국세기본법」 및 「관세법」에 따른 심사청구 등의 청구기간 또는 신청기간에 산입하지 아니한다.
② 상호합의절차가 시작된 경우 상호합의절차의 개시일부터 종료일까지의 기간은 「국세기본법」 및 「지방세기본법」에 따른 심사청구 등의 청구기간과 「국세기본법」 및 「지방세기본법」에 따른 심사청구 등의 결정기간에 산입하지 아니한다.

국세기본법 시행규칙 [별지 제29호서식] (개정 2021. 3. 16.)

심사청구서

(앞쪽)

접수번호		접수일			처리기간 90일

청구인	성 명		주민등록번호 (사업자등록번호)	
	상 호		전화번호 (휴대전화번호)	
	주소(거소) 또는 사업장 소재지	(우) 전자우편(e-mail) :		

	처 분 청		조 사 기 관	

처분통지를 받은 날(또는 처분이 있은 것을 처음으로 안 날) :   년 월 일
 ※ 결정 또는 경정의 청구에 대해 아무런 통지를 받지 못한 경우에는 결정 또는 경정 기간이 경과한 날

통지된 사항 또는 처분의 내용(과세처분인 경우에는 연도, 기분, 세목 및 세액 등을 기재합니다)

※	년도	기분	세 원 부과처분
이의신청을 한 날	년 월 일	이의신청 결정통지를 받은 날 (또는 결정기간이 경과한 날)	년 월 일

불복의 이유(내용이 많은 경우에는 별지에 기재하여 주십시오)

「국세기본법」 제62조 및 같은 법 시행령 제50조에 따라 위와 같이 심사청구를 합니다.
년 월 일
청구인 (서명 또는 인)

국세청장 귀하

위임장	「국세기본법」 제59조제1항에 따라 아래 사람에게 위 심사청구에 관한 사항을 위임합니다. (심사청구의 취하는 이에 대한 별도의 위임이 있어야만 합니다)				
	위임자 (청구인)	대리인			
		상호(법인명)	구 분	성 명	사 업 장
	(서명 또는 인)	(서명 또는 인)	세무사 [ ] 공인회계사 [ ] 변호사 [ ] 배우자 등 [ ]		사업자등록번호 : (전자우편) 소재지 : (우) 전화번호(휴대번호) :

첨부서류	1. 불복이유서(불복의 이유를 별지로 작성한 경우에 한정하여 첨부합니다) 2. 불복이유에 대한 증거서류(첨부서류가 많은 경우 목록을 별도로 첨부하여 주십시오)	수수료 없 음

210mm×297mm[백상지(80g/㎡) 또는 중질지(80g/㎡)]

4. 심사청구절차

(1) 심사청구서의 접수

심사청구 역시 요식행위(要式行爲)에 의하여야 한다. 즉, 심사청구는 심사청구서에 의하여 불복의 사유를 갖추어 해당 처분을 하였거나 하였어야 할 세무서장을 거쳐 국세청장에게 하여야 한다. 그리고 심사청구는 필요적 사항(이의신청시와 같음)을 적은 심사청구서와 함께 관계증거서류나 증거물이 있으면 첨부하여 제기하여야 한다(기령 50 ①).

(2) 심사청구서 등의 송부

1) 관할 세무서장이 접수받은 경우

해당 청구서의 제출을 받은 세무서장은 이를 받은 날부터 7일 이내에 그 청구서에 처분의 근거·이유, 처분의 이유가 된 사실 등이 구체적으로 기재된 의견서를 첨부하여 국세청장에게 송부하여야 한다. 다만, 다음 중 어느 하나에 해당하는 심사 청구의 경우에는 그 지방국세청장의 의견서를 첨부하여야 한다.

① 해당 심사청구의 대상이 된 처분이 지방국세청장이 조사·결정 또는 처리하였거나 하였어야 할 것인 경우
② 지방국세청장에게 이의신청을 한 자가 이의신청에 대한 결정에 이의가 있거나 그 결정을 받지 못한 경우

2) 관할 세무서장 이외에게 접수된 경우

심사청구서가 관할 세무서장 외의 세무서장·지방국세청장이나 국세청장에게 제출된 경우에는 해당 심사청구서를 관할 세무서장에게 지체없이 송부하고, 그 사실을 해당 청구인에게 통지하여야 한다(기령 50 ②).

3) 심사청구인에게 의견서 송부

의견서가 제출되면 국세청장은 지체 없이 해당 의견서를 심사청구인에게 송부하여야 한다.

4) 심사청구인의 항변 증거서류 또는 증거물 제출

① 심사청구인은 송부받은 의견서에 대하여 항변하기 위하여 국세청장에게 증거서류나 증거물을 제출할 수 있다.

② 심사청구인은 국세청장이 위 '①'에 따른 증거서류나 증거물에 대하여 기한을 정하여 제출할 것을 요구하는 경우 그 기한까지 해당 증거서류 또는 증거물을 제출하여야 한다.
③ 국세청장은 위 '① 및 ②'에 따라 증거서류가 제출되면 증거서류의 부본(副本)을 지체 없이 해당 세무서장 및 지방국세청장에게 송부하여야 한다.

5. 심사청구의 결정

(1) 결정기관

국세청장은 심사청구를 받으면 **국세심사위원회의 의결에 따라** 이를 결정(의결이 법령위반의 경우 한차례 재심의 요청 가능)하여야 한다. 다만, 다음 사유에 해당하는 경우에는 그러하지 아니하다(기법 64 ①, 기령 53 ⑭).
① 심사청구의 내용이 다음에 정하는 경미한 사항에 해당하는 경우
㉠ 심사청구금액이 **5천만원** 미만으로서 사실판단과 관련된 사항이거나 유사한 심사청구에 대하여 국세심사위원회의 심의를 거쳐 결정된 사례가 있는 경우
㉡ 심사청구가 적법하지 아니하거나 청구기간이 지난 후에 청구되었거나 심사청구 후 보정기간에 필요한 보정을 하지 아니한 때 등 각하결정사유에 해당하는 경우
② 심사청구가 그 청구기간이 지난 후에 제기된 경우

(2) 보정요구

심사청구의 내용이나 절차가 이 법 또는 세법에 적합하지 아니하나 보정할 수 있다고 인정되면 20일 내의 기간을 정하여 보정할 것을 요구할 수 있다. 다만, 보정할 사항이 경미한 경우에는 직권으로 이를 보정할 수 있다(기법 63). 이때 보정기간은 심사청구기간에 산입하지 아니한다. 그밖의 보정요구에 관한 사항은 앞 절의 이의신청에서와 동일하다.

(3) 결정기간

심사청구는 심사청구를 받은 날부터 90일 이내에 결정을 하여야 한다. 보정기간은 결정기간에 포함하지 않는다.

(4) 결정의 통지

결정을 한 때에는 결정기간에 그 이유를 적은 결정서에 의하여 심사청구인에게 통지하여야 한다.

(5) 결정의 종류

결정의 종류는 제1절의 6.불복청구에 대한 심리와 결정에서의 설명과 같다.

(6) 국세심사위원회의 회의 공개 여부

국세심사위원회의 회의는 공개하지 아니한다. 다만, 국세심사위원회 위원장이 필요하다고 인정하는 경우에는 이를 공개할 수 있다.

제 4 절 심판청구

1. 서 론

심판청구(審判請求)는 국세청으로부터 독립된 기관(국무총리 소속)인 조세심판원장에 제기하는 불복절차이다. 심판청구는 심사청구와 같이 이의신청을 거쳐서 청구를 할 수도 있지만 이의신청 없이 곧바로 청구를 할 수도 있다. 이 심판청구 또한 반드시 처분청인 세무서장을 거쳐서 제기하여야 한다. 따라서 심판청구는 국세의 처분에 대한 불복사유가 있을 때 이의신청을 거치지 않고 직접 조세심판원장을 상대로 제기하면 제1심적 불복절차이며, 이의신청을 거쳐서 하는 경우에는 제2심적 불복절차가 된다.

심판청구의 재결청은 조세심판원으로 국세행정의 집행기관인 국세청과는 별도의 독립된 기관인 까닭에 심리에 있어서 공정성을 기할 수 있다고 볼 수 있다.

심판청구 결정에 대하여 불복하는 자는 결정의 통지를 받은 날부터 90일 이내에 또는 통지를 받지 못한 경우에는 결정 통지를 받기 전이라도 그 결정기간이 지난날부터 행정법원에 행정소송을 제기할 수 있다.

2. 심판청구기간

(1) 이의신청을 거치지 아니한 경우

심판청구는 그 처분이 있음을 안 날 또는 처분의 통지를 받았을 때에는 그 받은 날부터 90일 이내에 하여야 한다.

(2) 이의신청을 거친 경우

이의신청을 거친 후 심판청구를 하려면 이의신청에 대한 결정의 통지를 받은 날부터 90일 이내에 하여야 한다. 다만, 이의신청 결정기간(30일) 내에 결정의 통지를 받지 못한 경우에는 결정기간이 지난 날부터 90일 이내에 심판청구가 가능하며, 이의신청에 대한 재조사 결정이 있은 후 처분기간(60일) 내에 재조사 후 행한 처분 결과의 통지를 받지 못한 경우에는 처분기간이 지난 날부터 90일 이내에 심판청구가 가능하다.

심판청구기간의 계산에 있어서는 세무서장에게 해당 청구서가 제출된 경우에 심판청구를 한 것으로 한다. 해당 청구서가 관할 세무서장 외의 세무서장·지방국세청장·국세청장 또는 조세심판원장에게 제출된 경우에도 또한 같다(기법 69).

국세기본법 시행규칙 [별지 제35호서식] <개정 2019. 3. 20.>

조 세 심 판 청 구 서

접수번호		접수일		처리기간	90일

<table>
<tr><td rowspan="3">청구인</td><td>성 명</td><td></td><td>주민등록번호(사업자등록번호)</td><td></td></tr>
<tr><td>상 호</td><td></td><td>전화번호(휴대전화번호)</td><td></td></tr>
<tr><td>주소 또는
사업장 소재지</td><td colspan="3">(우   -   )
전자우편(e-mail) :   전송(Fax) :</td></tr>
<tr><td colspan="2">처 분 청</td><td></td><td>조 사 기 관</td><td></td></tr>
<tr><td colspan="5">처분통지를 받은 날(또는 처분이 있은 것을 처음으로 안 날) :   년 월 일
※ 결정 또는 경정의 청구에 대해 아무런 통지를 받지 못한 경우에는 결정 또는 경정 기간이 경과한 날</td></tr>
<tr><td colspan="5">처분의 내용 또는 통지된 사항
※   년도   기분   세   원</td></tr>
<tr><td colspan="5">조세심판청구 취지 및 이유
(별지에 적어 주십시오)</td></tr>
<tr><td colspan="2">이의신청을 한 날</td><td>년 월 일</td><td>이의신청의 결정통지를 받은 날</td><td>년 월 일</td></tr>
<tr><td colspan="5">국선대리인 선정 신청 여부 : 여 [ ]   부 [ ]
[신청 시 국선대리인 선정 신청서(「국세기본법 시행규칙」 별지 제28호의2서식)를 첨부하여 주십시오]</td></tr>
</table>

「국세기본법」 제69조에 따라 위와 같이 조세심판청구를 합니다.

년 월 일

청구인   (서명 또는 인)

조세심판원장 귀하

<table>
<tr><td rowspan="8">위임장</td><td colspan="6">「국세기본법」 제59조제1항(관세에 관한 사항인 경우에는 「관세법」 제126조제1항)에 따라 아래 사람에게 위 조세심판청구에 관한 사항(조세심판청구 취하는 제외)을 위임합니다.</td></tr>
<tr><td rowspan="2">위임자
(청구인)</td><td colspan="5">대리인</td></tr>
<tr><td>구분</td><td>성명</td><td>사업장
소재지</td><td>사업자등록번호
(전자우편)</td><td>연락처
(휴대전화, Fax)</td></tr>
<tr><td rowspan="5">(서명 또는 인)</td><td>세무사 [ ]
공인회계사 [ ]
변호사 [ ]
관세사 [ ]
배우자 등 [ ]</td><td>(서명 또는 인)</td><td>(우   -   )</td><td></td><td></td></tr>
</table>

첨부 서류	1. 조세심판청구 이유서 2부 2. 조세심판청구 이유에 대한 증거자료 2부 3. 2번 자료에 대한 증거목록(「국세기본법 시행규칙」 별지 제36호의2서식) 2부	수수료 없 음

210mm×297mm(백상지 80g/㎡(재활용품))

3. 심판청구절차

(1) 심판청구서의 접수

심판청구는 요식행위에 의하여야 한다. 심판청구를 하려는 자는 법령이 정하는 바에 따라 불복의 사유 등이 기재된 심판청구서를 그 처분을 하였거나 하였어야 할 세무서장이나 조세심판원장에게 제출하여야 한다. 이 경우 심판청구서를 받은 세무서장은 이를 지체 없이 조세심판원장에게 송부하여야 한다. 그리고 심판청구는 필요적 사항(이의신청 시와 같음)을 적은 심판청구서와 함께 관계증거서류나 증거물이 있으면 첨부하여 제기하여야 한다.

(2) 심판청구서의 송부와 세무서장의 답변서 제출

1) 청구서가 세무서장에게 직접 제출된 경우

심판청구서를 받은 세무서장, 지방국세청장 또는 국세청장은 이를 지체 없이 조세심판원장에게 송부하여야 한다. 그리고 심판청구서를 직접 받거나 조세심판원장으로부터 심판청구서의 부본을 받은 세무서장은 이를 받은 날부터 10일 이내에 그 심판청구서에 대한 답변서를 조세심판원장에게 제출하여야 한다. 다만, 이의신청을 한 처분과 심판청구의 대상이 된 처분이 지방국세청장이 조사·결정 또는 처리하였거나 하였어야 할 것인 경우와 지방국세청장에게 이의신청을 한 자가 이의신청에 대한 결정에 이의가 있거나 그 결정을 받지 못한 경우에 행하는 심판청구에 있어서는 국세청장 또는 지방국세청장의 답변서를 첨부하여야 한다.

이때 답변서에는 이의신청에 대한 결정서(이의신청에 대한 결정이 있는 경우에만 해당한다), 처분의 근거·이유 및 처분의 이유가 된 사실을 증명할 서류, 청구인이 제출한 증거서류 및 증거물, 그밖의 심리자료 일체를 첨부하여야 한다(기법 69 ④).

2) 청구서가 조세심판원장에게 직접 제출된 경우

① 조세심판원장은 직접 또는 그 처분을 하였거나 하였어야 할 세무서장 이외의 세무서장, 지방국세청장 또는 국세청장에게 제출된 심판청구서를 받은 경우에는 지체 없이 그 부본을 그 처분을 하였거나 하였어야 할 세무서장에게 송부하여야 한다.
② 조세심판원장은 10일 이내에 세무서장이 답변서를 제출하지 아니하는 경우에는 기한을 정하여 답변서 제출을 촉구할 수 있다. 조세심판원장은 세무서장이 10일 이내에 답변서를 제출하지 아니하는 경우에는 증거조사 등을 통하여 심리절차를 진행하도록 할 수 있다.

(3) 심판청구인에게 답변서 송부

세무서장과 국세청장 또는 지방국세청장의 답변서가 제출되면 조세심판원장은 지체없이 그 부본을 해당 심판청구인에게 송부하여야 한다.

(4) 심판청구인의 항변자료 제출

심판청구인은 송부받은 국세청장의 답변서에 대하여 항변하기 위하여 조세심판원장에게 증거서류나 증거물을 제출할 수 있다(기법 71 ①). 이때 조세심판원장이 심판청구인에게 증거서류나 증거물을 기한을 정하여 문서로서 제출할 것을 요구하면 심판청구인은 그 기한까지 제출하여야 한다.

4. 조세심판원

(1) 조세심판원의 소속

심판청구에 대한 결정을 하기 위하여 국무총리소속으로 조세심판원을 둔다(기법 67 ①). 즉, 심판청구의 재결청은 조세심판원이며, 이 조세심판원은 국세기본법상 인정된 최종적인 불복절차에 대한 심리·결정기관인 바 공정성과 신중성을 기하기 위하여 국세에 관한 상급집행기관인 국세청과 분리한 제3의 독립된 기관이다. 따라서 조세심판원은 그 권한에 속하는 사무를 독립적으로 수행하도록 하고 있다.

(2) 조세심판원의 구성

1) 원장과 상임조세심판관

조세심판원에 원장과 조세심판관을 두되, 원장과 원장이 아닌 상임조세심판관은 고위공무원단에 속하는 일반직공무원 중에서 국무총리의 제청으로 대통령이 임명하고, 비상임조세심판관은 대통령령으로 정하는 바에 따라 위촉한다. 이 경우 원장이 아닌 상임조세심판관(경력직공무원으로서 전보 또는 승진의 방법으로 임용되는 상임조세심판관은 제외한다)은 임기제공무원으로 임용한다. 상임 조세심판관은 8명(국세 6명, 지방세 2명)이며, 비상임 조세심판관은 40명 이내로 한다(「국무조정실과 그 소속기관 직제」제17조 및 제18조).

2) 조세심판관의 직원

그리고 조세심판원에 심판청구사건에 대한 조사사무를 담당하는 심판조사관 및 이를 보조하는 직원을 둔다(기법 67 ⑦). 이 경우 심판조사관은 3급 공무원, 4급 공무원으로서 다음 중 어느 하나에 해당하는 자격을 갖춘 사람이어야 한다.
① 국세(관세를 포함한다) 또는 지방세에 관한 사무에 2년 이상 근무한 사람
② 변호사·공인회계사·세무사 또는 관세사의 자격을 가진 사람

3) 조세심판관의 자격

조세심판관은 국세·법률·회계 분야에 관한 전문지식과 경험을 갖춘 사람으로서 다음에 정하는 자격을 가진 사람이어야 한다(기법 67 ③, 기령 55의 2).
① 국세(관세를 포함한다)에 관한 사무에 4급 이상의 국가공무원 또는 고위공무원단에 속하는 일반직공무원으로서 2년 이상 근무한 사람 또는 5급 이상의 국가공무원으로서 5년 이상 근무한 사람
② 다음 중 어느 하나에 해당하는 직에 재직한 기간을 합해 10년 이상인 사람
　㉮ 판사·검사 또는 군법무관
　㉯ 변호사·공인회계사·세무사 또는 관세사
　㉰ 조세 관련 분야를 전공하고 「고등교육법」 제2조에 따른 학교의 조교수 이상에 해당하는 직
③ 다음에 해당하는 상임조세심판관은 3명, 비상임조세심판관은 각각 6명을 초과할 수 없다.
　㉠ 관세 또는 지방세에 관한 사무에 근무한 기간을 포함한 경력으로 조세심판관이 된 사람
　㉡ 관세사의 직에 6년 이상 재직한 경력으로 조세심판관이 된 사람
④ 비상임조세심판관의 자격제한: 공직자윤리법 취업심사대상기관에 재직 또는 퇴직후 3년이내인 사람, 최근 3년 이내 조세심판원에 근무한 사람, 세무사법·관세사법에 따른 징계처분후 5년이 지나지 않은 사람

4) 조세심판관의 신분보장

상임·비상임조세심판관의 임기는 3년으로 하고 각각 한 차례만 중임(비상임조세심판관은 연임)할 수 있으며, 다음의 어느 하나에 해당하는 경우가 아니면 그 의사에 반하여 면직되거나 해촉되지 아니한다. 다만, 원장인 조세심판관은 위 조항을 적용하지 아니한

다(기법 67 ⑤·⑥·⑦).

① 심신쇠약 등으로 장기간 직무를 수행할 수 없게 된 경우
② 직무와 관련된 비위사실이 있는 경우
③ 직무태만, 품위손상이나 그 밖의 사유로 심판관으로 적합하지 아니하다고 인정되는 경우
④ 제척 사유에 해당하는 심판에 심판관이 회피하지 않은 경우

5) 공무원이 아닌 조세심판관의 형법 적용

조세심판관 중 공무원이 아닌 사람은 「형법」의 공무상 비밀의 누설, 수뢰, 사전수뢰, 제삼자뇌물제공, 수뢰후부정처사, 사후수뢰, 알선수뢰의 규정을 적용할 때에는 공무원으로 본다.

(3) 조세심판관회의 구성과 의결

1) 구 성

조세심판원장은 심판청구를 받으면 이에 관한 조사와 심리(審理)를 담당할 **주심조세심판관 1명과 배석조세심판관 2명 이상을 지정하여** 조세심판관회의를 구성하게 한다(기법 72 ①). 조세심판원장은 담당조세심판관을 지정한 때에는 지체없이 그 사실을 적은 문서로 해당 조세심판관과 심판청구인에게 통지하여야 한다. 담당조세심판관을 변경한 경우에도 또한 같으나, 당초 지정통지한 담당 조세심판관 중 일부를 제외하는 경우는 그러하지 아니한다(기령 57).

2) 의 결

조세심판관회의는 주심조세심판관이 그 의장이 되며, 의장은 그 심판사건에 관한 사무를 총괄한다. 다만, 주심조세심판관이 부득이한 사유로 직무를 수행할 수 없을 때에는 조세심판원장이 배석조세심판관 중에서 그 직무를 대행할 자를 지정한다. 그리고 조세심판관회의는 담당조세심판관 3분의 2 이상의 출석으로 개의하고, 출석조세심판관 과반수의 찬성으로 의결한다(기법 72 ③).

3) 조세심판관회의는 미공개

조세심판관회의는 공개하지 아니한다. 다만, 조세심판관회의 의장이 필요하다고 인정

하는 경우에는 공개할 수 있다(기법 72 ④).

4) 간 사

조세심판관회의에 그 서무를 처리하게 하기 위하여 간사 1명을 두고, 간사는 조세심판원장이 조사관 중에서 임명한다.

(4) 조세심판관 및 심판조사관의 제척·회피·기피

1) 제 척

제척(除斥)이란 조세심판관이 청구사건과 특별한 관계에 있어서 심판 때 공정을 기하지 못할 사유가 있을 경우에는 그 조세심판관을 해당 사건의 심판에 관여하지 못하게 하는 제도이다. 제척사유가 있으면 그 조세심판관은 당연히 그 심판에서 제척된다는 점에서 회피나 기피와 다르다.

조세심판관은 다음 중 어느 하나에 해당하는 경우에는 심판관여로부터 제척(除斥)된다.
① 심판청구인 또는 그 대리인인 경우(대리인이었던 경우를 포함한다)
② 위 '①'에 규정된 사람의 친족이거나 친족이었던 경우
③ 위 '①'에 규정된 사람의 사용인이거나 사용인이었던 경우(심판청구일을 기준으로 최근 5년 이내에 사용인이었던 경우로 한정)
④ 불복의 대상이 되는 처분, 처분에 대한 이의신청에 관하여 증언 또는 감정을 한 경우
⑤ 심판청구일 전 최근 5년 이내에 세무공무원으로서 불복의 대상이 되는 처분, 처분에 대한 이의신청 또는 그 기초가 되는 세무조사(「조세범 처벌절차법」에 따른 조세범칙조사를 포함한다)에 관여하였던 경우
⑥ 위 ④ 또는 ⑤에 해당하는 법인 또는 단체에 속하거나 심판청구일 전 최근 5년 이내에 속하였던 경우

2) 회 피

회피(回避)는 조세심판관이 자발적으로 특정 심판청구사건의 심판관여를 거절하도록 하는 제도이다. 따라서 조세심판관은 위 '1)'에 해당하는 제척의 원인이 있을 때에는 심판청구의 주심조세심판관 또는 배석조세심판관의 지정에서 회피하여야 한다(기법 73 ②).

3) 기 피

심판청구인은 담당조세심판관에게 공정한 심판을 기대하기 어려운 사정이 있다고 인정될 때에는 해당 조세심판관의 기피(忌避)를 신청할 수 있다(기법 74 ①). 이때 기피신청은 조세심판원장에게 다음의 사항을 적은 문서로 담당조세심판관의 지정 또는 변경통지를 받은 날부터 7일 이내에 하여야 한다(기령 60). 이 경우 조세심판원장은 기피신청이 이유 있다고 인정하는 경우에는 이를 승인하여야 한다(기법 74 ③).

① 기피하려는 담당조세심판관의 성명
② 기피의 이유
③ 담당조세심판관의 지정 또는 변경통지를 받은 연월일

4) 심판조사관의 제척·회피 및 기피

심판에 관여하는 심판조사관에 대해서도 위의 제척·회피 및 기피를 준용한다.

5. 심판청구의 심리

(1) 보정요구

심판청구의 내용이나 절차가 이 법 또는 세법에 적합하지 아니하나 보정할 수 있다고 인정하는 경우에는 상당한 기간을 정하여 보정할 것을 요구할 수 있다(기법 80의2). 다만, 보정할 사항이 경미한 경우에는 직권으로 이를 보정할 수 있다. 이때 보정기간은 심판청구기간에 산입하지 아니한다. 그밖의 보정요구에 관한 사항은 이의신청에서 설명한 내용과 동일하다.

(2) 사건의 병합과 분리

담당조세심판관은 필요하다고 인정하면 여러 개의 심판사항을 병합하거나 병합된 심판사항을 여러 개의 심판사항으로 분리할 수 있다. 이는 심판의 편의와 신속 등 능률을 확보하기 위하여 두는 제도이다.

(3) 질문·검사권

1) 담당조세심판관의 질문·조사

담당조세심판관은 심판청구에 관한 조사와 심리를 위하여 필요하면 직권으로 또는 심판청구인의 신청에 의하여 다음의 행위를 할 수 있다(기법 76 ①). 이때 조세심판관이 청구인의 의사를 묻지 않고 직권으로 질문·조사하여 심리하는 것을 직권심리주의라 한다.
① 심판청구인·처분청·관계인 또는 참고인에 대한 질문
② 심판청구인·처분청·관계인 또는 참고인의 장부·서류, 그밖의 물건의 제출요구
③ 심판청구인·처분청·관계인 또는 참고인의 장부·서류, 그밖의 물건의 검사 또는 감정기관에 대한 감정의뢰

2) 조세심판원 소속공무원의 질문·조사

가) 질문·조사의 내용

조세심판원 소속공무원은 조세심판원장의 명에 의하여 다음 행위를 할 수 있지만 장부 등의 제출요구는 할 수 없다(기법 76 ②). 조세심판관이나 그밖의 조세심판원 소속공무원이 해당 행위를 할 때에는 그 신분을 표시하는 증표를 지니고 관계자에게 보여야 한다.
① 심판청구인·처분청·관계인 또는 참고인에 대한 질문
② 심판청구인·처분청·관계인 또는 참고인의 장부·서류, 그밖의 물건의 검사 또는 감정기관에 대한 감정의뢰

나) 조사관의 자격요건

조사관은 3급공무원, 4급공무원 또는 고위공무원단에 속하는 일반직공무원이나 계약직공무원으로서 다음에 해당하는 자격을 갖춘 자이어야 한다.
① 국세(관세를 포함)에 관한 사무에 2년 이상 근무한 자
② 변호사·공인회계사·세무사 또는 관세사의 자격을 가진 자

3) 심판청구인 주장의 배제

담당조세심판관은 심판청구인이 위의 질문·조사행위 또는 항변의 증거서류나 증거물의 제출요구에 정당한 사유없이 응하지 아니하여 해당 심판청구의 전부 또는 일부에 대하여 심판하는 것이 현저히 곤란하다고 인정하는 경우에는 그 부분에 관한 심판청구인의 주장을 인용하지 아니할 수 있다(기법 76 ④). 즉, 그 부분에 관한 심판청구인의 주장을 받아들이지 아니할 수 있다.

4) 질문·검사의 신청

질문·검사의 신청은 다음의 사항을 적은 문서로 담당조세심판관의 지정통지를 받은 날부터 14일 이내에 하여야 한다(기령 61).

① 요구하는 행위
② 요구의 이유
③ 그 밖에 필요한 사항

6. 심판청구의 결정

(1) 결정기간

심판청구는 심판청구를 받은 날부터 90일 이내에 결정을 하여야 한다. 보정기간은 이에 포함하지 않는다. 다만, 심판청구기간을 계산할 때에는 심판청구서가 그 처분을 하였거나 하였어야 할 세무서장 외의 세무서장, 지방국세청장 또는 국세청장에게 제출된 경우에도 심판청구를 한 것으로 본다.

(2) 결정절차

1) 조세심판관회의의 심리와 결정

조세심판원장이 심판청구를 받았을 때에는 조세심판관회의가 그 심리를 거쳐 결정한다. 다만, **심판청구의 대상이 소액인 것 또는 경미한 것인 경우나 심판청구가 청구기간의 경과 후에 있은 때**에는 조세심판관회의의 심리를 거치지 아니하고 주심조세심판관이 이를 심리하여 결정할 수 있다.

주심조세심판관은 조세심판관회의에서 심판청구사건에 대한 심리가 종료되었을 때에는 지체 없이 그 심리내용을 조세심판원장에게 통보해야 한다(기령 62의2 ②). 이 경우 조세심판원장은 통보받은 날부터 30일 이내에 해당 심판청구사건이 조세심판관합동회의의 심리를 거쳐야 하는 사건인지 여부를 결정해야 한다. 이 경우 중요 ①사실관계의 누락, ②명백한 법령해석의 오류, ③선행 결정례나 판례와 다르게 해석한 경우 등이 있는 경우에는 주심조세심판관으로 하여금 다시 심리할 것을 요청할 수 있다(기령 62의2).

2) 주심조세심판관의 결정

심판청구의 대상이 소액인 것 또는 경미한 것인 경우나 심판청구가 청구기간 경과 후에 있은 때에는 조세심판관회의의 의결에 갈음하여 주심조세심판관의 의견을 들어 결정한다(기법 78 ① 단서).

여기서 소액인 것 또는 경미한 것이란 다음에 해당하는 것을 말한다(기령 62).

① 심판청구금액이 5천만원(지방세의 경우 2천만원) 미만인 것으로서 다음 중 하나에 해당하는 것
　㉠ 청구사항이 법령의 해석에 관한 것이 아닌 것
　㉡ 청구사항이 법령의 해석에 관한 것으로서 유사한 청구에 대하여 이미 조세심판관회의의 의결에 따라 결정된 사례가 있는 것
② 심판청구가 과세표준 또는 세액의 결정에 관한 것 이외의 것으로서 유사한 청구에 대하여 이미 조세심판관회의의 의결에 따라 **결정된 사례**가 있는 것
③ 각하 사유에 해당하는 경우(조세 심판 효율성 제고 목적)

3) 조세심판관합동회의의 심리

가) 조세심판관합동회의의 심리 사유

조세심판원장과 상임조세심판관(6명) 모두로 구성된 회의가 조세심판관 회의의 의결이 다음 각 호에 해당한다고 의결하는 경우에는 조세심판관합동회의가 심리를 거쳐 결정한다(기법 78 ②).
① 해당 심판청구사건에 관하여 세법의 해석이 쟁점이 되는 경우로서 이에 관하여 종전의 조세심판원 결정이 없는 경우
② 종전에 조세심판원에서 한 세법의 해석·적용을 변경하는 경우
③ 조세심판관회의 간에 결정의 일관성을 유지하기 위한 경우
④ 그 밖에 다음에 해당하는 경우
　㉮ 해당 심판청구사건에 대한 결정이 다수의 납세자에게 동일하게 적용되는 등 국세행정에 중대한 영향을 미칠 것으로 예상되어 국세청장이 조세심판원장에게 조세심판관합동회의에서 심리하여 줄 것을 요청하는 경우
　㉯ 그 밖에 해당 심판청구사건에 대한 결정이 국세행정이나 납세자의 권리·의무에 중대한 영향을 미칠 것으로 예상되는 경우

나) 조세심판관합동회의의 구성

조세심판관합동회의는 조세심판원장과 조세심판원장이 회의마다 지정하는 12명 이상 20명이내의 상임조세심판관 및 비상임조세심판관으로 구성하되, 상임조세심판관과 같은 수 이상의 비상임조세심판관이 포함되어야 한다. 그밖의 사항은 조세심판관회의의 규정을 준용한다(기법 78 ③·④).

다) 국세청장이 조세심판관합동회의의 심리를 요청한 경우 절차

국세청장이 조세심판관합동회의에서의 심리를 요청하는 경우에는 해당 심판청구서를

받은 날(심판청구서가 세무서장을 거치지 아니하고 조세심판원장에게 직접 제출된 경우에는 조세심판원장으로부터 해당 심판청구서의 부본을 송부받은 날을 말한다)부터 조세심판원회의 개최통지를 받기 전까지 기획재정부령으로 정하는 조세심판관합동회의 심리요청서를 조세심판원장에게 제출하여야 한다.

국세청장은 조세심판관합동회의의 심리를 요청을 한 경우에는 이를 철회할 수 없다.

4) 조세심판관회의 개최 전 사전 통지

심판청구인과 처분청에 조세심판관회의 개최일 14일 전까지 일시·장소를 통지하여야 한다(기령 58).

5) 조세심판 사건조사서 사전열람 허용

심판청구와 관련된 처분개요, 심판청구인의 주장, 처분청의 의견 및 사실관계를 정리한 심리자료를 열람하게 한다.

6) 심판당사자의 조세심판 요약서면 제출 제도 도입

심판청구 당사자는 조세심판관회의 개최일 7일전까지 자신의 주장과 이유를 정리한 요약서면을 제출할 수 있다.

(3) 결정서의 송달

심판결정은 문서로 하여야 하고, 그 결정서에는 주문과 이유를 기재하고 심리에 참석한 조세심판관의 성명을 밝혀 해당 심판청구인과 세무서장에게 송달하여야 한다. 심판청구인에 대한 심판결정서의 송달은 심판청구인 또는 그 대리인이 조세심판원에서 심판결정서를 직접 수령하는 경우를 제외하고는 우편법령에 따른 특별송달방법으로 하여야 한다. 주소 또는 영업소가 국외에 있어 송달이 곤란하거나, 주소 또는 영업소가 분명하지 않은 경우는 공시송달의 방법으로 할 수 있다(기령 62의3).

(4) 결정의 종류

결정의 종류는 제1절의 6 불복청구에 대한 심리와 결정에서의 설명과 같다. 단, 심사청구와 심판청구를 같은 날 제기한 경우에는 심판청구에 대해서 각하하는 결정을 하지 않는다.

(5) 결정의 효력

심판청구에 의한 결정은 관계행정청을 기속(羈束)한다. 따라서 심판청구에 대한 결정이 있은 때에는 해당 행정청은 결정의 취지에 따라 즉시 필요한 처분을 하여야 한다(기법 80 ②).

조세심판원장으로부터 심판결정의 통지를 받은 관계행정기관의 장은 그 받은 날부터 14일 이내에 처리전말을 조세심판결정처리전말보고서에 의하여 조세심판원장에게 보고하여야 한다(기칙 32).

7. 심판청구에 대한 심리원칙

(1) 의 의

심리원칙이란 조세심판관이 심판청구에 관한 심리할 경우에 적용되어야 할 원칙을 말하는데 학자들에 따라 정하는 종류가 다양하다. 일반적으로 다음의 세가지를 들고 있는데 그 중에서 **불고불리의 원칙**과 **불이익변경금지의 원칙**을 결정의 범위(한계)에 관한 원칙이라고도 한다. 국세기본법에서는 이의신청과 심사청구에서는 **불고불리의 원칙**과 **불이익변경금지의 원칙에 대해서만 규정하고 있으며,** 심판청구의 경우 다음 세 가지 원칙의 규정을 모두 적용하도록 하고 있다(기법 79).

(2) 불고불리의 원칙

불고불리(不告不理)의 원칙이란 조세심판관회의 또는 조세심판관합동회의가 심판청구에 대한 결정을 함에 있어서 심판청구를 한 처분외의 처분에 대해서는 그 처분의 전부 또는 일부를 취소 또는 변경하거나 새로운 처분의 결정을 하지 못한다는 원칙을 말한다(기법 79 ①). 이 규정은 심사청구의 경우에도 적용된다.

(3) 불이익변경금지의 원칙

불이익변경금지(不利益變更禁止)의 원칙이란 불복청구를 한 처분보다 청구인에게 불리한 결정을 하지 못한다는 원칙이다(기법 79 ②). 즉, 조세심판관회의 또는 조세심판관합동회의가 결정을 함에 있어서 심판청구를 한 처분보다 청구인에게 불이익이 되는 결정을 하지 못한다. 이 규정은 심사청구의 경우에도 적용된다.

(4) 자유심증주의

조세심판관은 심판청구에 관한 조사 및 심리의 결과와 과세의 형평을 고려하여 자유심증(自由心證)으로 사실을 판단한다(기법 77). 이것이 심판절차에 있어서 내용심리에 관한 자유심증주의이다. 이 자유심증주의는 본래 소송법에서 발달된 것으로서 재판관이 증거자료에 의하여 사실을 인정하는 경우, 증거의 범위나 그 신빙성의 정도를 검토하고 인정함에 있어서 법률상 아무런 구속이나 제한도 받지 않고 자유로운 심증에 의하여 사실을 판단함을 뜻한다. 이는 국세기본법이 일정한 사실의 증명에는 반드시 일정한 증거를 필요로 한다든가, 일정한 증거가 갖추어지면 반드시 일정한 사실을 인정하여야 한다고 하는 법정증거주의를 채택하지 않았음을 의미한다.

[국세불복제도의 요약]

구분	이의신청	심사청구	심판청구
청구청	세무서장 또는 지방국세청장	국세청장	조세심판원장
청구기간	처분이 있음을 안날부터 90일 이내	처분이 있음을 안날부터 90일 이내	처분이 있음을 안날로부터 90일 이내
보정기간	20일 이내	20일 이내	상당한 기간(적절한 기간)
결정기간	30일(이의신청인이항변시 60일)이내	90일 이내	90일 이내
결정 기관	세무서장 또는 지방국세청장이 결정(국세심사위원회의 심의를 거침)	국세청장이 결정(국세심사위원회의 의결에 따름)	조세심판관회의가 심리를 거쳐 결정

제9장 납세자의 권리

제1절 납세자 권리헌장의 제정 및 교부

1. 서 론

조세의 가장 큰 특징은 국가 또는 지방자치단체의 재원조달을 목적으로 국민에 부과되는 금전적 부담이라는 것이다. 즉, 조세는 법률이 정한 바에 따라 국가의 과세권이 국민의 재산권의 행사를 제한하는 것이 특징이다. 이러한 조세의 부과와 징수를 원활히 하고 국민의 재산권을 보호하기 위하여 조세법률주의의 이념하에서 조세법이 제정되고 집행되고 있다. 또한 과세권자와 납세의무자의 조세법률관계를 과거에 과세권자의 권한에 비중을 둔 조세권력관계에서 과세권자와 납세의무자를 동등하게 취급하는 조세채권·채무관계로 인식함으로써 납세의무자의 권리를 보다 고취시키고 있다.

하지만 세무공무원이 조세를 부과하고 징수하는 과정에서 납세자의 권익은 끊임없이 침해될 수 있고 현실적으로 침해되고 있는 실정이다. 특히 세무공무원이 세무조사 등과 같은 과세업무를 집행할 때 납세자의 권익이 침해되는 경우가 많이 발생하고 있다. 결국 납세자의 권익보호의 필요성은 더욱더 강조되었고, 세무조사에 대한 적정절차를 확립함으로부터 시작하여 납세자의 권리보호 선언이 정형화되었다. 그 결과 1996년 12개월 30일 납세자의 권리에 대한 규정이 국세기본법에 신설되었고, 이에 따라 국세청장은 납세의무자에게 사전에 방어적 권리를 부여하는 납세자권리헌장을 제정하여 고시하도록 되었다.

납세자권리헌장에는 세무공무원이 납세자가 신성한 납세의무를 신의에 따라 성실하게 이행할 수 있도록 필요한 정보와 편익을 최대한 제공해야 하며, 납세자의 권리가 보호되고 실현될 수 있도록 최선을 다하여 협력하여야 할 의무가 있음을 규정하고 있다.

납세자권리헌장

납세자의 권리는 헌법과 법률에 따라 존중되고 보장됩니다.

납세자는 신고 등의 협력의무를 이행하지 않았거나 구체적인 조세탈루 혐의가 없는 한 성실하다고 추정되고 법령에 의해서만 세무조사 대상으로 선정되며, 공정한 과세에 필요한 최소한의 기간과 범위에서 조사받을 권리가 있습니다.

납세자는 증거인멸의 우려 등이 없는 한 세무조사 기간과 사유를 사전에 통지받으며, 사업의 어려움으로 불가피한 때에는 조사의 연기를 요구하여 그 결과를 통지받을 권리가 있습니다.

납세자는 세무대리인의 조력을 받을 수 있고 명백한 조세탈루혐의 등이 없는 한 중복조사를 받지 아니하며, 장부·서류는 탈루혐의가 있는 경우로서 납세자의 동의가 있어야 세무관서에 일시 보관될 수 있습니다.

납세자는 세무조사 기간이 연장 또는 중지되거나 조사범위가 확대될 때, 그리고 조사가 끝났을 때 그 사유와 결과를 서면으로 통지받을 권리가 있습니다.

납세자는 위법·부당한 처분 또는 절차로 권익을 침해당하거나 침해당할 우려가 있을 때 그 처분의 적법성에 대하여 불복을 제기하여 구제받을 수 있으며, 납세자보호담당관과 보호위원회를 통하여 정당한 권익을 보호받을 수 있습니다.

납세자는 자신의 과세정보에 대해 비밀을 보호받고 권리행사에 필요한 정보를 신속하게 제공받을 수 있으며, 국세공무원으로부터 언제나 공정한 대우를 받을 권리가 있습니다.

국 세 청 장

납세자 권리 헌장(국세청 고시 제2018-01호).2018.02.01

2. 납세자권리헌장의 제정 및 고시

국세청장은 다음 사항과 그 밖의 납세자의 권리보호에 관한 사항을 포함하는 납세자권리헌장을 제정하여 고시하여야 한다(기법 81의 2 ①).

① 납세자의 성실성 추정
② 세무조사권 남용 금지
③ 세무조사 시 조력을 받을 권리
④ 세무조사 관할 및 대상자 선정
⑤ 세무조사의 사전통지와 연기신청
⑥ 세무조사 기간
⑦ 세무조사 범위 확대의 제한
⑧ 장부등의 보관 금지
⑨ 통합조사의 원칙
⑩ 세무조사의 결과통지
⑪ 비밀유지
⑫ 납세자의 권리 행사에 필요한 정보의 제공
⑬ 과세전적부심사
⑭ 국세청장의 납세자 권리보호
⑮ 납세자보호위원회
⑯ 납세자보호위원회에 대한 납세자의 심의 요청 및 결과 통지 등

3. 납세자권리헌장의 교부

세무공무원은 다음에 해당하는 경우에는 납세자권리헌장의 내용이 수록된 문서를 납세자에게 내주어야 한다(기법 81의 2 ②).

① 세무조사(「조세범 처벌절차법」에 따른 조세범칙조사를 포함한다)를 하는 경우
② 사업자등록증을 발급하는 경우
③ 그 밖에 대통령령으로 정하는 경우

4. 납세자권리헌장의 낭독

세무공무원은 세무조사를 시작할 때 조사원증을 납세자 또는 관련인에게 제시한 후

납세자권리헌장을 교부하고 그 요지를 직접 낭독해 주어야 하며, 조사사유, 조사기간, 납세자보호위원회에 대한 심의 요청사항·절차 및 권리구제 절차 등을 설명하여야 한다.

제 2 절 납세자의 권리 보호

1. 납세자의 성실성 추정

세무공무원은 납세자가 다음 중 어느 하나에 해당하는 경우를 제외하고는 납세자가 성실하며 납세자가 제출한 신고서 등이 진실한 것으로 추정하여야 한다(기법 81의3). 이는 납세자가 확실한 근거나 이유없이 성실성을 의심받아 세무조사 등을 당하지 않도록 하기 위한 원칙이다.

① 납세자가 세법에서 정하는 신고, **성실신고확인서의 제출**, 세금계산서 또는 계산서의 작성·교부·제출, **지급명세서의 작성·제출** 등의 납세협력의무를 이행하지 아니한 경우
② 무자료거래, 위장·가공거래 등 거래내용이 사실과 다른 혐의가 있는 경우
③ 납세자에 대한 구체적인 탈세제보가 있는 경우
④ 신고내용에 탈루나 오류의 혐의를 인정할 만한 명백한 자료가 있는 경우
⑤ 납세자가 세무공무원에게 직무와 관련하여 금품을 제공하거나 금품제공을 알선한 경우

2. 세무조사권 남용 금지

(1) 의 의

세무공무원은 적정하고 공평한 과세를 실현을 위하여 필요한 최소한의 범위에서 세무조사(「조세범 처벌절차법」에 따른 조세범칙조사를 포함한다)를 하여야 하며, 다른 목적 등을 위해 조사권을 남용해서는 아니 되며, 세무공무원은 같은 세목 및 같은 과세기간에 대하여 재조사를 할 수 없다. 이는 행정관청이 조사하거나 심리하여 확정한 내용에 대하여 세무조사를 하는 것은 법의 안정성을 해하게 되어 국민은 항상 불안한 생활을 하게 되므로 새로운 사실이 발견되는 등 특정한 경우를 제외하고는 세무조사를 남용하여서는 안 되며, 한

번 조사한 내용에 대해서는 확정력을 부여하여 다시 조사하지 못하도록 하는 것이다.

(2) 재조사의 금지

세무공무원은 다음 중 어느 하나에 해당하는 경우가 아니면 같은 세목 및 같은 과세기간에 대하여 재조사(중복조사)를 할 수 없다(기법 81의4).
① 조세탈루의 혐의를 인정할 만한 명백한 자료가 있는 경우
② 거래상대방에 대한 조사가 필요한 경우
③ 2개 이상의 과세기간과 관련하여 잘못이 있는 경우
④ 심사청구 등이 이유 있다고 인정될 때에 필요한 처분의 결정에 따라 조사를 하는 경우 또는 과세전적부심사 청구가 이유 있다고 인정되는 경우의 재조사(결정서 주문에 기재된 범위의 조사에 한정한다)
⑤ 납세자가 세무공무원에게 직무와 관련하여 금품을 제공하거나 금품제공을 알선한 경우
⑥ 부분조사를 실시한 후 해당 조사에 포함되지 아니한 부분에 대하여 조사하는 경우
⑦ 부동산투기·매점매석·무자료거래 등 경제질서 교란 등을 통한 세금탈루 혐의가 있는 자에 대하여 일제조사를 하는 경우
⑧ 과세관청 외의 기관이 직무상 목적을 위해 작성하거나 취득해 과세관청에 제공한 자료의 처리를 위해 조사하는 경우
⑨ 국세환급금의 결정을 위한 확인조사를 하는 경우
⑩ 「조세범 처벌절차법」에 따른 조세범칙행위의 혐의를 인정할 만한 명백한 자료가 있는 경우(다만, 당초 세무조사에서 해당 자료에 대해 조세범칙조사심의위원회에서 조세범칙혐의가 없다고 심의한 경우는 제외한다)

(3) 공정한 세무조사 저해 행위 금지

누구든지 세무공무원으로 하여금 법령을 위반하게 하거나 지위 또는 권한을 남용하게 하는 등 공정한 세무조사를 저해하는 행위를 하여서는 아니 된다.

(4) 최소한의 장부 등의 제출 요구

세무공무원은 세무조사를 하기 위하여 필요한 최소한의 범위에서 장부 등의 제출을 요구하여야 하며, 조사대상 세목 및 과세기간의 과세표준과 세액의 계산과 관련 없는 장부 등의 제출을 요구해서는 아니 된다.

3. 세무조사에 있어서 조력을 받을 권리

납세자는 세무조사(「조세범 처벌절차법」에 따른 조세범칙조사를 포함한다)를 받는 경우에 변호사·공인회계사·세무사로 하여금 조사에 입회하게 하거나 의견을 진술하게 할 수 있다.

4. 세무조사 관할 및 대상자 선정

(1) 세무조사 관할

세무조사는 납세지 관할 세무서장 또는 지방국세청장이 수행한다. 다만, 납세자의 주된 사업장 등이 납세지와 관할을 달리하거나 납세지 관할 세무서장 또는 지방국세청장이 세무조사를 수행하는 것이 부적절한 다음 사유에 해당하는 경우에는 국세청장(같은 지방국세청 소관 세무서 관할 조정의 경우에는 지방국세청장)이 그 관할을 조정할 수 있다.
① 납세자가 사업을 실질적으로 관리하는 장소의 소재지와 납세지가 관할을 달리하는 경우
② 조사대상 납세자와 출자관계에 있는 자, 거래가 있는 자 또는 특수관계에 있는 자 등에 대한 조사가 필요한 경우
③ 세무관서별 업무량과 조사인력 등을 감안하여 관할 조정이 필요하다고 판단되는 경우
④ 관할 지방국세청장, 세무서장이 세무조사를 수행하는 것이 부적절한 경우

(2) 정기 세무조사

세무공무원은 다음 중 어느 하나에 해당하는 경우에 정기적으로 신고의 적정성을 검증하기 위하여 대상을 정기선정하여 세무조사를 할 수 있다(기법 81의6). 이 경우 세무공무원은 객관적 기준에 따라 공정하게 그 대상을 선정하여야 한다.
① 국세청장이 납세자의 신고 내용에 대하여 과세자료, 세무정보 및 「주식회사 등의 외부감사에 관한 법률」에 따른 감사의견, 외부감사 실시내용 등 회계성실도 자료 등을 고려하여 정기적으로 성실도를 분석한 결과 불성실 혐의가 있다고 인정하는 경우
② 최근 4과세기간 이상 동일세목의 세무조사를 받지 아니한 납세자에 대하여 업종, 규모, 경제력 집중 등을 고려하여 신고내용이 적정한지를 검증할 필요가 있는 경우. 이 경우의 세무조사는 납세자의 이력이나 세무정보 등을 고려하여 국세청장이 정하는 장기 미조사자에 대한 세무조사기준에 따른다.
③ 무작위추출방식으로 표본조사를 하려는 경우

(3) 소규모 성실사업자에 대한 세무조사 면제

세무공무원은 다음 '①'과 '②'의 요건을 모두 충족하는 자에 대해서는 정기 세무조사를 실시하지 아니할 수 있다. 다만, 객관적인 증거자료에 의하여 과소신고한 것이 명백한 경우는 제외한다.

① 업종별 수입금액이 다음에 정하는 금액 이하인 사업자
  ㉮ 개인 : 간편장부대상자
  ㉯ 법인 : 법인세과세표준 및 세액신고서에 적어야 할 해당 법인의 수입금액(과세기간이 1년 미만인 경우에는 1년으로 환산한 수입금액을 말한다)이 1억원 이하인 자
② 장부 기록 등 다음의 요건을 충족하는 사업자
  ㉮ 모든 거래사실이 객관적으로 파악될 수 있도록 복식부기방식으로 장부를 기록·관리할 것
  ㉯ 과세기간 개시 이전에 신용카드가맹점으로 가입하고 해당 과세기간에 신용카드 관련 부정한 행위를 하지 아니할 것
  ㉰ 과세기간 개시 이전에 현금영수증가맹점에 가입하고 해당 과세기간 기간중에 현금영수증 관련 부정한 행위를 하지 아니할 것(「소득세법」 및 「법인세법」에 따라 현금영수증가맹점으로 가입하여야 하는 사업자만 해당한다)
  ㉱ 「소득세법」에 따른 사업용계좌를 개설하여 사용할 것(개인인 경우에만 해당한다)
  ㉲ 업종별 평균수입금액 증가율 등을 고려하여 국세청장이 정하여 고시하는 수입금액 등의 신고기준에 해당할 것
  ㉳ 해당 과세기간의 법정신고납부기한 종료일 현재 최근 3년간 조세범으로 처벌받은 사실이 없을 것
  ㉴ 해당 과세기간의 법정신고납부기한 종료일 현재 국세의 체납사실이 없을 것

(4) 수시 세무조사

세무공무원은 정기선정에 의한 조사 외에 다음 중 어느 하나에 해당하는 경우에는 세무조사를 실시할 수 있다. 그리고 세무공무원은 과세관청의 조사결정에 따라 과세표준과 세액이 확정되는 세목의 경우 과세표준과 세액을 결정하기 위하여 세무조사를 할 수 있다.
① 납세자가 세법에서 정하는 신고, 세금계산서·계산서의 작성·교부·제출, 지급명세서의 작성·제출 등의 납세협력의무를 이행하지 아니한 경우
② 무자료거래, 위장·가공거래 등 거래내용이 사실과 다른 혐의가 있는 경우
③ 납세자에 대한 구체적인 탈세제보가 있는 경우

④ 신고내용에 탈루나 오류의 혐의를 인정할 만한 명백한 자료가 있는 경우
⑤ 납세자가 세무공무원에게 직무와 관련하여 금품을 제공하거나 금품제공을 알선한 경우

5. 세무조사의 사전통지와 연기신청

(1) 세무조사의 사전통지

세무공무원은 세무조사를 하는 경우에는 조사를 받을 납세자(납세자가 납세관리인을 정하여 관할 세무서장에게 신고한 경우에는 납세관리인을 말한다)에게 조사를 시작하기 **15일 전에 조사기간, 조사대상 세목, 과세기간 및 조사사유, 그 밖에** 다음의 사항을 통지하여야 한다(기법 81의7 및 기령 63의6). 다만, 사전통지를 하면 증거인멸 등으로 조사 목적을 달성할 수 없다고 인정되는 경우는 제외한다.
① 납세자 또는 납세관리인의 성명과 주소 또는 거소
② 조사기간
③ 조사대상 세목·과세기간 및 조사사유
④ 부분조사를 실시하는 경우에는 해당 부분조사의 범위
⑤ 그 밖에 필요한 사항

(2) 세무조사의 연기신청

1) 연기신청 사유

세무조사의 사전통지를 받은 납세자가 다음 사유로 조사를 받기 곤란한 경우에는 관할세무관서의 장에게 조사를 연기해 줄 것을 신청할 수 있다.
① 천재·지변
② 화재, 그밖의 재해로 사업상 심각한 어려움이 있을 때
③ 납세자 또는 납세관리인의 질병, 장기출장 등으로 세무조사가 곤란하다고 판단될 때
④ 권한 있는 기관에 장부·증거서류가 압수되거나 영치되었을 때
⑤ 위 '②' 부터 '④'까지에 준하는 사유가 있을 때

2) 세무조사 연기신청서 제출

세무조사의 연기를 받으려는 자는 다음의 사항을 적은 문서를 해당 행정기관의 장에게 제출하여야 한다.
① 세무조사의 연기를 받으려는 자의 성명과 주소 또는 거소
② 세무조사의 연기를 받으려는 기간
③ 세무조사의 연기를 받으려는 사유
④ 그 밖에 필요한 사항

3) 연기중단과 조사 재개 절차(기법 81의7 ⑤)

① 관할 세무관서의 장은 다음의 어느 하나에 해당하는 사유가 있는 경우에는 연기한 기간이 만료되기 전에 조사를 개시할 수 있다.
  ㉠ 연기사유가 소멸한 경우
  ㉡ 조세채권을 확보하기 위하여 조사를 긴급히 개시할 필요가 있다고 인정되는 경우
② 관할 세무관서의 장은 위 '①'의 ㉠(연기사유가 소멸한 경우)의 사유로 조사를 개시하려는 경우에는 조사를 개시하기 5일 전까지 조사를 받을 납세자에게 연기사유가 소멸한 사실과 조사기간을 통지하여야 한다.

(2) 사전통지 이외의 세무조사

세무공무원은 사전통지를 하지 아니하고 세무조사를 하는 경우 세무조사를 개시할 때 다음 각 호의 사항이 포함된 세무조사통지서를 세무조사를 받을 납세자에게 교부하여야 한다.
① 사전통지 사항
② 사전통지를 하지 아니한 사유
③ 그 밖에 대통령령으로 정하는 사항

다만, 폐업 등 다음의 경우에는 그러하지 아니하다.
① 납세자가 세무조사 대상이 된 사업을 폐업한 경우
② 납세자가 납세관리인을 정하지 아니하고 국내에 주소 또는 거소를 두지 아니한 경우
③ 납세자 또는 납세관리인이 세무조사통지서의 수령을 거부하거나 회피하는 경우

국세기본법 시행규칙 [별지 제55호서식] <개정 2019. 3. 20.> (앞 면)

세무조사연기신청서

접수번호	접수일	처리기간

신청인	① 성 명		② 주민등록번호	
	③ 상 호		④ 사업자등록번호	
	⑤ 주소(거소) 또는 영업소			

신청내용

⑥ 당초 조사기간	년 월 일 ~ 년 월 일
⑦ 연기받으려는 사유	「국세기본법 시행령」 제63조의7제1항제 호
⑧ 연기를 원하는 기간	년 월 일 ~ 년 월 일

「국세기본법」 제81조의7제2항 및 같은 법 시행령 제63조의7제2항에 따라 위와 같이 신청합니다.

년 월 일

신청인 (서명 또는 인)

세무서장
지방국세청장 귀하

첨부서류	사유를 증명하는 자료	수수료 없음

210㎜×297㎜[백상지 80g/㎡(재활용품)]

6. 세무조사 범위 확대의 제한

세무공무원은 구체적인 세금탈루 혐의가 여러 과세기간 또는 다른 세목까지 관련되는 것으로 확인되는 경우 등 다음에 정하는 경우를 제외하고는 조사진행 중 세무조사의 범위를 확대할 수 없다. 세무공무원은 세무조사의 범위를 확대하는 경우에는 그 사유와 범위를 납세자에게 문서로 통지하여야 한다.

① 다른 과세기간·세목 또는 항목에 대한 구체적인 세금탈루 증거자료가 확인되어 다른 과세기간·세목 또는 항목에 대한 조사가 필요한 경우
② 명백한 세금탈루 혐의 또는 세법 적용의 착오 등이 있는 조사대상 과세기간의 특정 항목이 다른 과세기간에도 있어 동일하거나 유사한 세금탈루 혐의 또는 세법 적용 착오 등이 있을 것으로 의심되어 다른 과세기간의 그 항목에 대한 조사가 필요한 경우

7. 통합세무조사

(1) 원칙과 예외

세무조사는 납세자의 사업과 관련하여 세법에 따라 신고·납부의무가 있는 세목을 통합하여 실시하는 것을 원칙으로 한다. 다만(기법 81의11), 다음 중 어느 하나에 해당하는 경우에는 **특정한 세목**만을 조사할 수 있다.

① 세목의 특성, 납세자의 신고유형, 사업규모, 세금탈루 혐의 등을 고려하여 특정 세목만을 조사할 필요가 있는 경우
② 조세채권의 확보 등을 위하여 긴급히 조사할 필요가 있거나 혐의 내용이 특정 사업장, 특정 항목 또는 특정 거래에만 한정되어 그와 관련된 특정 세목만을 조사할 필요가 있는 경우
③ 그 밖에 세무조사의 효율성, 납세자의 편의 등을 고려하여 특정 세목만을 조사할 필요가 있는 경우로서 대통령으로 정하는 경우

(2) 부분조사

위 '(1)'에 불구하고 다음 중 어느 하나에 해당하는 경우에는 해당 사항에 대한 확인을 위하여 필요한 부분에 한정한 조사(부분조사)를 실시할 수 있다. 다만, ③~⑨에 해당하는 사유의 부분조사는 같은 세목, 같은 과세기간에 대해 2회를 초과하여 실시할 수 없다.

① 경정 등의 청구에 대한 처리 또는 국세환급금의 결정을 위하여 확인이 필요한 경우
② 심사청구에서 취소·경정 또는 필요한 처분을 하기 위하여 사실관계 확인 등 추가적으로 조사가 필요한 경우 또는 과세전적부심사에서 구체적인 채택의 범위를 정하기 위하여 사실관계 확인 등 추가적으로 조사가 필요한 경우
③ 거래상대방에 대한 세무조사 중에 거래 일부의 확인이 필요한 경우
④ 납세자에 대한 구체적인 탈세 제보가 있는 경우로서 해당 탈세 혐의에 대한 확인이 필요한 경우
⑤ 명의위장, 차명계좌의 이용을 통하여 세금을 탈루한 혐의에 대한 확인이 필요한 경우
⑥ 법인이 주식 또는 출자지분을 시가보다 높거나 낮은 가액으로 거래하거나 「법인세법 시행령」 제88조제1항제8호 각 목 및 같은 항 제8호의2의 자본거래로 인하여 해당 법인의 특수관계인인 다른 주주 등에게 이익을 분여(分與)하거나 분여받은 구체적인 혐의가 있는 경우로서 해당 혐의에 대한 확인이 필요한 경우
⑦ 무자료거래, 위장·가공 거래 등 특정 거래 내용이 사실과 다른 구체적인 혐의가 있는 경우로서 조세채권의 확보 등을 위하여 긴급한 조사가 필요한 경우
⑧ 과세관청 외의 기관이 직무상 목적을 위해 작성·취득하여 과세관청에 제공한 자료의 처리를 위한 경우(기령 63의12)
⑨ 「소득세법」 제156조의2(비거주자에 대한 조세조약상 비과세 또는 면제 적용 신청) 및 「법인세법」 제98조의4(외국법인에 대한 조세조약상 비과세 또는 면제 적용 신청)에 따른 신청에 대한 내용을 확인할 필요가 있는 경우

8. 세무조사 기간 및 결과 통지

(1) 세무조사 기간 결정과 연장

세무공무원은 조사대상 세목·업종·규모, 조사 난이도 등을 고려하여 세무조사 기간이 최소한이 되도록 하여야 한다. 다만, 다음 중 어느 하나에 해당하는 경우에는 세무조사 기간을 연장할 수 있다.
① 납세자가 장부·서류 등을 은닉하거나 제출을 지연하거나 거부하는 등 조사를 기피하는 행위가 명백한 경우
② 거래처 조사, 거래처 현지확인 또는 금융거래 현지확인이 필요한 경우
③ 세금탈루 혐의가 포착되거나 조사 과정에서 「조세범 처벌절차법」에 따른 조세범칙조사를 개시하는 경우

④ 천재지변이나 노동쟁의로 조사가 중단되는 경우
⑤ 납세자보호관 또는 담당관이 세금탈루혐의와 관련하여 추가적인 사실 확인이 필요하다고 인정하는 경우
⑥ 세무조사 대상자가 세금탈루혐의에 대한 해명 등을 위하여 세무조사 기간의 연장을 신청한 경우로서 납세자보호관등이 이를 인정하는 경우

(2) 세무조사 기간의 제한과 연장 예외

세무공무원이 세무조사 기간을 정할 경우 조사대상 과세기간 중 연간 수입금액 또는 양도가액이 가장 큰 과세기간의 **연간 수입금액 또는 양도가액이 100억원 미만인 납세자에 대한 세무조사 기간은 20일 이내**로 하여야 한다. 그리고 기간을 정한 세무조사를 연장하는 경우로서 최초로 연장하는 경우에는 관할 세무관서의 장의 승인을 받아야 하고, 2회 이후 연장의 경우에는 관할 상급 세무관서의 장의 승인을 받아 각각 20일 이내에서 연장할 수 있다. 다만, 세금계산서에 대한 추적조사가 필요한 경우 등 다음의 경우에는 세무조사 기간의 제한 및 세무조사 연장기간의 제한을 받지 아니한다. 세무조사 기간을 연장하는 경우에는 그 사유와 기간을 납세자에게 문서로 통지하여야 한다.

㉮ 무자료거래, 위장·가공거래 등 거래 내용이 사실과 다른 혐의가 있어 실제 거래 내용에 대한 조사가 필요한 경우
㉯ 국제거래를 이용하여 세금을 탈루(脫漏)하거나 국내 탈루소득을 해외로 변칙유출한 혐의로 조사하는 경우
㉰ 명의위장, 이중장부의 작성, 차명계좌의 이용, 현금거래의 누락 등의 방법을 통하여 세금을 탈루한 혐의로 조사하는 경우
㉱ 거짓계약서 작성, 미등기양도 등을 이용한 부동산 투기 등을 통하여 세금을 탈루한 혐의로 조사하는 경우
㉲ 상속세·증여세 조사, 주식변동 조사, 범칙사건 조사 및 출자·거래관계에 있는 관련자에 대하여 동시조사를 하는 경우

(3) 세무조사 기간 단축과 조기 종료

세무공무원은 세무조사 기간을 단축하기 위하여 노력하여야 하며, 장부기록 및 회계처리의 투명성 등 납세성실도를 검토하여 더 이상 조사할 사항이 없다고 판단될 때에는 조사기간 종료 전이라도 조사를 조기에 종결할 수 있다.

(4) 세무조사의 결과통지

세무공무원은 세무조사를 마쳤을 때에는 그 조사를 마친 날부터 20일(공시송달의 사유 중 어느 하나에 해당하는 경우에는 40일) 이내에 다음의 사항이 포함된 조사결과를 납세자에게 설명하고, 이를 서면으로 통지하여야 한다. 그러나 국외자료 수집·제출 또는 상호합의절차 개시에 따라 외국 과세기관과 협의를 진행하거나, 기재부 또는 국세청에 세법해석 질의절차를 진행하는 경우, 이를 제외한 부분결과 통지를 허용하고, 사유가 소멸된 이후 20일 이내에 나머지 조사결과를 통지하여야 한다(기법 81의 12).

① 세무조사 내용
② 결정 또는 경정할 과세표준, 세액 및 산출근거
③ 그 밖에 대통령령으로 정하는 다음 사항(기령 63의 13 ①)
   ㉮ 세무조사 대상 세목 및 과세기간
   ㉯ 과세표준 및 세액을 결정 또는 경정하는 경우 그 사유
      ※ 근거법령 및 조항, 과세표준 및 세액산출의 기초가 되는 구체적 사실 등 포함
   ㉰ 관할세무서장이 해당 국세의 과세표준과 세액을 결정 또는 경정하여 통지하기 전까지 수정신고가 가능하다는 사실
   ㉱ 과세전적부심사를 청구할 수 있다는 사실
   ㉲ 가산세의 종류, 금액 및 산출근거

다만, 납세관리인을 정하지 아니하고 국내에 주소 또는 거소를 두지 아니한 경우 등 다음의 경우는 통지하지 아니한다.

① 납세관리인을 정하지 아니하고 국내에 주소 또는 거소를 두지 아니한 경우
② 심사청구 등의 재조사 결정에 의한 조사를 마친 경우
③ 세무조사결과통지서 수령을 거부하거나 회피하는 경우

9. 세무조사의 중지와 재개

(1) 세무조사의 중지

세무공무원은 납세자가 자료의 제출을 지연하는 등 다음 사유로 세무조사를 진행하기 어려운 경우에는 세무조사를 중지할 수 있다. 그리고 세무조사의 중지기간 중에는 세무공무원은 납세자에 대하여 국세의 과세표준과 세액을 결정 또는 경정하기 위한 질문을 하거나 장부등의 검사·조사 또는 그 제출을 요구할 수 없다. 이 경우 그 중지

기간은 세무조사 기간 및 세무조사 연장기간에 산입하지 아니한다.
① 세무조사 연기신청 사유에 해당하는 사유가 있어 납세자가 조사중지를 신청한 경우
② 국외자료의 수집·제출 또는 상호합의절차 개시에 따라 외국 과세기관과의 협의가 필요한 경우
③ 다음의 사유로 인하여 세무조사를 정상적으로 진행하기 어려운 경우
㉮ 납세자의 소재가 불명한 경우
㉯ 납세자가 해외로 출국한 경우
㉰ 납세자가 장부·서류 등을 은닉하거나 그 제출을 지연 또는 거부한 경우
㉱ 노동쟁의가 발생한 경우
㉲ 그 밖에 이와 유사한 사유
④ 납세자보호관 또는 담당관이 세무조사의 일시중지를 요청하는 경우

(2) 세무조사의 재개

세무공무원은 세무조사를 중지한 경우에는 그 중지사유가 소멸하게 되면 즉시 조사를 재개하여야 한다. 다만, 조세채권의 확보 등 긴급히 조사를 재개하여야 할 필요가 있는 경우에는 세무조사를 재개할 수 있다. 세무조사를 중지 또는 재개하는 경우에는 그 사유를 문서로 통지하여야 한다.

10. 장부 등의 보관 금지

(1) 세무조사시 장부 등 보관

세무공무원은 세무조사(「조세범 처벌절차법」에 따른 조세범칙조사를 포함한다)의 목적으로 납세자의 장부 또는 서류 등을 세무관서에 임의로 보관할 수 없다(기법 81의10). 다만, 세무공무원은 다음 중 어느 하나의 사유에 해당하는 경우에는 조사목적에 필요한 최소한의 범위에서 납세자, 소지자 또는 보관자 등 정당한 권한이 있는 자가 임의로 제출한 장부 등을 납세자의 동의를 받아 세무관서에 일시 보관할 수 있다.
① 납세자가 세법에서 정하는 신고, 성실신고확인서의 제출, 세금계산서 또는 계산서의 작성·교부·제출, 지급명세서의 작성·제출 등의 납세협력의무를 이행하지 아니한 경우
② 무자료거래, 위장·가공거래 등 거래 내용이 사실과 다른 혐의가 있는 경우

③ 납세자에 대한 구체적인 탈세 제보가 있는 경우
④ 신고 내용에 탈루나 오류의 혐의를 인정할 만한 명백한 자료가 있는 경우
⑤ 납세자가 세무공무원에게 직무와 관련하여 금품을 제공하거나 금품제공을 알선한 경우

만약 일시 보관하고 있는 장부 등에 대하여 납세자가 반환을 요청한 경우 세무공무원은 그 반환을 요청한 날부터 14일 이내에 장부 등을 반환하여야 한다. 다만, 조사목적을 달성하기 위하여 필요한 경우에는 1회에 한하여 납세자보호위원회의 심의를 거쳐 14일 이내의 범위에서 보관 기간을 연장할 수 있다.

(2) 장부등의 일시 보관 방법 및 절차

세무공무원은 장부등을 일시 보관하려는 경우 장부등의 일시 보관 전에 납세자, 소지자 또는 보관자 등 정당한 권한이 있는 자에게 다음 각 호의 사항을 고지하여야 한다.
① 장부등을 일시 보관하는 사유
② 납세자등이 동의하지 아니하는 경우에는 장부등을 일시 보관할 수 없다는 내용
③ 납세자등이 임의로 제출한 장부등에 대해서만 일시 보관할 수 있다는 내용
④. 납세자등이 요청하는 경우 일시 보관 중인 장부등을 반환받을 수 있다는 내용

(3) 보관한 장부 등의 반환

납세자가 일시 보관하고 있는 장부등의 반환을 요청한 경우 세무공무원은 세무조사에 지장이 없다고 판단될 때에는 요청한 장부 등을 즉시 반환하여야 한다. 이때 납세자에게 장부 등을 반환하는 경우 세무공무원은 장부 등의 사본을 보관할 수 있고, 그 사본이 원본과 다름없다는 사실을 확인하는 납세자의 서명 또는 날인을 요구할 수 있다.

납세자등은 조사목적이나 조사범위와 관련이 없는 등의 사유로 일시 보관에 동의하지 아니하는 장부등에 대해서는 세무공무원에게 일시 보관할 장부등에서 제외할 것을 요청할 수 있다. 이 경우 세무공무원은 정당한 사유 없이 해당 장부등을 일시 보관할 수 없다. 또한 세무공무원은 해당 세무조사를 종결할 때까지 일시 보관한 장부등을 모두 반환하여야 한다.

(4) 보관 절차와 일시보관증 교부

납세자의 장부등을 세무관서에 일시 보관하고자 하는 경우에 세무공무원은 납세자, 소지자 또는 보관자 등 정당한 권한이 있는 자로부터 일시보관 동의서를 받아야 하며, 일

시보관증을 교부하여야 한다.

11. 비밀 유지와 정보 제공

(1) 비밀 유지

1) 원 칙

세무공무원은 납세자가 세법이 정한 납세의무를 이행하기 위하여 제출한 자료나 국세의 부과·징수를 위하여 업무상 취득한 자료 등 과세정보를 타인에게 제공 또는 누설하거나 목적 외의 용도로 사용해서는 아니 된다. 또한 과세정보를 알게 된 자도 이를 타인에게 제공 또는 누설하거나 그 목적 외의 용도로 사용하여서는 아니된다. 만약 세무공무원이 규정에 위반하여 과세정보의 제공을 요구받는 경우에는 이를 거부하여야 한다. 한편 과세정보를 제공받아 알게 된 자 중 공무원이 아닌 사람은 형법, 그밖의 법률에 따른 벌칙의 적용에 있어서는 이를 공무원으로 본다.

2) 비밀유지의 예외

다음에 해당하는 경우에는 그 사용목적에 맞는 범위에서 납세자의 과세정보를 제공할 수 있다. 이 경우 '①'~'②'와 '⑤'~'⑨'에 따라 과세정보의 제공을 요구하는 자는 문서에 의하여 해당 세무관서의 장에게 요구하여야 한다(기법 81의13).

① 지방자치단체 등이 법률에서 정하는 조세의 부과·징수 등을 위하여 사용할 목적으로 과세정보를 요구하는 경우
② 국가기관이 조세쟁송이나 조세범 소추(訴追)를 위하여 과세정보를 요구하는 경우
③ 법원의 제출명령 또는 법관이 발부한 영장에 의하여 과세정보를 요구하는 경우
④ 세무공무원 간에 국세의 부과·징수 또는 질문·검사에 필요한 과세정보를 요구하는 경우
⑤ 통계청장이 국가통계작성 목적으로 과세정보를 요구하는 경우
⑥ 「사회보장기본법」 제3조제2호에 따른 사회보험의 운영을 목적으로 설립된 기관이 관계 법률에 따른 소관 업무를 수행하기 위하여 과세정보를 요구하는 경우
⑦ 국가행정기관, 지방자치단체 또는 「공공기관의 운영에 관한 법률」에 따른 공공기관이 급부·지원 등을 위한 자격의 조사·심사 등에 필요한 과세정보를 당사자의 동의를 받아 요구하는 경우
⑧ 「국정감사 및 조사에 관한 법률」 제3조에 따른 조사위원회가 국정조사의 목적을 달성

하기 위하여 조사위원회의 의결로 비공개회의에 과세정보의 제공을 요청하는 경우
⑨ 다른 법률의 규정에 따라 과세정보를 요구하는 경우

(2) 납세자 권리행사에 필요한 정보의 제공

납세자 본인의 권리 행사에 필요한 정보를 납세자(세무사 등 납세자로부터 세무업무를 위임받은 자를 포함한다)가 요구하는 경우 세무공무원은 신속하게 정보를 제공하여야 한다(기법 81의 14). 이 경우 정보를 요구하는 자 별로 다음의 정보를 제공한다.
① 납세자 본인이 요구한 경우 : 납세자 본인의 납세와 관련된 정보
② 납세자로부터 세무업무를 위임받은 자가 요구한 경우 : 위 ①에 따른 정보 중 「개인정보 보호법」 제23조에 따른 민감정보에 해당하지 아니하는 정보

세무공무원은 정보를 제공하는 때에는 주민등록증 등 신분증명서에 의하여 납세자 본인 또는 납세자로부터 세무업무를 위임받은 자임을 확인하여야 한다. 다만, 세무공무원이 정보통신망을 통하여 정보를 제공하는 경우 당해 납세자의 신원을 확인할 필요가 있는 때에는 전자서명 등을 통하여 그 신원을 확인하여야 한다.

12. 국세청장의 납세자 권리보호

(1) 의 의

국세청장은 직무를 수행함에 있어 납세자의 권리가 보호되고 실현될 수 있도록 성실하게 노력하여야 한다. 또한 국세청장은 납세자 권리보호업무의 추진실적 등의 자료를 일반 국민에게 정기적으로 공개하여야 한다. 이 국세청장은 경우 세원의 투명성, 국민의 알권리 보장 및 국세행정의 신뢰증진을 위하여 국세정보공개심의위원회의 심의를 거쳐 공개 한다.

(2) 납세자보호관(국세청)

납세자의 권리보호를 위하여 국세청에 납세자 권리보호업무를 총괄하는 **납세자보호관**을 두고, 세무서 및 지방국세청에 납세자 권리보호업무를 수행하는 **담당관**을 각각 1인을 둔다(기법 81의16). 국세청장은 납세자보호관을 개방형직위로 운영하고 납세자보호관 및 담당관이 업무를 수행함에 있어 독립성이 보장될 수 있도록 하여야 한다.

이 경우 납세자보호관은 조세·법률·회계 분야의 전문지식과 경험을 갖춘 사람으

로서 다음 중 어느 하나에 해당하지 아니하는 사람을 대상으로 공개모집한다.
① 세무공무원
② 세무공무원으로 퇴직한 지 3년이 지나지 아니한 사람

(3) 납세자보호관의 자격·직무 등

납세자보호관의 직무 및 권한은 다음과 같다.
① 위법·부당한 세무조사 및 세무조사 중 세무공무원의 위법·부당한 행위에 대한 일시중지 및 중지
② 세무조사 중 위법·부당한 행위를 한 세무공무원 교체명령 및 징계요구
③ 위법·부당한 처분이 행하여 질 수 있다고 인정되는 경우 그 처분 절차의 일시중지 및 중지
④ 위법·부당한 처분(세법에 따른 납부의 고지는 제외한다)에 대한 시정요구
⑤ 납세서비스 관련 제도·절차 개선에 관한 사항
⑥ 납세자의 권리보호업무에 관하여 세무서 및 지방국세청의 담당관(이하 "납세자보호담당관"이라 한다)에 대한 지도·감독
⑦ 세금 관련 고충민원의 해소 등 납세자 권리보호에 관한 사항
⑧ 그 밖에 납세자의 권리보호와 관련하여 국세청장이 정하는 사항

(4) 담당관의 자격·직무(지방청, 세무서)

납세자보호관은 업무를 효율적으로 수행하기 위하여 담당관에게 그 직무와 권한의 일부를 위임할 수 있다.
① 담당관은 국세청 소속 공무원 중에서 그 직급·경력 등을 고려하여 국세청장이 정하는 기준에 해당하는 사람으로 한다.
② 담당관의 직무 및 권한은 다음 각 호와 같다.
㉮ 세금 관련 고충민원의 해소 등 납세자 권리보호에 관한 사항
㉯ 납세자보호관으로 부터 위임받은 업무
㉰ 세무조사 실시 중에 세무공무원의 적법절차 준수여부 점검
㉱ 일정규모 이하 납세자의 세무조사 입회
㉲ 그 밖에 납세자 권리보호에 관하여 국세청장이 정하는 사항

13. 납세자보호위원회

(1) 설치 및 구성

납세자 권리보호에 관한 사항을 심의하기 위하여 세무서, 지방국세청 및 국세청에 납세자보호위원회를 둔다. 납세자보호위원회는 위원장 1명을 포함한 18명 이내의 위원으로 구성한다.

(2) 위원장과 위원의 위촉

① 납세자보호위원회의 위원장은 다음의 구분에 따른 사람이 된다. 위원장은 위원회를 대표하고 위원회의 업무를 총괄한다.
　㉮ 세무서에 두는 납세자보호위원회 : 공무원이 아닌 사람 중에서 세무서장의 추천을 받아 지방국세청장이 위촉하는 사람
　㉯ 지방국세청에 두는 납세자보호위원회 : 공무원이 아닌 자 중에서 지방국세청장의 추천을 받아 국세청장이 위촉하는 사람
　㉰ 국세청 납세자보호위원회: 공무원이 아닌 사람 중에서 기획재정부장관의 추천을 받아 국세청장이 위촉하는 사람
② 납세자보호위원회의 위원은 세무 분야에 전문적인 학식과 경험이 풍부한 사람과 관계 공무원 중에서 국세청장(세무서 납세자보호위원회의 위원은 지방국세청장)이 임명 또는 위촉한다.
　㉮ 세무서에 두는 위원회 : 세무서에 납세자 권리보호 업무를 수행하기 위해 두는 납세자보호담당관 1명과 세무서장이 추천하는 변호사, 세무사, 교수 등 법률 또는 회계에 관한 학식과 경험이 풍부한 사람 중에서 위촉하는 13명 이내의 사람
　㉯ 지방국세청에 두는 위원회 : 지방국세청에 납세자 권리보호 업무를 수행하기 위해 두는 납세자보호담당관 1명과 지방국세청장이 추천하는 변호사, 세무사, 교수 등 법률 또는 회계에 관한 학식과 경험이 풍부한 사람 중에서 위촉하는 17명 이내의 사람
　㉰ 국세청에 두는 위원회 : 다음의 사람(총 16명)
　　㉠ 납세자보호관 1명
　　㉡ 기획재정부장관이 추천하는 조세・법률・회계분야의 전문가로서 국세청장이 위촉하는 사람 5명
　　㉢ 한국세무사회의 장이 추천하는 5년 이상 경력을 가진 세무사로서 국세청장이 위촉하는 사람 2명

ㄹ. 한국공인회계사회의 장이 추천하는 5년 이상의 경력을 가진 공인회계사로서 국세청장이 위촉하는 사람 2명
ㅁ. 대한변호사협회의 장이 추천하는 5년 이상의 경력을 가진 변호사로서 국세청장이 위촉하는 사람 2명
ㅂ. 「비영리민간단체 지원법」 제2조에 따른 비영리민간단체가 추천하는 5년 이상의 경력을 가진 조세·법률 또는 회계 분야의 전문가 중 국세청장이 위촉하는 사람 4명

③ 위원장과 민간위원의 임기는 2년으로 하며, 한 차례만 연임할 수 있다. 그리고 다음 중 하나에 해당하는 사람은 민간위원이 될 수 없다.
  ㉮ 「공직자윤리법」 제17조에 따른 취업제한기관에 소속되어 있거나 취업제한기관에서 퇴직한 지 3년이 지나지 않은 사람
  ㉯ 최근 3년 이내에 해당 위원회를 둔 세무서, 지방국세청 또는 국세청에서 공무원으로 근무한 사람
  ㉰ 「세무사법」 제17조에 따른 징계처분을 받은 날부터 5년이 지나지 않은 사람
  ㉱ 그 밖에 공정한 직무수행에 지장이 있다고 인정되는 사람으로서 국세청장이 정하는 사람

④ 세무관서의 장은 위원장과 외부위원이 그 직무수행에 지장이 있다고 인정하는 경우에는 임기 중이라도 위촉 해제를 관할 상급 세무관서의 장에게 요청할 수 있다.

(3) 회의

① 위원회의 회의는 위원장, 납세자보호담당관과 다음의 구분에 따라 위원장과 납세자보호담당관이 협의하여 회의마다 지정하는 사람으로 구성하되, 납세자보호담당관 외에 모두 외부위원으로 구성한다.
  ㉠ 세무서에 두는 위원회 : 위원장이 납세자보호담당관인 위원의 의견을 들어 회의마다 지정하는 사람 5명
  ㉡ 지방국세청에 두는 위원회 : 위원장이 납세자보호담당관인 위원의 의견을 들어 회의마다 지정하는 사람 7명
  ㉢ 국세청에 두는 위원회: 국세청에 두는 위원회: 위원장이 납세자보호관인 위원의 의견을 들어 회의마다 지정하는 사람 7명

② 납세자보호담당관은 납세자보호위원회에서 심의가 필요한 경우 위원장과 협의하여 기일을 정하여 위원회의 회의를 소집한다.

③ 위원회의 회의는 위 '①'으로 구성된 위원 과반수의 출석으로 개의하고 출석위원 과반수의 찬성으로 의결한다.
④ 위원회의 회의는 공개하지 아니한다. 다만, 위원장이 필요하다고 인정하는 경우에는 납세자보호담당관과 협의하여 공개할 수 있다.
⑤ 위원회에 그 서무를 처리하게 하기 위하여 간사 1명을 두고, 간사는 다음의 구분에 따른 사람이 된다.
　㉮ 세무서에 두는 위원회: 세무서장이 소속 공무원 중에서 지명하는 사람
　㉯ 지방국세청에 두는 위원회: 지방국세청장이 소속 공무원 중에서 지명하는 사람
　㉰ 국세청에 두는 위원회: 국세청장이 소속 공무원 중에서 임명하는 사람

(4) 심의사항

1) 세무서와 지방국세청의 납세자보호위원회 심의 사항

세무서에 두는 납세자보호위원회 및 지방국세청에 두는 납세자보호위원회는 다음 각 호의 사항을 심의한다(기법 81의18 ②).

① 세무조사 대상 과세기간 중 연간 수입금액 또는 양도가액이 가장 큰 과세기간의 연간 수입금액 또는 양도가액이 100억원 미만(부가가치세에 대한 세무조사의 경우 1과세기간 공급가액의 합계액이 50억원 미만)인 중소규모납세자 이외의 납세자에 대한 세무조사(조세범칙조사는 제외한다) 기간의 연장. 다만, 제81조의8제1항 제6호에 따라 조사대상자가 해명 등을 위하여 연장을 신청한 경우는 제외한다.
② 중소규모납세자 이외의 납세자에 대한 세무조사 범위의 확대
③ 세무조사 기간 연장에 대한 중소규모납세자의 세무조사 일시중지 및 중지 요청
④ 세무조사 중 위법·부당한 세무조사에 대한 납세자의 세무조사 일시중지 및 중지 요청
⑤ 장부 등의 일시 보관 기간 연장
⑥ 그 밖에 납세자보호담당관이 심의가 필요하다고 인정하는 안건

2) 국세청의 납세자보호위원회 심의 사항

국세청에 두는 납세자보호위원회(이하 "국세청 납세자보호위원회"라 한다)는 다음 각 호의 사항을 심의한다.

① 위 '1)의 ①~④'의 사항에 대하여 세무서 납세자보호위원회 또는 지방국세청 납세자보호위원회의 심의를 거친 세무서장 또는 지방국세청장의 결정에 대한 납세자의

취소 또는 변경 요청
② 그 밖에 납세자의 권리보호를 위한 국세행정의 제도 및 절차 개선 등으로서 납세자보호관이 심의가 필요하다고 인정하는 사항

(5) 납세자보호위원회의 비밀 유지 등

1) 비밀 유지

① 납세자보호위원회의 위원은 업무 중 알게 된 과세정보를 타인에게 제공 또는 누설하거나 목적 외의 용도로 사용해서는 아니 된다.
② 납세자보호관은 납세자보호위원회의 의결사항에 대한 이행여부 등을 감독한다.

2) 공무원이 아닌 위원의 형법 적용

납세자보호위원회의 위원 중 공무원이 아닌 위원은 「형법」의 공무상 비밀의 누설, 수뢰, 사전수뢰, 제삼자뇌물제공, 수뢰후부정처사, 사후수뢰, 알선수뢰의 규정을 적용할 때에는 공무원으로 본다.

3) 납세자보호위원의 제척과 회피

납세자보호위원회의 위원은 다음 중 어느 하나에 해당하는 경우에는 위원회의 심의·의결에서 제척된다. 그리고 납세자보호위원회의 위원은 다음 중 어느 하나에 해당하는 경우에는 스스로 해당 안건의 심의·의결에서 회피하여야 한다.
① 세무조사를 받는 자(이하 "조사대상자") 또는 그 조사대상자의 세무조사에 대하여 조력을 제공하거나 제공하였던 자인 경우
② 위 ①에 규정된 사람의 친족이거나 친족이었던 경우
③ 위 ①에 규정된 사람의 사용인이거나 사용인이었던 경우(세무조사 착수일을 기준으로 최근 5년 이내에 사용인이었던 경우로 한정함)
④ 심의의 대상이 되는 세무조사에 관하여 증언 또는 감정을 한 경우
⑤ 세무조사 착수일 전 최근 5년 이내에 조사대상자의 법 또는 세법에 따른 신고·신청·청구에 관여하였던 경우
⑥ 위 ④ 또는 ⑤에 해당하는 법인 또는 단체에 속하거나 세무조사 착수일 전 최근 5년 이내에 속하였던 경우
⑦ 그 밖에 조사대상자 또는 조사대상자의 세무조사에 대하여 조력을 제공하는 자의 업무에 관여하거나 관여하였던 경우

4) 납세자보호위원의 해촉

국세청장(세무서에 두는 위원회의 경우에는 지방국세청장을 말한다)은 위원장과 외부위원이 그 직무수행에 지장이 있다고 인정하는 다음의 경우에는 위촉을 해제할 수 있다.
① 심신장애로 인하여 직무를 수행할 수 없게 된 경우
② 직무와 관련된 비위사실이 있는 경우
③ 직무태만, 품위손상이나 그 밖의 사유로 인하여 위원으로 적합하지 아니하다고 인정되는 경우
④ 위원 스스로 직무를 수행하는 것이 곤란하다고 의사를 밝히는 경우
⑤ 위 '3)'의 어느 하나에 해당하는 데에도 불구하고 회피하지 아니한 경우

(6) 납세자보호위원회에 대한 납세자의 심의 요청 및 결과 통지 등

① 납세자는 세무조사 기간이 끝나는 날까지 세무서장 또는 지방국세청장에게 다음에 해당하는 사항에 대한 심의를 요청할 수 있다. 이때 심의를 요청하는 경우 및 취소 또는 변경 요청을 하는 경우에는 서면으로 하여야 한다.
　㉮ 세무조사 기간 연장 및 세무조사 범위 확대에 대한 중소규모납세자의 세무조사 일시중지 및 중지 요청
　㉯ 위법·부당한 세무조사 및 세무조사 중 세무공무원의 위법·부당한 행위에 대한 납세자의 세무조사 일시중지 및 중지 요청
② 세무서장 또는 지방국세청장은 심의사항(납세자보호담당관이 심의가 필요하다고 인정하는 안건 제외)에 대하여 세무서 납세자보호위원회 또는 지방국세청 납세자보호위원회의 심의를 거쳐 결정을 하고, 납세자에게 그 결과를 통지하여야 한다. 이 경우 다음에 대한 결과는 위 '①'에 따른 요청을 받은 날부터 20일 이내에 통지하여야 한다. 이 때 결과를 통지하는 경우에는 서면으로 하여야 한다.
　㉮ 세무조사 기간 연장에 대한 중소규모납세자의 세무조사 일시중지 및 중지 요청
　㉯ 세무조사 중 위법·부당한 세무조사에 대한 납세자의 세무조사 일시중지 및 중지 요청
③ 납세자는 위 '②'에 따라 통지를 받은 날부터 7일 이내에 심의사항(세무서장 및 지방국세청장이 심의를 요구하는 안건과 납세자보호담당관이 심의가 필요하다고 인정하는 안건 제외)으로서 세무서 납세자보호위원회 또는 지방국세청 납세자보호위원회의 심의를 거친 세무서장 또는 지방국세청장의 결정에 대하여 국세청장에게 취소 또는 변경을 요청할 수 있다.

④ 위 '③'에 따른 납세자의 요청을 받은 국세청장은 국세청 납세자보호위원회의 심의를 거쳐 세무서장 및 지방국세청장의 결정을 취소하거나 변경할 수 있다. 이 경우 국세청장은 요청받은 날부터 20일 이내에 그 결과를 납세자에게 통지하여야 한다.
⑤ 납세자보호관 또는 담당관은 납세자가 위 '①' 또는 '③'에 따른 요청을 하는 경우에는 납세자보호위원회의 심의 전까지 세무공무원에게 세무조사의 일시중지 등을 요구할 수 있다. 다만, 납세자가 세무조사를 기피하려는 것이 명백한 경우 등 다음의 경우에는 그러하지 아니하다.
　㉮ 납세자가 장부·서류 등을 은닉하거나 제출을 지연하거나 거부하는 등 조사를 기피하는 행위가 명백한 경우
　㉯ 납세자의 심의 요청 및 취소 또는 변경 요청이 세무조사를 기피하려는 행위임을 세무공무원이 자료·근거 등으로 명백하게 입증하는 경우
⑥ 납세자보호위원회는 위 '②의 ㉮·㉯'에 따른 요청이 있는 경우 그 의결로 세무조사의 일시중지 및 중지를 세무공무원에게 요구할 수 있다. 이 경우 납세자보호위원회는 정당한 사유 없이 위원회의 요구에 따르지 아니하는 세무공무원에 대하여 국세청장에게 징계를 건의할 수 있다.
⑦ 위 '① 및 ③'에 따른 요청을 한 납세자는 대통령령으로 정하는 바에 따라 세무서장, 지방국세청장 또는 국세청장에게 의견을 진술할 수 있다.

14. 납세자의 협력의무

납세자는 세무공무원의 적법한 질문·조사, 제출명령에 대하여 성실하게 협력하여야 한다.

제 3 절   과세전적부심사 청구

1. 의 의

　과세전적부심사(課稅前適否審査)란 과세관청이 과세할 내용을 과세 전에 **서면통지**(세무조사 결과통지)나 **과세예고통지**(과세관청 업무감사 결과) 등에 의하여 납세자에게 미리 알려주고, 이에 이의가 있는 경우 납세자가 과세의 적부심사를 청구하도록 하여 과세 후 납세자의 권익이 부당히 침해되는 것을 예방하는 사전권리구제제도이다.

　조세는 일단 과세되고 나면 그 과세처분이 위법부당한 것이라 하더라도 과세처분이 취소되기 전까지는 적법한 것으로 추정되는 공정력이 있기 때문에 이의신청, 심사청구 또는 심판청구, 행정소송을 통하여 사후적인 구제절차를 밟아 승소를 한다 하더라도 그 구제절차를 거치는 기간이 너무 길어서 이미 사업상 중대한 손실을 입을 수 있고, 그 손실은 다시 회복할 수 없게 되는 상태에 빠질 수 있다. 따라서 이러한 납세자의 불만을 해소하고 불이익을 방지하면서, 그에 따른 민원의 발생여지를 줄임으로써 조세행정의 실효성을 높이기 위하여 사전구제제도인 과세전적부심사제도를 도입하여 세무조사결과에 대한 통지를 받거나 과세예고통지를 받은 경우 사전구제를 받을 수 있는 기회를 부여하고 있다.

2. 과세예고통지의 의무

　세무서장 또는 지방국세청장은 다음 중 어느 하나에 해당하는 경우에는 미리 납세자에게 그 내용을 서면으로 과세예고통지를 하여야 한다(기법 81의15 ①).
① 세무서 또는 지방국세청에 대한 지방국세청장 또는 국세청장의 업무감사 결과(현지에서 시정조치하는 경우를 포함한다)에 따라 세무서장 또는 지방국세청장이 과세하는 경우
② 세무조사에서 확인된 것으로 조사대상자 외의 자에 대한 과세자료 및 현지 확인조사에 따라 세무서장 또는 지방국세청장이 과세하는 경우
③ 납부고지하려는 세액이 1백만원 이상인 경우. 다만, 「감사원법」 제33조에 따른 시정요구에 따라 세무서장 또는 지방국세청장이 과세처분하는 경우로서 시정요구 전에 과세처분 대상자가 감사원의 지적사항에 대한 소명안내를 받은 경우는 제외한다.

3. 과세전적부심사의 청구 대상

(1) 세무서장 또는 지방국세청장에 대한 청구

다음 중 하나에 해당하는 통지를 받은 자는 **통지를 받은 날부터 30일 이내**에 통지를 한 세무서장 또는 지방국세청장에게 통지 내용의 적법성 여부에 관한 과세전적부심사를 청구할 수 있다(기법 81의15 ②). 이 때 과세전적부심사청구서가 통지를 한 세무서장·지방국세청장 외의 세무서장·지방국세청장이나 국세청장에게 제출된 경우에는 해당 과세전적부심사청구서를 관할 세무서장·지방국세청장이나 국세청장에게 지체 없이 송부하고, 그 사실을 해당 청구인에게 통지하여야 한다.
① 세무조사결과에 대한 서면통지
② 과세예고통지

(2) 국세청장에 대한 청구

법령과 관련하여 국세청장의 유권해석을 변경하여야 하거나 새로운 해석이 필요한 경우 등 다음 사항에 대해서는 국세청장에게 과세전적부심사를 청구할 수 있다(선택권 부여).
① 법령과 관련하여 국세청장의 유권해석을 변경하여야 하거나 새로운 해석이 필요한 것
② 국세청장의 훈령·예규·고시 등과 관련하여 새로운 해석이 필요한 것
③ 세무서 또는 지방국세청에 대한 국세청장의 업무감사결과(현지에서 시정조치하는 경우 포함)에 따라 세무서장 또는 지방국세청장이 하는 과세예고통지에 관한 것
④ 위 '①'~'③'에 해당하지 아니하는 사항 중 과세전적부심사청구금액이 「5억원 이상」에 해당하는 것.
⑤ 「감사원법」 제33조에 따른 시정요구에 따라 세무서장 또는 지방국세청장이 과세처분하는 경우로서 시정 요구 전에 과세처분 대상자가 감사원의 지적사항에 대한 소명안내를 받지 못한 것

4. 청구기간 및 절차

세무조사결과에 대한 서면통지나 과세예고통지를 받은 자는 그 통지를 받은 날부터 30일 이내에 해당 통지를 한 세무서장·지방국세청장(국세청장에게 해당한 청구사항인 경우는 국세청장)에게 다음의 사항을 적은 과세전적부심사청구서를 제출하여야 한다. 이 경우 증거서류나 증거물이 있는 경우에는 첨부하여야 한다.

① 청구인의 주소 또는 거소와 성명
② 세무조사결과 통지 또는 통지를 받은 날짜
③ 청구세액
④ 청구내용 및 이유

5. 과세전적부심사의 배제

다음에 해당하는 경우에는 과세전적부심사의 적용을 배제한다(기법 81의15 ③).
① 납부기한전징수의 사유가 있거나 세법에서 규정하는 수시부과의 사유가 있는 경우
② 「조세범 처벌법」 위반으로 고발 또는 통고처분하는 경우. 단, 고발 또는 통고처분과 관련 없는 세목은 제외함.
③ 세무조사결과통지 및 과세예고통지를 하는 날부터 국세부과제척기간의 만료일까지의 기간이 3개월 이하인 경우
④ 「국제조세조정에 관한 법률」에 따라 조세조약을 체결한 상대국이 상호합의절차의 개시를 요청한 경우
⑤ 심사청구 등 재조사 결정에 따라 조사를 하는 경우

6. 결 정

(1) 결정기관

과세전적부심사청구를 받은 세무서장·지방국세청장이나 국세청장은 청구를 받은 날부터 30일 이내에 각각 국세심사위원회의 과세전적부심사를 거쳐 결정을 하고 그 결과를 청구인에게 통지하여야 한다.

(2) 결정의 종류

과세전적부심사청구에 대한 결정은 다음과 같이한다.
① **청구가 이유없다고 인정되는 경우** : 채택하지 아니한다는 결정
② **청구가 이유있다고 인정되는 경우** : 채택하거나 일부 채택하는 결정. 다만, 구체적인 채택의 범위를 정하기 위하여 사실관계 확인 등 추가적으로 조사가 필요한 경우에는 해당 통지를 한 세무서장이나 지방국세청장으로 하여금 이를 재조사하여 그 결과에 따라 당초 통지 내용을 수정하여 통지하도록 하는 재조사 결정을 할 수 있다.

③ 청구기간이 지났거나 보정기간에 보정하지 아니한 경우 또는 그 밖에 청구가 적법하지 아니한 경우: 심사하지 아니한다는 결정

7. 과세표준 및 세액 결정 유보

과세전적부심사청구서를 제출받은 세무서장·지방국세청장이나 국세청장은 그 청구부분에 대한 결정이 있을 때까지 과세표준 및 세액의 결정이나 경정결정을 유보하여야 한다. 다만, 위의 과세전적부심사의 적용 배제에 해당하는 경우는 제외한다.

8. 불복에 관한 규정의 준용

과세전적부심사에 있어서는 국세기본법에서 규정하고 있는 불복에 관한 내용 중 관계서류 열람 및 의견진술권(제58조), 대리인(제59조), 정보통신망 이용(제60조의 2), 청구기간(제61조 제3항), 청구절차(제62조 제2항), 그리고 청구서의 보정(제63조) 결정 절차(제64조 제1항 단서, 제64조 제2항) 및 결정(제65조 제4항부터 제6항까지)의 규정을 준용한다.

9. 즉시 결정·경정결정

세무조사결과에 대한 서면통지나 과세예고통지를 받은 자는 과세전적부심사를 청구하지 아니하고 통지를 한 세무서장이나 지방국세청장에게 통지받은 내용의 전부 또는 일부에 대하여 과세표준 및 세액을 조기에 결정하거나 경정결정해 줄 것을 신청할 수 있다. 이 경우 해당 세무서장이나 지방국세청장은 신청받은 내용대로 즉시 결정이나 경정결정을 하여야 한다.

제10장 보 칙

제 1 절 납세관리인

1. 의 의

납세자가 국내에 주소 또는 거소를 두지 아니하거나 국외로 주소 또는 거소를 이전할 때에는 국세에 관한 사항을 처리하게 하기 위하여 납세관리인을 정하여야 한다(기법 82). 그리고 비거주자인 상속인이나 수유자가 금융회사에 상속재산의 지급·명의개서 또는 변경을 청구하려면 납세관리인을 정하여 납세지 관할 세무서장에게 신고하고, 그 사실에 관한 확인서를 교부받아 금융회사에 제출하여야 한다. 이러한 경우에는 의무적으로 납세관리인을 두어야 하는 경우이다. 또한 납세자는 국세에 관한 사항을 처리하게 하기 위하여 변호사, 세무사 또는 「세무사법」의 규정에 따라 등록한 공인회계사를 납세관리인으로 둘 수 있는데 이는 임의적이다.

납세관리인을 정한 납세자는 관할 세무서장에게 신고하여야 한다. 납세관리인에 대해 세법이 특례규정을 두고 있는 경우에는 그 세법에 따른다.

2. 납세관리인의 업무범위

납세관리인은 다음의 사항에 관하여 납세자를 대리할 수 있다.
① 국세기본법 및 세법에 따른 신고·신청·청구, 그밖의 서류의 작성 및 제출
② 세무서장 등이 발급한 서류의 수령
③ 국세 등의 납부 또는 국세환급금의 수령

3. 납세관리인 설정 및 변경 신고

납세관리인 설정하거나 변경·해임할 경우에도 문서로 관할 세무서장에게 하여야 한다. 이 경우 납세관리인설정의 신고는 다음의 사항을 적은 납세관리인 설정·변경·해임 신고서로 하여야 한다.
① 납세자의 성명과 주소 또는 거소
② 납세관리인의 성명과 주소 또는 거소
③ 설정의 이유

4. 납세관리인의 권한소멸

납세관리인은 다음에 열거한 사유가 발생하였을 때 그 권한이 소멸한다(국기통 82-0…1).
① 납세자의 해임행위(민법 128)
② 납세자의 사망
③ 납세관리인의 사망, 금치산 또는 파산 등

5. 납세관리인의 변경조치

세무서장은 납세관리인이 부적당하다고 인정될 때에는 기한을 정하여 납세자에게 그 변경을 요구할 수 있다. 그러나 요구받은 납세자가 정해진 기한까지 납세관리인변경의 신고를 하지 아니한 때에는 납세관리인의 설정은 없는 것으로 본다.

6. 납세관리인의 지정 등

① 관할 세무서장은 납세관리인을 정하여야할 납세자가 신고를 하지 아니할 때에는 납세자의 재산이나 사업의 관리인을 납세관리인으로 정할 수 있다. 이 경우 해당 납세자와 납세관리인에게 지체 없이 그 사실을 통지하여야 한다.
② 세무서장 또는 지방국세청장은 「상속세와 증여세법」에 따라 상속세를 부과할 때에 납세관리인이 있는 경우를 제외하고 상속인이 확정되지 아니하였거나 상속인이 상속재산을 처분할 권한이 없는 경우에는 특별한 규정이 없으면 추정상속인·유언집행자 또는 상속재산관리인에 대하여 「상속세와 증여세법」 중 상속인이나 수유자(受遺者)에 관한 규정을 적용할 수 있다.

제 2 절 고지금액의 최저한도

고지할 국세(인지세를 제외) 또는 강제징수비의 합계액이 **1만원 미만일** 때에는 그 금액은 없는 것으로 본다(기법 83 ①, 기령 65의 3).

여기서 '고지할 국세'란 본세와 함께 고지하는 교육세, 농어촌특별세를 본세와 합한 것을 말한다(국기통 83-0…1).

제 3 절 국세행정의 협조

1. 의 의

세무공무원은 직무를 집행할 때 필요하면 국가기관·지방자치단체 또는 그 소속공무원에게 협조를 요청할 수 있다. 그리고 요청을 받은 자는 정당한 사유가 없으면 협조하여야 한다. 이때 정부는 납세지도(納稅指導)를 담당하는 단체에 그 납세지도 경비의 전부 또는 일부를 대통령령으로 정하는 바에 따라 교부금으로 지급할 수 있다(기법 84 ③).

2. 납세지도교부금

1) 신 청

납세지도교부금을 지급받으려는 단체는 다음 사항을 적은 교부금지급신청서를 교부금을 지급받으려는 연도의 1월 31일까지 국세청장에게 제출하여야 한다.

① 신청단체의 명칭, 주소 및 대표자의 성명
② 납세지도 사업 내용
③ 납세지도에 필요한 경비와 지급받으려는 교부금액
④ 납세지도 실시기간
⑤ 지급되는 교부금이 필요한 경비보다 적은 경우 그 대책

2) 결 정

국세청장은 교부금지급신청서가 제출된 경우에는 사업의 적정성·실현가능성 및 그 효과 등을 고려하여 해당 연도 2개월 말까지 교부금의 지급 여부를 결정을 하여야 한다. 이때 교부금의 지급을 결정할 때 교부금의 지급목적을 달성하는 데 필요하다고 인정되는 조건을 붙일 수 있다. 그리고 교부금지급 여부를 결정하거나 교부금지급의 조건을 붙인 경우에는 이를 교부금지급신청자에게 지체없이 통지하여야 한다(기령 65의 2 ④).

3) 사후관리

교부금을 받은 납세지도단체는 교부금을 받은 연도의 다음 연도 1월 20일까지 납세지도사업실적보고서를 국세청장에게 제출하여야 한다. 만일 납세지도단체가 교부금을 다른 용도에 사용하거나 교부금의 지급조건을 위반한 경우에는 국세청장은 교부금지급결정의 전부 또는 일부를 취소하거나, 이미 지급된 교부금의 반환을 명하여야 한다.

제 4 절 포상금의 지급

1. 포상금의 지급대상

국세청장은 다음 중 어느 하나에 해당하는 자에게는 20억원(①에 해당하는 경우 40억원, ②에 해당하는 경우 30억원)의 범위에서 포상금을 지급할 수 있다(기법 84의2). 다만, 탈루세액, 부당하게 환급·공제받은 세액, 은닉재산의 신고를 통하여 징수된 금액이 5,000만원 금액 미만 또는 해외금융계좌 신고의무 불이행에 따른 과태료가 2,000만원 금액 미만인 경우 또는 공무원이 그 직무와 관련하여 자료를 제공하거나 은닉재산을 신고한 경우에는 포상금을 지급하지 아니한다. 이 경우 자료의 제공 또는 신고는 성명 및 주소를 분명히 적고 문서, 팩스, 전화자동응답시스템 또는 인터넷 홈페이지를 통하여 하여야 한다. 그리고 객관적으로 확인되는 증거자료 등을 첨부하여야 한다.

① 조세를 탈루한 자에 대한 탈루세액 또는 부당하게 환급·공제받은 세액을 산정하는 데 다음에 해당하는 중요한 자료를 제공한 자

㉮ 조세탈루 또는 부당하게 환급·공제받은 내용을 확인할 수 있는 거래처, 거래일

또는 거래기간, 거래품목, 거래수량 및 금액 등 구체적 사실이 기재된 자료 또는 장부[자료 또는 장부 제출 당시에 세무조사(「조세범 처벌절차법」에 따른 조세범칙조사를 포함한다)가 진행 중인 것은 제외한다]
  - ㉯ ㉮에 해당하는 자료의 소재를 확인할 수 있는 구체적인 정보
  - ㉰ 그 밖에 조세탈루 또는 부당하게 환급·공제받은 수법, 내용, 규모 등의 정황으로 보아 중요한 자료로 인정할 만한 자료로서 대통령령으로 정하는 자료
② 체납자의 은닉재산을 신고한 자
③ 다음과 같은 신용카드가맹점과 현금영수증가맹점을 신고한 자. 이 때 신고는 행위가 있은 날부터 **신용카드가맹점은 1개월 이내, 현금영수증가맹점은 5년 이내**에 에 관할 세무서장, 관할 지방국세청장이나 국세청장에게 하여야 한다. 다만, 신용카드(직불카드와 선불카드 포함) 또는 현금영수증 결제대상 **거래금액이 5천원 미만인 경우는 제외**한다.
  - ㉮ 신용카드로 결제할 것을 요청하였으나 이를 거부하는 경우
  - ㉯ 신용카드매출전표(직불카드와 선불카드 영수증 포함)를 사실과 다르게 발급하는 경우로서 신용카드에 의한 거래를 이유로 재화나 용역의 대가를 현금에 의한 거래(현금영수증을 발급받은 경우는 제외한다)보다 재화나 용역을 공급받은 자에게 불리하게 기재하여 신용카드매출전표를 발급하는 경우
  - ㉰ 현금영수증의 발급을 거부하는 경우. 여기에서 현금영수증을 발급한 후 재화나 용역을 공급받은 자의 의사에 반하여 그 발급을 취소하는 경우에는 현금영수증 발급을 거부하는 것으로 본다.
  - ㉱ 현금영수증의 발급을 이유로 재화 또는 용역의 대가를 다르게 기재하여 현금영수증을 발급하는 경우
④ 타인의 명의를 사용하여 사업을 경영하는 자를 신고한 자
⑤ 「국제조세조정에 관한 법률」에 따른 해외금융계좌 신고의무 위반행위를 적발하여 처벌 또는 과태료 부과의 근거로 활용할 수 있는 중요한 자료를 제공한 자
⑥ 타인 명의로 되어 있는 다음 중 어느 하나에 해당하는 사업자의 「금융실명거래 및 비밀보장에 관한 법률」 제2조 제2호에 따른 금융자산[33]을 신고한 자
  - ㉮ 법인
  - ㉯ 복식부기의무자
⑦ 「소득세법」 또는 「법인세법」에 따른 현금영수증 발급의무를 위반한 자를 신고한 자

---

[33] 금융실명거래 및 비밀보장에 관한 법률 제2조 제2항. "금융자산"이란 금융회사등이 취급하는 예금·적금·부금(賦金)·계금(契金)·예탁금·출자금·신탁재산·주식·채권·수익증권·출자지분·어음·수표·채무증서 등 금전 및 유가증권과 그 밖에 이와 유사한 것으로서 총리령으로 정하는 것을 말한다.

2. 조세 탈루 등의 자료 제공 또는 신고 요건

조세 탈루 등을 신고할 경우 자료의 제공 또는 신고는 성명 및 주소를 분명히 적고 문서, 팩스, 전화자동응답시스템 또는 인터넷 홈페이지를 통하여 하여야 한다. 이 경우 다음의 요건을 모두 갖추어야 한다.
① 본인의 성명과 주소를 적거나 진술할 것
② 서명(「전자서명법」 제2조 제3호에 따른 공인전자서명을 포함한다), 날인 또는 그 밖에 본인임을 확인할 수 있는 인증을 할 것
③ 객관적으로 확인되는 증거자료 등을 제출할 것

3. 포상금의 지급 한도

(1) 조세 탈루자의 신고 등

조세를 탈루세액 또는 부당하게 환급·공제받은 세액(「조세범 처벌법」 제10조제1항부터 제4항까지의 규정에 따른 세금계산서의 발급의무 위반 등의 경우에는 공급가액에 부가가치세의 세율을 적용하여 계산한 세액의 100분의 30에 상당하는 금액)에 다음의 지급률을 곱하여 계산한 금액을 포상금으로 지급할 수 있다. 다만, 40억원을 초과하는 부분은 지급하지 아니한다.
① 포상금의 지급은 탈루세액이 아니라 납부된 금액을 기준으로 계산한다(기령 65의 4).

탈루세액등 및 징수금액	지급률
5천만원 이상 5억원 이하	20%
5억원 초과 20억원 이하	1억원+5억원 초과하는 금액의 15%
20억원 초과 30억원 이하	3억 2천 5백만원+20억원을 초과하는 금액의 10%
30억원 초과	4억 2천 5백만원+30억원을 초과하는 금액의 5%

② 이때 탈루세액 등에는 다음의 사유로 세액의 차이가 발생한 경우 그 차액을 포함하지 아니한다.
　㉮ 세무회계와 기업회계와의 차이로 인하여 세액의 차이가 발생한 경우
　㉯ 「상속세와 증여세법」에 따른 평가가액의 착오로 인하여 세액의 차이가 발생한 경우
　㉰ 소득·거래 등에 대한 귀속연도의 착오로 인하여 세액의 차이가 발생한 경우

(2) 은닉재산의 신고

은닉재산의 신고를 통하여 징수된 금액에 다음의 지급률을 곱하여 계산한 금액을 포상금으로 지급할 수 있다. 다만, 30억원을 초과하는 부분은 지급하지 아니한다(기법 84의2).

탈루세액등 및 징수금액	지급률
5천만원 이상 5억원 이하	20%
5억원 초과 20억원 이하	1억원+5억원 초과하는 금액의 15%
20억원 초과 30억원 이하	3억 2천 5백만원+20억원을 초과하는 금액의 10%
30억원 초과	4억 2천 5백만원+30억원을 초과하는 금액의 5%

(3) 신용카드가맹점과 현금영수증가맹점의 부정신고

① 신용카드·현금영수증의 결제·발급을 거부하거나 사실과 다르게 발급한 금액(사실과 다르게 발급한 경우 발급하여야 할 금액과의 차액 즉, 거부금액)에 따라 다음의 금액을 포상금으로 지급할 수 있다. 다만, 포상금으로 지급할 금액 중 1천원 미만의 금액은 없는 것으로 하고, 동일인이 받을 수 있는 포상금은 연간 200만원을 한도로 한다.

거부금액	지급금액
5천원 이상 5만원 이하	1만원
5만원 초과 250만원 이하	거부금액의100분의 20에 해당하는 금액
250만원 초과	50만원

② 10만원 이상인 재화 또는 용역을 공급하고 그 대금을 현금으로 받은 경우에는 상대방이 현금영수증 발급을 요청하지 아니하더라도 현금영수증을 발급하여야 한다. 다만, 이 의무의 위반자를 신고한 자에 대한 포상금은 위 '①'에 불구하고 그 거부금액의 20%를 넘지 아니하는 범위에서 국세청장이 정한다.

(4) 타인의 명의를 사용하여 사업을 경영하는 자 신고

타인의 명의를 사용하여 사업을 경영하는 자를 신고한 자에게는 신고 건별로 200만원을 포상금으로 지급할 수 있다(기령 65의4 ⑯). 다만, 동일 사안에 대하여 중복신고가 있으면 최초로 신고한 자에게만 지급하고, 타인의 명의를 사용하여 사업을 경영하는 자가 다음 중 어느 하나에 해당하는 경우로서 조세를 회피할 목적이 없거나 강제집행을 면탈(免脫)할 목적이 없다고 인정되는 경우에는 포상금을 지급하지 아니한다.

㉮ 배우자, 직계존속 또는 직계비속의 명의로 사업자등록을 하고 사업을 경영하거나 배우자, 직계존속 또는 직계비속 명의의 사업자등록을 이용하여 사업을 경영하는 경우
㉯ 약정한 기일 이내에 채무를 변제하지 아니하여 종합신용정보집중기관에 등록된 경우

(5) 해외금융계좌 신고의무 위반행위에 대한 중요한 자료를 제공한 자

해외금융계좌 신고의무 위반행위에 대한 과태료금액에 다음의 지급률을 곱하여 계산한 금액을 포상금으로 지급할 수 있다. 다만, 20억원을 초과하는 부분은 지급하지 아니한다.

징수금액	지급률
2천만원 이상 2억원 이하	15%
2억원 초과 5억원 이하	3천만원+2억원을 초과하는 금액의 10%
5억원 초과	6천만원+5억원을 초과하는 금액의 5%

(6) 타인 명의로 되어 있는 금융자산을 신고한 자

타인 명의로 되어 있는 금융자산을 신고한 자에게는 해당 금융자산을 통한 탈루세액 등이 1,000만원 이상인 신고 건별로 100만원을 포상금으로 지급할 수 있다. 다만, 동일인이 지급받을 수 있는 포상금은 연간 5,000만원을 한도로 한다.

4. 포상금의 지급시기 및 절차(기령 65의4)

국세청장은 부과처분이 확정되고 탈루세액이 납부된 경우 지급절차 등 관련 내용을 포상금 지급관련 요건을 충족하는 날부터 15일 이내에 통지하고, 통지를 받은 제보자 또는 은닉재산 신고자는 포상금 지급을 신청할 수 있다(탈루세액을 일부납부시 중간지급 가능). 포상금 신청일이 속하는 달의 말일부터 2개월 이내 포상금을 지급한다.

① 조세를 탈루한 자에 따른 포상금
  ㉮ 구체적 사실이 기재된 자료 또는 장부의 신고에 따른 포상금 :「조세범 처벌절차법」에 따른 통고를 이행하거나 재판에 의하여 형이 확정되고, 불복제기기간 또는 제소기간이 지났거나 불복청구 절차(행정소송 등에 의한 불복 절차 포함)가 종료되어 부과처분 등이 확정된 날
  ㉯ 그 밖에 따른 포상금: 탈루세액등이 납부되고 불복제기기간 또는 제소기간이 지

났거나 불복청구 절차(행정소송 등에 의한 불복 절차 포함)가 종료되어 부과처분 등이 확정된 날
② 체납자의 은닉재산 신고에 따른 포상금: 재산은닉 체납자의 체납액에 해당하는 금액을 현금으로 징수한 날
③ 부당한 신용카드가맹점과 현금영수증가맹점, 타인의 명의 사업자의 신고에 따른 포상금: 신고내용이 사실로 확인된 날
④ 해외금융계좌 신고의무 위반행위에 따른 포상금
　㉮ 과태료 부과처분에 해당하는 경우에는 과태료금액이 납부되고, 「질서위반행위규제법」에 따른 이의제기기간이 지났거나 「비송사건절차법」에 따른 불복청구 절차가 종료되어 과태료 부과처분이 확정된 날
　㉯ 징역형 또는 벌금형에 해당하는 경우에는 재판에 의하여 형이 확정된 날(벌금형인 경우에는 벌금을 납부한 날)
⑤ 타인 명의 금융자산의 신고에 따른 포상금: 탈루세액등이 확인된 날

5. 포상금 지급과 관련된 그밖의 사항

(1) 포상금 지급 제외

조세를 탈루한 자에 대한 탈루세액, 부당하게 환급·공제받은 세액, 은닉재산의 신고를 통하여 징수된 금액 또는 해외금융계좌 신고의무 불이행에 따른 과태료가 탈루세액등의 경우에는 5천만원, 징수금액 또는 해외금융계좌 신고의무 불이행에 따른 과태료금액의 경우에는 2천만원 미만인 경우 또는 공무원이 그 직무와 관련하여 자료를 제공하거나 은닉재산을 신고한 경우에는 포상금을 지급하지 아니한다(기령 65의 4 ⑤).

(2) 탈루세액 등 중요한 자료의 범위

조세를 탈루한 자에 대한 탈루세액 또는 부당하게 환급·공제받은 세액을 산정함에 있어서 중요한 자료란 다음 중 하나에 해당하는 것을 말하며, 자료의 제공은 성명 및 주소를 명기하고 서명 날인한 문서로써 하여야 한다.
① 조세를 탈루한 자에 대한 탈루세액 또는 부당하게 환급·공제받은 세액을 산정하는 데 중요한 자료는 다음 중 어느 하나에 해당하는 것
　㉮ 조세탈루 또는 부당하게 환급·공제받은 내용을 확인할 수 있는 거래처, 거래일 또는 거래기간, 거래품목, 거래수량 및 금액 등 구체적 사실이 기재된 자료

또는 장부(자료 또는 장부 제출 당시에 세무조사가 진행 중인 것은 제외한다)
- ㉯ ㉮에 해당하는 자료의 소재를 확인할 수 있는 구체적인 정보
- ㉰ 그 밖에 조세탈루 또는 부당하게 환급·공제받은 수법, 내용, 규모 등의 정황으로 보아 중요한 자료로 인정할 만한 자료로서 대통령령으로 정하는 자료

② 「국제조세조정에 관한 법률」에 따른 해외금융계좌 신고의무 위반행위를 적발하는 데 중요한 자료는 관련 처벌 또는 과태료 부과의 근거로 활용할 수 있는 자료
③ 다음에 해당하는 자료
- ㉮ 조세탈루 또는 부당한 환급·공제와 관련된 회계부정 등에 관한 자료
- ㉯ 조세탈루와 관련된 토지 및 주택 등 부동산투기거래에 관한 자료
- ㉰ 조세탈루와 관련된 밀수·마약 등 공공의 안전을 위협하는 행위에 관한 자료
- ㉱ 그 밖에 조세탈루 또는 부당한 환급·공제의 수법·내용·규모 등 정황으로 보아 중요한 자료로 보는 것이 타당하다고 인정되는 자료

(3) 은익재산의 범위

은닉재산이란 체납자가 은닉한 현금·예금·주식 그 밖에 재산적 가치가 있는 유형·무형의 재산을 말한다. 다만, 다음의 어느 하나에 해당하는 재산은 제외한다.
① 「국세징수법」에 따른 사해행위(詐害行爲) 취소소송의 대상이 되어 있는 재산
② 세무공무원이 은닉사실을 알고 조사 또는 강제징수 절차에 착수한 재산
③ 체납자 본인의 명의로 등기된 국내소재 부동산

(4) 담당하는 공무원 비밀 유지

포상금 지급과 관련된 업무를 담당하는 공무원은 신고자 또는 자료 제공자의 신원 등 신고 또는 제보와 관련된 사항을 그 목적 외의 용도로 사용하거나 타인에게 제공 또는 누설해서는 아니 된다.

제 5 절 과세자료의 제출과 그 수집에 대한 협조

세법에 따라 과세자료를 제출할 의무가 있는 자는 과세자료를 성실하게 작성하여 정해진 기한까지 관할 세무서장에게 제출하여야 한다(기법 85 ①). 다만, 국세정보통신망을 이용하여 제출하는 경우에는 지방국세청장이나 국세청장에게 제출할 수 있다. 그리고 국가기관, 지방자치단체, 금융회사 등 또는 전자계산·정보처리시설을 보유한 자는 과세에 관계되는 자료 또는 통계를 수집하거나 작성하였을 때에는 국세청장에게 통보하여야 한다.

과세자료를 제출할 의무가 있는 자와 과세에 관계되는 자료 또는 통계를 통보할 의무가 있는 자가 전자계산조직을 운영하고 있는 경우에 국세청장은 국세행정의 효율적인 집행을 위하여 해당 자료를 국세정보통신망을 이용하여 전송하거나 디스켓 또는 자기테이프 등 전자기록매체로 제출할 것을 요청할 수 있다.

제 6 절 지급명세서 자료의 이용

「금융실명거래 및 비밀보장에 관한 법률」에 관계없이 세무서장(지방국세청장·국세청장을 포함한다)은 「소득세법」 및 「법인세법」의 규정에 따라 제출받은 이자소득 또는 배당소득에 대한 지급명세서를 다음 중 어느 하나에 해당하는 용도에 이용할 수 있다(기법 85의2).

① 상속·증여재산의 확인
② 조세탈루의 혐의를 인정할 만한 명백한 자료의 확인
③ 근로장려금 신청자격의 확인

제 7 절 장부 등의 비치와 보존

1. 개 념

납세자는 각 세법에서 규정하는 바에 따라 모든 거래에 관한 장부 및 증거서류를 성실하게 작성하여 갖춰 두어야 한다. 이 경우 장부 및 증거서류 중 「국제조세조정에 관한 법률」에 따라 과세당국이 납세의무자에게 제출하도록 요구할 수 있는 이전가격세제 적용을 위해 과세당국이 납세의무자에게 요구 가능한 자료(국조법 16 ③, 국조령 38 ①: 법인의 조직도 및 사무분장표, 자산의 양도·매입 등에 관한 계약서 등)의 경우에는 납세지(거주자의 경우 주소지·거소지, 내국법인의 경우 본점·주사무소 소재지, 비거주자·외국법인의 경우 해당 국내 사업장 소재지) 또는 국세청장이 지정하는 장소에 갖춰 두어야 한다. 그리고 그 장부 및 증거서류는 그 거래사실이 속하는 과세기간에 대한 해당 국세의 **법정신고기한이 지난 날부터 5년간**(역외거래의 경우 7년간) **보존**하여야 한다(기법 85의3). 다만, 국세부과 제척기간 중 무신고의 경우 7년(역외거래는 10년간) 및 기타의 경우는 5년(역외거래는 7년간)의 기간이 만료된 날이 속하는 과세기간 이후의 과세기간에 이월결손금을 공제하는 경우에는 이월결손금을 공제한 과세기간의 법정신고기한으로부터 **1년간 보존**하여야 한다.

이때 납세자는 장부와 증거서류의 전부 또는 일부를 전산조직을 이용하여 작성할 수 있다. 이 경우 그 처리과정 등을 자기테이프·디스켓 또는 그밖의 정보보존장치에 의하여 보존하여야 한다. 그리고 그 장부와 증거서류의 보존장치는 다음의 기준에 적합하여야 한다(기법 85의3 ③·④, 기령 65의 7).

① 자료를 저장하거나 저장된 자료를 수정 또는 삭제하는 절차·방법 등 정보보존장치의 생산과 이용에 관련된 전자계산조직의 개발과 운영에 관한 기록을 보관할 것
② 정보보존장치에 저장된 자료의 내용을 쉽게 확인할 수 있도록 하거나 이를 문서화할 수 있는 장치와 절차가 마련되어 있어야 하며, 필요시 다른 정보보존장치에 복제가 가능하도록 되어 있을 것
③ 정보보존장치가 거래내용을 포괄하고 있어야 하며, 과세표준과 세액을 결정할 수 있도록 검색과 이용이 가능한 형태로 보존되어 있을 것

2. 전자화문서의 보관

「전자문서 및 전자거래 기본법」에 따른 전자화문서로 변환하여 공인전자문서보관소에 보관한 경우에는 해당 장부 및 증거서류 장부 및 증거서류를 갖춘 것으로 본다. 다만, 계약서 등 위조·변조하기 쉬운 장부 및 증거서류로서 다음에 정하는 것은 그러하지 아니하다.
 ① 「상법 시행령」 등 다른 법령에 따라 원본을 보존하여야 하는 문서
 ② 등기·등록 또는 명의개서가 필요로 하는 자산의 취득 및 양도와 관련하여 기명날인 또는 서명한 계약서
 ③ 소송과 관련하여 제출·접수한 서류 및 판결문 사본. 다만, 재발급이 가능한 서류는 제외한다.
 ④ 인가·허가와 관련하여 제출·접수한 서류 및 인·허가증. 다만, 재발급이 가능한 서류는 제외한다.

제 8 절 서류접수증 발급

1. 원 칙

납세자 또는 세법에 따라 과세자료를 제출할 의무가 있는 자로부터 과세표준신고서, 과세표준수정신고서, 경정청구서 또는 과세표준신고·과세표준수정신고·경정청구와 관련된 서류 및 그밖의 다음에 해당하는 서류를 제출받는 경우에는 세무공무원은 납세자 등에게 접수증을 발급하여야 한다. 다만, 우편신고 등의 경우에는 접수증을 발급하지 아니할 수 있으며, 납세자 등으로부터 신고서 등을 국세정보통신망을 통해 받은 경우에는 그 접수사실을 전자적 형태로 통보할 수 있다.
 ① 이의신청서·심사청구서 및 심판청구서
 ② 세법상 제출기한이 정해진 서류
 ③ 그 밖에 국세청장이 납세자의 권익보호에 필요하다고 인정하여 지정한 서류

2. 예 외

납세자 또는 세법에 따라 과세자료를 제출할 의무가 있는 자가 서류의 제출을 다음과

같이 우편신고 등으로 한 경우에는 접수증을 발급하지 아니할 수 있다(기법 65의8).
① 납세자가 과세표준신고서 등의 서류를 우편이나 팩스로 제출하는 경우
② 납세자가 과세표준신고서 등의 서류를 세무공무원을 거치지 아니하고 지정된 신고함에 직접 투입하는 경우

제 9 절 불성실기부금단체 등의 명단 공개

국세청장은 비밀유지의 원칙에도 불구하고 다음 사항을 공개할 수 있으며(체납된 국세가 이의신청·심사청구 등 불복청구 중에 있는 경우 등 법소정 사유는 제외), 이러한 정보 공개 여부를 심의하고 국세징수법에 따른 체납자에 대한 감치 필요성 여부를 의결하기 위하여 국세청에 국세정보위원회를 둔다(기법 85의5).

① 불성실기부금수령단체의 인적사항, 국세추징명세
   ※ 공개대상 정보에 대하여 불복청구 중에 있는 경우 및 국세정보위원회가 공개할 실익이 없거나 공개하는 것이 부적절하다고 인정하는 경우는 예외로 한다(기령 66).

② 「조세범 처벌법」에 따른 범죄로 유죄판결이 확정된 자로서 포탈세액이 연간 2억원 이상인 자의 인적사항, 포탈세액 등
   ※ 국세정보위원회가 공개할 실익이 없거나 공개하는 것이 부적절하다고 인정하는 경우는 예외로 한다.

③ 해외금융계좌신고의무자로서 신고기한 내에 신고하지 아니하거나 과소신고한 금액 50억원을 초과하는 자의 인적사항, 신고의무 위반금액 등

④ 「특정범죄 가중처벌 등에 관한 법률」에 따른 범죄로 유죄판결이 확정된 시점(세금계산서발급의무등위반자)의 인적사항, 부정 기재한 공급가액 등의 합계액 등
   ※ 국세정보위원회가 공개할 실익이 없거나 공개하는 것이 부적절하다고 인정하는 경우는 예외로 한다.

제 10 절 통계자료의 작성 및 공개

1. 의 의

국세청장은 조세정책의 수립 및 평가 등에 활용하기 위하여 과세정보를 분석·가공한 통계자료를 작성·관리하여야 한다. 이 경우 통계자료는 납세자의 과세정보를 직접적인 방법 또는 간접적인 방법으로 확인할 수 없도록 작성되어야 한다.

2. 통계자료의 공개

세원의 투명성, 국민의 알권리 보장 및 국세행정의 신뢰증진을 위하여 국세청장은 통계자료를 국세정보위원회의 심의를 거쳐 일반 국민에게 정기적으로 공개하여야 한다. 국세청장은 국세정보를 공개하기 위하여 예산의 범위 안에서 국세정보시스템을 구축·운용할 수 있다(기법 85의6).

3. 통계자료의 국회제공

(1) 목 적

국세청장은 다음의 경우에 그 목적의 범위에서 통계자료를 제공하여야 하고 제공한 통계자료의 사본을 기획재정부장관에게 송부하여야 한다. 이 때 제공되거나 송부된 통계자료를 알게 된 자는 그 통계자료를 목적 외의 용도로 사용해서는 아니 된다.
① 국회 소관 상임위원회가 의결로 세법의 제정법률안·개정법률안, 세입예산안의 심사 및 국정감사, 그밖의 의정활동에 필요한 통계자료를 요구하는 경우
② 국회예산정책처장이 의장의 허가를 받아 세법의 제정법률안·개정법률안에 대한 세수추계 또는 세입예산안의 분석을 위하여 필요한 통계자료를 요구하는 경우

(2) 제공 범위

국세청장은 세무공무원의 비밀유지에도 불구하고 국회 소관 상임위원회가 의결로 국세의 부과·징수·감면 등에 관한 자료를 요구하는 경우에는 그 사용목적에 맞는 범위 안에서 과세정보를 납세자 개인정보를 직접적인 방법 또는 간접적인 방법으로 확인할

수 없도록 가공하여 제공하여야 한다.

(3) 절 차

① 국회 소관 상임위원회로부터 통계자료의 제공을 요청받은 국세청장은 제출기간이 따로 명시되지 아니한 경우에는 요청받은 날부터 10일 이내에 제공하여야 한다. 다만, 그 기간에 통계자료를 작성하여 제공하기 곤란한 경우에는 소관 상임위원회와 협의하여 그 기간을 연장할 수 있다.
② 국세청장은 소관 상임위원회로부터 제공을 요청받은 통계자료가 보관·관리되지 아니하거나 생산할 수 없는 것이면 그 사유를 첨부하여 소관 상임위원회에 통보하여야 한다.
③ 국세청장은 소관 상임위원회에 통계자료를 제공한 경우 그 사본을 9일 이내에 기획재정부장관에게 송부하여야 한다.

4. 국세 통계자료 제공

국세청장은 「정부출연연구기관 등의 설립·운영 및 육성에 관한 법률」에 따라 설립된 연구기관의 장이 조세정책의 연구를 목적으로 통계자료를 요구하는 경우 그 사용 목적에 맞는 범위안에서 제공할 수 있다. 이 경우 다음 사항을 준수하여야 한다.
① 정부출연연구기관의 장으로부터 통계자료의 제공을 요청받은 국세청장은 요청받은 날부터 30일 이내에 제공하여야 한다. 다만, 그 기간에 통계자료를 작성하여 제공하기 곤란한 경우에는 정부출연연구기관의 장과 협의하여 그 기간을 연장할 수 있다.
② 국세청장은 정부출연연구기관의 장으로부터 제공을 요청받은 통계자료가 보관·관리되지 아니하거나 생산할 수 없는 것인 경우에는 요청받은 날부터 30일 이내에 정부출연연구기관의 장에 그 사유를 첨부하여 통보하여야 한다.
③ 정부출연연구기관의 장에 통계자료를 제공하는 경우 국세청장은 정부출연연구기관의 장에게 통계자료의 사용 목적, 사용 방법 등을 제한을 하거나 통계자료의 안전성 확보를 위하여 필요한 조치를 마련하도록 요청할 수 있다.
④ 통계자료를 요구하는 정부출연연구기관의 장은 다음 각 호를 사항을 적은 문서를 국세청장에 제출하여야 한다.
  ㉮ 통계자료의 명칭
  ㉯ 통계자료의 사용 목적

㉰ 통계자료의 내용과 범위

㉱ 통계자료의 제공방법

5. 국세청 통계자료 공개 및 과세정보 공유

① 연구기관 등에 국세통계 분석을 위한 기초자료 제공(국세청 내 국세통계센터 내에서 제공) : 국회기관의 장, 중앙행정기관장, 지자체장, 국회의원 및 대통령령으로 정하는 자(정부출연 연구기관, 대학 등)

  ※ 참고 : 국세통계센터 운영규정(국세청, 국세청훈령2419, 2021.2.17.)

② 국세청 과세정보의 타 행정기관 공유 확대와 비밀유지

  세무공무원은 납세자가 세법에서 정한 납세의무를 이행하기 위해 제출한 자료나 국세의 부과·징수를 위해 업무상 취득한 자료 등(과세정보)을 타인에게 제공 또는 누설하거나 목적 외에 용도로 사용해서는 안된다. 다만, 다음 경우에는 예외로 할 수 있다.

  ㉮ 국가행정기관, 지자체 등이 조세, 과징금의 부과·징수 등을 위해 과세정보를 요구하는 경우

  ㉯ 국가행정기관이 조세쟁송이나 조세범 소추를 위한 정보 요구

  ㉰ 법관이 발부한 영장에 의한 과세정보 요구

  ㉱ 통계청장이 국세통계작성 목적으로 과세정보 요구

  ㉲ 사회보험료 부과를 위한 사회보험기관의 요구

  ㉳ 급부행정을 위한 공공기관의 요구(당사자 동의 필요) 등

③ 조세정책 평가 및 연구 지원을 통해 '소득세 표본자료'를 **국세통계센터 외**에서도 표본자료를 전자매체나 정보통신망을 통해 제공할 수 있다(기법 85의6 ⑧).

④ 과세정보를 제공받은 자는 목적 외의 용도로 사용해서는 안되며, 안전성 확보조치 의무가 부과된다.

제11절 가족관계등록 전산정보의 공동이용

국세청장, 지방국세청장, 세무서장 및 조세심판원장은 심사·심판 및 과세전적부심사 업무를 처리할 때「행정심판법」에 따른 청구인 지위 승계의 신고 또는 허가 업무를 처리하기 위하여「전자정부법」에 따라「가족관계의 등록 등에 관한 법률」에 따른 전산정보자료를 공동이용(「개인정보 보호법」제2조제2호에 따른 처리를 포함한다)할 수 있다(기법 86).

제12절 금품 수수 및 공여에 대한 징계 등

① 세무공무원이 그 직무와 관련하여 금품을 수수(收受)하였을 때에는「국가공무원법」제82조에 따른 징계절차에서 그 금품 수수액의 5배 이내의 징계부가금 부과 의결을 징계위원회에 요구하여야 한다(기법 87). 다만, 징계대상 세무공무원이 징계부가금 부과 의결 전후에 금품 수수를 이유로 다른 법률에 따라 형사처벌을 받거나 변상책임 등을 이행한 경우(몰수나 추징을 당한 경우를 포함한다)에는 징계위원회에 감경된 징계부가금 부과 의결 또는 징계부가금 감면을 요구하여야 한다.
② 징계부가금 부과 의결의 요구(감면요구를 포함한다)는 5급 이상 공무원 및 고위공무원단에 속하는 일반직공무원은 국세청장(세법에 따라 국세에 관한 사무를 세관장이 관장하는 경우에는 관세청장)이, 6급 이하의 공무원은 소속 기관의 장 또는 소속 상급기관의 장이 한다.
③ 징계부가금 부과처분을 받은 세무공무원이 납부기간 내에 그 부가금을 납부하지 아니한 때에는 징계권자는 국세강제징수의 예에 따라 징수할 수 있다.

제 13 절 벌 칙

1. 직무집행 거부 등에 대한 과태료

관할 세무서장은 세법의 질문·조사권 규정에 따른 세무공무원의 질문에 대하여 거짓으로 진술하거나 그 직무집행을 거부 또는 기피한 자에게 5천만원 이하의 과태료를 부과·징수한다(기법 88).

2. 금품 수수 및 공여에 대한 과태료

관할 세무서장 또는 세관장은 세무공무원에게 금품을 공여한 자에게 그 금품 상당액의 2배 이상 5배 이하의 과태료를 부과·징수한다(기법 89). 다만, 「형법」 등 다른 법률에 따라 형사처벌을 받은 경우에는 과태료를 부과하지 아니하고, 과태료를 부과한 후 형사처벌을 받은 경우에는 과태료 부과를 취소한다.

3. 비밀유지 의무 위반에 대한 과태료

국세청장은 알게된 과세정보를 타인에게 제공 또는 누설하거나 그 목적 외의 용도로 사용한 자에게 2천만원 이하의 과태료를 부과·징수한다(기법 90). 다만, 「형법」 등 다른 법률에 따라 형사처벌을 받은 경우에는 과태료를 부과하지 아니하고, 과태료를 부과한 후 형사처벌을 받은 경우에는 과태료 부과를 취소한다.

4. 과태료 부과기준

국기법 시행령 제69조에서 「별표」로 자세히 규정하고 있으며, 관할 세무서장은 위반 정도, 위반 횟수, 위반 행위의 동기 및 그 결과 등을 고려하여 과태료 금액을 2분의 1 범위에서 줄이거나 늘릴 수 있다. 다만, 법에서 정한 과태료 금액의 상한을 넘을 수 없다(기령 69).

부록 : 국세기본법 연습문제

국세기본법은 법률적인 이론 설명이 많아서 학생들의 이해가 어려울 수 있다. 국세기본법 중 중요한 실무적인 내용을 복습할 수 있고 전체적인 학습내용의 윤곽을 그릴 수 있도록 최근 한국세무사회가 실시한 세무회계 2급 기출문제(국세기본법 해당부분)를 첨부하였다. 최근 실시한 기출 문제를 풀어보면 국세기본법의 주안점을 파악할 수 있고, 향후 여러 가지 세법의 심화학습을 할 수 있는 기초 능력을 키울 수 있을 것이다. 연습문제는 최근세법을 반영한 관련 법조문을 확인해 보는 습관을 가져야 한다.

[제106회 한국세무사회 세무회계2급 기출문제 일부](2023.8.5.시행)

01. 다음 중 국세기본법상 기한연장에 관한 설명으로 옳지 않은 것은?
    ① 기한연장은 6개월 이내로 하되, 해당 기한연장의 사유가 소멸되지 않는 경우 관할 세무서장은 1개월의 범위에서 그 기한을 다시 연장할 수 있다.
    ② 신고와 관련된 기한연장은 9개월을 넘지 않는 범위에서 관할 세무서장이 할 수 있다.
    ③ 기한의 연장을 받으려는 자는 기한 만료일 3일 전까지 해당 행정기관의 장에게 신청하여야 한다.
    ④ 기한연장의 통지대상자가 불특정 다수인 경우 관보 또는 일간신문에 공고하는 방법으로 통지를 갈음할 수 있다.

    답 ① 국세기본법 시행령 제2조의2 제1항, 기한연장은 3개월 이내로 하되, 해당 기한연장의 사유가 소멸되지 않는 경우 관할 세무서장은 1개월의 범위에서 그 기한을 다시 연장할 수 있다.

02. 다음 중 국세기본법상 서류 송달의 효력 발생 시기에 관한 설명으로 옳지 않은 것은?
    ① 원칙적으로 송달하는 서류는 송달받아야 할 자에게 도달한 때부터 효력이 발생한다.
    ② 전자송달의 경우에는 송달받을 자가 지정한 전자우편주소에 입력된 때부터 효력이 발생한다.
    ③ 국세정보통신망에 저장하는 경우에는 저장된 때부터 효력이 발생한다.
    ④ 공시송달의 경우에는 서류의 주요 내용을 공고한 날부터 20일이 지나면 서류 송달이 된 것으로 본다.

    답 ④ 국세기본법 제11조 제1항, 공시송달의 경우에는 서류의 주요 내용을 공고한 날부터 14일이 지나면 서류 송달이 된 것으로 본다.

03. 다음 중 국세기본법상 근거과세의 원칙에 관한 설명으로 옳지 않은 것은?
   ① 납세의무자가 세법에 따라 장부를 갖추어 기록하고 있는 경우에는 해당 국세 과세표준의 조사와 결정은 그 장부와 이와 관계되는 증거자료에 의하여야 한다.
   ② 국세를 조사·결정할 때 장부의 기록 내용이 사실과 다르거나 장부의 기록에 누락된 것이 있을 때에는 그 부분에 대해서만 정부가 조사한 사실에 따라 결정할 수 있다.
   ③ 근거과세의 원칙은 세법의 해석과 적용을 할 때 따라야 할 기본적 지침 중 하나이다.
   ④ 행정기관의 장은 해당 납세의무자 또는 그 대리인이 요구하면 결정서를 열람 또는 복사하게 하거나 그 등본 또는 초본이 원본과 일치함을 확인하여야 한다.

   답 ③ 국세기본법 제16조, 근거과세의 원칙은 국세 부과의 원칙 중 하나이다.

04. 다음 중 국세기본법상 납세의무가 소멸되는 경우가 아닌 것은?
   ① 국세의 부과가 철회된 때
   ② 국세환급금으로 납부할 국세가 충당된 때
   ③ 국세의 부과제척기간 내에 국세가 부과되지 아니하고 부과제척기간이 끝난 때
   ④ 납세보증인에 의해 국세가 납부된 때

   답 ① 국세기본법 제26조, 부과가 취소된 때 납세의무가 소멸하고, 부과의 철회는 납세의무의 소멸사유가 아니다.

05. 다음 중 국세기본법상 납세의무의 성립과 동시에 확정되는 국세가 아닌 것은?
   ① 원천징수하는 소득세
   ② 납세조합이 징수하는 소득세
   ③ 인지세
   ④ 정부가 조사·결정한 중간예납법인세

   답 ④ 국세기본법 제22조 제4항, 중간예납하는 법인세는 원칙적으로 납세의무가 성립하는 때에 특별한 절차 없이 그 세액이 확정된다. 다만, 세법에 따라 정부가 조사·결정하는 경우는 제외한다.

06. 다음 중 국세기본법상 수정신고의 요건으로 옳지 않은 것은?
   ① 과세표준신고서 또는 기한후과세표준신고서에 기재된 과세표준 및 세액이 세법에 따라 신고하여야 할 과세표준 및 세액에 미치지 못하는 경우
   ② 과세표준신고서 또는 기한후과세표준신고서에 기재된 결손금액 또는 환급세액이 세법에 따라 신고하여야 할 결손금액이나 환급세액에 미치지 못할 때
   ③ 원천징수의무자가 연말정산 과정에서 근로소득 등만 있는 자의 소득을 누락한 경우
   ④ 세무조정 과정에서 법인세법에 따른 국고보조금 및 공사부담금에 상당하는 금액을 익금과 손금에 동시에 산입하지 않은 경우

   답 ② 국세기본법 제45조, 수정신고는 과세표준신고서 또는 기한후과세표준신고서에 기재된 결손금액 또는 환급세액이 세법에 따라 신고하여야 할 결손금액이나 환급세액을 초과할 때에 할 수 있다.

07. 다음 중 국세기본법상 가산세에 대한 설명으로 옳지 않은 것은?
   ① 가산세는 고의로 해당 의무를 위반한 경우 외에는 가산세 한도를 적용한다.
   ② 가산세는 해당 의무가 규정된 세법의 해당 국세의 세목으로 한다.
   ③ 가산세는 국세를 감면하는 경우에는 그 감면대상에 포함시키지 아니한다.
   ④ 가산세는 과세표준의 결손 또는 세액의 환급 시에는 부과하지 아니한다.

   답 ④ 국세기본법 제47조 제3항, 가산세는 과세표준의 결손 시에도 부과하며, 납부할 세액에 가산하거나 환급받을 세액에서 공제한다.

08. 다음 중 국세기본법상 관할관청에 관한 내용으로 가장 옳지 않은 것은?
   ① 과세표준신고서는 신고 당시 해당 국세의 납세지를 관할하는 세무서장에게 제출하여야 한다.
   ② 전자신고를 하는 경우에는 지방국세청장이나 국세청장에게 제출할 수 있다.
   ③ 과세표준신고서가 관할 세무서장 외의 세무서장에게 제출된 경우 그 신고는 효력이 없다.
   ④ 국세의 세액을 결정하는 때에 관할 세무서장 이외의 세무서장이 행한 결정은 그 효력이 없다.

   답 ③ 국세기본법 제43조 제2항, 과세표준신고서가 관할 세무서장 외의 세무서장에게 제출된 경우에도 그 신고의 효력에는 영향이 없다.

09. 다음 중 국세기본법상 불복청구에 대한 결정으로 옳지 않은 것은?
① 심사청구가 이유있다고 인정될 경우 : 인용
② 불복청구의 대상이 되는 처분으로 권리나 이익을 침해당하지 않는 경우 : 인용
③ 청구기간이 지난 후에 청구한 경우 : 각하
④ 심사청구가 이유 없다고 인정되는 경우 : 기각

> 답 ② 국세기본법 시행령 제52조의2, 불복청구의 대상이 되는 처분으로 권리나 이익을 침해당하지 않는 경우는 각하 결정 사유에 해당한다.

10. 다음 중 국세기본법상 물납재산의 환급에 관한 내용으로 가장 잘못된 것은?
① 납세자가 상속세를 물납한 후 환급하는 경우 해당 물납재산으로 환급하여야 한다.
② 물납재산을 환급하는 경우 국세환급가산금은 지급하지 아니한다.
③ 해당 물납재산의 성질상 분할하여 환급하는 것이 곤란한 경우 금전으로 환급한다.
④ 물납재산이 수납된 이후 발생한 법정과실 및 천연과실은 납세자에게 환급하여야 한다.

> 답 ④ 국세기본법 시행령 제43조의2 제4항, 물납재산이 수납된 이후 발생한 법정과실 및 천연과실은 납세자에게 환급하지 아니하고 국가에 귀속된다.

11. 다음 중 국세기본법상 납세자의 권리에 관한 내용으로 옳지 않은 것은?
① 사업자등록증을 발급하는 경우 세무공무원은 납세자권리헌장의 내용이 수록된 문서를 납세자에게 내주어야 한다.
② 세무공무원은 거래상대방에 대한 조사가 필요한 경우에도 같은 세목 및 같은 과세기간에 대하여 재조사할 수 없다.
③ 납세자가 장기출장 등으로 세무조사가 곤란하다고 판단되면 세무조사의 연기를 신청할 수 있다.
④ 증거인멸 등의 이유가 있는 경우 세무조사에 대한 사전통지를 하지 않을 수 있다.

> 답 ② 국세기본법 제81조의4 제2항, 거래상대방에 대한 조사가 필요한 경우에는 같은 세목 및 같은 과세기간에 대하여 재조사할 수 있다.

〈주관식〉

01. 다음은 국세기본법상 원천징수 등 납부지연가산세에 대한 내용이다. 아래의 괄호 안에 들어갈 숫자를 적으시오.

> 「소득세법」에 따라 소득세를 원천징수하여 납부할 의무가 있는 자가 징수하여야 할 세액을 법정납부기한까지 납부하지 아니한 경우 납부하지 아니한 세액의 10%를 한도로 하여 다음의 금액을 합한 금액을 가산세로 한다.
> 1. 미납부세액×(   )%
> 2. 미납부세액×일수×22/100,000

답 3

- 국세기본법 제47조의5, 「소득세법」에 따라 소득세를 원천징수하여 납부할 의무를 지는 자가 징수하여야 할 세액을 법정납부기한까지 납부하지 아니한 경우 납부하지 아니한 세액의 10%를 한도로 하여 다음의 금액을 합한 금액을 가산세로 한다.
  1. 미납부세액×3%
  2. 미납부세액×일수×22/100,000

02. 국세기본법상 다음의 (   ) 안에 들어갈 알맞은 숫자를 쓰시오.

> 국세청장은 심사청구의 내용이나 절차가 이 법 또는 세법에 적합하지 아니하나 보정할 수 있다고 인정되면 (   )일 이내의 기간을 정하여 보정할 것을 요구할 수 있다.

답 20

- 국세기본법 제63조 제1항, 국세청장은 심사청구의 내용이나 절차가 이 법 또는 세법에 적합하지 아니하나 보정할 수 있다고 인정되면 20일 이내의 기간을 정하여 보정할 것을 요구할 수 있다.

[제107회 한국세무사회 세무회계 2급 기출문제 일부](2023.10.8.시행)

01. 다음 중 국세기본법상 세법에 따라 직접적으로 세액산출의 기초가 되는 과세대상의 수량 또는 가액을 무엇이라고 하는가?
    ① 원천징수 ② 납세의무자 ③ 과세기간 ④ 과세표준

    답 ④ 국세기본법 제2조, 과세표준이란 세법에 따라 직접적으로 세액산출의 기초가 되는 과세대상의 수량 또는 가액을 말한다.

02. 다음 중 국세기본법상 기한연장의 사유로 옳지 않은 것은?
    ① 납세자가 화재, 전화(戰禍), 그 밖의 재해를 입거나 도난을 당한 경우
    ② 납세자 또는 그 동거가족이 질병이나 중상해로 6개월 이상의 치료가 필요하거나 사망하여 상중(喪中)인 경우
    ③ 권한 있는 기관에 장부나 서류가 압수 또는 영치된 경우
    ④ 납세자의 장부 작성을 대행하는 세무사가 단순 부재중이라 신고가 불가능한 경우

    답 ④ 국세기본법 시행령 제2조, 납세자의 장부 작성을 대행하는 세무사가 화재, 전화, 그 밖의 재해를 입거나 도난을 당한 경우

03. 다음 중 국세기본법상 우편으로 과세표준신고서 및 이와 관련된 서류를 제출한 경우의 효력발생일로 옳은 것은?
    ① 해당 서류가 상대방에게 도달한 날
    ② 우편날짜도장이 찍힌 날
    ③ 우편날짜도장이 분명하지 않은 경우 통상의 배송일수를 기준으로 도달한 날
    ④ 해당 서류가 상대방에게 도달한 날로부터 14일이 경과한 날

    답 ② 국세기본법 제5조의2 제1항, 우편으로 과세표준신고서, 과세표준수정신고서, 경정청구서 또는 과세표준신고·과세표준수정신고·경정청구와 관련된 서류를 제출한 경우 「우편법」에 따른 우편날짜도장이 찍힌 날(우편날짜도장이 찍히지 아니하였거나 분명하지 아니한 경우에는 통상 걸리는 배송일수를 기준으로 발송한 날로 인정되는 날)에 신고되거나 청구된 것으로 본다.

04. 다음 중 국세기본법상 실질과세의 원칙에 대한 설명으로 옳지 않은 것은?
   ① 거래의 실질은 증여이나 그 형식이 매매이면 매매로 보아 양도소득세 납세의무를 부과한다.
   ② 법인세법상 부당행위계산의 부인 규정은 실질과세의 원칙을 구체화한 것이다.
   ③ 실질과세의 원칙은 납세자의 재산권 보호를 위하여 조세법률주의의 범위에서 행사되어야 한다.
   ④ 세법 중 과세표준의 계산에 관한 규정은 소득, 수익, 재산, 행위 또는 거래의 명칭이나 형식과 관계없이 그 실질 내용에 따라 적용한다.

   답 ① 국세기본법 제14조 제2항, 실질인 증여로 보아 증여세를 부과한다.

05. 다음 중 국세기본법상 국세의 부과제척기간(역외거래 제외)으로 올바르지 않은 것은?
   ① 법정신고기한까지 법인세 과세표준신고서를 제출하지 아니한 경우 : 7년
   ② 사기나 그 밖의 부정행위로 법인세를 포탈한 경우 : 10년
   ③ 부정행위로 상속세를 포탈한 경우 : 10년
   ④ 법정신고기한 내에 상속세 과세표준신고서를 제출하지 않은 경우 : 15년

   답 ③ 국세기본법 제26조의2 제4항, 납세자가 부정행위로 상속세·증여세를 포탈하거나 환급·공제받은 경우 부과제척기간은 15년이다.

06. 다음 중 국세기본법상 제2차납세의무의 한도에 대한 설명으로 옳지 않은 것은?
   ① 청산인 등의 제2차 납세의무 : 청산인은 분배하거나 인도한 재산의 가액을 한도로 제2차납세의무를 진다.
   ② 출자자의 제2차 납세의무 : 무한책임사원은 징수부족액의 전액에 대하여 제2차납세의무를 진다.
   ③ 법인의 제2차 납세의무 : 법인은 징수부족액의 전액에 대하여 제2차납세의무를 진다.
   ④ 사업양수인의 제2차 납세의무 : 사업양수인은 양수한 재산의 가액을 한도로 제2차납세의무를 진다.

   답 ③ 국세기본법 제40조 제2항, 법인의 제2차납세의무는 순자산가액에서 출자자의 지분비율을 곱한 금액을 한도로 한다.

07. 다음 중 국세기본법상 경정청구에 관한 내용으로 가장 잘못된 것은?
    ① 과세표준신고서를 법정신고기한까지 제출한 자는 세액의 경정을 법정신고기한이 지난 후 5년 이내에 청구할 수 있다.
    ② 기한후과세표준신고서를 제출한 자는 과세표준 및 세액의 경정을 청구할 수 없다.
    ③ 경정으로 증가된 세액에 대하여는 해당 처분이 있음을 안 날부터 90일 이내에 경정을 청구할 수 있다.
    ④ 소득의 귀속을 제3자에게로 변경시키는 결정이 있을 때는 그 사유가 발생한 것을 안 날부터 3개월 이내에 경정을 청구할 수 있다.

    답 ② 국세기본법 제45조의2, 과세표준신고서를 법정신고기한까지 제출한 자 및 기한후과세표준신고서를 제출한 자는 최초신고 및 수정신고한 국세의 과세표준 및 세액의 결정 또는 경정을 법정신고기한이 지난 후 5년 이내에 관할 세무서장에게 청구할 수 있다.

08. 다음 중 국세기본법상 수정신고 또는 기한 후 신고 시 가산세의 감면이 적용되지 않는 것은?
    ① 무신고가산세
    ② 납부지연가산세
    ③ 과소신고가산세
    ④ 초과환급신고가산세

    답 ② 국세기본법 제48조 제2항, 수정신고 또는 기한 후 신고 시 납부지연가산세는 감면 대상이 아니다.

09. 다음 중 국세기본법상 조세불복에 관한 설명으로 옳지 않은 것은?
    ① 조세불복의 대상은 국세기본법에 열거된 것에 한하지 않는다.
    ② 세법에 따른 처분으로서 위법 또는 부당한 처분으로 인하여 권리와 이익을 침해당한 자는 조세불복을 청구할 수 있다.
    ③ 지방국세청의 세무조사 결과에 따른 처분에 대해서도 이의신청이 가능하다.
    ④ 동일한 처분에 대해서 심사청구와 심판청구를 선택하거나 중복하여 제기할 수 있다.

    답 ④ 국세기본법 제56조 제9항, 동일한 처분에 대해서는 심사청구와 심판청구를 중복하여 제기할 수 없다.

10. 다음 중 국세기본법상 납세자관리헌장에 포함된 내용으로 옳지 않은 것은?
   ① 통합조사 금지의 원칙
   ② 세무조사권 남용 금지
   ③ 세무조사 시 조력을 받을 권리
   ④ 납세자의 성실성 추정

   답 ① 국세기본법 제81조의11, 세무조사는 납세자의 사업과 관련하여 세법에 따라 신고·납부의무가 있는 세목을 통합하여 실시하는 것을 원칙으로 한다.

11. 다음 중 국세기본법상의 내용으로 옳지 않은 것은?
   ① 과세예고통지를 받은 자는 통지를 받은 날부터 30일 이내에 통지를 한 세무서장이나 지방국세청장에게 통지 내용의 적법성에 관한 심사를 청구할 수 있다.
   ② 국세청장은 체납자의 은닉재산을 신고한 자에 대해서 10억원의 범위에서 포상금을 지급할 수 있다.
   ③ 납세자가 국내에 주소 또는 거소를 두지 아니하거나 국외로 주소 또는 거소를 이전할 때에는 납세관리인을 정하여야 한다.
   ④ 납세자가 과세표준신고서 등의 서류를 우편이나 팩스로 제출하는 경우에는 접수증을 발급하지 아니할 수 있다.

   답 ② 국세기본법 제84조의2 제1항 제2호, 국세청장은 체납자의 은닉재산을 신고한 자에게 30억원의 범위에서 포상금을 지급할 수 있다.

〈주관식〉

01. 국세기본법상 다음 (   )안에 들어갈 단어로 알맞은 것은 무엇인가?

   | 국세기본법상 국세의 징수를 목적으로 하는 국가의 권리로써 5억원 미만의 국세에 대한 국세징수권의 (   )는(은) 이를 행사할 수 있는 때부터 5년의 기간 동안 행사하지 아니하면 완성된다. |

   답 소멸시효

   • 국세기본법 제27조 제1항, 국세의 징수를 목적으로 하는 국가의 권리(국세징수권)는 이를 행사할 수 있는 때부터 다음 각 호의 구분에 따른 기간 동안 행사하지 아니하면 소멸시효가 완성된다.
      1. 5억원 이상의 국세 : 10년
      2. 제1호 외의 국세 : 5년

02. 다음은 국세기본법상 기한후신고에 관한 내용이다. 괄호 안에 공통으로 들어갈 숫자를 적으시오.

> 기한후과세표준신고서를 제출한 경우 관할 세무서장은 세법에 따라 신고일부터 (   )개월 이내에 해당 국세의 과세표준과 세액을 결정하여 신고인에게 통지하여야 한다. 다만, 부득이한 사유로 신고일부터 (   )개월 이내에 결정할 수 없는 경우에는 그 사유를 신고인에게 통지하여야 한다.

답 3

- 국세기본법 제45조의3 제3항, 기한후과세표준신고서를 제출한 경우 관할 세무서장은 세법에 따라 신고일부터 3개월 이내에 해당 국세의 과세표준과 세액을 결정 또는 경정하여 신고인에게 통지하여야 한다. 다만, 그 과세표준과 세액을 조사할 때 조사 등에 장기간이 걸리는 등 부득이한 사유로 신고일부터 3개월 이내에 결정 또는 경정할 수 없는 경우에는 그 사유를 신고인에게 통지하여야 한다.

[제108회 한국세무사회 세무회계 2급 기출문제 일부](2023.12.2.시행)

01. 다음 중 국세기본법상 송달의 효력이 발생하는 경우는?
   ① 납세의 독촉에 관한 서류를 일반우편으로 송달한 경우
   ② 소득세법에 따른 중간예납세액(150만원)의 납세고지서를 일반우편으로 송달한 경우
   ③ 공시송달에 의하여 공고한 후 일주일이 경과한 때
   ④ 부가가치세 예정고지세액 납세고지서를 등기우편으로 송달한 경우

   답 ④ 국세기본법 제10조 제2항, 납부의 고지·독촉·강제징수 또는 세법에 따른 정부의 명령과 관계되는 서류의 송달을 우편으로 할 때에는 등기우편으로 하여야 한다.

02. 국세기본법상 법인격 없는 단체 중 신청에 의해 승인을 받아 법인으로 의제되는 단체의 요건으로 다음 중 옳지 않은 것은?
   ① 단체의 조직과 운영에 관한 규정을 가지고 있어야 한다.
   ② 대표자나 관리인을 선임하고 있어야 한다.
   ③ 단체 자신의 계산과 명의로 수익과 재산을 독립적으로 소유·관리하여야 한다.
   ④ 단체의 수익을 구성원에게 분배하여야 한다.

   답 ④ 국세기본법 제13조 제2항, ② 제1항에 따라 법인으로 보는 사단, 재단, 그 밖의 단체 외의 법인 아닌

단체 중 다음 각 호의 요건을 모두 갖춘 것으로서 대표자나 관리인이 관할 세무서장에게 신청하여 승인을 받은 것도 법인으로 보아 이 법과 세법을 적용한다. 이 경우 해당 사단, 재단, 그 밖의 단체의 계속성과 동질성이 유지되는 것으로 본다. 〈개정 2010. 12. 27.〉

1. 사단, 재단, 그 밖의 단체의 조직과 운영에 관한 규정(規程)을 가지고 대표자나 관리인을 선임하고 있을 것
2. 사단, 재단, 그 밖의 단체 자신의 계산과 명의로 수익과 재산을 독립적으로 소유·관리할 것
3. 사단, 재단, 그 밖의 단체의 수익을 구성원에게 분배하지 아니할 것

03. 다음 중 국세기본법상 국세 부과의 원칙 중 근거과세에 대한 설명에 해당하지 않는 것은?
   ① 납세의무자가 세법에 따라 장부를 갖추어 기록하고 있는 경우에는 해당 국세 과세표준의 조사와 결정은 그 장부와 이와 관계되는 증거자료에 의하여야 한다.
   ② 국세를 조사·결정할 때 장부의 기록 내용이 사실과 다르거나 장부의 기록에 누락된 것이 있을 때에는 그 부분에 대해서만 정부가 조사한 사실에 따라 결정할 수 있다.
   ③ 세법 중 과세표준의 계산에 관한 규정은 소득, 수익, 재산, 행위 또는 거래의 명칭이나 형식과 관계없이 그 실질 내용에 따라 적용한다.
   ④ 정부는 장부의 기록내용과 다른 사실 또는 장부 기록에 누락된 것을 조사하여 결정하였을 때에는 정부가 조사한 사실과 결정의 근거를 결정서에 적어야 한다.

   답 ③ 국세기본법 제14조, 실질과세의 원칙에 해당한다.

04. 다음 중 국세기본법상 납세의무의 성립시기에 대한 내용으로 가장 옳지 않은 것은?
   ① 상속세 : 상속이 개시되는 때
   ② 부가가치세 : 과세기간이 끝나는 때(수입재화의 경우 제외)
   ③ 원천징수하는 소득세 : 소득금액 또는 수입금액을 지급하는 때
   ④ 종합부동산세 : 과세기간이 끝나는 때

   답 ④ 국세기본법 제21조, 과세기준일

05. 다음 중 국세기본법상 국세징수권의 소멸시효에 대한 설명으로 옳지 않은 것은?
① 5억원 이상 국세의 소멸시효는 10년이다.
② 세법에 따른 분납기간은 소멸시효가 중단된다.
③ 신고납세제도세목으로서 신고한 경우의 소멸시효 기산일은 그 법정 신고납부기한의 다음 날이다.
④ 법정 신고납부기한이 연장되는 경우 소멸시효 기산일은 그 연장된 기한의 다음 날이다.

> 답 ② 국세기본법 제28조, 분납기간은 소멸시효의 정지사유에 해당한다.

06. 다음 중 국세기본법상 국세의 법정기일이 다른 하나는?
① 신고에 따라 납세의무가 확정되는 국세의 경우 신고한 해당 세액의 경우
② 세액을 정부가 결정을 하는 경우 고지한 해당 세액의 경우
③ 양도담보재산에서 국세를 징수하는 경우
④ 제2차 납세의무자의 재산에서 국세를 징수하는 경우

> 답 ① 국세기본법 제35조, 신고납세하는 국세의 법정기일은 그 신고일이며, 나머지 보기의 법정기일은 납부고지서의 발송일이다.

07. 다음 중 국세기본법상 보충적 납세의무를 부담하지 아니하는 자는?
① 사업양도인
② 법인의 과점주주
③ 청산법인의 청산인
④ 무한책임사원의 법인

> 답 ① 국세기본법 제42조 제1항, 사업양수인이 보충적 납세의무를 진다.

08. 다음 중 국세기본법상 수정신고와 경정청구에 대한 설명으로 옳지 않은 것은?
① 당초 신고한 세액을 감액하는 경우에는 경정청구에 의한다.
② 신고납세제도를 채택한 국세의 수정신고는 과세표준과 세액을 확정하는 효력이 없다.
③ 경정청구는 세액을 확정하는 효력이 없다.
④ 기한후과세표준신고서를 제출한 자는 수정신고를 할 수 있다.

> 답 ② 국세기본법 제45조 제1항, 확정하는 효력이 있다.

09. 다음 중 국세기본법상 불복에 대한 설명으로 옳지 않은 것은?
   ① 심사청구는 해당 처분이 있음을 안 날부터 90일 이내에 제기하여야 한다.
   ② 이의신청을 거친 후 심사청구를 하려면 이의신청에 대한 결정의 통지를 받은 날부터 90일 이내에 제기하여야 한다.
   ③ 국세청장은 심사청구의 내용이나 절차가 보정할 수 있다고 인정되면 20일 이내의 기간을 정하여 보정할 것을 요구할 수 있다.
   ④ 청구서의 보정기간은 심사청구기간에 산입하여 계산한다.

   답 ④ 국세기본법 제63조, 청구서의 보정기간은 심사청구기간에 산입하지 아니한다.

10. 다음 중 국세기본법상 세무조사의 연기신청 사유에 해당하지 않는 것은?
   ① 납세자가 사업의 위기로 인하여 폐업한 때
   ② 화재, 그 밖의 재해로 사업상 심각한 어려움이 있을 때
   ③ 납세자의 장기출장으로 세무조사가 곤란하다고 판단될 때
   ④ 권한 있는 기관에 장부, 증거서류가 압수되거나 영치되었을 때

   답 ① 국세기본법 시행령 제63조의7, ①은 세무조사 연기신청 사유에 해당하지 아니한다.

11. 다음 중 국세기본법상 과세전적부심사에 관한 설명으로 옳지 않은?
   ① 과세예고통지를 받은 자는 통지를 받은 날부터 30일 이내에 통지를 한 세무서장이나 지방국세청장에게 통지 내용의 적법성에 관한 심사를 청구할 수 있다.
   ② 세법에서 규정하는 수시부과의 사유가 있는 경우에는 과세전적부심사를 청구할 수 없다.
   ③ 과세전적부심사청구를 받은 세무서장·지방국세청장 또는 국세청장은 각각 국세심사위원회의 심사를 거쳐 결정을 하고 그 결과를 청구를 받은 날부터 30일 이내에 청구인에게 통지하여야 한다.
   ④ 세무조사 결과 통지를 하는 날부터 국세부과 제척기간의 만료일까지의 기간이 3개월 이하인 경우에도 과세전적부심사를 청구할 수 있다.

   답 ④ 국세기본법 제81조의15, 세무조사 결과 통지 및 과세예고통지를 하는 날부터 국세부과 제척기간의 만료일까지의 기간이 3개월 이하인 경우 과세전적부심사를 청구할 수 없다.

〈주관식〉

01. 국세기본법상 다음의 내용에서 설명하고 있는 괄호 안의 개념은 무엇인가?

> 조세심판관회의 또는 조세심판관합동회의는 (　　　　)의 원칙에 의해 심판청구에 대한 결정을 할 때 심판청구를 한 처분 외의 처분에 대해서는 그 처분의 전부 또는 일부를 취소 또는 변경하거나 새로운 처분의 결정을 하지 못한다. 이러한 규정은 이의신청과 심사청구에도 그대로 적용된다.

답 불고불리
- 국세기본법 제79조

02. 다음은 국세기본법상 가산세 감면에 관한 내용이다. 괄호 안에 들어갈 숫자를 적으시오.

> 세법에 따른 제출 등의 기한이 지난 후 1개월 이내에 해당 세법에 따른 제출 등의 의무를 이행하는 경우, 해당 가산세액의 100분의 (　　)에 상당하는 금액을 감면한다.

답 50
- 국세기본법 제48조, 세법에 따른 제출 등의 기한이 지난 후 1개월 이내에 해당 세법에 따른 제출 등의 의무를 이행하는 경우 해당 가산세액의 100분의 50에 상당하는 금액을 감면한다.

제3편

국세징수법

제1장　총　설
제2장　신고납부와 납부고지
제3장　강 제 징 수
제4장　보칙
　　　　(국세징수의 간접적 강제 제도)

제1장 총 설

제1절 개 요

1. 국세징수법의 의의

　조세를 과세하는 절차는 부과절차(賦課節次)와 징수절차(徵收節次)로 구분할 수 있는데, 조세법 역시 조세의 부과에 관한 법과 징수에 관한 법으로 구별할 수 있다. 이때 부과에 관한 법은 소득세법이나, 법인세법, 그리고 부가가치세법 등처럼 조세의 종목과 세율 등을 규율하고 있는 개별적인 조세실체법들이며, 징수에 관한 법은 일반적인 조세 징수사항에 대해 규율한 조세절차법으로서 국세징수법이 있다.

　다시 말해 국세징수법은 납세자가 납세의무를 이행하지 않은 경우에 과세권자가 조세채권을 실현하는 절차를 규율하고 있는 법이다. 하지만 국세징수법은 조세채권의 실현과정에서 납세자의 재산권 등의 침해를 최소화하기 위하여 조세법률주의 원칙에 따라서 그 합법성을 최대한 보장하도록 규정하고 있다.

　2020년 12월 세법 개정시 납세자의 이해도 제고를 위해 국세징수법의 편제를 개편하고 조세법령을 쉽게 고쳐썼으며, 법 체계 정합성 제고를 위해 「국세기본법」과 「국세징수법」간의 일부 조문을 상호 이관하였다. 총칙 성격이 아닌 규정(납세증명서의 제출·발급, 미납국세의 열람, 체납자료의 제공 등 국세징수의 간접적 강제제도)은 보칙 장(章)을 신설하여 이관하였다.

2. 국세징수법의 목적

　국세징수법의 목적은 국세의 징수에 필요한 사항을 규정함으로써 국민의 납세의무의 적정한 이행을 통하여 국세수입을 확보함을 목적으로 한다(징법 1). 이는 일반적으로 조세의 기본적 기능인 국고적 목적을 충실히 달성할 수 있도록 필요한 사항을 규정하고 있다.

(1) 징수에 관한 필요한 사항을 규정

국세징수법은 납세자가 납세의무를 이행하지 않는 경우에 조세채권의 실현을 위한 임의적 실현절차인 납세고지·독촉에 관한 사항과 강제적 실현절차인 압류·압류자산의 매각·청산·결손처분에 관한 사항을 규정함으로써 국세징수의 원활성을 기함과 동시에 납세자의 권리침해를 방지한다.

(2) 국세수입을 확보

조세는 재정수입의 대부분을 충당하는 역할을 가지고 있으므로 그 중요성이 매우 크다. 따라서 국세징수법은 조세채권의 신속한 확보를 위하여 일반채권과는 달리 채권자인 국가에게 자력으로 집행할 수 있도록 권한을 부여하고 있다.

3. 국세징수법의 특성

(1) 통칙법·절차법·준거법

국세징수법은 국세징수를 위한 기본적이고 공통적인 징수절차를 규정하고 있는 통칙법이며, 국세의 징수를 위한 임의적 징수절차와 강제적 징수절차를 규정하는 절차법인 동시에 지방세와 공과금의 강제징수에 관한 준거법의 특성을 가지고 있다.

(2) 조세채권자에게 자력집행권 부여

자력집행권이란 조세채권자인 과세관청이 실현되지 않는 조세채권을 사법권의 힘을 빌리지 않고 행정상 자력에 의하여 실현할 수 있는 권한을 말한다.

국세징수법은 이러한 자력집행권을 조세채권자인 과세관청에게 부여함으로써 납세자의 재산을 압류하고, 압류재산을 환가·충당·청산을 할 수 있도록 기본적인 권한을 부여하고 있을 뿐만 아니라 이러한 자력집행권의 집행을 원활하게 하도록 부수적으로 압류물의 수색권, 체납처분중의 일반인 출입제한권, 질문검사권, 압류물에 대한 사용·수익 허가권 또는 제한권 등 권한을 과세관청에 부여하고 있다.

이와 같이 조세채권의 이행 방법은 사법관계의 채무이행과 매우 다르다. 즉 사법관계에서는 채무가 불이행되는 경우에 채권자가 직접적으로 채무자에게 집행할 수 없고 법원에 그 집행을 의뢰 또는 신청하여 법원으로 하여금 이를 집행할 수 있도록 하고 있기 때문이다.

(3) 납세자 보호제도

조세법의 목적을 기본적으로 재정수입에 두고 있지만 한편으로는 국민의 재산권을 보호하는 측면도 있다 할 것이다. 국세징수법의 제정목적 역시 일차적으로는 국세수입을 확보하려는데 있지만 다른 한편으로는 납세자의 재산권을 보호하는 측면도 있다. 즉 조세채권자에게 자력집행권 등 강력한 권한을 부여하므로 그 집행에 의하여 납세자의 인간다운 생활을 파괴하는 결과를 초래할 수 있기 때문에 국세징수법은 다음과 같은 특정한 경우에 납세자를 보호하는 규정을 두고 있다.
 ① 절대적 압류금지재산과 조건부 압류금지재산
 ② 급여의 제한적 압류금지
 ③ 징수유예 및 체납처분유예
 ④ 체납처분의 중지 또는 결손처분

(4) 사법질서의 존중과 조화

조세채권의 강제적인 이행은 납세자와 이해관계를 갖고 있는 국세 이외의 다른 채권자의 권리를 상실케 하거나 제한받게 하는 결과를 발생시켜 사법질서에 중대한 영향을 미치게 된다. 따라서 국세징수법은 과세권자의 자력집행권의 행사가 기존의 사법질서의 침해를 최소화시키면서 존중하고 조화시키기 위하여 다음과 같은 내용들을 규정하고 있다.
 ① 압류재산에 대한 제3자의 소유권 주장
 ② 저당권자 등 이해관계인에의 압류·공매에 관한 통지
 ③ 사해행위취소소송

4. 국세징수법의 다른 법률과의 관계

국세징수법에 규정하는 사항으로서 국세기본법 또는 다른 세법에 특별한 규정이 있는 것에 관하여는 그 법률로 정하는 바에 의한다(징법 4).

이는 국세징수에 관하여는 국세징수법이 일반법으로서 성격을 지니고 있으므로 다른 세법에서 국세징수에 관한 규정을 하고 있을 때에는 그 법률이 특별법으로서의 지위에 있으므로 국세징수법에 우선하여 적용된다는 것이다.

예를 들면 원천징수의무자가 납세의무자로부터 국세를 징수하는 경우에는 각 세법에서 정하는 바에 따르며, 국세징수법이 적용되지 아니한다(국징통 1-0…2). 이 경우는 원천징수의무자는 과세권자가 아니기 때문이며, 원천징수의 경우는 소득세법 제5장, 법인세법 제73조의 규정에 따른다.

5. 용어의 정의(징법 2)

(1) 납부기한

납세의무가 확정된 국세(가산세 포함)을 납부하여야 할 기간을 말한다.
① 법정납부기한 : 국세의 종목과 세율을 정하는 법률,「국세기본법」,「조세특례제한법」 및 「국제조세조정에 관한 법률」에서 정한 기간
② 지정납부기한 : 관할 세무서장이 납부고지 하면서 지정한 기간

(2) 체납

국세를 지정납부기한까지 납부하지 않는 것. 다만, 지정납부기한 후에 납세의무가 성립·확정되는 납부지연가산세 및 원천징수납부지연 가산세는 납세의무 확정 직후 즉시 납부하지 않은 것.

(3) 체납자

체납자(滯納者)란 납세자로서 국세를 체납한 자를 말한다(징법 2①).

(4) 체납액

체납액이란 체납된 국세와 강제징수비를 포함한 것을 말한다(징법 2 ①).

6. 국세의 징수순위

국세와 강제징수비의 징수순위는 다음 순서에 의한다(징법 3).
① 강제징수비
② 국세(가산세는 제외한다)
③ 가산세

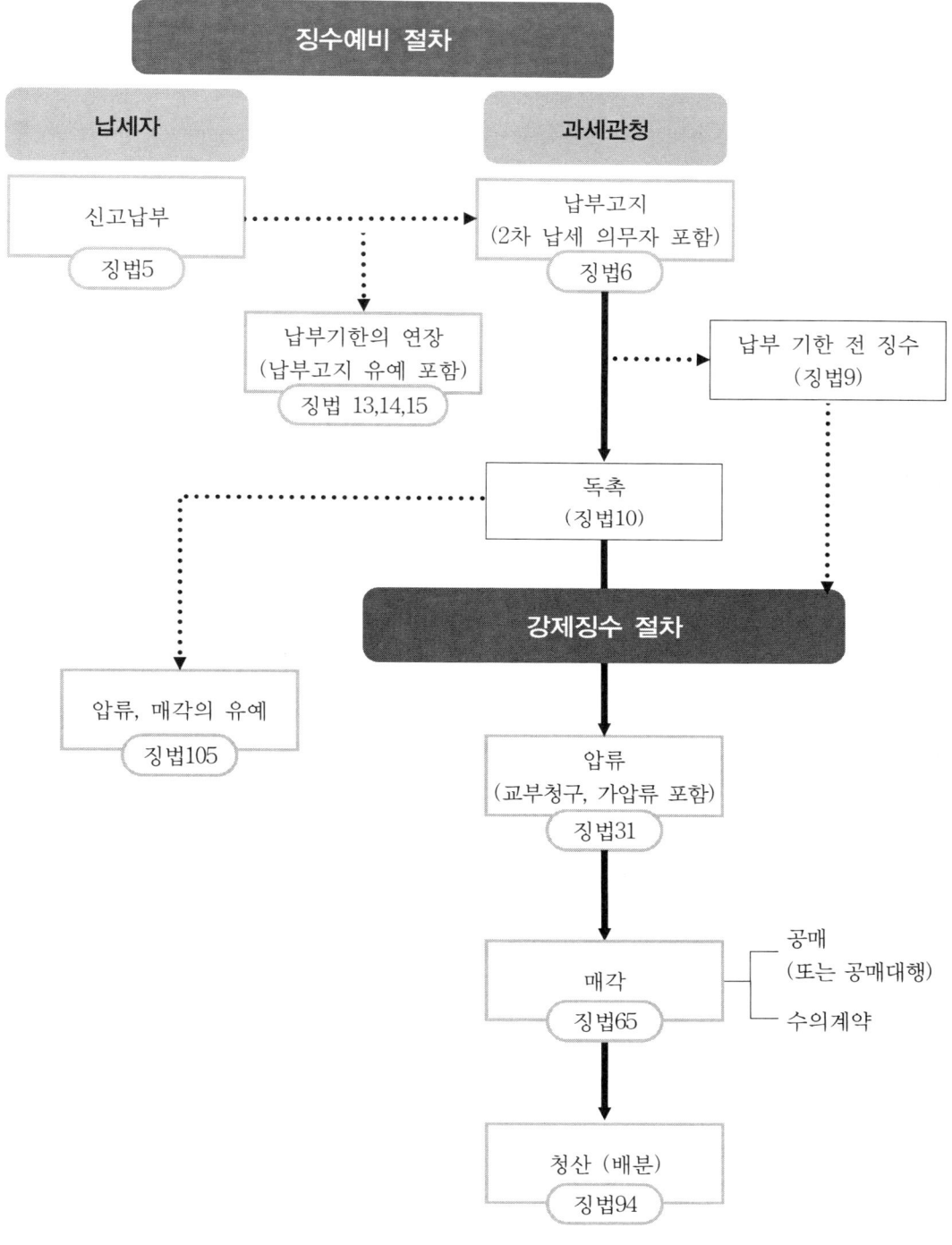

제2장 신고납부와 납부고지

제 1 절 개 념

　과세요건이 충족되면 조세채권이 추상적으로 성립되고, 나아가 납세의무자의 신고행위 또는 과세관청의 부과처분이 있으면 조세채권이 구체적으로 확정된다. 이렇게 확정되는 조세채권은 납세자의 자진납부 또는 과세권자의 고지에 의한 납부로 실현되며, 실현된 조세채권에 대해서는 국세징수법에 따른 조세징수절차를 밟을 필요성이 없다. 하지만 납부고지가 된 후 납부기한까지 조세를 납부하지 않는 경우에 과세관청은 독촉을 하고, 독촉 후에도 납부기한까지 조세채무를 이행하지 않으면 납세자의 재산을 압류하고, 그래도 조세채무를 이행하지 않으면 압류한 재산을 매각하며, 그 매각대금을 조세채권에 충당·청산함으로써 과세권자는 조세채권을 강제적으로 실현하게 되는데 이러한 일련의 절차를 조세의 징수절차라 한다. 이러한 조세징수절차는 임의적인 징수절차와 강제적인 징수절차로 나눌 수가 있으며, 임의적인 징수절차에는 고지와 독촉이 여기에 해당하며, 강제적인 징수절차에는 압류와 압류재산의 매각, 그리고 매각대금의 충당과 청산이 여기에 해당된다.

　신고납세제도 하에서는 납세자는 세법이 정하는 바에 따라 국세를 관할 세무서장에게 신고납부하는 경우 그 국세의 과세기간, 세목, 세액 및 납세자의 인적 사항을 적어 납부하여야 한다(징법 5). 이때 영수증서(납세자용)와 납부서(수납기관용)를 작성하여 국세를 자진 납부한다(징칙 서식 1).

제 2 절 납부고지

1. 의 의

납부고지(tax notice)는 조세징수절차의 일환으로서 확정된 조세채무에 대하여 납부기한을 명시하여 그 이행을 청구하는 행위 즉, 재정하명이다. 이러한 납부고지는 부과과세방식을 취하는 조세에 있어서 원칙적인 징수절차이나, 신고납부(자기부과)방식을 취하는 조세에 있어서는 납세자가 신고납부 등을 하지 않아서 정부가 결정하거나 신고에 오류·탈류가 있어서 경정하여 납부고지를 하는 경우, 그리고 과세기간 종료 전에 법정사유가 발생하여 수시부과하는 등의 경우에는 예외적 징수절차이다. 이와 같이 부과과세방식의 경우 납부고지는 조세를 구체적으로 확정시키는 과세처분과 아울러 그 확정된 세액의 납부를 명하는 징수처분의 성질을 가지고 있는 것이다.[34]

2. 납부고지의 효력

(1) 납부의무의 발생

납부고지서가 납세자에게 송달됨으로써 납부할 의무가 발생한다.

(2) 강제징수의 전제조건 충족

납부고지는 독촉·압류의 절차를 취할 수 있는 기본적 전제조건의 하나를 충족시킨다. 즉 납세고지가 없이는 독촉이 불가능하기 때문이다. 때문에 고지 없이 독촉이나 압류를 하는 것은 하자 있는 행위로 취소의 대상이 된다.

(3) 소멸시효 중단

납부고지는 조세징수권을 행사하는 것이므로 국세징수권의 소멸시효 진행을 중단시키는 효력이 있다(기법 28 ①).

---

[34] 대법원 84누111, 1985. 1. 29. 판결

3. 납부고지서의 발부 방법와 발부시기

(1) 납부고지서의 발부 방법

세무서장이 국세를 징수하려면 납세자에게 그 국세의 과세기간·세목·세액 및 그 산출근거·납부기한(납부고지를 하는 날부터 30일 이내)과 납부장소를 구체적으로 밝힌 납부고지서를 발급하여야 한다(징법 6). 이는 과세권자가 납부고지를 할 때 필요적 기재사항을 적은 요식행위로 이루어져야 한다는 것을 규정하고 있는 것으로 필요적 기재사항을 누락한 납세고지 행위는 하자 있는 행정처분으로서 취소의 대상이 된다 할 것이다.[35]

(2) 납부고지서의 발급시기

세무서장 등은 납부고지서를 다음의 시기에 발부하여야 한다(징법 8).
① 징수결정 즉시 발급한다.
② 납부고지의 유예의 경우 유예기간이 끝난 날의 다음날에 발급한다.

4. 납부기한의 지정

세무서장은 국세(강제징수비를 포함)의 납부기한(세법에서 정하는 경우를 제외)을 납세 또는 납부의 고지를 하는 날부터 **30일 내**로 지정할 수 있다(징법 6).

---

35) 대법원 84누242, 1985. 12. 24. 판결

국세징수법 시행규칙[별지 제2호서식] 납부고지서 (1쪽)

→ 이 부분을 천천히 개봉하여 주십시오.

요금후납

납부고지서 재중

(2쪽)

세액 산출근거

이 납부고지서는 ( )에 귀속되는 ( )로서 ( )에 대한 것으로 납세의무 성립연도는 ( )년입니다.

구 분	( )세	( )세
①		
②		
③		
④ 이상에 가산세 ⑤ 각종 공제세액 (법정공제,기납부세액)		원을 더하고 원을 빼면
⑥ 고지세액은		원 입니다.

고지에 대한 안내말씀

이 납부고지에 대하여 의문이 있으시면 에게 문의하시기 바랍니다.

가산세 산출근거

이 납부고지에 대한 가산세별 세부내역은 아래와 같습니다.

구 분	대상금액	세율	세액
①			
②			
③			
④			
⑤			
⑥			
⑦			
⑧			
⑨			
⑩			
⑪			
⑫			
계(①~⑫)			

(3쪽)

납부고지서 겸 영수증 (납세자용)
100만원( )

납부번호	분류기호	납부연월	결정구분	세목	발행번호
성명(상호)			수입징수관 계좌번호		
주민등록번호 (사업자등록번호)	회계연도 과세기간		일반 회계	기획재정부 소관	조
주소(사업장)					

납부기한	년 월 일 까지
계	
납기경과 . . .	계
납기 후 납부시 우측<납부일자별 납부할 금액>을 참고하여 기재	
납기경과	납부할 금액

위 금액을 한국은행 국고(수납)대리점인 은행 또는 우체국 등에 납부하시기 바랍니다.
(인터넷 등에 의한 전자납부 가능)

년 월 일

세무서장 (인)

위 금액을 정히 영수합니다.

년 월 일

은 행
우체국 등

수납인

납부서 (수납기관용)
100만원( )

납부번호	분류기호	납부연월	결정구분	세목	발행번호
성명(상호)			수입징수관 계좌번호		
주민등록번호 (사업자등록번호)	회계연도 과세기간		일반 회계	기획재정부 소관	조

납부기한	년 월 일 까지
납기경과 . . .	
납기 후 납부시 아래<납부일자별 납부할 금액>을 참고하여 기재	
납기경과 . . .	

납부일자별	납부할 금액	납부일자별	납부할 금액

위 금액을 수납하여 주시기 바랍니다.

년 월 일

은 행
우체국 등

수납인

210mm×297mm(CP지 90g/m²)

6. 납부의 방법

(1) 납부방법

국세 또는 강제징수비는 다음 각호의 방법으로 납부한다(징법 12).
① 현금(계좌이체 포함)
② 「증권에 의한 세입납부에 관한 법률」에 따른 증권
③ 국세납부 대행 기관을 통한 결제수단
    a. 신용카드, 직불카드
       이 경우 고객이 부담하는 납부대행수수료는 납부세액의 1%로 이내로 하여(국징령 9 ⑤), 현재 국세청 고시에 따라 신용카드는 0.8%(직불카드는 0.5%)로 정하고 있다(국세청 고시 2021-29, 2021.6.1.).
    b. 통신과금서비스
    c. 기타

(2) 제3자의 납부

국세 및 강제징수비는 납세자를 위하여 제3자도 납부할 수 있으며, 이 경우 제3자의 납부는 납세자의 명의로 납부하는 경우로 한정한다(징령 10).

7. 강제징수비의 납부고지

세무서장은 납세자가 체납액 중 국세만을 완납한 경우에 강제징수비를 징수하려면 납세자에게 강제징수비의 징수에 관계되는 국세의 과세기간과 세목, 강제징수비와 그 산출근거·납부기한 및 납부장소 등을 적은 강제징수비고지서를 발부하여야 한다(징법 6 ②, 징령 17).

제 3 절 제2차 납세의무자 등에 대한 납부고지

1. 개 념

본래의 납세의무자가 조세채무를 이행하지 못한 경우 국가 등이 조세채권을 확실히 확보하기 위한 제도로서 국세기본법에서는 제2차 납세의무자와 납세보증인 그리고 양도담보권자의 납세의무를 규정하고 있으며, 국세징수법에서는 이들로부터 국세를 징수하려는 경우에는 납부통지서에 의하여 고지하여야 한다고 규정하고 있다. 이는 본래의 납세의무자에게 납세고지서에 의하여 고지하는 것과 상응되는 것이다.

납부통지서는 국세부과로서의 행위(의사표시)가 아니고 징수절차로서의 이행을 청구하는 행위로 보아야 한다. 왜냐하면 제2차 납세의무자 등에게 행하는 납부통지서는 이미 본래의 납세의무자에게 확정된 조세채권을 본래의 납세의무자가 납부를 이행하지 않은 경우에 법률이 정한 제2차 납세의무자 등에게 납부할 것을 통지하는 징수절차에 불과하기 때문이다.

2. 제2차 납세의무자에 대한 납부고지

(1) 납부고지 절차

세무서장은 납세자의 체납액을 제2차 납세의무자(납세보증인 포함)로부터 징수하려면 제2차 납세의무자에게 징수하려는 체납액의 과세기간·세목·세액 및 그 산출근거·납부기한·납부장소와 제2차 납세의무자로부터 징수할 금액 및 그 산출근거, 그밖의 필요한 사항을 적은 납부고지서에 의하여 고지하여야 한다(징법 7 ①).

(2) 제2차 납세의무자로부터 징수할 금액

납부통지서에 기재하는 제2차 납세의무자로부터 징수할 금액이란 다음의 금액을 말하되, 주된 납세자에 대한 체납처분을 종결하기 전이라도 징수할 금액에 부족하다고 인정되는 범위 내에서 납부통지를 할 수 있다(국징통 12-0…5).
① 출자자의 제2차 납세의무(기법 39)에 있어서는 주된 납세자에 대하여 강제징수를 집행하여도 징수할 금액에 부족한 체납액의 전액

② 재산 등의 가액을 한도로 하는 제2차 납세의무(기법 38·40·41)에 있어서는 주된 납세자에 대하여 강제징수를 집행하여도 징수할 금액에 부족한 체납액의 범위에서 그 재산 등의 가액을 한도로 하는 금액

(3) 납세자에의 통지

제2차 납세의무자 등에게 납부고지서를 발부하는 경우에는 납세자에게 그 사실을 통지하여야 한다(징법 7 ②). 또한 물적납세의무를 부담하는 자로부터 납세자의 체납액을 징수하는 경우 물적납세의무를 부담하는 자의 주소 또는 거소를 관할하는 세무서장에게도 그 사실을 통지하여야 한다.

3. 양도담보권자에 대한 납부고지

(1) 납부통지 절차

세무서장은 국세기본법 제42조의 규정에 따라 양도담보권자로부터 납세자의 국세 또는 강제징수비를 징수하려면 제2차 납세의무자 등에게 행하는 납부통지서에 의하여 양도담보권자에게 납부의 고지를 하여야 한다. 이 경우는 양도담보권자의 주소 또는 거소를 관할하는 세무서장과 납세자에게 그 사실을 통지하여야 한다(징법 7 ②).

(2) 양도담보권자의 양도담보재산 양도의 경우

양도담보권자에게 납부고지가 있은 후 해당 재산의 양도에 의하여 담보된 채권이 채무불이행, 그밖의 변제 이외의 이유[36])에 의하여 소멸된 경우(양도담보재산의 환매·재매매의 예약, 그밖의 이에 유사한 계약을 체결한 경우에 기한의 경과, 그 밖에 그 계약의 이행 이외의 이유로 계약의 효력이 상실된 때를 포함)에도 양도담보재산으로서 존속하는 것으로 본다(기법 42 ②).

그러나 양도담보재산이 양도담보권자로부터 다시 제3자에게 양도가 된 경우에 납부통지서의 고지 후에 양도가 된 경우에도 압류가 되기 전에 양도된 때에는 물적납세의무는 소멸한다(국징통 13-0…1).

---

[36]) 그밖의 변제 이외의 이유란 양도담보재산에 의하여 담보되는 채권이 소멸되는 경우에 있어서 양도담보재산이 납세자에 복귀하지 아니하게 되는 경우를 말한다. 따라서 상계(민법 제492조), 면제(민법 제506조), 혼동(민법 제507조), 소멸시효의 완성(민법 제162조) 등으로 인하여 양도담보재산에 의하여 담보되는 채권이 소멸되는 경우에는 이에 해당하지 아니한다(국징통 13-0-2).

■ 국세징수법 시행규칙 [별지 제6호 서식] <개정 2022. 3. 18.>
☞ 이 부분을 천천히 개봉하여 주십시오

(　　　　) 납부고지서

귀하는 (　　) 제　조에 따라 아래 주된 납세자의 (　　　)입니다.

주된 납세자	성명 (상호)		주민등록번호 (사업자등록번호)	
	주소 (사업장)			
	구 분			
①				
②				
③				
④ 여기에 가산세			원을 더하고	
⑤ 각종 공제세액 (법정공제,기납부세액)			원을 빼면	
⑥ 납기 내 고지세액은			원이 됩니다.	

위 국세는 (　) 귀속 (　) 로서 (　　)에 의하여 주된 납세에게 부과되었으나, (　　) 현재 가산세(금) 포함 (　　)원이 납부되지 않아, (　　)인 귀하에게 미납금액의 (　　)인 (　　) 원에 대한 납부의무가 있음을 통지합니다.
이 납부고지에 대하여 의문이 있으시면 ☎ 에게 문의하시기 바랍니다.
　　　　　　　　　　　　　　　　　　　년　월　일
　　　　　　　　　　　　　　　　　세무서장(인)

가산세 산출근거

주된 납세자의 고지에 대한 가산세별 세부내역은 아래와 같습니다.

가산세 구분	대상금액	세율	세액
계			

(　)납세의무 지정금액	
납부기한	년　월　일

가산세 또는 가산금 등 차이로 귀하가 납부할 금액이 위 지정금액과 상이할 수 있으니 아래 납부일자별 납부할 금액으로 납부하시기 바랍니다.

납부고지서 겸 영수증(납세자용)

납부일자별	납부할 금액	납부일자별	납부할 금액

위 납부일자별 납부할 금액을 한국은행 국고(수납)대리점인 은행 또는 우체국 등에 납부하시기 바랍니다.

가상계좌

납부번호	분류기호	납부연월	결정구분	세목	발행번호
성명(상호)			수입징수관 계좌번호		
주민등록번호 (사업자등록번호)	회계연도		일반	기획재정부 소관	조 세
	과세기간		회계		
납부할 금액	위 납부일자별 납부할 금액을 확인하시어 그 금액을 아래에 기재하시기 바랍니다.				

위 금액을 정히 영수합니다.
　　　　　　　　　　년　월　일 은 행　　수납인
　　　　　　　　　　　　　　　우체국 등

납부서 (수납기관용)

납부번호	분류기호	납부연월	결정구분	세목	발행번호
성명(상호)			수입징수관 계좌번호		
주민등록번호 (사업자등록번호)	회계연도		일반	기획재정부 소관	조 세
	과세기간		회계		
납부할 금액	왼쪽 납부일자별 납부할 금액을 확인하시어 그 금액을 아래에 기재하시기 바랍니다.				

위 금액을 수납하여 주시기 바랍니다.
　　　　　　　　　　년　월　일 은 행　　수납인
　　　　　　　　　　　　　　　우체국 등

제 4 절 납부기한 전 징수

1. 의 의

　납부기한전징수는 납세자에게 일정한 사유가 발생하여 정상적인 납부기한까지 기다려서는 조세채권의 확보가 어렵다고 인정되는 경우에 예외적으로 적용되는 조세채권 보전제도의 하나로써 납부고지서의 지정된 시한, 공시송달에 의한 납부기한 전과 신고납부기한 및 원천징수세액의 납부기한 등 법정납부기한 이전에 징수하는 것이다. 이 납기전징수는 납세자에게 기한의 이익을 상실하게 하므로 납부기한을 앞당기지 않으면 조세채권을 확보할 수 없는 급박하고 불가피한 경우에만 엄격하게 허용되어야 한다.

　납부기한 전 징수의 또 하나의 특징은 납부기한을 다시 정하여 납기 전[37]에 징수하는 사실을 고지한 후 그 기한 내에 납세자가 조세를 납부하지 아니하면 독촉을 하지 아니하고 압류 등의 강제징수를 집행할 수 있는 특수한 징수절차인 것이다.

2. 납부기한 전 징수의 법적 요건

(1) 납부기한 전 징수의 요건

　납부기한 전 징수는 일반적인 조세징수의 일환으로 이루어지는 것이 아니므로 이를 위한 법적 요건은 일반적인 조세의 징수요건으로서가 아닌, 특별히 납부기한 전 징수라고 하는 특수징수절차를 위하여 따로 존재하는 것이며 국세징수법은 이를 규정하고 있다.

　국세징수법이 납부기한전징수를 위하여 규정하고 있는 법적 요건은 다음 두 가지를 들 수 있다.

　① 납부기한 전 징수를 행할 수 있는 법정의 사유가 있을 것(징법 9)
　② 법정납부기한까지 기다려서는 해당 국세를 징수할 수 없다고 세무서장이 인정하는 국세에 해당할 것

---

[37] "납기 전"이란 통칙 3-0…2에 게기하는 기한 전과 신고납부기한 및 원천징수세액의 납부기한 등 법정납부기한 전을 말한다. (국징통 14-0…1).

(2) 납부기한 전 징수의 법정사유

납부기한 전 징수는 납세의무가 확정된 조세에 대하여 납세자에게 다음과 같은 사유가 있는 경우에 적용할 수 있다(징법 9 ①).
① 국세, 지방세 또는 공과금의 체납으로 체납처분이 시작된 경우
② 강제집행 및 담보권 실행을 위해 경매가 시작되거나 파산선고를 받은 경우
③ 「어음법」 및 「수표법」에 따른 어음교환소에서 거래정지처분을 받은 경우
④ 법인이 해산한 경우
⑤ 국세를 포탈하려는 행위[38]가 있다고 인정되는 경우
⑥ 납세관리인을 정하지 아니하고 국내에 주소 또는 거소를 두지 아니하게 된 때

(3) 납부기한 전 징수 대상의 국세

납부기한 전 징수의 대상이 되는 국세는 법정납부기한까지 기다려서는 해당 국세를 징수할 수 없다고 세무서장이 인정하는 다음의 국세만 해당한다.
① 납세의 고지를 한 국세
② 과세표준 결정을 통지한 국세
③ 원천징수한 국세
④ 납세조합이 징수한 국세
⑤ 중간예납하는 법인세

3. 납부기한 전 징수의 절차

관할세무서장이 국세를 납부기한 전에 징수하려면 당초의 납부기한보다 단축된 납부기한을 정하여 납세자에게 그 사실을 고지하여야 한다(징법 9 ②). 납부고지를 하는 경우 납부고지서에 당초의 납부기한, 납부기한 전 징수사유 및 납부기한 전에 징수한다는 뜻을 부기하여야 한다(징령 2).

---

[38] "국세를 포탈하려는 행위"란 사기, 그 밖에 부정한 방법으로 국세를 면하거나 면하려는 행위, 국세의 환급·공제를 받거나 받으려는 행위 또는 국세의 강제징수의 집행을 면하거나 면하려는 행위를 말한다(국징통 2-1-21…14).

4. 납부기한 전 징수의 효과

납기전징수의 효과는 다음과 같은 것을 들 수 있다.

(1) 과세권자의 조세징수권 조기확보의 효과

납부기한 전 징수를 행하면 조세징수권을 조기에 유효하게 확보하는 효과가 나타난다. 이는 원래의 납부기한까지 기다려서는 해당 국세를 징수할 수 없게 될 우려가 있을 때에 발동하는 징수처분이기 때문이다.

(2) 납세자의 기한의 이익상실

납세자는 납부기한 전 징수로 인하여 기한의 이익을 상실하며, 과세관청은 납부기한이 도래하기 전에 국세를 징수할 수 있게 된다.

(3) 강제징수의 요건충족(독촉의 생략)

납부기한 전 징수에 관하여 국세징수법이 특별히 규정하고 있는 효과는 지정된 기한까지 그 조세의 완납이 없을 때에는 독촉의 절차를 거치지 않고 곧바로 강제징수 즉 압류처분을 할 수 있는 것이다. 이 점에서 본다면 납부기한 전 징수에는 일반징수에서 납부고지 후에 행하는 독촉을 겸하는 절차라고 해석할 수도 있다.

제 5 절 납부기한의 연장 등

1. 재난 등으로 인한 납부기한 등의 연장 및 납부고지의 유예

(1) 의의

관할 세무서장은 납세자가 국세를 납부기한 또는 독촉장에서 정하는 기한(납부기한 등)까지 납부할 수 없다고 인정되는 경우 납부기한 등을 연장(세액을 분할하여 납부하도록 하는 것을 포함)할 수 있다(징법 13 ①). 또한 관할 세무서장은 납세자가 국세를 납부할 수 없다고 인정되는 경우 납부고지를 유예(세액을 분할하여 납부고지 하는 것을 포함)할 수 있다(징법 14).

(2) 연장 및 유예 사유(징법 13, 징령 11)

① 납세자가 재난 또는 도난으로 재산에 심한 손실을 입은 경우
② 납세자가 경영하는 사업에 현저한 손실이 발생하거나 부도 또는 도산의 우려가 있는 경우
③ 납세자 또는 그 동거가족이 질병이나 중상해로 6개월 이상의 치료가 필요한 경우 또는 사망하여 상중인 경우
④ 정전, 프로그램의 오류, 그 밖의 부득이한 사유로 한국은행(그 대리점 포함) 및 체신관서의 정보통신망의 정상적인 가동이 불가능한 경우
⑤ 금융회사 등(한국은행 국고대리점 및 국고수납대리점인 금융회사 등만 해당) 또는 체신관서의 휴무, 그 밖의 부득이한 사유로 정상적인 국세 납부가 곤란하다고 국세청장이 인정하는 경우
⑥ 권한 있는 기관에 장부나 서류가 압수 또는 영치된 경우 및 이에 준하는 경우
⑦ 납세자의 장부 작성을 대행하는 세무사(세무법인 포함) 또는 공인회계사(회계법인 포함)가 화재, 전화, 그 밖의 재해를 입거나 도난을 당한 경우
⑧ 위 ①부터 ③까지의 사유에 준하는 경우로서 국세청장이 정하는 경우(국징통 15-0-10)

(3) 납부기간 연장 등의 기간과 분납 한도

① 연장 또는 유예 기간은 연장 또는 유예한 날의 다음날로부터 **9개월 이내**로 한다(징령 12).

② 연장 또는 유예기간 중의 분납기한 및 분납금액은 관할 세무서장이 정할 수 있다. 이 경우 관할 세무서장은 연장 또는 유예기간이 6개월을 초과할 때에는 가능하면 연장 또는 유예기간 개시후 6개월이 지난 날부터 3개월 이내에 균등액을 분납할 수 있도록 정하여야 한다.

(4) 연장 및 유예절차

납부기한 등의 연장은 관할 세무서장이 직권으로 하거나 납세자가 관할 세무서장에게 신청할 수 있다.

1) 납세자의 연장 및 유예신청

기한(납부기한 등 또는 납부고지 예정인 국세의 납부하여야할 기간을 말함)만료일 3일 전까지 신청서(전자문서 포함)를 관할 세무서장에게 제출하여야 한다. 다만, 관할 세무서장은 납세자가 기한 만료일 3일전까지 신청서를 제출할 수 없다고 인정하는 경우에는 기한 만료일까지 제출하게 할 수 있다.

2) 납세자에 대한 연장 및 유예통지

관할 세무서장은 재난 등의 법정사유로 납부고지의 유예를 하는 경우 즉시 납세자에게 그 사실을 통지하여야 한다(징법 14 ③).

3) 납세자의 연장 및 유예신청에 대한 통지

관할 세무서장은 납부고지의 유예신청을 받은 경우 납부기한 등의 만료일 또는 납부고지 예정인 국세의 납부하여야 할 기한의 만료일까지 납세자에게 승인여부를 통지하여야 한다(징법 14 ④). 다만, 납세자가 납부고지 예정인 국세의 납부하여야 할 기한의 만료일 10일전까지 신청을 하였으나 관할 세무서장이 그 신청일부터 10일 이내에 승인여부를 통지하지 아니한 경우에는 신청일부터 10일되는 날에 연장신청을 승인한 것으로 본다.

4) 납세담보

관할 세무서장은 연장 또는 유예를 하는 경우 그 연장 또는 유예와 관계되는 금액에 상당하는 납세담보의 제공을 요구할 수 있다(징법 15). 다만 다음의 경우에는 담보요구를 하지 아니한다(징령 16).

① 납세자가 사업에서 심각한 손해를 입거나 그 사업이 중대한 위기에 처한 경우로서 관할 세무서장이 납부하여야 할 금액, 납부기한 등의 연장 또는 납부고지의 유예기간 및 납세자의 과거 국세 납부내역 등을 고려하여 납세자가 그 연장 또는 유예기간내에 국세를 납부할 수 있다고 인정하는 경우
② 납세자가 재난 또는 도난으로 재산에 심한 심한 손실을 입은 경우
③ 정전, 프로그램오류, 그 밖의 부득이한 사유로 한국은행(그 대리점 포함) 및 체신관서의 정보통신망의 정상적인 가동이 불가능한 경우
④ 금융회사 등(한국은행 국고대리점 및 국고수납대리점인 금융회사 등) 또는 체신관서의 휴무, 그 밖의 부득이한 사유로 정상적인 국세납부가 곤란하다고 국세청장이 인정하는 경우
⑤ 위 ①~④와 유사한 사유에 해당하는 경우

(5) 연장 및 유예의 효과

1) 납부지연 가산세 등의 미부과

연장 또는 유예 기간 동안 납부지연가산세 및 원청징수 등 납부지연가산세를 부과하지 아니한다(징령 13).

2) 소멸시효의 정지

연장 또는 유예기간 중에는 국세징수권의 소멸시효가 정지된다.

3) 강제징수의 금지

납부기한 등을 연장한 국세에 대하여 강제징수를 할 수 없다. 그러나 교부청구는 가능하다.

(6) 연장 및 유예의 취소

관할 세무서장은 납부기한 등의 연장 또는 납부고지의 유예를 한 후 납세자가 다음 어느 하나의 사유에 해당하는 경우 납부기한의 연장 또는 납부고지의 유예를 취소하고 연장 또는 유예와 관계되는 국세를 한꺼번에 징수할 수 있다(징법 16).
① 국세를 분할납부하여야 하는 각 기한까지 분할 납부해야할 금액을 납부하지 아니한 경우

② 관할 세무서장의 납세담보물의 추가 제공 또는 보증인의 변경요구에 따르지 아니한 경우
③ 재산상황의 변동 등으로 납부기한의 연장 및 납부고지의 유예를 할 필요가 없다고 인정되는 경우
④ 납부기한전 징수에 해당되는 사유가 있어 그 연장 또는 유예한 기한까지 연장 또는 유예와 관계되는 국세의 전액을 징수할 수 없다고 인정되는 경우

2. 송달 지연으로 인한 지정납부기한 등의 연장

(1) 일반적인 경우

납부고지서 또는 독촉장의 송달이 지연되어 다음의 어느 하나에 해당하는 경우에는 도달한 날로부터 14일이 지난날을 지정납부기한으로 한다(징법 17).
① 도달한 날에 이미 지정납부기한 등이 지난 경우
② 도달한 날로부터 14일 이내에 지정납부기한 등이 도래하는 경우

(2) 납부기한 전 납부고지를 하는 경우

① 단축된 기한 전에 도달한 경우: 단축된 기한
② 단축된 기한이 지난 후에 도달한 경우: 도달한 날

> **예제**
>
> 1. 납부기한이 2024년 3월 10일인 납세고지서가 2024년 3월 7일에 도달한 경우 납부기한은 언제인가(납기전징수가 아님)?
>   ☞ 2024년 3월 22일(3월 8일부터 기산한다)
> 2. 납부기한이 2024년 3월 10일인 납세고지서가 2024년 3월 12일에 도달한 경우 납부기한은 언제인가(납기전징수가 아님)?
>   ☞ 2024년 3월 27일(3월 13일부터 기산한다)

제 6 절 독 촉

1. 의 의

독촉(督促)은 납부고지서에 의한 국세를 그 지정납부기한까지 완납하지 아니한 경우에 납세자에게 독촉장을 발급하여 납세의무의 이행을 재촉하는 것이다.

국세를 그 지정납부기한까지 완납하지 아니한 때에는 관할세무서장은 지정납부기한 지난 후 10일 이내에 독촉장을 발급하여야 한다. 다만, 납부기한전징수에 의하여 국세를 징수하거나 체납액이 1만원 미만이면 독촉장을 발급하지 아니할 수 있다(징법 10).

2. 독촉의 요건과 절차

(1) 요 건

독촉의 실질적인 요건은 고지된 국세를 지정 납부기한까지 완납하지 아니하였음을 요한다. 만일 일부의 금액이 납부되지 않았을 때에는 그 미납된 금액에 대하여만 독촉을 한다. 그리고 형식적인 요건은 독촉장이라는 문서에 의해서 독촉을 하여야 한다는 것이다.

세무서장은 채권 압류의 통지를 받은 채무자가 채무이행의 기한이 지나도 이행하지 아니하는 경우에는 독촉을 하여야 한다. 그리고 세무서장은 독촉을 받은 채무자가 독촉한 기한까지 채무를 이행하지 아니하는 경우에는 채권자를 대위(代位)하여 채무자를 상대로 소송을 제기하여야 한다. 다만, 채무이행의 자력(資力)이 없다고 인정하는 경우에는 채권의 압류를 해제할 수 있다.

(2) 절 차

독촉장은 소정사항을 적은 문서로서 납세고지서 1건을 1통으로 하고 발급회수는 1회에 한하여 세무서장이 발급하게 된다. 세무서장은 **지정 납부기한 경과 후 10일** 이내에 독촉장을 발급하여야 하며, 이를 발급할 때에는 납부기한을 독촉하는 날부터 20일 이내로 하여야 한다(징법 10 ②).

3. 독촉의 효과

(1) 조세채무의 이행촉구

독촉은 과세권자가 납세자에게 체납된 조세채무의 이행을 있다.

(2) 압류요건의 충족

독촉장의 발급이 압류에 의한 강제징수의 전제조건이 된다. 그러나 납세자가 납기촉구하는 효과가 전징수사유에 해당하여 납기전 납부의 고지를 받고 지정된 기한까지 완납하지 아니한 때나, 납기전징수사유에 해당하여 확정전보전압류를 하는 경우에는 독촉절차가 필요없이 바로 압류할 수 있다.

(3) 소멸시효중단

독촉은 국세징수권의 소멸시효에 영향을 미쳐 그 소멸시효의 진행을 중단시키는 효과가 있다.

4. 독촉의 예외

다음의 사유에 해당하는 경우에는 독촉장을 발급하지 아니할 수 있다(징령 3).
① 국세를 납부기한 전에 징수하는 경우
② 체납된 국세가 1만원 미만인 경우(소액부징수)
③「국세기본법」및 세법에 따른 물적납세의무를 부담하는 경우

제 7 절   체납액 징수 관련 사실행위의 위탁

1. 개 념

관할세무서장은 독촉에도 불구하고 납부되지 아니한 체납액을 징수하기 위하여 「한국자산관리공사의 설립 등에 관한 법률」에 따라 설립된 한국자산관리공사에 다음의 업무를 위탁할 수 있다. 이 경우 한국자산관리공사는 위탁받은 업무를 제3자에게 다시 위탁할 수 없다(징법 11).
  ① 체납자의 주소 또는 거소 확인
  ② 체납자의 재산 조사
  ③ 체납액의 납부를 촉구하는 안내문 발송과 전화 또는 방문 상담
  ④ 위 ①부터 ③까지의 규정에 준하는 단순 사실행위에 해당하는 업무로서 대통령령으로 정하는 사항

2. 위탁 방법 등

(1) 체납액 징수관련 사실 행위의 위탁 절차

① 관할세무서장은 체납액 징수업무를 위탁할 때에는 한국자산관리공사에 체납자가 체납한 국세의 과세기간·세목·세액과 납부기한 등을 적은 위탁의뢰서를 보내야 한다(징령 5).
② 관할세무서장은 체납액 징수업무를 위탁한 때에는 즉시 그 위탁사실을 체납자에게 통지하여야 한다.

(2) 위탁 대상 체납액

세무서장이 체납액 징수업무를 위탁하는 경우는 다음 중 어느 하나에 해당하는 경우로 한다(징령 4).
  ① 체납자별 체납액이 **1억원 이상**인 경우
  ② 관할세무서장이 체납자 명의의 소득 또는 재산이 없는 등의 사유로 징수가 어렵다고 판단한 경우

(3) 위탁 수수료

1) 지급 금액 범위

위탁 수수료는 한국자산관리공사가 징수업무를 위탁받은 체납액 중 다음의 금액에 100분의 25를 초과하지 아니하는 범위에서 다음 '2)'에 정하는 비율을 곱한 금액으로 한다(징령 6).

① 체납자가 체납액의 전부 또는 일부를 납부하였을 경우 해당 금액
② 한국자산관리공사가 체납자의 소득 또는 재산을 발견하여 세무서장에게 통보한 금액 중 징수한 금액

2) 체납액 징수업무의 위탁 수수료

위탁 수수료는 다음 표의 구분에 따른 수수료율을 곱하여 계산한 금액으로 한다(징칙 별표 1).

징수금액	수수료율
1백만원 이하	징수금액의 100분의 10
1백만원 초과 1천만원 이하	10만원 + (1백만원을 초과하는 금액의 100분의 8)
1천만원 초과 1억원 이하	82만원 + (1천만원을 초과하는 금액의 100분의 5)
1억원 초과 5억원 이하	532만원 + (1억원을 초과하는 금액의 100분의 2)
5억원 초과	1,332만원

(4) 위탁 해지

세무서장은 다음 각 호의 어느 하나에 해당하는 사유가 발생한 경우 해당 체납액에 대하여 징수업무의 위탁을 해지하여야 한다.

① 체납자의 납부의무가 소멸된 경우
② 체납자가 납세담보를 제공하여 체납액 징수가 가능하게 된 경우

(5) 위탁 업무 감독

국세청장은 위탁된 업무의 관리를 위하여 필요하다고 인정하는 경우 한국자산관리공사에 세무서장이 위탁한 업무에 관한 사항을 보고하게 하거나, 필요한 조치를 하도록 요구할 수 있다. 이 경우 한국자산관리공사는 특별한 사유가 없으면 국세청장의 요구에 따라야 한다.

제 8 절 납세담보

1. 서 론

납세담보(納稅擔保)란 조세채권을 확보할 목적으로 세법에 따라 납세자 등으로부터 제공받는 인적·물적 담보를 말한다. 과세권자가 조세채권을 확보하기 위한 제도로서 제2차 납세의무나 양도담보권자의 물적납세의무는 본래의 납세의무자가 납세능력이 없는 경우에 사후적 납세보전조치임에 반하여, 납세담보는 사전적 납세보전조치로 납세자나 제3자 소유의 특정재산을 담보로 제공받아 그 재산이 가지는 교환가치를 가지고 조세의 납부에 우선 충당시키거나, 납세자 이외에 제3자를 납세보증인으로 추가함으로써 조세의 징수를 확실하게 하는 방법이다.

2. 세법상 담보제공

납세담보를 제공해야 할 사유는 세법에 정하여져 있으며, 보통 세무서장의 요구에 의하여 또는 납세자가 세법상의 효익을 얻기 위하여 제공하게 된다. 세법상 납세담보에 대하여 특례규정을 둔 경우에는 해당 세법규정이 우선 적용된다. 세법의 납세담보제공은 ① **세무서장이 납세담보의 제공을 요구할 수 있는 경우**와, ② **당연히 담보를 제공하여야 하는 경우**가 있다.

먼저 현행 세법상 납세담보의 제공을 요구하는 경우를 살펴보면 다음과 같다.

(1) 국세징수법

① 관할세무서장은 「국제징수법」 제13조의 납부기한의 연장 또는 제14조 납부고지의 유예를 할 때에는 그 유예에 관계되는 금액에 상당하는 납세담보의 제공을 요구할 수 있다(징법 15).

② 관할세무서장은 강제징수에 의한 재산의 압류를 유예하거나, 압류한 재산의 압류를 해제하는 경우에는 그에 상당하는 납세담보의 제공을 요구할 수 있다(징법 105 ③).

(2) 상속세와 증여세법

① 납세지관할 세무서장은 상속세납부세액 또는 증여세납부세액이 2천만원을 초과하

는 경우에는 법으로 정하는 방법에 따라 납세의무자의 신청을 받아 연부연납을 허가할 수 있다. 이 경우 납세의무자는 담보를 제공하여야 한다(상증법 71 ①).

② 문화재자료 또는 박물관자료에 대한 상속세를 징수유예받으려는 자는 그 유예한 상속세액에 상당하는 담보를 제공하여야 한다(상증법 74 ④).

(3) 개별소비세법

① 과세물품을 「관세법」에 따라 수입신고수리 전에 보세구역으로부터 반출하려는 자는 「관세법」으로 정하는 바에 따라 해당 개별소비세액에 상당하는 담보를 제공하여야 한다(개별법 10 ④).

② 과세유흥장소의 경영자에 대하여 관할 세무서장은 납세보전상 필요하다고 인정하는 경우에는 법으로 정하는 바에 따라 해당 개별소비세액에 상당하는 담보의 제공을 요구할 수 있다(개별법 10 ⑤).

(4) 주세법

① 정부는 면세주류에 대하여 필요하다고 인정되는 경우에는 그 주세액에 상당하는 담보물의 제공을 명할 수 있다(주세법 20 ④).

② 관할 세무서장은 주세보전상 필요하다고 인정되는 경우에는 주류제조자에 대하여 법으로 정하는 바에 따라 주세에 대한 담보를 제공하거나 납세의 보증으로서 주세액에 상당하는 가액의 주류를 보존할 것을 명할 수 있다(주세법 21).

3. 납세담보의 종류

납세담보는 일반적으로 물적담보와 인적담보로 나눌 수 있다.

(1) 인적담보

인적담보(人的擔保)란 본래의 납세자 이외에 제3자(납세보증인)가 본래 납세자의 국세와 체납처분비의 납부를 보증함으로써 납세보증인의 일반재산의 가치로 조세채무를 담보하는 방법이다. 납세보증은 본래의 납세자와 납세보증인 간의 납세보증계약에 따라 성립한다. 이와 같이 납세보증은 당사자간의 계약에 따라 성립한다는 점에서 당사자의 의사에 관계없이 세법상의 법률요건을 충족함으로써 발생하는 제2차 납세의무나 물적납세의무와 다르고, 납세보증인의 일반재산의 가치로 납세의무를 담보한다는 점에서 담보의 목적이 된 특정재산의 교환가치에 의하여 납세의무를 담보하는 물적담보와 구별된다. 납세보증제도는 민법상의 보증채무를 세법에 도입한 것으로 보증채무가 가지는 종속성과 보충성을 모두 가진다.

납세자는 「은행법」에 따른 은행 등 대통령령으로 정하는 자의 **납세보증서**를 세무서장에게 제출함으로써 납세담보의 제공이 완료된다(징법 18).

(2) 물적담보

물적담보(物的擔保)란 납세자나 제3자의 특정재산을 납세담보로 제공받아 그 재산을 과세당국이 지배함으로써 납세자가 납세의무를 이행하지 못하는 경우에 담보된 재산의 교환가치에 의하여 납세자의 국세와 체납처분비에 우선적으로 충당하도록 하는 제도이다. 이는 납세자나 제3자의 특정 재산을 담보물로 한다는 점에서 제3자의 일반재산을 담보물로 하는 인적담보와 구별된다.

(3) 제공 가능한 담보 유형

국세징수법상 담보로 제공할 수 있는 담보의 종류는 다음과 같다. '4)'는 인적담보이며, 나머지는 물적담보에 해당한다.

1) 금전
2) 국채증권 등 다음에 해당하는 유가증권

> ① 국채증권, 지방채증권 및 특수채증권
> ② 증권시장에 주권을 상장한 법인이 발행한 사채권 중 보증사채 및 전환사채
> ③ 증권시장에 상장된 유가증권으로서 매매사실이 있는 것
> ④ 수익증권으로서 무기명 수익증권 및 환매청구가 가능한 수익증권
> ⑤ 양도성 예금증서

3) 납세보증보험증권
4) 납세보증서로 다음에 해당하는 자의 것(징령18②)

> ① 은행
> ② 신용보증기금
> ③ 보증채무를 이행할 수 있는 자금능력이 충분하다고 관할세무서장이 인정하는 자

5) 토지
6) 보험에 든 등기·등록된 건물·공장재단·광업재단·선박·항공기 또는 건설기계

4. 담보의 평가

납세담보의 가액은 다음에 따른다(징법 19).
1) 유가증권: 담보로 제공하는 날의 전날을 평가기준일로 하여 다음과 같이 계산한 가액
　① 유가증권시장에서 거래되는 주권상장법인의 주식 및 출자지분은 평가기준일 이전 2개월 동안 공표된 매일의 한국거래소 최종 시세가액(거래실적 유무를 따지지 아니한다)의 평균액과 평가기준일 이전 최근일의 최종 시세가액 중 큰 가액으로 하되, 평가기준일 이전 2개월의 기간 중 거래실적이 없는 국채등은 다음 ②에 따른다.
　② ① 외의 국채등은 다음의 가액에 의한다.
　　㉮ 타인으로부터 매입한 국채등은 매입가액에 평가기준일까지의 미수이자상당액을 가산한 금액
　　㉯ ㉮ 외의 국채등은 평가기준일 현재 이를 처분하는 경우에 받을 수 있다고 예상되는 금액
2) 납세보증보험증권 : 보험금액
3) 납세보증서 : 보증금액
4) 토지·건물 : 토지는 개별공시지가, 건물은 국세청장이 산정·고시하는 가액. 다만, 납세자가 납세담보의 제공과 함께 2 이상의 감정평가업자가 그 제공일 전후 6개월 이내에 평가한 감정가액을 제시하는 경우에는 그 평균액
5) 공장재단·광업재단·선박·항공기 또는 건설기계 :「감정평가 및 감정평가사에 관한 법률」에 따른 감정평가업자의 평가액 또는「지방세법」에 따른 시가표준액

5. 담보의 제공방법

(1) 금전이나 유가증권

금전이나 유가증권을 납세담보로 제공하려는 자는 이를 공탁하고 그 공탁수령증을 세무서장(세법에 따라 국세에 관한 사무를 세관장이 관장하는 경우에는 세관장을 말한다)에게 제출하여야 한다. 다만, 등록된 유가증권의 경우에는 담보제공의 사실을 등록하고 그 **등록**

확인증을 제출하여야 한다(징법 20). 여기서 '공탁'이란 금전, 유가증권, 그밖의 물품을 공탁법 제4조의 공탁절차에 따라 공탁서를 작성하고 지정된 공탁소(대법원장이 지정하는 은행 또는 창고업자)에 임치하는 것을 말한다. 그리고 '담보제공의 사실을 등록한다' 함은 국채법 제6조(등록국채의 이전)와 공사채등록법 제8조(등록공사채의 담보충용) 등에 따라 등록하는 것을 말한다.

(2) 납세보증보험증권 또는 납세보증서

납세보증보험증권 또는 납세보증서를 납세담보로 제공하려는 자는 그 보험증권이나 보증서를 관할세무서장에게 제출하여야 한다(징법 20). 이때 납세담보로 제공하는 납세보증보험증권은 그 보험증권의 보험기간이 납세담보를 필요로 하는 기간에 **30일 이상**을 더한 것이어야 한다. 다만, 납부기한이 확정되지 아니한 국세의 경우에는 국세청장이 정하는 기간이상 이어야 한다(징령 20 ③).

(3) 토지·건물·공장재단·광업재단·선박·항공기 또는 건설기계

토지, 건물, 공장재단(工場財團), 광업재단(鑛業財團), 선박, 항공기 또는 건설기계를 납세담보로 제공하려는 자는 그 **등기필증, 등기완료통지서 또는 등록필증**을 세무서장에게 제시하여야 하며, 세무서장은 이에 의하여 저당권 설정을 위한 등기하거나 등록 절차를 밟아야 한다. 이때 저당권 설정을 위한 등기하거나 등록을 하려면 다음의 사항을 적은 문서로 관계관서에 촉탁하여야 한다(징령 20 ⑤).
① 저당권 설정 대상 재산의 표시
② 등기 또는 등록의 원인과 그 연월일
③ 등기 또는 등록의 목적
④ 저당권의 범위
⑤ 등기 또는 등록권리자
⑥ 등기 또는 등록의무자의 주소와 성명

이와 함께 보험에 든 건물·공장재단·광업재단·선박·항공기 또는 건설기계를 납세담보로 제공하려는 자는 그 화재보험증권을 제출하여야 한다. 이 경우 그 보험기간은 납세담보를 필요로 하는 기간에 30일 이상을 더한 것이어야 한다.

그러나 세무서장은 납세자가 토지·건물·공장재단·광업재단·선박·항공기 또는 건설기계를 납세담보로 제공하려면 제시된 등기필증 또는 등록필증이 사실과 부합하는지를 조사하여 다음에 해당하는 경우에는 다른 담보를 제공하게 하여야 한다.

① 법령에 따라 담보제공이 금지되거나 제한된 때. 다만, 주무관서의 허가를 받아 제공하는 경우는 제외한다.
② 법령에 따라 사용·수익이 제한된 것으로서 담보의 목적을 달성할 수 없다고 인정된 경우
③ 위 '①' 및 '②' 이외에 담보의 목적을 달성할 수 없다고 인정된 경우

국세징수법 시행규칙 [별지 제20호서식]

납세담보제공서

접수번호	접수일	처리기간　7일

제공인	성 명 (상 호)		주민등록번호 (사업자등록번호)	
	주 소 (사업장)		전화번호	
납세자	성 명 (상 호)		주민등록번호 (사업자등록번호)	
	주 소 (사업장)		전화번호	

담보제공에 관련된 국세의 내용

세목	연도기분	국 세	가산금	강제징수비	계

담보제공 사유	
담보의 명세	

「국세징수법」 제20조에 따라　　　　　　　　원에 대한 납세담보로 제공합니다.

년　　월　　일

제공인　　　　　　　　(서명 또는 인)

세무서장 귀하

첨부서류	납세담보 제공에 필요한 서류	수수료 없음

210㎜×297㎜[백상지(80g/㎡) 또는 중질지(80g/㎡)]

국세징수법 시행규칙 [별지 제21호서식]

납세보증서

접수번호	접수일	처리기간

납세보증인	성 명 (상 호)		주민등록번호 (사업자등록번호)	
	주 소 (사업장)		전화번호	
납세자	성 명 (상 호)		주민등록번호 (사업자등록번호)	
	주 소 (사업장)		전화번호	
보증한 총 금액				

납세보증에 관련된 국세의 내용

세목	연도기분	국 세	가산금	강제징수비	계

위 납세자가   년   월   일까지 위 국세 등을 완납하지 않는 경우 본인 책임하에 납부할 것을 보증합니다.

년   월   일

납세보증인   (서명 또는 인)

세무서장 귀하

첨부서류	납세보증인의 인감증명서 또는 본인서명사실확인서 1부 ※ 이 보증서는 「국세징수법」 제20조제2항에 따른 것입니다.	수수료 없음

210㎜×297㎜[백상지(80g/㎡) 또는 중질지(80g/㎡)]

6. 납세담보의 제공가액(징법 18 ②)

(1) ① 현금, 납세보증보험증권 및 「은행법」에 따른 은행의 납세보증서의 경우

납세담보를 제공할 때에는 담보할 국세의 100분의 110 이상의 가액에 상당하는 담보를 제공하여야 한다.

(2) 유가증권 · 납세보증서 · 건물 · 공장재단 · 광업재단 · 선박 · 항공기 또는 건설기계의 경우

납세담보를 제공할 때에는 담보할 국세의 100분의 120 이상의 가액에 상당하는 담보를 제공하여야 한다.

(3) 국세가 확정되지 아니한 경우

국세가 확정되지 아니한 경우에는 국세청장이 정하는 가액으로 하여야 한다.

7. 납세담보의 변경과 보충

(1) 납세담보의 변경

납세담보의 변경이란 이미 제공된 담보물을 다른 담보물로 대치하는 것을 말하는데, 납세담보의 변경은 납세담보를 제공한 자가 관할세무서장의 승인을 받아 행할 수 있다(징법 21). 세무서장은 납세자가 이미 제공한 납세담보를 변경하려는 경우 그 사유가 다음에 해당하면 이를 승인하여야 한다(징령 21).
① 보증인의 납세보증서를 갈음하여 다른 담보재산을 제공한 경우
② 제공한 납세담보의 가액이 변동되어 지나치게 많아진 경우
③ 납세담보로 제공한 유가증권 중 상환기간이 정해진 것이 그 상환시기에 이른 경우

(2) 납세담보의 보충

세무서장은 납세담보물의 가액 감소, 보증인의 자력의 감소 또는 그밖의 사유로 그 납세담보로는 국세와 체납처분비의 납부를 담보할 수 없다고 인정하는 경우에는 담보를 제공한 자에게 담보물의 추가 제공 또는 보증인의 변경을 요구할 수 있다(징법 21). 여기서 '그밖의 사유'란 다음에 게기하는 경우를 말한다.

① 담보로 제공된 후 그 담보물에 대하여 소유권의 귀속에 관한 소가 제기된 경우 등으로 담보로서의 효력에 영향이 있다고 인정된 때
② 담보물에 설정된 보험계약이 실효된 때
③ 담보로 제공된 후에 압류조세채권이 증가함으로써 그 담보물로서는 국세 및 체납처분비의 납부를 담보할 수 없다고 인정된 때

8. 담보에 의한 납부와 징수

(1) 담보에 의한 납부

납세담보로 금전을 제공한 자는 그 금전으로 담보한 국세와 강제징수비를 납부할 수 있다(징법 22). 납세담보로 제공한 금전으로 국세와 체납처분비를 납부하려는 자는 세무서장에게 신청하여야 하며, 이 신청이 있는 경우에 신청한 금액에 상당하는 국세와 강제징수비를 납부한 것으로 본다(징령 22 ①).

(2) 담보에 의한 징수

세무서장은 납세담보를 제공받은 국세와 강제징수비가 담보의 기간에 납부되지 아니하면 해당 담보로써 그 국세와 강제징수비를 징수한다(징법 22). 이때 징수처리는 납세담보의 종류에 따라 다음과 같이 한다(징령 22).

1) 금 전

금전이면 그 금전을 해당 국세와 강제징수비에 충당한다.

2) 금전 이외의 것

납세담보가 금전 이외의 것이면 다음에 의하여 징수하거나 환가한 금전을 해당 국세와 강제징수비에 충당한다. 다만, 납세담보를 환가한 금액이 징수할 국세와 체납처분비에 충당하고 잔여가 있을 때에는 국세징수법으로 정하는 공매대금의 배분방법에 따라 배분한 후 납세자에게 지급한다.

① 국채·지방채, 그밖의 유가증권·토지·건물·공장재단·광업재단·선박·항공기 또는 건설기계이면 국세징수법으로 정하는 공매절차에 따라 매각한다. 여기서 '국세징수법으로 정하는 공매절차에 따라 매각한다' 함은 압류 등의 절차없이 담보권의 행사로서 세무서장이 직접 매각하는 것을 말한다.

② 납세보증보험증권이면 해당 납세보증보험사업자에게 보험금의 지급을 청구한다.
③ 납세보증서면 국세징수법으로 정하는 납세보증인으로부터의 징수절차에 따라 징수한다.

9. 담보해제

조세채권의 실현을 보장하기 위하여 제공된 납세담보는 조세채권의 실현에 의하여 담보가 해제된다. 납세담보를 제공받은 국세와 강제징수비가 납부되면 세무서장은 지체없이 담보 해제의 절차를 밟아야 한다(징법 23). 납세담보의 해제는 그 사실을 적은 문서로 납세담보를 제공한 자에게 통지함으로써 하며, 이 경우 납세담보를 제공할 때 제출한 관계 서류가 있으면 그 서류를 첨부하여야 한다(징령 23). 이때 담보에 대하여 저당권의 등기하거나 등록을 촉탁한 경우에는 관계관서에 저당권 말소의 등기하거나 등록을 촉탁하여야 한다.

제3장 강제징수

제1절 강제징수의 의의 등

1. 의 의

강제징수란 관할세무서장(체납발생후 1개월, 체납액 5천만원 이상은 지방국세청장)이 납세자가 독촉 또는 납부기한전 고지를 받고 지정된 기한까지 국세 또는 체납액을 완납하지 않은 경우 재산의 압류(교부청구, 참가압류 포함), 압류재산의 매각·추심 및 청산절차에 따라 징수하는 것이다(징법 24).

체납이란 납세자가 조세를 납세의무의 이행기간인 지정 납부기한까지 완납하지 않은 것을 말하며, 납부기한까지 조세를 납부하지 않은 납세자를 체납자라 하고, 체납된 국세 및 강제징수비를 체납액이라고 한다. 강제징수는 조세채권자인 국가가 체납자로부터 체납된 조세채권을 강제적으로 실현하기 위한 일련의 절차로서 각각 별도의 행정처분인 압류, 매각, 청산의 연속된 일반적인 절차와 교부청구와 참가압류의 예외적 절차로 나눌 수 있다. 이때 교부청구와 참가압류는 이미 다른 집행기관이 강제환가절차를 개시하였거나 압류한 경우에 그 집행기관에 매각대금의 교부를 청구하거나(교부청구) 그 압류에 참가하여(참가압류) 조세채권을 실현하는 절차이다.

체납된 조세채권에 대해 강제집행하는 강제징수는 다음과 같은 특징을 갖는다.

첫째, 강제징수는 과세권자의 자력집행권에 근거한다는 점에서 사법상의 채권(민사채권·청구권)을 국가의 힘을 빌어 강제적으로 실현하는 절차인 강제집행과 다르다. 즉 사법상의 채권은 자력구제금지의 원칙이 적용되기 때문에 그 채권이 불이행된 경우 채권자는 채권의 존부(채무명의)와 강제집행을 명하는 법원의 판결을 받은 후 다시 법원의 서기관이나 공증인이 작성한 집행문을 부여받아 집행기관(집달관)으로 하여금 집행하게 함으로써 타력집행에 의하여 실현할 수 있다. 그러나 조세채권은 조세행정주체 자신이 조세채권을 확정(채무명의)하고 납부고지(집행문 부여)를 한 후 체납하면 압류·매각·청산이라는 행정처분 절차 즉, 강제징수 절차에 따라 행정상 강제집행한다.

둘째, 강제징수는 납세자가 독촉장을 받고도 국세를 납부하지 아니한 경우에 할 수 있다. 즉, 강제징수의 전제조건인 독촉이 적법하게 행하여져 있어야 강제징수를 할 수 있다. 물론 독촉 이전의 절차로서 납부고지와 납부고지 이전에는 조세채권·채무의 확정절차 등도 적법한 것은 당연하다. 이 절차들 중에서 한 가지라도 법률을 위배하여 무효가 되는 경우에는 강제징수도 당연히 위법한 것이 된다.[39]

셋째, 세무공무원은 강제징수를 집행할 때 체납자가 국세의 징수를 면하고자 재산권을 목적으로 한 법률행위를 한 경우에는 민법과 민사소송법의 규정을 준용하여 사해행위의 취소를 법원에 청구할수 있다(징법 25). 이는 민사상 채무자가 채권자를 해할 목적으로 재산권에 관한 법률행위를 한 경우에 채권자가 그 법률행위의 취소 및 원상회복을 법원에 청구할 수 있는 채권자취소권(민법 406)과 유사한 것이다.

넷째, 관할세무서장은 재판상의 가압류 또는 가처분 재산이 강제징수 대상인 경우에도 국세징수법에 따른 강제징수를 한다(징법 26). 또한 체납자의 사망이나 체납자인 법인이 합병으로 소멸되어 상속 또는 합병의 경우에도 강제징수는 계속 진행한다(징법 27).

2. 고액·상습체납자의 수입하는 물품에 대한 강제징수의 위탁

(1) 강제징수의 위탁 대상

관할세무서장은 체납발생일로부터 1년이 지난 국세의 합계액이 2억원 이상인 경우 체납액에 대한 강제징수(수입하는 물품에 대한 강제징수에 한정한다)을 세관장에게 위탁할 수 있다(징법 30). 다만, 세무서장은 고액·상습체납자의 수입물품에 대해서만 체납처분을 세관장에게 위탁할 수 있다.

(2) 강제징수의 위탁 절차 등(징령27)

① 관할세무서장은 고액·상습체납자에 대하여 1개월 이내의 기간을 정하여 체납된 세금을 납부하지 아니하는 경우 강제징수가 세관장에게 위탁될 수 있다는 사실을 알

---

[39] 대법원 73누72, 1973. 8. 31. 판결
『조세에 관한 체납처분으로서의 재산압류처분은 유효하게 확정된 조세채권의 실현을 목적으로 하는 행정처분이라고 할 것이므로 조세에 관한 부과처분이 당연무효이거나 위법하여 법원의 판결에 의하여 취소로서 확정된 경우에는 체납처분인 재산압류처분은 그 원인을 상실하여 위법한 것이 된다고 할 것이다.』

려야 한다.
② 관할세무서장은 세관장에게 강제징수를 위탁한 경우 즉시 그 위탁사실을 고액·상습체납자에게 통지하여야 한다.
③ 관할세무서장은 고액·상습체납자가 다음 중 어느 하나의 경우에 해당하여 공개대상에서 제외되는 경우 즉시 해당 고액·상습체납자의 수입물품에 대한 강제징수의 위탁을 철회하여야 한다(징령 27 ③).
  ㉮ 체납된 국세를 전부 또는 일부 납부하여 고액·상습체납자의 범위에서 제외되는 경우
  ㉯ 체납된 국세와 관련하여 심판청구 등이 계속중인 경우 및 다음 중 어느 하나에 해당하는 경우(징령 105)
    ㉠ 최근 2년간 체납액 납부 비율이 50% 이상인 경우
    ㉡ 「채무자 회생 및 파산에 관한 법률」 제243조에 따른 회생계획인가의 결정에 따라 체납된 세금의 징수를 유예받고 그 유예기간 중에 있거나 체납된 세금을 회생계획의 납부일정에 따라 납부하고 있는 경우
    ㉢ 재산상황, 미성년자 해당 여부 및 그 밖의 사정 등을 고려할 때 법 제85조의5 제2항에 따른 국세정보공개심의위원회가 공개할 실익이 없거나 공개하는 것이 부적절하다고 인정하는 경우

3. 제3자 소유권의 주장(징법 28)

제3자가 관할 세무서장이 압류한 체납자의 재산에 대하여 소유권을 주장하고 반환을 청구하고자 하는 경우에는 매각 5일 전까지 소유자로 확인할 만한 증거서류를 제출하여야 하며, 관할 세무서장은 그 재산에 대하여 강제징수를 정지하여야 한다.

(1) 소유권주장 및 반환청구가 정당하다고 인정하는 경우

제3자가 소유권 주장 및 반환청구가 정당하다고 인정되는 경우 즉시 압류를 해제하여야 한다.

(2) 소유권 주장의 이유가 부당하다고 인정하는 경우

① 제3자의 소유권 주장 및 반환 청구가 부당하다고 인정되면 즉시 그 뜻을 제3자에게 통지하여야 한다.

② 관할 세무서장은 통지를 받은 제3자가 통지를 받은 날부터 15일 이내에 그 재산에 대하여 체납자를 상대로 소유권에 관한 소송을 제기한 사실을 증명하지 아니하면 즉시 강제징수를 계속하여야 한다.
③ 관할 세무서장은 통지를 받은 제3자가 체납자를 상대로 소유권에 관한 소송을 제기하여 승소판결을 받고 그 사실을 증명한 경우 압류를 즉시 해제하여야 한다.

제 2 절 압 류

1. 의 의

압류(押留)는 체납처분을 구성하는 압류·매각·청산의 세 가지 절차 중 제1단계 절차로서 체납처분의 목적을 달성하기 위하여 체납자의 특정재산에 대하여 법률상·사실상의 처분을 금지함으로써 간접적으로 납부의 이행을 강제하는 절차이다.

이러한 압류는 체납처분절차 중 가장 중요한 절차로서 체납자와 그 이해관계자의 재산권을 부당하게 침해할 소지가 많기 때문에 체납자의 경제생활을 보호하고 재산권을 보장하기 위하여 압류의 요건, 압류절차, 압류대상 등 압류와 관련된 모든 사항을 국세징수법에 규정하고 있다. 따라서 압류처분은 법률로 정하는 범위 내에서 체납된 조세채권을 실현할 수 있는 정도로 이루어져야 하며 초과압류가 되지 않도록 하여야 한다.

국세징수법은 세무서장(체납 발생 후 1개월이 지나고 체납액이 5천만원 이상인 체납자의 경우에는 지방국세청장을 포함한다)은 다음 중 어느 하나에 해당하는 경우에는 납세자의 재산을 압류하도록 규정하고 있다.
① 납세자가 독촉장을 받고 지정된 기한까지 국세를 완납하지 아니한 경우
② 납세자가 납기 전에 납부 고지를 받고 지정된 기한까지 완납하지 아니한 경우

2. 압류의 요건 및 제3자의 권리보호

압류와 관련하여 특히 중요한 것은 과세당국이 자력집행권에 의하며 압류처분을 할 수 있는 것이다. 그러나 과세당국은 체납된 조세에 대하여 언제든지 압류를 할 수 있는 것이 아니라 다음의 요건들이 각각 충족되어야만 압류처분을 내릴 수 있다(징법 31). 이

를 압류의 요건이라 하며 국세징수법에 규정되어 있다.

(1) 독촉을 거친 경우

통상의 경우에 납세자가 독촉장을 송달받고 지정된 기한까지 국세를 완납하지 아니한 때 압류할 수 있다. 따라서 통상적인 경우 독촉절차없이 압류를 하는 것은 위법이다.

(2) 납부기한 전 징수에 해당하는 경우

납부기한 전 징수 사유에 해당하는 국세의 경우 납세자가 납기 전에 납부의 고지를 받고 지정된 기한까지 완납하지 아니한 때에는 독촉절차를 거치지 않고 납세자의 재산을 압류할 수 있다. 즉 납기전징수사유에 해당하는 납세자가 납기 전 고지에 의하여 지정된 납부기한까지 완납하지 아니하면 독촉장의 발급이 생략되고, 곧바로 압류할 수 있다(징법 31 ① 2호). 이 경우 납부기한의 경과가 압류요건을 충족시키는 것이다.

이 경우 관할 세무서장은 압류한 재산이 금전, 납부기한 내 추심할 수 있는 예금 또는 유가증권인 경우 납세자의 신청이 있는 경우에는 확정된 국세에 이를 충당할 수 있다.

(3) 확정전보전압류의 경우

1) 개 념

확정전보전압류란 납세자에게 **납부기한전 징수사유에 해당하는 사유**가 있어 국세의 확정 후에는 해당 국세를 징수할 수 없다고 인정되는 경우에는 세무서장은 독촉절차를 거치지 않고 국세로 확정되리라고 추정되는 금액의 한도 내에서 납세자의 재산을 압류할 수 있는 제도이다(징법 31 ②). 이 확정전보전압류는 독촉절차를 거치지 않는다는 점에서 납부기한전징수의 압류와 공통성이 있다. 그러나 납부기한전징수의 압류는 조세채권이 확정(납부고지)된 후에 납세자가 자력의 상실 등으로 인하여 납세자의 재산을 압류하는 것임에 반하여, 확전전보전압류는 조세채권이 확정되기 전에 압류하는 것이라는 점에서 큰 차이가 있다.

2) 확정전보전압류 절차

세무서장은 확정전보전압류를 할 경우 지방국세청장의 승인을 받아야 하고 압류통지문서를 납세자에게 통지하여야 한다(징법 24 ③·④, 징령 28의 2). 이 확정전보전압류절차는 일반적인 압류절차와 차이가 있다.

3) 확정전보전압류의 해제

세무서장은 다음에 해당하면 확정전보전압류에 의한 재산의 압류를 즉시 해제하여야 한다(징법 31 ④). 이와 같은 해제요건은 일반적인 압류의 해제요건과 차이가 있다.
① 납세자가 납세담보를 제공하고 압류해제를 요구한 경우
② 압류를 한 날부터 3개월(세무조사 중지기간 제외)이 지날 때까지 압류에 의하여 징수하려는 국세를 확정하지 아니한 때

(4) 압류 시 제3자의 권리보호

세무서장은 압류재산의 선택 시 체납처분의 집행에 지장이 없는 범위에서 전세권·질권·저당권 등 체납자의 재산과 관련하여 제3자가 가진 권리를 침해하지 아니하도록 하여야 한다.

3. 압류대상재산

(1) 압류대상재산의 요건

압류의 요건이 충족되는 경우에도 과세당국이 체납자의 모든 재산을 압류할 수 있는 것은 아니다. 즉, 압류의 대상이 되는 재산의 요건은 다음과 같은 것들이 있는데 이러한 요건들이 충족된 경우에만 체납자의 재산을 압류할 수 있다.

1) 체납자에게 귀속된 재산

압류의 대상으로 되는 재산은 압류 당시에 납세자에게 귀속되는 것이어야 한다. 따라서 납세자의 재산이 아닌 타인의 재산에 대하여 압류의 집행이 되었다면 그 압류처분은 압류의 대상에 관하여 중대하고도 명백한 하자가 있는 당연무효의 처분이라 할 것이다.[40]

이때 압류재산이 다음에 해당하는 경우에는 체납자에게 귀속되는 것으로 추정한다(국징통 24-0…2).
① 동산 및 유가증권 : 체납자가 소지하고 있을 것(민법 제197조 참조)
② 등록공사채 등 : 등록명의가 체납자일 것(국채법 제8조 공사채등록법 제4조 참조)
③ 등기하거나 등록된 부동산, 선박, 건설기계, 자동차, 항공기 및 전화가입권, 지상권, 광업권 등의 권리와 특허권, 그밖의 무체재산권 등 : 등기하거나 등록의 명의인이

---
[40] 대법원 86누61, 1986. 7. 8. 판결

체납자일 것
④ 미등기의 부동산소유권, 그밖의 부동산에 관한 권리 및 미등록의 저작권 : 점유의 사실, 가옥대장, 토지대장, 그 밖에 장부서류의 기재 등에 의해 체납자에게 귀속한다고 인정되는 것
⑤ 합명회사 및 합자회사의 사원의 지분 : 정관 또는 상업 등기부상 사원의 명의가 체납자일 것(상법 제37조, 제179조, 제180조, 제183조, 제269조, 상업등기처리규칙 제51조 참조)
⑥ 유한회사의 사원의 지분 : 정관, 사원명부 또는 상업등기부상 명의인이 체납자일 것(상법 제543조, 제549조, 제557조 참조)
⑦ 채권 : 차용증서, 예금통장, 매출장, 그밖의 거래관계장부서류 등에 의해 체납자에게 귀속한다고 인정되는 것

2) 국세징수법의 효력이 미치는 지역 내에 있는 재산

압류의 대상이 되는 재산은 압류 당시에 국세징수법의 효력이 미치는 지역 내에 있어야 한다. 이때 재산의 소재지 결정에 있어서는 상속세법 제3조(재산의 소재지)의 규정을 준용한다(국징통 24-0…4).

3) 금전적 가치가 있는 재산

압류의 대상이 되는 재산은 금전적 가치를 가진 것이어야 한다. 따라서 금전이나 물건의 급부를 목적으로 하지 않는 행위(예 : 연주를 하는 것 등) 또는 부작위(예 : 경업금지)를 목적으로 하는 채권 등은 압류의 대상이 되지 아니하며(국징통 24-0-5).

4) 양도 또는 추심가능성이 있는 재산

압류의 대상이 되는 재산은 양도 또는 추심할 수 있는 것이어야 하며, 양도 또는 추심가능성에 관하여는 다음 사항에 유의하여야 한다(국징통 24-0…6).
① 유가증권 중 지시금지어음 및 수표는 어음법 제11조(지시금지에 있어서 양도방식) 또는 수표법 제14조(당연한 지시증권성)의 규정에 의하며 지명채권의 양도방식에 따라 양도할 수 있다(민법 제508조 참조).
② 상속권, 부양청구권, 위자료청구권, 재산분할청구권 등과 같이 납세자의 일신에 전속하는 권리는 양도할 수 없다. 다만, 그 권리의 행사로 인하여 금전적 채권 등으로 전환되었을 때는 예외이다.
③ 요역지의 소유권에 부종하는 지역권 또는 채권에 부종하는 유치권, 질권, 저당권

등은 주된 권리와 분리하여 양도할 수 없다.
④ 상호는 영업을 폐지하거나 영업과 함께 하는 경우가 아니면 양도할 수 없다(상법 제25조 참조).

(2) 압류대상재산의 선택

납세자의 재산의 일부를 압류함으로써 체납처분의 목적을 달성할 수 있는 경우에 세무공무원이 압류재산을 선택하는 것은 재량에 속하나, 위법한 초과압류가 되지 않도록 배려함은 물론 압류재산을 선택함에 있어서는 체납처분의 집행에 지장이 없으면 그 재산에 관하여 제3자가 가진 권리(질권, 저당권, 유치권, 전세권, 임차권, 사용대차권, 지상권 등)를 해하지 아니하도록 다음의 사항을 고려하여 선택하여야 한다(국징통 24-0…10).
① 압류재산이 환가하기에 편리하고 보관 및 인도에 편리할 것
② 압류재산이 납세자의 생계유지 및 사업계속에 지장이 적을 것

(3) 초과압류의 금지

민사소송법 제525조 제2항에는 "압류는 집행력 있는 정본에 적은 청구금액의 변제와 집행비용의 변상에 필요한 한도에서 하여야 한다"고 규정함으로써 초과압류의 금지를 명문으로 규정하고 있지만 국세징수법에는 이러한 명문 규정이 없다. 그러나 납세자의 재산권 보장의 측면에서 보거나 과세권자의 징수권의 남용을 방지하는 측면에서 볼 때 압류는 국세 및 강제징수비를 징수하기 위하여 필요한 한도 내에서 이를 집행하여야 할 것이다(국징통 24-0…8). 하지만 세무공무원이 초과압류를 한 경우에는 그 초과압류는 당연무효는 아니고 취소할 수 있을 뿐이라고 판시하고 있다.[41]

4. 압류금지 재산

국세징수법에서는 납세자의 최저생활의 보장과 생업의 유지, 그리고 정신적 생활의 안녕 보장 및 사회보장제도의 유지 등 여러 가지 이유에서 압류를 절대적으로 금지하는 재산과 조건부로 압류를 금지하는 재산을 규정하고 있다.

---

[41] 대법원 86누479, 1986. 11. 11. 판결

(1) 절대적 압류금지 재산

국세징수법상의 절대적으로 압류를 금지하고 있는데, 만약 압류금지 재산인 것이 외관상으로 명백한 것을 압류한 경우에는 그 압류는 무효가 된다. 다만, 외관상 명백하지 아니한 것을 압류한 경우에는 세무공무원의 인정착오로서 취소의 원인이 될 수 있는 것이다(국징통 31-0…1). 여기에 해당하는 압류금지재산은 다음과 같다(징법 41).

① 체납자와 그 동거가족의 생활상 없어서는 아니될 의복·침구·가구와 주방기구
② 체납자와 그 동거가족이 필요한 3개월간의 식료와 연료
③ 인감도장, 그밖의 직업에 필요한 인장
④ 제사·예배에 필요한 물건, 비석 또는 묘지
⑤ 체납자 또는 그 동거가족의 장례에 필요한 물건
⑥ 족보, 일기 등 그밖의 체납자의 가정에 필요한 장부·서류
⑦ 직무상 필요한 제복
⑧ 훈장, 그밖의 명예 증표
⑨ 체납자와 그 동거가족의 학업에 서적과 기구
⑩ 발명 또는 저작에 관한 것으로서 공표되지 아니한 것
⑪ 주로 자기의 노동력으로 농업을 하는 사람의 기구, 가축, 사료, 종자, 비료 등
⑫ 주로 자기의 노동력으로 어업을 하는 사람의 어망, 기구, 미끼, 새끼물고기 등
⑬ 전문직 종사자, 기술자, 노무자 등에게 필요한 기구, 비품 등
⑭ 체납자와 동거가족의 안경, 보청기, 신체 보조 기구, 경형 자동차 등
⑮ 재해 방지를 위한 소방설비, 피난시설 등
⑯ 법령에 따라 급여하는 사망급여금과 상이급여금
⑰ 「주택임대차보호법」에 따라 우선변제를 받을 수 있는 금액
⑱ 체납자의 생계유지에 필요한 소액금융재산으로서 납입액이 다음의 구분에 따른 보장성보험의 보험금·해약환급금·만기환급금과 개인별 잔액이 250만원 미만인 예금(적금·부금·예탁금과 우편대체 포함). 이 경우 체납자가 보장성보험의 보험금·해약환급금 또는 만기환급금 채권을 취득하는 보험계약이 둘 이상인 경우에는 ㉮, ㉰, ㉱에 해당하는 보험계약별 사망보험금·해약환급금·만기환급금을 각각 합산한 금액에 대하여 해당 압류금지채권의 상한을 계산하며, ㉯의 ㉡의 경우에는 보험계약별로 계산한다(징령 31 ①).

㉮ 사망보험금 중 1천5백원 이하의 보험금
㉯ 상해·질병·사고 등을 원인으로 체납자가 지급받는 보장성보험의 보험금 중 다

음에 해당하는 보험금
- ㉠ 진료비, 치료비, 수술비, 입원비, 약제비 등 치료 및 장애 회복을 위하여 실제 지출되는 비용을 보장하기 위한 보험금
- ㉡ 치료 및 장애 회복을 위한 보험금 중 가목에 해당하는 보험금을 제외한 보험금의 2분의 1에 해당하는 금액
- ㉢ 보장성보험의 해약환급금 중 250만원 이하의 금액
- ㉣ 보장성보험의 만기환급금 중 250만원 이하의 금액

(2) 조건부 압류금지 재산

조건부 압류금지재산은 체납자가 체납액에 충당할 만한 다른 재산을 제공하는 경우에는 압류할 수 없는 재산을 말한다. 즉, 체납자가 국세와 강제징수비의 전액에 상당하는 재산을 즉시 압류할 수 있는 형태로 제공하는 경우에는 다음의 재산은 압류할 수 없다(징법 32).
① 농업에 필요한 기계·기구, 가축류의 사료, 종자와 비료
② 어업에 필요한 어망·어구와 어선
③ 직업 또는 사업에 필요한 기계·기구와 비품

(3) 급여채권의 압류 제한

급료·연금·임금·봉급·상여금·세비·퇴직연금 그 밖에 이와 비슷한 성질을 가진 급여채권에 대해서는 그 총액의 2분의 1에 해당하는 금액은 압류하지 못한다(징법 42 및 징령 32). 다만, 그 금액이 「국민기초생활 보장법」에 따른 최저생계비를 고려하여 월 250만원에 미치지 못하는 경우 전액 압류할 수 없으며, 표준적인 가구의 생계비를 고려하여 300만원을 초과하는 경우에는 다음 ①과 ②의 금액을 더한 금액을 압류할 수 없다.
① 월 300만원
② 압류금지금액(월액으로 계산한 금액을 말한다)에서 월 300만원을 뺀 금액의 2분의 1

여기서 「총액」이란 지급받을 수 있는 급여금의 전액에서 그 근로소득 또는 퇴직소득에 대한 소득세 및 소득세분 지방소득세를 공제한 금액을 말한다. 그리고 퇴직금 그 밖에 이와 비슷한 성질을 가진 급여채권에 대해서는 그 총액의 2분의 1에 해당하는 금액은 압류하지 못한다.

[예시]

월급여 총액(세후)	압류금지 금액
370만원 이하	250만원
370만원 초과 600만원 이하	급여총액 $\times \frac{1}{2}$
600만원 초과	600만원 $\times \frac{1}{2}$ + (월급여 총액－600만원) $\times \frac{1}{4}$

5. 압류의 예비적 절차

(1) 의 의

압류는 조세채권을 강제적으로 실현하기 위한 절차로서 그 본질상 국민의 재산권을 침해하지 않을 수 없다. 국세징수법은 체납처분의 전제로서 필요한 일련의 절차들이 적법하게 이루어져야 할 뿐 아니라 압류가 진행되는 과정에서의 모든 절차들도 적법하게 이루어질 것을 요구함으로써 체납자의 최소한의 재산권을 보장하고 있다. 국세징수세법에서 상세히 규정하고 있는 이러한 절차들은 압류절차의 진행을 위해 필요하기도 하지만 체납자의 재산권과 생활권이 부당하게 침해받지 않도록 하기 위한 것이기도 하다.

국세징수법에서는 자산별 압류절차를 별도로 규정하고 있지만 모든 자산에 대해 일반적으로 적용해야 할 압류절차에 대해서는 다음과 같이 규정하고 있다.

(2) 신분증 제시

세무공무원이 강제징수를 하기 위하여 질문·검사 또는 수색을 하거나 재산을 압류할 때에는 그 신분을 표시하는 증표 및 「압류·수색 등 통지서(별지 제34호 서식)」를 지니고 이를 관계자에게 보여 주어야 한다(징법 38).

(3) 질문권·검사권

세무공무원이 강제징수를 집행할 때 압류할 재산의 소재 또는 수량을 알고자 할 때에는 다음에 해당하는 자에 대하여 구두 또는 서면으로 질문하거나 장부·서류, 그밖의 물건을 검사할 수 있다(징법 36). 세무공무원이 검사를 할 경우에는 가족, 동거인 또는 사무원 그밖의 종업원 등을 증인으로 참여시켜야 한다.

① 체납자
② 체납자와 거래관계가 있는 자
③ 체납자의 재산을 점유하는 자
④ 체납자와 채권·채무관계가 있는 자
⑤ 체납자가 주주 또는 사원인 법인
⑥ 체납자인 법인의 주주 또는 사원
⑦ 체납자와 「국세기본법」 제2조 제20호에 따른 친족관계에 있는 자 또는 같은 조 제2항에 따른 경제적 연관관계에 있는 자

이때에 세무공무원의 질문·검사의 요구에 고의로 불응하여 직무집행을 거부 또는 기피하거나 거짓 진술을 한 경우에는 조세범 처벌법상의 질서범으로서 처벌될 수 있다(처벌법 13 ⑨).

(4) 수 색

1) 수색의 개념

수색(搜索)이란 압류할 목적으로 체납자의 재산을 찾는 것을 말한다. 이는 질문·검사가 압류할 재산을 찾기 위하여 체납자 등 주로 사람을 상대로 하여 조사하는 방법인데 반하여 수색은 압류할 재산을 직접 찾아내는 물적 조사방법이라는데 차이가 있다.

세무공무원은 다음과 같은 경우에 수색영장없이 체납자의 주거·선박·창고 또는 그 밖의 장소를 수색하거나 폐쇄된 문·금고 또는 기구를 열게 하거나 직접 열 수 있다(징법 35 ①·②).

① 재산을 압류하기 위하여 필요한 때
② 체납자의 재산을 점유·보관하는 제3자가 재산의 인도 및 이전을 거부한 때
③ 제3자의 주거·선박·창고 또는 그밖의 장소에 체납자의 재산을 감춘 혐의가 있다고 인정되는 경우

2) 수색시간

수색은 해뜰 때부터 해질 때까지 할 수 있다. 다만 해가 지기 전에 개시한 수색은 해가 진 후에도 계속할 수 있고, 주로 야간에 영업을 하는 다음과 같은 음식점이나 유흥업소는 해가 진 후에도 영업중에는 수색을 시작할 수 있다(징법 35 ③·④, 징령 30).

① 객실을 갖추어 음식과 주류를 제공하고, 유흥종사자에게 손님을 유흥하게 하는 영업
② 무도장을 설치하여 일반인에게 이용하게 하는 영업

③ 주류·식사, 그밖의 음식물을 제공하는 영업
④ 위 '①' 부터 '③'까지와 유사한 영업(노래연습장, 그 밖에 야간에 공중이 출입하는 영업)

3) 참여자 설정

세무공무원이 수색이나 검사를 할 때에는 그 수색 또는 검사를 받는 자나 그 가족, 동거인 또는 사무원, 그밖의 종업원을 증인으로 참여시켜야 한다. 그러나 참여자가 없거나 참여에 요청에 따르지 아니할 때에는 성인 2명 이상 또는 특별시, 광역시, 특별자치도, 시, 군·자치구의 공무원이나 경찰공무원 1명 이상을 증인으로 참여시켜야 한다(징법 37).

4) 수색조서 작성

수색의 결과 압류할 재산이 없을 때에는 세무공무원은 수색조서를 작성하여 체납자 또는 참여자와 함께 서명날인하고, 참여자가 서명날인을 거부하였을 때에는 그 사실을 수색조서에 함께 적어야 한다. 그리고 수색조서의 등본을 수색을 받은 체납자 또는 참여자에게 내주어야 한다(징법 35 ⑤·⑥).

5) 강제징수의 인계

세무서장은 체납자가 관할구역 외에 거주하거나 압류할 재산이 관할구역 외에 있을 때에는 체납자의 거주지 또는 그 재산 소재지를 관할하는 세무서장에게 강제징수의 인계를 할 수 있다. 다만, 압류할 재산이 채권이거나 체납자의 거주지 또는 압류할 재산의 소재지가 둘 이상의 세무서가 관할하는 구역인 경우에는 강제징수를 인계할 수 없다.

강제징수를 인계받은 세무서장은 압류할 재산이 그 관할구역에 없는 경우에는 강제징수의 인수를 거절할 수 있다. 이 경우 체납자가 그 관할구역에 거주하고 있는 경우에는 법 제35조 제5항에 따른 수색조서를 강제징수를 인계한 세무서장에게 보내야 한다.

국세징수법 시행규칙 [별지 제33호서식]

수 색 조 서

체납자	성 명 (상 호)		주민등록번호 (사업자등록번호)	
	주 소 (사업장)			
제3자	성 명 (상 호)		주민등록번호 (사업자등록번호)	
	주 소 (사업장)			
수색일자				
수색장소				
수색물건				
수색이유				

수색에 관계된 체납액

세목코드	관리번호	연도·기분	내국세	농어촌특별세
세목명	납부기한	계	교육세	가산금

위와 같이   의 참여하에 수색하였으나 압류할 재산이 없으므로 「국세징수법」 제35조 제5항에 따라 이 조서를 작성합니다.

년   월   일

　　　　　세무서 근무   직   성명   (서명 또는 인)

참여자   주소 또는 거소

　　　　　　　　　　　　　　　　　　성명   (서명 또는 인)

※ 등본을 교부할 때에 이 조서의 여백에 수령의 뜻을 기재하여 수령자의 서명날인을 받아 수령 증에 대용할 수 있음.

210㎜×297㎜[백상지 80g/㎡ 또는 중질지 80g/㎡]

(5) 압류조서의 작성

1) 개 념

압류조서란 압류의 절차와 내용을 기록하고 증명하기 위하여 세무공무원이 작성하고 참여자가 서명 날인한 서류이다. 세무공무원은 체납자의 재산을 압류하면 반드시 압류조서를 작성하여야 한다(징법 34). 이때 세무공무원은 압류조서에 참여자의 서명날인을 받아야 하며, 참여자가 서명날인을 거부하였을 때에는 그 사실을 압류조서에 함께 적어야 한다.

그리고 세무공무원은 질권이 설정된 동산 또는 유가증권을 압류하였을 때에는 그 동산 또는 유가증권의 질권자에게 압류조서의 등본을 내주어야 한다. 또한 세무공무원은 채권을 압류하였을 때에는 채권의 추심이나 그 밖의 처분을 금지한다는 뜻을 압류조서에 함께 적어야 한다.

2) 압류사실의 통지

압류를 집행한 경우에 세무서장은 그 사실을 관련자에게 통지할 의무가 있다. 동산이나 유가증권을 압류한 경우에는 체납자가 압류사실을 인지한 것으로 판단되므로 통지할 필요가 없지만, 동산·유가증권 이외의 재산을 압류한 경우에는 체납자에게 그 사실을 통지하여야 한다. 또 전세권이나 질권·저당권이 설정된 재산을 압류한 경우에는 그 사실을 해당 채권자에게 통지하여야 한다. 국세에 대하여 우선권을 가진 채권자가 이러한 저당권자 등에 대한 **압류통지를 받고 그 권리를 행사하려면 통지를 받은 날부터 10일 이내에** 그 사실을 세무서장에게 신고하여야 한다(징법 40).

국세징수법 시행규칙 [별지 제32호서식]

압류조서

체납자	성 명 (상 호)		주민등록번호 (사업자등록번호)	
	주 소 (사업장)			

| 압류연월일 | | 압류 | |

압류재산의표시

압류에 관계된 체납액

세목코드	관리번호	연도·기분	내국세	농어촌특별세
세목명	납부기한	계	교육세	가산금

위의 체납액을 징수하기 위해   에서   참여하에 압류하였으므로 「국세징수법」 제34조에 따라 이 조서를 작성합니다.

년   월   일

세무서 근무   직 성명   (서명 또는 인)
참여인 성명   (서명 또는 인)

※ 압류한 재산에 관하여는 양도, 제한물권의 설정, 채권의 영수(領收) 및 그 밖의 처분을 할 수 없습니다.

210㎜×297㎜[백상지 80g/㎡ 또는 중질지 80g/㎡]

(6) 강제징수의 속행

관할세무서장은 체납자가 파산선고를 받은 경우에도 이미 압류한 재산이 있을 때에는 강제징수를 속행하여야 한다(징령 26). 이는 법원의 파산선고가 나면 채무자의 모든 재산이 파산재단에 편입되어 파산관재인이 관리하고 처분하여 채무를 변제하는 등의 청산절차를 밟게 되는 것이나 파산선고가 있기 전에 이미 압류한 재산은 파산재단으로부터 별도로 분리하여 강제징수를 할 수 있다는 것이다.

6. 재산별 압류방법 및 절차

(1) 동산과 유가증권의 압류

1) 압류절차

동산 또는 유가증권의 압류는 세무공무원이 점유함으로써 한다(징법 48).

2) 동산과 유가증권의 범위

① 동산의 범위

민법 제99조는 토지와 그 정착물은 부동산으로 그 이외의 물건은 동산으로 규정하고 있으나, 국세징수법은 등기하거나 등록된 선박과 등록된 항공기·건설기계·자동차 등은 부동산의 압류절차에 따라 압류하도록 하고 있다(징법 45 ①·②). 그리고 건물의 사용목적에 상응하는 사용가능한 정도로 완성되지 아니한 건축중의 건물은 부동산이라 할 수 없으므로 동산으로서 압류한다(국징통 45-0…1). 또한 공장재단, 광업재단에 속하는 동산은 원칙적으로 개개의 동산으로서 압류하지 못한다(국징통 38-0…5).

② 유가증권의 범위

유가증권이란 재산권을 표시하는 증권으로서 그 권리의 행사 또는 이전을 증권으로서 하는 것을 말하는 것으로 재산권을 표시하는 것이 아닌 차용증서 또는 수취증권과 같은 증거증권은 유가증권이 아니므로 채권의 압류절차에 따라 압류한다(국징통 38-0…7). 이러한 유가증권에는 어음, 수표, 국채증권, 지방채증권, 사채권, 주권, 출자증권, 신탁의 무기명 수익증권, 창고증권, 화물상환증, 선하증권, 상품권 등이 있다(국징통 38-0…8). 따라서 화물상환증, 창고증권 또는 선하증권이 발행된 물건에 대해서는 동산으로 압류할 수 없고, 이들 증권을 유가증권으로서 압류하여야 한다(국징통 38-0…6).

3) 압류동산의 사용·수익

압류한 동산을 체납자나 이를 사용·수익할 권리를 가진 제3자에게 보관하게 한 경우에 세무서장은 그 동산의 사용·수익을 허가할 수 있다. 압류재산의 사용·수익은 국세징수에 지장이 없다고 인정되는 경우에만 가능하다(징법 49). 때문에 동산의 사용·수익을 허가할 경우 봉인(封印)이나 그 밖의 방법으로 압류재산임을 명백히 하여야 한다.

그리고 압류된 동산을 사용하거나 수익하려는 자는 압류재산 사용·수익 허가신청서를 관할 세무서장에게 제출하여야 한다. 이때 압류재산 사용·수익 허가신청서를 받은 세무서장은 해당 사용·수익 행위가 압류재산의 보전(保全)에 지장을 주는지를 조사하여 30일 이내에 그 허가 여부를 신청인에게 통지하여야 한다.

허가를 받은 자는 압류재산을 사용하거나 수익할 때 선량한 관리자의 주의를 다하여야 하며, 세무서장이 해당 재산의 인도를 요구하는 경우에는 지체 없이 이에 따라야 한다(징령 40).

4) 유가증권에 관한 채권의 추심

압류한 재산이 유가증권이어서 그 유가증권에 관계되는 금전채권이 있을 때 세무서장은 그 금전채권을 추심할 수 있다. 유가증권에 관한 금전채권을 추심하는 경우는 그 금전채권의 이행기일이 도래하여 매각하는 것보다 추심하는 것이 징수상 유리하다고 인정되는 것만 해당한다. 이 경우 금전채권을 추심하였을 때에는 그 한도에서 체납자의 압류와 관계되는 체납액을 징수한 것으로 본다(징법 50).

5) 압류의 효력

동산과 유가증권의 압류효력은 세무공무원이 그 재산을 점유한 때에 발생한다(징법 48 ①).

(2) 채권의 압류

1) 채권압류절차

관할세무서장은 채권을 압류할 때에는 그 사실을 해당 채권의 채무자(제3채무자)에게 통지하여야 한다. 채권압류의 효력은 채권압류통지서가 채무자에게 송달될 때에 발생하므로, 세무서장은 채무자에게 통지함으로써 국세와 강제징수비를 한도로 하여 채권자에게 대위한다(징법 51). 여기에서 '채권자에게 대위한다는 것'은 피압류채권의 채권자인 체납자에 대위하여 그 채권을 제3채무자로부터 자기의 이름으로 추심하는 것을 말한다.

2) 채권의 범위

채권이란 금전이나 매각할 수 있는 재산의 급부를 목적으로 하는 것을 말하며 장래 발생하는 채권이라도 압류 당시에 그 원인이 확정되어 있고 그 발생이 확실하다고 인정하는 것(예를 들면 장래 발생하는 급료채권 등) 및 당사자 간에 양도금지의 특약이 있는 것도 압류할 수 있다. 하지만 양도가능한 전화가입권, 그밖의 추심할 수 없는 권리는 무체재산권의 압류절차를 밟아 압류한다(국징통 41-0…1).

3) 채권압류의 범위

① 일반채권

세무서장은 채권을 압류할 때 체납액(국세와 강제징수비)을 한도로 하여야 한다. 다만, 압류하려는 채권에 국세보다 우선하는 질권이 설정되어 있어 압류에 관계된 체납액의 징수가 확실하지 아니한 경우 등 필요하다고 인정하는 경우에는 그 채권 전액을 압류할 수 있다(징법 53).

② 계속수입의 채권

급료·임금·봉급·세비·퇴직연금, 그밖의 이에 유사한 채권의 압류도 체납액(국세와 체납처분비)을 한도로 압류 후에 수입(收入)할 금액에 대하여 그 효력이 미친다(징법 54).

③ 조건부 채권

신원보증금·공매보증금 등의 조건부채권은 그 조건 성립 전에도 압류할 수 있으나, 압류 후 채권이 성립되지 아니할 것이 확정되었을 때에는 그 압류를 지체없이 해제하여야 한다(징령 41).

4) 채권압류의 효력

채권압류의 효력은 채권압류통지서가 제3채무자에게 송달된 때에 발생한다(징법 52 ①). 이때 발생된 효력은 다음과 같은 것이 있다.

① 채권의 대위 행사

세무서장이 채무자에게 채권압류통지를 한 때에는 국세와 체납처분비를 한도로 하여 채권자에게 대위한다(징법 52 ②). 여기서 세무서장이 "채권자에게 대위한다"란 피압류채권의 채권자인 체납자에 대위하여 그 채권을 제3채무자로부터 자기의 이름으로 추심하는 것을 말한다(국징통 41-0…13). 이때 세무서장이 채권자에 대위하여 추심할 수 있는 범위는 국세와 강제징수비를 한도로 하는 것이 원칙이나 우선채권이 있는 채권이나 불가분급부를 목적으로 하는 채권을 압류한 경우 등 체납액의 징수를 위하여 불가피한 경우에는 압류한 채권의 전액에 대하여 대위할 수 있다(국징통 41-0…14).

② 이행금지의 효력

제3채무자는 채권의 압류통지서(규칙 제25조 제1항의 서식)를 받은 때에 그 범위에 있어서 채권자에 대한 이행이 금지된다. 따라서 채권압류통지서의 송달을 받은 후에 제3채무자가 체납자에 대하여 이행을 한 경우에 그 채무이행으로서 압류채권자인 국가에 대항할 수 없다(국징통 42-0…2). 만약 제3채무자가 채권의 압류를 받은 때에는 체납자가 그 채권의 양도, 면제, 기한유예 또는 상계를 하여도 제3채무자는 이들 행위에 관계없이 압류채권자에 이행을 하여야 한다(국징통 42-0…4).

③ 상계금지의 효력

채권이 압류된 경우 제3채무자가 가지는 반대채권과 피압류채권과의 상계에 관하여는 다음에 유의한다(국징통 42-0…3).
㉠ 제3채무자는 수동채권이 압류된 후에 취득한 채권을 자동채권으로 하여 상계할 수 없다(민법 제498조 참조).
㉡ 제3채무자가 압류 전에 자동채권을 취득한 경우에도 압류시에 상계적상(相計適狀)에 있지 아니하면 상계로서 국가에 대항하지 못한다.
㉢ 제3채무자가 가지는 자동채권은 수동채권의 압류 전에 변제기가 도래하였으나 수동채권은 변제기가 도래하지 아니한 경우에도 수동채권에 관하여 제3채무자가 기한의 이익을 포기할 수 있을 때에는 압류 후에 있어서도 상계할 수 있다(대판 79.6.12. 선고, 79다662 사건 참조).

(3) 부동산 등의 압류

1) 부동산 등의 압류절차

① 부동산·공장재단·광업재단·등기된 선박의 경우

관할 세무서장은 등기된 부동산·공장재단·광업재단이나 선박을 압류할 때에는 압류조서를 첨부하여 압류등기를 관할등기소에 촉탁하여야 한다. 그 변경의 등기에 관하여도 또한 같다. 또 압류하기 위하여 이들 재산을 분할하거나 구분할 때에도 분할되거나 구분의 등기를 관할등기소에 촉탁하여야 하며, 그 합병이나 변경의 등기에 관하여도 마찬가지이다(징법 45 ①·②).

등기되지 아니한 부동산을 압류할 때에는 토지대장등본이나 가옥대장등본을 갖추고 압류조서를 첨부하여 보존등기를 관할등기소에 촉탁하여야 한다(징법 45 ④).

② 등록된 항공기·건설기계·자동차의 경우

항공기나 건설기계 또는 자동차를 압류할 때에는 관계행정기관의 장 또는 지방자치단체의 장에게 압류의 등록을 촉탁하여야 한다. 그 변경의 등록에 관하여도 또한 같다. 세무서장이 건설기계나 자동차를 압류한 경우에는 체납자에게 인도할 것을 명하여 이를 점유할 수 있다(징법 45 ①·②).

③ 체납자와 저당권자에 대한 압류 통지

부동산 등을 압류한 경우에 세무서장은 그 압류한 사실을 체납자에게 통지하여야 하며, 전세권이나 질권 또는 저당권이 설정된 재산을 압류한 경우에는 해당 채권자에게도 그 사실을 통지하여야 한다. 국세에 대하여 우선권을 가진 채권자가 압류통지를 받고 그 권리를 행사하려면 통지를 받은 날부터 10일 이내에 그 사실을 세무서장에게 신고하여야 한다(징법 55).

④ 제3자의 소유권 주장

압류한 재산에 대하여 소유권을 주장하고 반환을 청구하려는 제3자는 매각 5일 전까지 소유자로 확인할 만한 증거서류를 세무서장에게 제출하여야 하며(징법 50), 제3자가 압류한 재산에 대하여 소유권을 주장하고 반환을 청구한 때에는 세무공무원은 그 재산에 대하여 체납처분의 집행을 정지하여야 한다. 그리고 세무공무원은 반환청구에 대하여 그 이유가 정당하다고 인정하는 경우에는 지체없이 압류를 해제하여야 하며, 그 이유가 부당하다고 인정하는 경우에는 지체없이 그 사실을 청구인에게 통지하여야 한다. 그리고 세무공무원은 청구인이 청구가 부당하다는 통지를 받은 날부터 15일 이내에 체납자를 상대로 그 재산에 대하여 소송을 제기한 사실을 증명하지 아니한 때에는 지체없이 체납처분을 속행하여야 한다(징령 55).

2) 부동산 등의 범위

① 부동산

부동산이란 토지와 그 정착물을 말하며(민법 제99조 제1항 참조), 다음에 유의하여야 한다(국징통 45-0…1).

㉠ 건축중인 건물은 건물의 사용목적으로 보아 사용가능한 정도로 완성되지 아니한 때에는 동산으로 압류하고, 사용가능한 정도로 완성한 때에는 법 제45조 제3항에 따른 보존등기 후 부동산으로 압류한다.

㉡ 부동산에 관한 소유권 이외의 용익물권(지상권, 전세권 등)과 광업권·입어권 등은 법 제51조(무체재산권 등의 압류)의 무체재산권압류절차를 밟아 압류한다(법 제29조 제3호 참조).

㉢ 토지에 부착한 수목의 집단으로 「입목에 관한 법률」의 규정에 따라 소유권보존의 등기를 한 입목에 대해서는 건물과 같이 토지와 독립된 부동산으로 압류한다.

② 공장재단과 광업재단

공장재단과 광업재단 이란 기업용 재산으로 소유권보존등기를 한 것을 말한다(국징통 45-0…2, 45-0…3).

③ 선박·항공기·건설기계·자동차

선박이란 등기하거나 등록한 것을 말하며, 항공기·건설기계·자동차는 등록 된 것을 말한다(징법 46, 국징통 45-0…4). 등기되지 아니한 선박 등은 동산으로서 압류한다(국징통 38-0…4).

3) 압류부동산 등의 사용·수익

체납자는 압류된 부동산·공장재단·광업재단·선박·항공기·건설기계·자동차를 사용·수익할 수 있다. 또 이들을 사용·수익할 권리를 가지는 제3자도 사용·수익할 수 있다. 그러나 세무서장은 이 재산들의 사용·수익으로 가치가 현저하게 감소될 우려가 있다고 인정되는 경우에는 그 사용 또는 수익을 제한할 수 있다(징법 47 ①).

그리고 세무서장은 강제징수를 집행할 때 필요하다고 인정하는 경우에는 선박·항공기·건설기계 또는 자동차에 대하여 일시정박 또는 정류를 하게 할 수 있다. 다만, 발항준비를 완료한 선박 또는 항공기에 대해서는 그러하지 아니하다. 세무서장은 일시정박 또는 정류를 하게 한 때에는 그 감시와 보존에 필요한 처분을 하여야 한다(징법 47 ③).

4) 부동산 등의 압류에 효력

부동산 등에 대한 압류의 효력은 압류의 등기하거나 등록이 완료된 때에 발생하고 해당 압류재산의 소유권이 이전되기 전에 법정기일이 도래한 국세에 대한 체납액에 대해서도 그 효력이 미친다(징법 46).

(4) 그 밖의 재산권 등의 압류(징법 55)

1) 압류절차

① 권리의 변동에 등기 또는 등록이 필요한 경우

압류의 등기 또는 등록을 관할 등기소, 관계 행정기관의 장, 지방자치단체의 장(관할 등기소등)에게 촉탁하여야 한다. 그 변경의 등기 또는 등록에 관하여도 또한 같다.

② 권리의 변동에 등기 또는 등록이 필요하지 아니한 경우

압류의 뜻을 다음의 구분에 따른 자에게 통지하여야 한다.
㉠ 그 밖의 재산권의 채무자(제3채무자)가 있는 경우 : 제3채무자
㉡ 제3채무자가 없는 경우 : 체납자

③ 가상자산

체납자(가상자산사업자 등 제3자가 체납자의 가상자산을 보관하고 있을 때에는 그 제3자)에게 해당 가상자산의 이전을 문서로 요구할 수 있고, 요구받은 체납자 또는 그 제3자는 이에 따라야 한다. 체납자의 가상자산을 보유하고 있는 제3자에게 가상자산의 이전을 요구한 경우 그 사실을 체납자에게 통지하여야 한다(징법 55 ④).

④ 국유·공유 재산에 관한 권리의 압류

체납자가 국유 또는 공유재산을 매수한 것이 있을 때에는 소유권을 이전하기 전이라도 그 재산에 대한 체납자의 권리를 압류할 수 있다(징법 56). 국유 또는 공유재산에 대한 권리의 압류는 압류조서를 첨부하여 문서로서 관계관서에 등록을 촉탁함으로써 이루어진다.

⑤ 체납자에 대한 통지

무체재산권 등에 대하여 압류를 한 경우에도 그 사실을 체납자에게 통지하여야 한다.

또한 무체재산권 등 중에서 지상권, 전세권, 합명회사의 사원의 지분 등 제3채무자 또는 이에 준하는 자가 있는 재산을 압류한 경우에는 이들 제3채무자 등에게 압류의 통지를 하여야 한다.

(5) 예탁된 유가증권과 정자등록주식에 대한 압류(징법 56의2, 56의3)

물리적 점유가 불가능한 예탁유가증권에 관한 공유지분 및 주식사채 등의 전자등록에 관한 법률에 따라 전자등록주식의 압류절차(방법, 효력, 발생시기, 통지)를 규정하였다.

7. 압류의 효력

(1) 압류의 일반적 효력

1) 처분금지의 효력(징법 43)

압류는 체납자에게 압류된 재산의 법률상 또는 사실상 처분을 금지하는 효력을 발생시키고, 압류채권자인 국가가 법률의 규정에 따라 그 처분권을 취득하게 된다. 따라서 체납자는 압류된 특정재산을 법률상 또는 사실상 처분할 수 없다. 예컨대 압류된 재산에 관하여 압류 후에 한 양도 또는 제한물권 등의 권리설정, 채권의 영수, 그 밖의 처분은 그 당사자간에는 유효하지만 압류채권자인 국가에 대항할 수 없다. 그러나 압류에 의하여 금지되는 법률상 또는 사실상의 처분은 압류채권자인 국가에 불이익한 것에 한하므로 압류재산에 관한 전세계약의 해제 등 국가에 유리한 처분은 포함되지 아니한다.

2) 우선징수의 효력

국세의 강제징수에 의하여 납세자의 재산을 압류한 경우에 다른 국세·강제징수비 또는 지방세의 교부청구가 있는 때에는 압류와 관계되는 국세 또는 강제징수비는 교부청구한 다른 국세·강제징수비와 지방세에 우선하여 징수한다(기법 36 ①). 지방세의 체납처분에 의하여 납세자의 재산을 압류한 경우에 국세 또는 강제징수비의 교부청구를 한 경우에는 교부청구한 국세와 강제징수비는 압류와 관계되는 지방세의 다음 순위로 징수한다(기법 36 ②).

이처럼 압류한 국세를 다른 조세에 대하여 우선징수하는 것을 압류선착주의 또는 압류우선주의라고 한다.

3) 시효중단의 효력

압류는 압류와 관계되는 조세채권의 시효를 중단시키는 효력이 있다(기법 28 ① (4)). 압류에 의하여 중단된 소멸시효는 압류가 해제된 때부터 새로 진행한다.

4) 압류재산에 대한 처분권을 취득

세무공무원이 채권 또는 그 밖의 재산권을 압류한 경우 해당 채권의 채무자 및 그 밖의 재산권의 채무자 또는 이에 준하는 자(제3채무자)는 체납자에 대한 지급을 할 수 없다(징법 43 ②).

(2) 압류의 개별적인 효력

1) 종물에 대한 효력

종물(從物)은 주물의 처분에 따르는 것이므로(민법 100 ②), 주물을 압류한 경우에는 그 압류의 효력은 종물에도 미친다(국징통 24-0…19). 여기서 종물이란 계속적으로 어떤 물건(주물)의 이용을 돕기 위하여 그것에 부속된 물건을 말한다.

2) 과실에 대한 효력

압류의 효력은 압류재산으로부터 생기는 천연과실(과실·야채·우유·계란 등) 또는 법정과실(이자·임차료 등)에 미친다. 다만, 체납자 또는 제3자가 압류재산의 사용 또는 수익을 하는 경우에는 그 재산으로부터 생기는 천연과실(그 재산의 매각으로 인하여 권리를 이전할 때까지 수취되지 아니한 천연과실을 제외한다)에 대해서는 미치지 아니한다(징법 44 ②). 그러나 천연과실(天然果實) 중 성숙한 것은 토지 또는 입목과 분리하여 동산으로 볼 수 있다(징령 33).

그리고 원본에 대한 압류의 효력은 그 압류 후에 생긴 법정과실에도 미치는 것이나 압류시까지 이미 발생한 법정과실(法定果實)에 대해서는 별도의 압류를 하지 아니하는 한 압류의 효력이 미치지 아니한다(국징통 36-0…2 ②).

세무서장은 압류의 효력이 법정과실에 미치는 경우 원본에 대한 압류와 동시에 그 과실의 급부의무를 지는 제3채무자에 대하여 압류의 통지를 하여야 한다(국징통 36-0…2 ①).

3) 질권이 설정된 재산의 압류효력

세무공무원이 질권(質權)이 설정된 재산을 압류하려는 경우에는 그 질권자에게 문서로써 해당 질물의 인도를 요구하여야 한다. 이 경우 질권자는 질권의 설정 시기에 관계없이 질물(質物)을 세무공무원에게 인도하여야 한다. 만약 질권자가 질물을 인도하지 아니하는 경우에는 즉시 그 질물을 압류하여야 한다(징법 34).

그러나 질물의 인도와 국세우선권과는 별개의 문제로서 질권이 설정된 재산을 인도하였더라도 그 질권이 법정기일 전에 설정된 경우에는 질권에 의하여 담보된 채권이 우선적 효력을 갖는다(징법 35).

4) 가압류·가처분 등 재산에 대한 강제징수의 효력

재판상의 가압류 또는 가처분 재산이 체납처분 대상인 경우에도 이 법에 따른 체납처분을 한다(징법 26). 이 경우 체납처분이 영향받지 않는다고 한 것은 압류뿐만 아니라 공매도 영향받지 않음을 의미한다. 과세당국이 재판상의 가압류 또는 가처분을 받은 재산을 압류할 때에는 그 사실을 해당 법원·집행공무원 또는 강제관리인에게 통지하여야 한다. 그 압류를 해제한 때에도 또한 통지하여야 한다(징령 39).

여기서 '가압류 또는 가처분으로 인하여 그 집행에 영향을 받지 아니한다'라고 함은 세무서장이 가압류 또는 가처분받은 재산을 압류하여 매각하는 경우에 가압류 또는 가처분에 의하여 저지되지 아니하고 집행할 수 있는 것을 말한다. 다만, 처분금지가처분이 된 재산을 압류한 경우로서 가처분권자가 본안소송에서 승소하여 자기 앞으로 소유권이전을 하는 경우에는 가처분 이후에 이루어진 체납처분에 의한 압류등기를 말소신청할 수 있으므로(대법원등기예규 제498항) 세무서장은 해당 가처분에 대한 본안소송의 확정결정을 기다려 그 결과에 따라 공매 여부를 결정을 하여야 한다(국징통 35-0…3).

5) 상속 또는 합병에 대한 체납처분의 효력

체납자의 재산에 대하여 체납처분을 집행한 후 체납자가 사망하거나 체납자인 법인이 합병에 의하여 소멸된 때에도 그 재산에 대하여 한 체납처분은 이를 속행하여야 한다. 그리고 체납자가 사망한 후 체납자 명의의 재산에 대한 압류는 그 재산을 상속한 상속인에 대하여 한 것으로 본다(징법 27).

8. 압류의 해제

(1) 의 의

압류의 해제는 유효한 압류에 대해서 처분금지의 효력을 장래에 향하여 상실시키는 처분이다. 따라서 압류해제를 할 때까지 압류에 의하여 이미 행한 처분은 유효한 것이며, 해제의 효력이 장래에 향해서만 소멸하는 것이므로 압류해제 전에 압류채권의 이자를 추심하여 체납국세에 충당했다든가, 또는 압류에 의하여 국세징수권의 소멸시효가 중단되었다든가 하는 효력은 압류의 해제로 인하여 영향을 받지 아니하게 된다. 이 점에 있어서 압류에 내재하는 하자(위법)를 이유로 압류처분이 재결·판결 또는 직권에 의하여 취소됨으로써 소급하여 압류의 효력이 상실되는 것과는 다르다.

재산의 압류를 해제할 때에는 압류해제조서를 작성하여야 한다. 다만, 압류를 해제하려는 재산이 동산이나 유가증권인 경우에는 압류조서의 여백에 해제 연월일과 해제 이유를 함께 적음으로써 압류해제조서를 갈음할 수 있다.

(2) 압류해제의 요건

1) 절대적 압류해제의 요건

관할 세무서장은 다음 중 어느 하나에 해당하는 경우에는 그 압류를 즉시 해제하여야 한다(징법 57 ①).

① 압류에 관계되는 체납액의 전부가 납부, 충당된 경우
② 국세 부과의 전부를 취소한 경우
③ 여러 재산을 한꺼번에 공매(公賣)하는 경우로서 일부재산의 공매대금으로 체납액 전부를 징수한 경우
④ 총 재산의 추산가액이 강제징수비를 징수하면 남을 여지가 없어 강제징수를 종료할 필요가 있는 경우.
⑤ 압류금지 재산을 압류한 경우
⑥ 제3자의 재산을 압류한 경우

2) 임의적 압류해제의 요건

다음 중 하나의 사유에 해당하는 경우에 세무서장은 압류재산의 전부 또는 일부에 대하여 압류를 해제할 수 있다(징법 57 ②).

① 압류 후 재산가격이 변동하여 체납액 전액을 현저히 초과한 경우

② 압류와 관계되는 체납액의 일부가 납부되거나 충당된 경우
③ 부과의 일부를 취소한 경우
④ 체납자가 압류할 수 있는 다른 재산을 제공하여 그 재산을 압류한 경우

(3) 압류해제의 절차

1) 압류해제통지

관할 세무서장은 재산의 압류를 해제하였을 때에는 그 사실을 해당 재산의 압류통지를 한 권리자·제3채무자 또는 제3자에게 통지하여야 한다(징법 58).

2) 압류말소등기

압류재산에 압류의 등기하거나 등록을 한 것에 대해서는 압류해제조서를 첨부하여 압류말소의 등기하거나 등록을 관계관서에 촉탁하여야 한다.

3) 압류물의 반환

압류를 해제하는 자산이 동산·유가증권 등 점유를 요하는 재산인 경우에는 다음과 같이 압류재산을 체납자나 정당한 권리를 가진 자에게 반환하여야 한다. 압류가 해제된 경우에 압류를 위하여 세무서장 또는 제3자가 보관중인 압류재산은 지체없이 반환하여야 한다. 이 경우 반환이란 점유의 이전 즉, 인도를 말하며 현실의 인도에 한하지 아니하고 간이인도를 포함한다(민법 제188조 제2항 참조, 국징통 54-0…1).

압류를 해제하는 경우의 관계재산의 인도는 인도 당시 물건이 있는 장소에서 행한다. 다만, 관계국세의 부과취소 등 국가의 책임에 속하는 사유에 의하여 세무서장이 압류를 해제하는 경우에는 압류 당시 물건이 존재하였던 장소에서 인도한다(민법 제467조 제1항 참조). 그러나 부과의 일부가 취소된 후 잔액의 납부에 의하여 압류를 해제하는 경우는 제외한다.

① 제3자에게 보관하게 한 자산

관할 세무서장은 제3자에게 압류재산의 보관을 하게 한 경우에 그 재산에 대한 압류를 해제하였을 때에는 그 보관자에게 압류해제의 통지를 하고 압류재산은 이를 체납자 또는 정당한 권리자에게 반환하여야 한다. 이 경우 압류재산의 보관증을 받았을 때에는 이를 반환하여야 한다(징법 58 ③). 그리고 필요하다고 인정하는 경우에는 세무서장은 보

관자에게 그 재산의 인도를 위촉할 수 있다. 이 경우 체납자 또는 정당한 권리자에게 보관자로부터 압류재산을 수령할 것을 통지하여야 한다(징법 58 ④).

② 세무서장이 보관중인 재산

관할 세무서장이 보관중인 재산을 반환할 때에는 영수증을 받아야 한다. 다만, 압류조서에 영수사실을 기입하여 서명·날인하게 함으로써 영수증에 갈음할 수 있다(징법 58 ⑤).

③ 참가압류가 있는 경우 인도

압류를 해제하는 재산에 타 기관으로부터 참가압류가 되어 있는 경우의 재산의 인도는 참가압류기관에 대한 압류해제의 통지 등의 규정에 따라 처리한다(국징통 54-0…2).

④ 채권증서 등의 인도

채권 등의 압류를 해제하는 경우에 압류 당시 필요에 의하여 점유한 채권에 관한 증서 또는 권리에 관한 증서 등이 있을 때에는 이를 권리자에게 인도한다. 동산의 압류를 해제하는 경우 해당 동산에 관하여 법 제38조(동산과 유가증권의 압류절차) 후단의 규정에 따라 실시한 봉인, 그밖의 압류재산임을 표시하는 표지가 있을 경우에는 이를 해제한다(국징통 54-0…3).

(4) 인지세와 등록면허세의 면제

압류재산의 보관함에 따라 작성하는 문서에 관하여는 인지세를 면제한다. 그리고 압류 또는 압류해제의 등기하거나 등록에 관하여는 등록면허세를 면제한다(징법 29).

9. 사해행위의 취소 및 원상회복

(1) 의 의

민법은 채무자가 채권자를 해함을 알고 재산권을 목적으로 한 법률행위를 한 때에는 채권자는 그 취소 및 원상회복을 법원에 청구할 수 있도록 채권자취소권을 규정하고 있다(민법 406). 예를 들면 채무자가 채권자의 강제집행을 면하기 위하여 책임재산을 은닉하거나 거짓으로 매매하는 경우에는 민법상 채권자취소권의 대상이 되는 것이다.

세법에서도 이러한 민법의 법리를 좇아 체납처분을 집행할 때 체납자가 압류를 면하고

자 고의로 그 재산을 양도하고 양수인은 그 정을 알고 이를 양수한 때에는 해당 행위의 취소를 요구할 수 있도록 규정하고 있는데 이를 사해행위(詐害行爲)의 취소라 한다.

즉, 세무공무원은 체납처분을 집행할 때 납세자가 국세의 징수를 피하기 위하여 재산권을 목적으로 한 법률행위(「신탁법」에 따른 사해신탁을 포함한다)를 한 경우에는 「민법」 제406조 및 제407조 및 「신탁법」 제8조의 규정을 준용하여 사해행위의 취소 및 원상회복을 법원에 청구할 수 있다(징법 25). 이는 체납자의 사해행위가 있을 때에 세무서장이 법원에 사해행위의 취소를 요구하는 소송을 제기하여 그 행위를 취소케 함으로써 체납자의 재산권을 회복하게 하여 조세채권의 실현을 가능하게 하는 것으로서 민법상의 채권자취소권과 같은 개념이다.

체납자의 사해행위에 대해서 징세관청의 자의적인 판단에 의한 강제집행을 배제하고 사법부의 판단을 기다려서 체납처분의 절차를 개시하도록 한 것은 체납자 및 그 체납자와 거래한 제3자의 권리를 보호하는데 보다 신중을 기하려는 데 그 뜻이 있다.

(2) 사해행위의 요건

1) 사해사실

체납자가 국세채권자을 해하는 재산의 양도·증여 등의 처분행위나 채무부담행위가 있어야 한다. 여기서 국세채권자를 해한다 함은 재산의 양도행위 등으로 인하여 체납자의 일반재산이 감소되어 무자력상태가 되는 것을 의미한다.

2) 사해의사

사해의사란 체납자가 재산을 양도하거나 증여하는 행위에 압류를 면하려는 고의가 있다는 것이다. 이때의 사해의사는 체납자의 양도 등의 행위가 압류 등의 체납처분을 면하게 된다는 결과를 인식하는 것으로써 족하고, 그 이상으로 적극적인 의욕이나 목적까지는 필요하지 않다는 것이 통설이다. 사해의사에 대한 입증책임은 취소소송의 원고가 되는 국가에 있다.

3) 양수자의 통정

재산의 양수자가 그 양수 당시에 그 재산을 양수하면 체납자(양도자)가 압류를 면하게 되는 경과에 이르게 된다는 것을 인식하고 있어야만 사해행위가 성립된다. 만약 양수자가 사해의 정을 모르고 재산을 양수하였다면 이는 선의의 취득자로서 보호를 받아야 된다.

(3) 사해행위의 취소소송

세무공무원은 체납처분을 집행할 때 체납자가 국세의 징수를 면하고자 재산권을 목적으로 한 법률행위를 한 경우에는 민법과 민사소송법의 규정을 준용하여 사해행위의 취소를 법원에 청구할 수 있다.

(4) 사해행위의 취소시효

사해행위의 취소권 행사는 민사소송절차에 의하고 그 행사시기는 사해된 국세채권의 성립일 이후부터이다. 사해행위의 취소요구 및 소송제기기간에 대한 국세징수법상에는 별도의 명문규정은 없으나, 민법상 채권자취소권 행사의 기간에 관한 규정(민법 408)을 준용하여야 할 것이다. 그 규정에 의하면 사해행위 취소원인을 안 날부터 1년 사해행위가 있은 날부터 5년 내에 행사할 수 있다.

(5) 사해행위의 취소효과

체납자의 사해행위가 있을 때에 세무서장이 법원에 사해행위의 취소를 요구하는 민사소송을 제기하여 승소한 경우에는 체납자의 재산권이 회복하게 하여 조세채권의 실현을 가능하게 한다. 사해행위취소 판결이 있으면 체납자의 재산으로 소유권이 회복되도록 집행하고 그 재산에 대하여 압류를 하는 등의 체납처분절차를 진행하여야 한다.

사해행위의 취소에 의하여 납세자의 일반재산에 복귀한 재산 또는 재산의 반환에 대신한 손해배상금에 대한 체납처분은 다음에 의한다(국징통 30-0…5).

① 인도를 받은 동산·유가증권에 대해서는 압류를 한다. 또한 판결이 있음에도 관계없이 피고가 인도하지 아니할 때에도 같다.
② 등기를 말소하여야 할 취지의 판결을 받은 부동산, 그밖의 재산에 관하여는 즉시 그 판결에 의하여 등기말소를 함과 동시에 압류를 한다.
③ 손해의 배상금액의 지급을 받은 경우에는 채권압류시에 있어서 제3채무자로부터 급부를 받은 금전에 준하여 처리한다. 또한 판결이 있음에도 관계없이 피고가 지급을 하지 아니할 때에는 집행문의 부여를 받아 민사소송법에 따라 강제집행을 한다.
④ 반환을 받은 재산에 대하여 체납처분을 하고 국세에 충당한 후 남은 경우에는 그 잔여분은 체납자에게 주지 아니하고 그 재산의 반환을 한 수익자 또는 전득자(轉得者)에게 반환한다.

(6) 국세가 목적물의 가액보다 적은 경우의 처리

사해행위취소의 소를 제기하는 경우에 있어 국세의 액이 사해행위의 목적이 된 재산의 처분예정가액보다 적은 때에는 다음에 의한다(국징통 30-0-4).

① 사해행위의 목적이 된 재산이 가분인 때에는 국세에 상당하는 사해행위의 일부의 취소와 재산의 일부의 반환을 청구하는 것으로 한다.
② 사해행위의 목적이 된 재산이 불가분인 때에는 사해행위의 전부취소와 재산의 반환을 청구하는 것으로 한다. 다만, 그 재산의 처분예정가액이 현저히 국세를 초과할 때는 그 재산의 반환 대신에 상당액의 손해배상을 청구하여도 무방하다.

제 3 절   교부청구와 참가압류

1. 교부청구

(1) 의   의

교부청구(交付請求)는 납세의무가 확정된 조세의 납세의무자나 체납자의 재산에 대하여 이미 다른 채권자에 의해서 강제환가절차가 개시된 경우에 동일 재산에 대한 중복압류를 피하고, 해당 재산의 환가대금 중에서 조세채권을 징수하고자 관계집행기관 등에 대하여 그 배당을 요구하는 강제징수절차이다.

교부청구를 하기 위해서는 조세채권·채무가 확정되어 있어야 한다. 그러나 압류요건이 충족되어 있을 필요는 없으며, 징수유예 중에 있는 국세채권이라 하더라도 요건이 충족되면 교부청구는 할 수 있다.

(2) 교부청구의 요건

관할세무서장은 납세의무자 또는 체납자가 다음에 게기하는 교부청구의 요건(납부기한전징수 요건에 해당) 중 하나에 해당하는 경우에, 강제징수를 집행하고 있는 해당 관서나 공공단체, 강제집행하고 있는 집행법원·집행공무원·강제관리인·파산관재인 또는, 청산업무를 수행하고 있는 청산인 등에게 국세와 강제징수비의 교부를 청구하여야 한다(징법 59).

① 국세, 지방세 또는 공과금의 체납으로 체납자에 대한 강제징수가 시작된 경우
② 체납자에 대해 경매가 시작되거나 파산선고를 받은 경우
③ 법인이 해산한 때

그러나 관할세무서장은 교부청구를 함에 있어서 납세자가 따로 매각이 용이한 재산으로 제3자의 권리의 목적으로 되어 있지 아니한 것을 보유하고 있고 그 재산에 의하여 국세의 전액을 징수할 수 있다고 인정될 경우에는 교부청구를 하지 아니할 수 있다(국징통 56-0…3).

(3) 교부청구할 수 있는 국세

교부청구할 수 있는 국세의 범위는 납세의무자의 체납액과 다음에 게기하는 것을 포함한다(국징통 56-0…1).
① 제2차 납세의무자의 국세
② 납세보증인의 국세
③ 확정전보전압류와 관계된 국세
④ 납기개시 전의 징수유예, 송달불능의 징수유예, 고지·독촉 후 징수유예를 한 국세
⑤ 압류·매각유예를 한 국세

(4) 교부청구를 할 수 있는 시기

교부청구는 다음에 해당하는 시기까지 하여야 한다(국징통 56-0…2).
① 유체동산에 대한 강제집행 또는 경매의 경우 : 경매기일의 종료시(민사소송법 제555조 참조)
② 부동산 등에 대한 강제집행 또는 경매의 경우 : 경락기일의 종료시(민사소송법 제605조 제2항 참조)
③ 금전채권에 대한 강제집행의 경우 : 전부명령이 있을 때(민사소송법 제580조 제2항 참조) 또는 추심명령이 있을 때에는 압류채권자가 추심하고 집행법원에 신고한 경우(민사소송법 제580조 제1항 참조)
④ 유체동산에 관한 청구에 대한 강제집행의 경우 : 그 동산의 매각대금을 집달리가 영수할 때(민사소송법 제576조 제2항, 제580조 제1항 참조)
⑤ 부동산에 관한 청구에 대한 강제집행의 경우 : 경락기일의 종료시(민사소송법 제577조 제2항, 제605조 제2항 참조)
⑥ 상기 재산권 이외에 재산권에 대한 강제집행 또는 경매의 경우 : 그 재산권의 성질

및 처분의 방법에 따라 '①' 부터 '⑤'까지에 준하는 때

(5) 교부청구의 절차

1) 교부청구서의 송달

교부청구는 교부청구서를 관계집행기관 등에게 송달함으로써 이루어진다. 이 경우 교부청구서에는 체납자의 주소 또는 거소와 성명, 교부청구에 관계되는 국세의 과세기간·세목·세액과 납부기한을 적어야 한다(징령 61).

세무서장은 교부청구 사유진행중 교부청구한 국세의 증감이 생긴 경우에는 즉시 해당 기관에 그 사실을 통지하여야 한다(국징통 56-0…4).

국세징수법 시행규칙 [별지 제52호서식]

행 정 기 관 명.

수신자
(경유)
제 목 **교부청구**

1. 위 금액의 교부를 청구합니다(근거: 「국세징수법」 제59조).
2. 민사집행규칙 제82조제2항에 따라 배당액을 입금할 예금계좌를 신고하오니 배당액이 발생하면 위의 계좌로 송금하여 주시기 바랍니다.

사건번호						
체납자	성 명 (상 호)			주민등록번호 (사업자등록번호)		
	주 소 (사업장)					
교부청구 금액						
교부청구에 관계된 국세 체납액의 내용					(단위: 원)	
세목코드	관리번호	법정기일	연도·기분	내국세	농어촌특별세	비고
세 목		납부기한	계	교육세	가 산 금	
배당액입금 의뢰계좌	개설은행			예·적금 명칭		
	계좌번호					
	사업자번호			예금명의인		
「국세기본법」 제35조제3항에 따른 국세의 경우는 비고란에 "해당 세금"이라고 기재합니다.						

끝.

발 신 명 의   직인

기안자 직위(직급) 서명   검토자 직위(직급)서명   결재권자 직위 (직급)서명
협조자
시행   처리과-일련번호(시행일자)   접수   처리과명-일련번호(접수일자)
우   주소   / 홈페이지 주소
전화( )   전송( )   / 기안자의 공식전자우편주소   / 공개구분

210mm×297mm[백상지 80g/m² 또는 중질지 80g/m²]

2) 파산선고에 의한 교부청구

파산관재인에게 교부청구를 하려면 다음에 의하여야 한다(징령 48).

① 압류한 재산의 가액이 징수할 금액에 부족하거나 부족하다고 인정되는 경우에는 재단채권으로서 파산관재인에게 그 부족한 금액에 대하여 교부청구를 하여야 한다. 이는 국세징수법에 따라 징수할 수 있는 국세와 체납처분비가 파산법상의 재단채권으로서 파산채권보다 우선 변제권을 갖기 때문이다.

② 납세담보물 제공자가 파산선고를 받은 경우에 체납처분에 의하여 그 담보물을 공매하려면「채무자 회생 및 파산에 관한 법률」에 따른 절차를 밟은 후 별제권의 행사로 부족하거나 부족하다고 인정되는 금액에 대하여 교부청구를 하여야 한다. 다만, 파산관재인이 그 재산을 매각하려면 징수할 금액에 대하여 교부청구를 하여야 한다.

여기에서 별제권(別除權)이란 파산재단에 속하는 재산상에 존재하는 유치권·질권·저당권·전세권 등에 인정되는 권리로 파산절차에 의하지 아니하고 행사할 수 있는 권리이다.

(6) 교부청구의 효력

1) 배당받을 권리의 발생

교부청구에 의하여 관계집행기관에게는 교부된 체납액을 배당하여야 할 의무가 부여되고, 징세관청은 환가금액 중에서 배당을 받을 권리가 발생한다. 그러나 관계집행기관이 강제환가절차를 중도에서 해제 또는 취소하는 경우에는 교부청구의 효력도 상실된다. 이는 교부청구에는 조사절차(민사소송법 제550조 참조) 또는 기록첨부(민사소송법 제604조 참조)에 유사한 규정이 없으므로 교부청구를 받은 집행기관의 체납처분, 강제집행 또는 경매의 절차가 해제되거나 취소되는 경우에는 교부청구는 그 효력을 상실한다(국징통 56-0…5).

2) 시효중단의 효력

교부청구를 하면 국세징수권의 소멸시효는 중단된다(기법 28 ①).

(7) 교부청구의 해제

세무서장은 납부·충당·부과의 취소, 그밖의 사유에 의하여 교부를 청구한 국세 또는 체납처분비의 납부의무가 소멸된 때에는 그 교부청구를 해제하여야 한다(징령 60 ①). 교부청구의 해제는 교부청구를 받은 기관에 교부청구해제통지서를 송달하여 그 사실을 통지함으로써 행한다.

[교부청구와 참가압류의 차이점]

구분	교부청구	참가압류
요건	압류의 요건이 충족될 필요없으며, 확정된 국세에 대하여 강제환가절차가 개시되어 있음	압류요건이 충족되고, 체납자의 재산이 다른 기관에 의해서 먼저 압류됨
절차	강제매각절차의 집행기관에 교부통지서 송달(등기, 등록 불필요)	① 선행압류기관에 참가압류통지서 송달 ② 등기하거나 등록을 요하는 재산은 참가압류의 등기하거나 등록을 관계관서에 촉탁
효력	① 배당받을 권리의 발생 ② 소멸시효 중단의 효력 ③ 강제매각절차의 해제·취소시 교부청구의 효력 상실	① 배당받을 권리의 발생 ② 소멸시효 중단의 효력 ③ 기압류기관이 압류해제시 참가압류시점으로 소급하여 압류효력 발생 ④ 기압류기관에 대하여 환가최고의 권리 발생
취소	납부, 충당, 국세의 부과 취소 등	압류의 해제규정 준용

2. 참가압류

(1) 의 의

관할세무서장은 압류하려는 재산을 이미 다른 기관에서 압류하고 있을 때에는 교부청구에 갈음하여 참가압류통지서를 그 재산을 이미 압류한 기관에 송달함으로써 그 압류에 참가할 수 있다(징법 61). 따라서 참가압류(參加押留)는 압류하려는 재산을 다른 기관이 먼저 압류하고 있는 경우에 사용되는 방법이므로 이것도 일종의 압류로 볼 수 있고, 앞에서 다룬 압류의 요건 중 하나에 해당될 때에만 참가압류가 가능하다. 그러나 교부청구는 압류의 요건 충족이 아니라 납기전징수의 요건충족으로 청구할 수 있다.

참가압류는 교부청구에 갈음하는 징수방법이지만 교부청구가 관계집행기관의 압류해제로 효력을 상실하게 되는 단점을 보완할 수 있는 방법이다. 즉 교부청구의 경우 관계집행기관이 강제환가절차를 중도에서 해제 또는 취소하는 경우에는 교부청구의 효력이 상실되어 조세채권을 확보할 수 없지만, 참가압류의 경우에는 먼저 압류한 기관이 압류를 해제하면 참가압류를 한 날에 압류한 것으로 인정되어 참가압류권자는 자동적으로 조세채권의 확보가 가능하게 된다.

세무서장은 참가압류를 함에 있어서 납세자가 따로 매각이 용이한 재산으로 제3자의 권리의 목적으로 되어 있지 아니한 것을 보유하고 있고 그 재산에 의하여 국세의 전액을 징수할 수 있다고 인정될 경우에는 참가압류를 하지 아니할 수 있다(국징통 57-0…1).

(2) 참가압류의 요건

참가압류의 일반적인 요건은 국세징수법상의 압류요건이 충족되어 있어야 하며, 또한 압류하려는 체납자의 재산이 이미 다른 기관에 의해서 먼저 압류되어 있어야 한다.

■ 국세징수법 시행규칙 [별지 제54호 서식(갑)]

행 정 기 관 명

수신자
(경유)

제 목 참가압류 통지(갑)

아래와 같이 참가압류함을 통지합니다(근거: 「국세징수법」 제61조제1항).

체납자	성 명 (상 호)		주민등록번호 (사업자등록번호)	
	주 소 (사업장)			

참가압류 재산의 표시	

참가압류에 관계된 체납액   (단위 : 원)

세목	납부기한	세목코드 발행번호	계	내국세	농어촌 특별세	교육세	가산금
			연도·기분				

끝.

발 신 명   의 직인

이 통지에 대한 문의사항이 있을 때에는 ○○○과 담당자 ○○○(전화:)에게 연락하시면 친절하게 상담해 드리겠습니다.

기안자   직위(직급) 서명   검토자 직위(직급)서명   결재권자 직위 (직급)서명
협조자
시행   처리과-일련번호(시행일자)   접수   처리과명-일련번호(접수일자)
우   주소   / 홈페이지 주소
전화( )   전송( )   / 기안자의 공식전자우편주소   / 공개구분
                                       210mm×297mm[백상지(80g/㎡) 또는 중질지(80g/㎡)]

(3) 참가압류의 절차

1) 참가압류통지서 송달

세무서장은 압류하려는 재산이 이미 다른 기관에서 압류하고 있는 재산인 때에는 참가압류통지서를 그 재산을 이미 압류한 기관에 송달함으로써 그 압류에 참가할 수 있다(징법 61 ①). 그리고 참가압류 후 참가압류한 국세에 증감이 생긴 경우에는 그 사유와 증감액을 즉시 기압류기관에 통지하여야 한다(국징통 57-0…2).

2) 체납자와 이해관계자에게 통지

세무서장은 참가압류 하려면 그 사실을 체납자와 그 재산에 대하여 권리를 가진 제3자 및 저당권자에게 통지하여야 한다(징법 61 ②).

3) 등기·등록의 촉탁

세무서장은 참가압류하려는 재산이 권리의 변동에 있어서 등기하거나 등록을 필요로 하는 것일 때에는 참가압류의 등기하거나 등록을 관계관서에 촉탁하여야 한다(징법 61 ③).

4) 선행압류기관의 압류해제시 절차

가) 선행압류기관의 이행 절차

선행압류기관은 해당 재산에 대한 압류를 해제하였을 때에는 재산목록을 첨부하여 그 사실을 압류에 참가한 세무서장에게 문서로서 통지하여야 한다. 이 경우 그 압류가 해제되는 재산이 동산 또는 유가증권으로서 선행압류기관이 점유하고 있거나 제3자로 하여금 보관하게 하고 있는 것은 이를 압류에 참가한 세무서장에게 직접 인도하여야 한다. 다만, 제3자로 하여금 보관하게 하고 있는 것에 대해서는 그 제3자가 발행한 해당 보관증을 인도함으로써 이에 갈음할 수 있다(징법 63 ②).

이 때 선행압류기관은 압류를 해제한 동산 또는 유가증권을 압류에 참가한 세무서장에게 인도하거나 압류재산을 매각처분을 최고한 세무서장에게 인도할 때에는 참가압류재산 인도통지서를 보내야 한다. 이 경우 압류재산을 제3자가 보관하고 있는 상태로 인도하려면 참가압류재산 통지서에 그 보관증과 보관자에 대한 인도지시서를 첨부하여야 한다.

나) 참가압류자의 참가압류한 동산 등의 인수

① 압류에 참가한 세무서장이 기압류기관으로부터 동산 또는 유가증권의 인도통지를 받았을 때에는 지체없이 해당 동산 또는 유가증권을 인수하여야 한다.
② 동산 또는 유가증권을 인수한 세무서장이 제3자가 보관하고 있는 압류재산을 인수하는 때에는 보관증과 인도지시서를 그 보관자에게 교부하여야 한다.
③ 동산 또는 유가증권을 인수한 세무서장은 필요하다고 인정하는 인수한 동산 또는 유가증권을 체납자 또는 그 재산을 점유한 제3자에게 보관하게 할 수 있다.
④ 압류에 참가한 세무서장이 동산 또는 유가증권을 인수한 때에는 인도를 한 기압류기관에 지체없이 인수의 통지를 하여야 한다.

(4) 참가압류의 효력

1) 교부청구의 효력

참가압류는 교부청구에 갈음하여 행하는 것이므로 선행압류기관에 대하여 교부청구를 한 효력 즉, 배당요구를 한 효력이 있다(징법 62 ①, 국징통 58-0…2).

2) 소급하여 압류의 효력

참가압류를 한 후에 기압류기관이 그 재산에 대한 압류를 해제하였을 때에는 그 참가압류는 다음과 같은 때로 소급하여 압류의 효력이 발생한다(징법 62). 이때 참가압류가 2건 이상일 경우에는 압류재산이 등기하거나 등록을 요하지 않으면 기압류기관에 참가압류통지서가 먼저 송달된 참가압류가, 등기하거나 등록을 요하면 등기하거나 등록을 먼저한 참가압류에 대하여 소급하여 압류의 효력이 발생한다.
① 권리의 변동에 등기하거나 등록을 요하지 않는 재산의 경우에는 참가압류통지서가 기압류기관에 송달된 때
② 권리의 변동에 등기하거나 등록을 요하는 재산의 경우에는 참가압류의 등기하거나 등록이 완료된 때

3) 선행압류기관에 매각처분의 촉구

압류에 참가한 세무서장은 먼저 압류한 기관이 그 압류 재산을 장기간 매각하지 아니한 경우에는 이에 대한 매각처분을 촉구할 수 있다(징법 62 ⑤).

4) 시효중단의 효력

참가압류는 교부청구에 갈음하여 효과가 있어 시효중단의 효력이 있다.

(5) 참가압류의 해제

압류해제에 대한 국세징수법 규정은 참가압류에 관하여 준용된다(징법 63).

(6) 선행압류기관의 압류 해제 통지

선행압류기관은 압류를 해제하였을 때에는 압류가 해제된 재산 목록을 첨부하여 그 사실을 압류에 참가한 세무서장에게 통지하여야 한다(징법 62).

(7) 참가압류 재산의 매각

매각처분을 촉구받은 기압류기관이 촉구받은 날부터 **3개월 이내**에 다음 중 어느 하나에 해당하는 행위를 하지 아니하는 경우에는 매각을 촉구한 관할 세무서장이 해당 압류재산을 매각할 수 있다(징법 62 ⑥).

① 수의계약 방식으로 매각하려는 사실을 체납자 등에게 통지
② 공매공고
③ 공매 또는 수의계약을 대행하게 하는 의뢰서 송부

그리고 매각처분을 최고한 세무서장이 압류재산을 매각하려는 경우에는 그 내용을 기압류기관에 통지하여야 한다. 통지를 받은 기압류기관은 점유하고 있거나 제3자로 하여금 보관하게 하고 있는 동산 또는 유가증권 등 압류재산을 제4항에 따라 매각처분을 최고한 세무서장에게 인도하여야 한다. 다만, 제3자가 보관하고 있는 재산에 대하여는 그 제3자가 발행한 해당 보관증을 인도함으로써 재산의 직접 인도를 갈음할 수 있다.

제 4 절 압류재산의 매각

1. 의 의

　강제징수의 제2 단계인 매각(賣却)은 체납된 국세와 강제징수비를 강제적으로 징수하기 위하여 압류된 재산을 금전으로 환가하는 처분을 말한다. 이 매각처분은 체납자의 의사에 의하지 아니하고 압류재산에 대한 권리를 강제적으로 이전하는 행정처분으로 체납자의 재산권에 중대한 영향을 미치는 사항이므로 그 매각방법 및 절차 등을 법률로 엄격히 규정하고 있다.

　매각처분은 과세관청이 행하는 것이지만 체납자가 매각한 것과 동일한 효과를 발생시키므로 매각자산에 대한 체납자의 권리는 직접 매수인에게 이전된다. 즉, 체납자는 매도인의 지위에 서게 되고 매수인이 매각대금을 납부한 때에는 매각자산을 승계취득함으로써 사법상의 매매와 유사하므로 체납자는 경락자(매수인)에 대한 담보책임(민법 578) 등이 있으며, 특히 소득세법상의 양도자로서 양도소득세의 납세의무가 있으며, 사업자인 경우 부가가치세법상 공급자로서의 부가가치세 납세의무가 있다.

　체납자의 재산압류후 다음의 통지시기는 압류후 **1년 이내** 하여야 한다(징법 64). 다만, 법률상·사실상 추심·매각 등의 진행이 불가능한 경우 예외로 한다.
　① 수의계약으로 매각하려는 사실의 체납자 등에 대한 통지
　② 공매공고
　③ 공매 또는 수의계약을 대행하게 하는 의뢰서의 송부

2. 매각의 대상

　압류재산은 공매 또는 수의계약으로 매각한다(징법 65 ①).

(1) 일반적 매각대상

　관할 세무서장은 통화와 같이 환가를 요하지 않는 재산을 제외한 압류한 동산·유가증권·부동산·그 밖의 재산권과 체납자에게 위하여 받은 채권을 원칙적으로 공매에 의하여 매각한다. 압류한 재산이 상장 유가증권인 경우 해당 시장에서 직접 매각할 수 있다(징법 66 ②).

(2) 매각을 제한하는 재산

1) 확정전보전압류의 재산

납기전징수사유에 해당하여 확정전보전압류를 한 때에는 압류와 관계되는 국세의 납세의무가 확정되기 전에는 압류재산을 매각할 수 없다(징법 31 ②).

2) 불복청구중에 있는 압류재산

국세기본법에 따른 이의신청·심사청구 또는 심판청구 절차가 진행 중이거나 행정소송이 계속 중에 있는 국세의 체납으로 인하여 압류한 재산에 대해서는 그 신청 또는 청구에 대한 결정이나 소(訴)에 대한 판결이 확정되기 전에는 이를 매각할 수 없다(징법 66 ⑤). 다만, 그 재산이 부패·변질 또는 감량되기 쉬운 재산으로서 속히 매각하지 아니하면 재산가액이 줄어들 우려가 있는 경우에는 예외로 한다.

따라서 이의신청, 심사청구 또는 심판청구 등 불복청구 중에 있는 국세와 다른 체납액이 있는 경우의 압류재산의 공매는 다음에 의한다(국징통 61-0…3).

① 불복청구중인 국세에 관계되는 압류재산과 그밖의 체납액에 관계되는 압류재산이 서로 다른 재산인 때에는 후자만 공매한다.
② 불복청구중인 국세에 관계되는 압류재산과 그 밖의 체납액에 관계되는 압류재산이 동일한 재산인 경우에는 그 밖의 체납액징수를 위하여 필요한 경우에는 매각할 수 있다.

3) 그밖의 경우 공매의 제한

세무서장은 다음에 해당하는 사유가 있을 때에는 공매를 하지 아니한다(국징통 61-0…4).
① 행정소송법의 규정에 따라 법원이 체납처분에 대한 집행정지 결정을 한 때
② 체납액 등의 징수유예를 한 때
③ 제3자가 압류재산의 소유권을 주장하고 반환을 청구한 때
④ 회사정리법의 규정에 따라 법원이 체납처분의 중지를 명한 때와 같은 법의 규정에 따라 체납처분이 중지된 때
⑤ 회사정리법의 규정에 따라 정리계획에서 징수유예 또는 환가의 유예가 인가된 때
⑥ 체납처분유예를 한 때

(3) 개별공매 및 일괄공매

① 관할 세무서장은 여러 개의 재산을 공매에 부치는 경우에는 이를 각각 공매하여야 한다. 다만, 세무서장이 위치·형태·이용관계 등을 고려하여 이를 일괄하여 공매하는 것이 알맞다고 인정하는 경우에는 직권으로 또는 이해관계인의 신청에 따라 일괄하여 공매할 수 있다(징령 52).
② 여러 개의 재산을 일괄하여 공매하는 때 각 재산의 대금액을 특정할 필요가 있는 경우에는 각 재산에 대한 최저매각가격의 비율을 정하여야 하며, 각 재산의 대금액은 총대금액을 각 재산의 최저매각가격비율에 따라 나눈 금액으로 한다.
③ 여러 개의 재산을 일괄하여 공매하는 경우 그 가운데 일부의 매각대금으로 체납액과 강제징수비를 변제하기에 충분하면 다른 재산은 공매하지 아니한다(이 경우에 체납자는 그 재산 가운데 매각할 것을 지정할 수 있다). 다만, 토지와 그 위의 건물을 일괄하여 공매하는 경우나 재산을 분리하여 공매하면 그 경제적 효용이 현저하게 떨어지는 경우 또는 체납자의 동의가 있는 경우에는 그러하지 아니하다.

(4) 매각 방법

① 압류재산은 공매 또는 수의계약으로 매각한다(징령 65).
② 공매는 다음 각 호의 어느 하나에 해당하는 방법(정보통신망을 이용한 것을 포함한다)으로 한다.
　㉠ 경쟁입찰 : 공매를 집행하는 공무원이 공매예정가격을 제시하고, 매수신청인에게 문서로 매수신청을 하게 하여 공매예정가격 이상의 신청가격 중 최고가격을 신청한 자(이하 "최고가 매수신청인"이라 한다)를 매수인으로 정하는 방법
　㉡ 경매 : 공매를 집행하는 공무원이 공매예정가격을 제시하고, 매수신청인에게 구두 등의 방법으로 신청가격을 순차로 올려 매수신청을 하게 하여 최고가 매수신청인을 매수인으로 정하는 방법
③ 경매의 방법으로 매각하는 경우 경매의 성질에 반하지 아니하는 범위에서 이 법의 경쟁입찰에 관한 규정을 준용한다.

3. 공 매

(1) 개 념

압류재산을 매각하는 방법으로는 공매(公賣)에 의한 방법과 수의계약에 의한 방법이 있다. 이 중 공매란 체납처분에 따른 압류재산을 환가처분하는 원칙적인 방법으로써, 매각재산에 대하여 불특정다수인의 매수 희망자로 하여금 자유경쟁을 통하여 형성되는 최고가격을 매각가격으로 정하여 매수인이 될 자를 결정하는 매각절차를 말한다.

공매의 방법에는 경쟁 입찰과 경매(국세기본법에 따른 정보통신망을 이용한 것을 포함)가 있다. 이 경우 경쟁 입찰이란 압류재산을 매각하는 경우에 그 재산을 매수할 청약자에게 각자 입찰가액·그 밖에 필요한 사항을 적은 입찰서로서 매수의 신청을 하게 하여 매각예정가격 이상의 입찰자 중 최고가 매수신청인에게 매각결정을 행하고 그 자를 매수인으로 정하는 방법을 말한다(징법 65). 그리고 경매란 압류재산을 매각하는 경우에 그 재산을 매수할 청약자에게 구두 등으로 순차 고가한 매수의 신청을 하게 하여 매각예정가격 이상의 청약자 중 최고가 청약자를 낙찰자로 하여 그 자에게 매각결정을 행하고 그 자를 매수인으로 정하는 방법을 말한다(징법 65 ②).

관할세무서장은 압류한 동산·유가증권·부동산·무체재산권과 체납자에게 대위하여 받은 물건(통화 제외)을 공매에 붙인다. 다만, 세무서장은 압류된 재산이 「자본시장과 금융투자업에 관한 법률」에 따른 증권시장에 상장된 증권 또는 「특정금융정보법」에 따른 가상자산사업자를 통해 거래가 가능한 가상자산일 때에는 해당 시장에서 직접 매각할 수 있다(징법 55·66).

(2) 공매재산명세서의 작성 및 비치

1) 공매재산명세서 작성

관할세무서장은 공매재산에 대하여 현황조사를 기초로 다음 각 호의 사항이 포함된 공매재산명세서를 작성하여야 한다(징법 77 ①).
① 공매재산의 명칭, 소재, 수량, 품질, 매각예정가격, 그밖의 중요한 사항
② 공매재산의 점유자 및 점유 권원(權原), 점유할 수 있는 기간, 차임 또는 보증금에 관한 관계인의 진술
③ 배분요구 현황 및 채권신고 현황
④ 공매재산에 대하여 등기된 권리 또는 가처분으로서 매각으로 효력을 잃지 아니하는 것

⑤ 매각에 따라 설정된 것으로 보게 되는 지상권의 개요

2) 공매재산명세서 열람

관할세무서장은 다음 각 호의 자료를 입찰 시작 7일 전부터 입찰 마감 전까지 세무서에 갖추어 두거나 정보통신망을 이용하여 게시함으로써 입찰에 참가하려는 자가 열람할 수 있게 하여야 한다(징법 77 ②).
① 공매재산명세서
② 감정인이 평가한 가액에 관한 자료
③ 그 밖에 입찰가격을 결정하는 데 필요한 자료

(3) 공매참가와 매수인의 제한

1) 공매참가의 제한

관할세무서장은 다음 중 하나에 해당한다고 인정되는 사실이 있는 자에 대해서는 그 사실이 있은 후 2년간 공매장소에의 출입을 제한하거나 입찰에 참가시키지 아니할 수 있다. 그 사실이 있은 후 2년을 경과하지 아니한 자를 사용인이나 그밖의 종업원으로 사용한 자와 이러한 자를 입찰의 대리인으로 한 자에 대하여도 또한 같다(징법 81).
① 입찰을 하려는 자의 공매참가·최고가 매수신청인의 결정 또는 매수인의 매수대금 납부를 방해한 사실
② 공매에 있어서 부당하게 가격을 낮출 목적으로 담합한 사실
③ 거짓 명의로 매수신청을 한 사실. 이 경우 "거짓 명의로 매수신청한 사실"이란 가공인물의 명의를 사용하는 경우 외에 실재하는 타인명의를 사용하여 매수신청한 경우를 포함한다(국징통 72-0⋯7).

2) 매수인의 제한

체납자 또는 세무공무원 및 매각부동산을 평가한 감정평가 법인, 다른 법령에 따른 재산 취득에 필요한 자격을 갖추지 못한 자 등은 자기 또는 제3자 명의나 계산으로 압류재산을 매수하지 못한다(징법 80 ①·②).

3) 공매참가제한의 통지

세무서장이 공매참가를 제한한 경우에는 그 사실을 한국자산관리공사에게 통지하여야 한다. 한국자산관리공사가 공매참가를 제한한 경우에는 그 사실을 관할 세무서장에게 통지하여야 한다(징령 69).

(4) 공매의 절차

1) 공매대상 재산에 대한 현황조사

세무서장은 매각예정가격을 결정하기 위하여 공매대상 재산의 현상(現狀), 점유관계, 차임 또는 보증금의 액수, 그밖의 현황을 조사하여야 한다. 이 조사를 위하여 세무공무원은 건물에 출입할 수 있고, 체납자 또는 건물을 점유하는 제3자에게 질문하거나 문서를 제시하도록 요구할 수 있다. 이 때 세무공무원은 건물에 출입하기 위하여 필요한 때에는 잠긴 문을 여는 등 적절한 처분을 할 수 있다(징법 69).

2) 매각예정가격의 결정

관할 세무서장은 압류재산을 공매에 붙이고자 할 때에는 그 공매예정가격을 결정하여야 한다(징법 68). 여기서 "공매예정가격"이란 압류재산을 공매할 때에 세무서장이 공매재산의 객관적인 시가를 기준으로 공매의 특수성을 고려하여 예정한 공매재산가격을 말하는 것이며, 공매재산의 최저 공매가격으로서의 의의를 갖는다(국징통 3-10-13).

그러나 세무서장은 매각예정가격을 결정하기 어려울 때에는 대통령령으로 정하는 바에 따라 감정인에게 평가를 의뢰하여 그 가액을 참고할 수 있다(징법 68 ②, 징령 55).

이 때 공매대상 재산의 평가를 의뢰할 수 있는 감정인은 다음 각 호의 구분에 따른 자로 한다.

① 공매대상 재산이 부동산인 경우:「감정평가 및 감정평가사에 관한 법률」제2조 제4호에 따른 감정평가업자
② 공매대상 재산이 위 ① 외의 재산인 경우: 해당 재산과 관련된 분야에 5년 이상 종사한 전문가

관할세무서장은 감정인에게 공매대상재산의 평가를 의뢰한 경우 감정평가금액을 고려하여 수수료를 지급할 수 있다(징칙 56, 별표 2).

3) 공매공고

① 공매공고 사항

세무서장은 공매를 하려면 다음 사항을 공고를 하여야 한다. 이 경우 동일 재산에 대한 공매·재공매 등 수회의 공매에 관한 사항을 일괄하여 공고할 수 있다(징법 72 ①).

① 매수대금의 납부기한
② 공매재산의 명칭·소재·수량·품질·공매예정가격, 그밖의 중요한 사항
③ 입찰서 제출 또는 경매의 장소와 일시(기간입찰의 경우에는 그 입찰기간) : 공매장소는 지방국세청·세무서·세관 또는 재산 소재의 특별자치시·특별자치도·시·군에서 행한다. 다만, 세무서장이 필요하다고 인정하는 경우에는 다른 장소에서 공매할 수 있다.
④ 개찰의 장소와 일시
⑤ 공매보증을 받을 경우 그 금액
⑥ 공매재산이 공유물의 지분인 경우 공유자(체납자는 제외한다. 이하 같다)·배우자에게 각각 우선매수권이 있다는 사실
⑦ 배분요구의 종기(終期), 이때 배분요구의 종기는 절차에 필요한 기간을 고려하여 정하되, 최초의 입찰기일 이전으로 하여야 한다. 다만, 공매공고에 대한 등기 또는 등록이 지연되거나 누락되는 등 다음에 정하는 사유로 공매절차가 진행되지 못하는 경우 세무서장은 배분요구의 종기를 최초의 입찰기일 이후로 연기할 수 있다.
　㉮ 공매공고의 등기 또는 등록이 지연되거나 누락된 경우
　㉯ 공매통지의 누락으로 다시 공매공고를 해야 하는 경우
　㉰ 그 밖에 이와 유사한 사유로 공매공고를 다시 진행하는 경우
⑧ 배분요구의 종기까지 배분을 요구하여야 배분받을 수 있는 채권
⑨ 매각결정 기일. 매각결정 기일은 개찰일부터 3일 이내로 정하여야 한다.
⑩ 매각으로도 소멸하지 아니하는 공매재산에 대한 지상권, 전세권, 대항력 있는 임차권 또는 가등기가 있는 경우 그 사실
⑪ 공매재산의 매수인으로서 일정한 자격을 필요한 경우 그 사실
⑫ 입찰에 따른 자료의 제공 내용 및 기간
⑬ 차순위 매수신청의 기간과 절차

그리고 공매공고를 함에 있어서 공매할 토지의 지목 또는 지적이 토지대장의 표시와 상이한 때에는 그 실황을 공매공고에 적어야 한다. 또한 세무서장은 공매공고사항에 변

경이 있을 때에는 변경된 사항을 지체없이 다시 공고하여야 한다(징령 73 ①·③). 또한 세무서장은 매각결정통지 전에 해당 재산의 압류를 해제하였을 때에는 그 공매의 취소를 공고하여야 한다.

2 공매공고 방법

공매공고는 지방국세청·세무서·세관·특별자치시·특별자치도·시·군, 그밖의 적절한 장소에 게시하여 행하며, 필요에 따라 관보나 일간신문에 게재할 수 있다. 공매공고를 하는 때에는 게시 또는 게재와 함께 국세기본법에 따른 정보통신망을 통하여 그 공고내용을 알려야 한다(징법 67 ③·④).

3 공매공고 기간

공매공고 기간은 10일 이상으로 한다. 다만, 그 재산을 보관하는 데에 많은 비용이 들거나 재산의 가액이 현저히 줄어들 우려가 있으면 10일이 지나기 전이라도 할 수 있다. (징법 73).

여기서 "재산의 보관에 다액의 비용이 들거나"란 공매재산의 가액에 비하여 다액의 보관비가 드는 것을 말한다. 예를 들면 상당량의 훼손품·반제품 등과 같이 보관창고에 보관시킬 경우 다액의 보관비가 소요되는 경우와 생선·식료품, 부패·변질의 우려가 있는 화학약품 등과 같이 특수의 보관설비에 보관하여야 하고 이를 위하여 상당한 고가의 보관비를 요하는 경우가 이에 해당한다(국징통 70-0…1).

그리고 "현저히 그 가액을 줄어들 우려가 있을 때"란 공매재산을 신속히 매각하지 아니하면 그 가액이 현저히 줄어들 우려가 있을 때를 말한다. 예를 들면 선어, 야채, 식료품 또는 크리스마스용품 같은 계절품목 등과 같은 것을 공매하는 경우가 이에 해당한다 (국징통 70-0…2).

4 공매공고에 대한 등기 또는 등록의 촉탁

세무서장은 공매공고를 한 압류재산이 등기 또는 등록을 필요로 하는 경우에는 공매공고를 한 즉시 그 사실을 등기부 또는 등록부에 기입하도록 관계 관서에 촉탁하여야 한다. 세무서장 또는 한국자산관리공사는 매각재산의 권리이전 절차를 밟을 때에는 권리이전의 등기 또는 등록이나 매각에 수반하여 소멸되는 권리의 말소등기 촉탁서에 다음 각 호의 문서를 첨부하여 촉탁하여야 한다.

① 매수인이 제출한 등기청구서

② 매각결정통지서 또는 그 등본이나 배분계산서 등본

⑤ 공매공고 등기 또는 등록 말소

세무서장은 다음 각 호의 어느 하나에 해당하는 경우에는 공매공고의 등기 또는 등록을 말소할 것을 관계 관서에 촉탁하여야 한다.
① 공매취소의 공고를 한 경우
② 공매를 중지한 경우
③ 매각결정을 취소한 경우

⑥ 공매공고 등기 또는 등록과 그 말소의 등록면허세 면제

공매공고의 등기 또는 등록과 공매공고 등기 또는 등록의 말소에 관하여는 등록면허세를 면제한다.

4) 공매통지

세무서장은 공매 공고를 한 때에는 즉시 그 내용을 다음의 자에게 통지하여야 한다. 그리고 공매공고로서 공매통지에 갈음할 수 없으므로 공매통지서가 반송된 경우에는 공시송달을 하여야 한다(징법 75).
① 체납자
② 납세담보물소유자
③ 공매재산이 공유물의 지분인 경우 공매공고의 등기 또는 등록 전날 현재의 공유자
④ 공매재산에 대하여 공매공고의 등기 또는 등록 전날 현재 전세권·질권·저당권 또는 그 밖의 권리를 가진 자

5) 공매보증

① 공매보증의 한도

관할세무서장은 압류재산을 공매하는 경우에 필요에 따라 공매보증금을 받을 수 있다. 이때 공매보증금은 매각예정가격의 10% 이상으로 한다(징법 71 ②). 만약 낙찰자 또는 경락자가 매수계약을 체결하지 아니한 때에는 공매보증금은 강제징수비, 압류와 관계되는 국세 순으로 충당하고 잔액은 체납자에게 지급한다.

공매보증은 금전, 국공채 또는 증권시장에 상장된 증권 또는 「보험업법」에 따른 보험사업자가 발행한 보증보험증권으로 할 수 있다. 이 경우 입찰자 등은 국공채 또는 증권

시장에 상장된 증권 또는 「보험업법」에 따른 보험회사가 발행한 보증보험증권으로 공매보증금을 갈음하려는 경우에는 해당 국공채 등에 다음 각 호의 구분에 따른 서류를 첨부하여 관할 세무서장에게 제출하여야 한다(징령 71).
  ① 무기명국채 또는 미등록공사채로 납부하는 경우: 질권설정서
  ② 등록국채 또는 등록공사채로 납부하는 경우: 담보권등록증명서 및 등록국채 또는 등록공사채 기명자의 인감증명서 또는 본인서명사실확인서를 첨부한 위임장
  ③ 주식(출자증권을 포함한다)으로 납부하는 경우: 다음 각 목의 구분에 따른 서류
    ㉮ 무기명주식인 경우: 해당 주식을 발행한 법인의 주식확인증
    ㉯ 기명주식인 경우: 질권설정에 필요한 서류. 이 경우 질권설정에 필요한 서류를 제출받은 세무서장은 질권설정의 등록을 해당 법인에 촉탁하여야 한다.

2 공매보증으로 납부한 유가증권의 평가

공매보증에 갈음하여 납부하는 유가증권의 가액의 평가에 다음방법에 따른다.
① 한국증권거래소에 상장된 유가증권 또는 한국증권업협회에 등록된 유가증권 중 매매사실이 있는 것: 납부하는 날의 전날에 한국증권거래소 또는 한국증권업협회가 공표하는 최종시세가액
② 위 '①' 외의 유가증권: 납부하는 날의 전날에 상속세와 증여세법시행령 제58조 제1항 제2호의 규정을 준용하여 계산한 가액

3 공매보증의 반환(징법 71)

① 개찰후 : 최고가 매수신청인을 제외한 다른 매수신청인
② 매수인이 매수대금 납부전 체납자가 매수인의 동의를 받아 압류관련 체납액을 납부하여 압류재산 매각결정이 취소된 경우
③ 차순위 매수신청인이 있는 경우로서 매수인이 대금을 모두 지급한 경우: 차순위 매수 신청인
④ 매수신청인이 압류재산 취득 자격이 없어 매각불허 결정을 한 경우: 매수 신청인

6) 입찰서 제출과 개찰
  ① 입찰서 제출
매수신청인은 그 주소·거소·성명, 매수하려는 재산의 명칭, 입찰가격, 공매보증금, 그 밖의 필요한 사항을 기재하여 개찰개시 전에 공매를 집행하는 공무원에게 제출하여야 한

다(징법 82). 입찰자는 이미 제출한 입찰서의 교환, 변경 또는 취소를 할 수 없다(국징통 73-0…1).

② 개 찰

공매를 집행하는 공무원은 입찰서의 제출을 마감한 후 공매공고에 기재한 장소 및 일시에 공개하여 개찰하여야 한다(국징통 3-10-39). 이 경우 개찰은 공매를 집행하는 공무원이 공개하여 이를 행하고 각각 기재된 입찰가격을 불러 입찰조서에 기록하여야 한다(징법 82 ②).

그리고 공매를 집행하는 공무원이 개찰을 하는 경우에는 입찰자를 입회시켜야 하며, 개찰의 장소에 입찰자가 없거나 입찰자가 입회하지 아니한 때에는 입찰사무에 관계없는 세무공무원을 입회시켜야 한다(국징통 73-0…2).

③ 재입찰

개찰결과 입찰자가 없거나 매각예정가격 이상인 입찰이 없을 때에 한하여 즉시 그 장소에서 재입찰에 붙일 수 있다(징법 82 ⑤). 하지만 재입찰에 있어서 매각예정가격의 변경은 허용되지 아니한다(국징통 73-0…6).

7) 매수인 결정

입찰에 있어서는 매각예정가격 이상인 "최고가의 매수신청인"을 '매수인'으로 하되, 다음에 게기하는 조건의 전부에 해당하는 자로 결정한다(국징통 73-0…4).
① 낙찰자로 결정하려는 자의 입찰가격이 매각예정가격 이상이고 최고액의 입찰자일 것
② 공매보증금을 받는 경우에는 소정의 공매보증금을 납부한 자일 것
③ 매수인의 제한 및 공매참가의 제한의 규정 또는 그 밖에 법령에 따라 매수인이 될 수 없는 자가 아닐 것
④ 공매재산의 매수에 일정한 자격이나 조건을 필요로 하는 경우(예 : 주세법에 따른 주정을 공매하는 때)에는 그 자격이나 조건을 구비한 자일 것

만약 낙찰이 될 가격의 입찰을 한 자가 둘 이상인 때에는 즉시 추첨으로 낙찰자를 정한다(징법 82 ③). 이 경우 해당 입찰자 중 출석하지 아니한 자 또는 추첨을 하지 아니한 자가 있을 때에는 입찰사무에 관계없는 공무원으로 하여금 이를 대신하여 추첨하게 할 수 있다(징법 82 ④).

최고액입찰자는 공매재산의 매각구분별로 결정한다. 따라서 일괄입찰을 매각조건으로

한 경우에는 일괄입찰가액에 의하여 낙찰자를 결정하고 개별매각을 조건으로 한 경우에는 개별입찰가액에 의하여 낙찰자를 결정한다(국징통 73-0…5).

8) 매각결정 및 대금의 납부기한 등

① 매각결정

세무서장은 낙찰자를 결정한 때에는 최고가 매수신청인을 매수인으로 정하여 다음의 사유가 없으면 매각결정 기일에 매각결정을 하여야 한다(징법 84). 다만, 최고가 매수신청인이 재산 취득자격을 갖추기 위해 필요한 경우 매각 결정기일을 10일이내(1회 한정) 연기할 수 있다.

㉮ 공유자·배우자의 우선 매수신청이 있는 경우
㉯ 최고가 매수신청인이 매수인의 제한 또는 공매참가의 제한을 받는 자로 확인된 경우
㉰ 매각결정전에 공매 취소·정지 사유가 있는 경우
㉱ 그 밖에 매각결정을 할 수 없는 중대한 사실이 있다고 세무서장이 인정하는 경우

② 매각결정통지서의 교부

관할세무서장은 매각결정을 하였을 때에는 매수인에게 매수대금의 납부기한을 정하여 매각결정 통지서를 발급하여야 한다. 다만, 권리 이전에 등기 또는 등록을 필요로 하지 아니하는 재산의 매수대금을 즉시 납부시킬 때에는 구술로 통지할 수 있다. 세무서장은 다음 각 호의 사유로 매각결정을 할 수 없을 때에는 낙찰자에게 그 사유를 통지하여야 한다.

㉮ 매각결정 전에 공매 중지 사유가 있는 경우
㉯ 낙찰자가 공매참가의 제한을 받는 자로 확인된 경우
㉰ 공유자가 우선매수의 신고를 한 경우
㉱ 그 밖에 매각결정을 할 수 없는 중대한 사실이 있다고 세무서장이 인정하는 경우

③ 매각결정의 효과

매각결정의 효력은 매각결정 기일에 매각결정을 한 때에 발생한다.

9) 매수대금의 납부

① 납부기한의 지정

매수대금의 납부기한은 매각결정을 한 날부터 **7일 내**로 한다. 다만, 관할세무서장이 필요하다고 인정하는 경우에는 그 **납부기한을 30일을 한도로 연장**할 수 있다(징법 84 ⑤).

② 공매재산 취득시 매수대금 상계제도(징법 84의2)

채권자가 공매재산의 매수인인 경우 매수대금에서 채권액을 상계한 차액 납부를 허용한다. 이는 압류재산 매수부담의 완화 및 강제징수 기간단축을 위한 제도이다.

③ 매수대금의 납부촉구

관할세무서장은 매수인이 매수대금을 지정된 기한까지 납부하지 아니하였을 때에는 다시 대금납부 기한을 지정하여 촉구하여야 한다(징법 85). 매수대금의 납부촉구를 하는 때에는 납부기한을 촉구일로부터 10일 이내로 한다.

④ 매수대금납부의 효과

매수인은 매수대금을 완납한 때에 매각재산을 취득한다(징법 91 ①). 여기서 매각재산을 취득한다란 매수인이 체납자로부터 매각재산을 승계적으로 취득함을 말한다(국징통 77-0…1).

10) 매각재산의 권리이전

① 매각재산의 권리이전 절차

매각재산에 대하여 체납자가 권리이전의 절차를 밟지 아니하는 때에는 세무서장이 대신하여 그 절차를 밟는다. 다만, 한국자산관리공사가 공매를 대행한 경우에는 한국자산관리공사가 이를 대행할 수 있으며, 이 경우의 절차이행은 세무서장이 한 것으로 본다(징법 93). 이때 세무서장 또는 한국자산관리공사가 매각재산의 권리이전의 절차를 밟고자 할 때에는 권리이전의 등기하거나 등록이나 매각에 수반하여 소멸되는 권리의 말소등기의 촉탁서에 매수인으로부터 제출된 등기청구서와 매각결정통지서 또는 그 등본이나 배분계산서의 등본을 첨부하여 촉탁하여야 한다. 이 경우 등기말소의 촉탁을 할 때에는 재산압류통지서의 등본도 첨부하여야 한다(징령 77).

② 국·공유재산의 매각통지

관할세무서장은 체납처분에 의하여 국유 또는 공유재산을 매수한 자가 그 매수대금을 완납한 때에는 매수대금 부불잔액을 납입함과 동시에 재산의 표시, 공매연월일, 공매가격, 매수인의 주소와 성명 등 필요 사항을 적은 문서로 관계관서에 통지하여야 한다(징령 78 ①).

③ 유가증권의 배서 등

관할세무서장이 매각한 유가증권을 매수인에게 인도하는 경우에는 그 증권에 관한 권리의 이전에 대하여 체납자의 배서·명의변경 등 절차가 필요한 때에는 이들 절차의 이행을 체납자에게 요구한다. 다만, 체납자가 이에 응하지 않는 경우에는 그 증권에 관한 권리가 국세체납처분에 의하여 매수인에게 이전되었음을 표시하는 확인서를 세무서장명의로 발급한다(국징통 79-0…2).

④ 채권 등의 권리이전절차

관할세무서장은 매각한 채권 또는 제3채무자가 있는 무체재산권 등의 매수인이 그 매수대금을 납부한 경우에는 점유한 채권증서·권리증서 등을 매수인에게 인도하고 매수인의 권리취득을 확실하게 하기 위하여 필요한 조치를 취한다(국징통 79-0…3).

⑤ 동산 등의 인도

관할세무서장이 매각한 동산·유가증권 또는 자동차·건설기계로서 보관중의 것은 매수인이 매수대금을 납부한 때에 이를 매수인에게 인도하여야 한다. 만일 세무서장이 동산·유가증권 등을 체납자 또는 제3자에 보관시키고 있는 경우에는 압류해제 및 압류재산 인도를 위촉하여 매수인에게 인도한다(국징통 79-0…1).

11) 매각결정의 취소

관할세무서장은 다음에 해당하는 경우에는 압류재산의 매각결정을 취소하고 그 사실을 매수인에게 통지하여야 한다. 압류재산의 매각결정을 취소하는 경우에 공매보증금은 매수인에게 반환하고, 압류재산의 매각결정을 취소하는 경우에 **공매보증**은 강제징수비, 압류와 관계되는 국세 순으로 충당하고 잔액은 체납자에게 지급한다(징법 86 ②).

① 매각결정을 한 후 매수인이 매수대금을 납부하기 전에 체납자가 매수인의 동의를 얻어 압류와 관련된 체납액을 납부하고 매각결정의 취소를 신청하는 경우
② 납부를 촉구하여도 매수인이 매수대금을 지정된 기한까지 납부하지 아니하는 경우

(4) 재공매

1) 재공매의 사유

압류재산을 공매하여도 붙여도 매수신청인이 없거나 그 가격이 공매예정가격 미만인 때에는 재공매한다. 또 공매재산의 매수인이 매수대금의 납부기한까지 대금을 납부하지 아니하였을 때에는 그 매매를 해약하고 재공매한다(징법 87).

2) 재공매의 절차

재공매시 제반절차는 공매시의 규정을 준용한다. 단, 재공매를 하는 때에는 공매공고기간을 5일까지 단축할 수 있다(징법 87 ③). 또한 재공매를 하는 경우에는 직전의 공매상황 등에 따라 매각예정가격, 공매의 장소, 공매방법, 매각구분 등 공매조건을 변경할 수 있다(국징통 74-0…1).

3) 매각예정가액의 체감

관할세무서장은 재공매할 때마다 매각예정가격의 100분의 10에 해당하는 금액을 차례로 줄여 공매하며, 매각예정가격의 100분의 50에 해당하는 금액까지 차례로 줄여 공매하여도 매각되지 아니할 때에는 새로 매각예정가격을 정하여 재공매할 수 있다(징법 87 ②). 다만, 매각예정가격 이상으로 입찰한 자가 없을 때에는 즉시 그 장소에서 재입찰에 부친 때에는 최초 공매예정가격을 줄이지 아니한다.

(5) 공매의 취소와 정지

1) 공매의 취소 및 공고

관할세무서장은 다음 중 어느 하나에 해당하는 경우에는 공매를 취소할 수 있다(징법 88 ①). 그리고 세무서장은 공매를 취소한 후 그 사유가 소멸되어 공매를 계속할 필요가 있다고 인정할 때에는 재공매할 수 있다. 하지만 매각결정 기일 전에 공매를 취소한 때에는 그 공매의 취소를 공고하여야 한다.
① 해당 재산의 압류를 해제한 경우
② 세무서장이 직권 또는 한국자산관리공사의 요구로 해당 재산에 대한 공매대행의뢰가 해제된 경우를 말한다.

2) 공매의 정지

관할 세무서장은 다음 각호에 해당하는 경우 공매를 일시 정지하여야 한다(징법 88 ②).
① 압류 또는 매각을 유예한 때
② 「국세기본법」 제57조 또는 「행정소송법」 제23조에 따라 강제징수에 대한 집행정지의 결정이 있는 경우

(6) 차순위 매수신고

1) 차순위 매수 사유와 가격

최고가 매수신청인이 결정된 후에 해당 최고가 매수신청인 외의 입찰자는 매각결정기일 전까지 공매보증금을 제공하고, 매각결정을 한 후 매수인이 매수대금을 납부하기 전에 체납자가 매수인의 동의를 받아 압류와 관련된 체납액을 납부하고 매각결정의 취소를 신청하는 경우에 해당하는 사유로 매각결정이 취소되는 경우에 최고입찰가격에서 공매보증금을 뺀 금액 이상의 가격으로 공매재산을 매수하겠다는 신고(이하 "차순위 매수신고"라 한다)를 할 수 있다(징법 83). 이 때 차순위 매수신고를 한 자가 둘 이상인 경우에 세무서장은 최고액의 매수신고자를 차순위 매수신고자로 정한다. 다만, 최고액의 매수신고자가 둘 이상인 경우에는 추첨으로 차순위 매수신고자를 정한다.

2) 차순위 매각 결정

세무서장은 차순위 매수신고가 있는 경우에 매각결정을 한 후 매수인이 매수대금을 납부하기 전에 체납자가 매수인의 동의를 받아 압류와 관련된 체납액을 납부하고 매각결정의 취소를 신청하는 경우에 해당하는 사유로 매각결정을 취소한 날부터 3일 이내에 차순위 매수신고자를 매수인으로 정하여 매각결정을 할 것인지 여부를 결정하여야 한다. 다만, 다음의 사유가 있는 경우에는 차순위 매수신고자에게 매각결정을 할 수 없다.
① 매각결정 전에 공매 중지 사유가 있는 경우
② 공유자가 우선매수의 신고를 한 경우
③ 그 밖에 매각결정을 할 수 없는 중대한 사실이 있다고 세무서장이 인정하는 경우
④ 차순위 매수신고자가 공매참가의 제한을 받는 자로 확인된 경우

(7) 한국자산관리공사의 공매대행

1) 개 념

관할 세무서장은 압류한 재산의 공매에 전문지식이 필요하거나 그 밖에 특수한 사정이 있어 직접 공매하기에 적당하지 아니하다고 인정되는 경우에는 「한국자산관리공사의 설립에 관한 법률」에 따라 설립된 한국자산관리공사로 하여금 이를 대행하게 할 수 있으며, 이 경우의 공매는 관할 세무서장이 한 것으로 본다(징법 103 ①).

따라서 압류한 재산의 공매를 한국자산관리공사가 대행하는 경우에 국세징수법상 공매에 관해서는 관할 세무서장은 한국자산관리공사로, 세무공무원은 한국자산관리공사의 직원(임원을 포함)으로, 공매를 집행하는 공무원은 공매를 대행하는 한국자산관리공사의 직원으로, 세무서는 한국자산관리공사의 본점 또는 지점으로 본다(징법 103 ④).

관할 세무서장은 한국자산관리공사가 공매를 대행하는 경우에는 대통령령으로 정하는 바에 따라 수수료를 지급할 수 있다. 그리고 한국자산관리공사가 공매를 대행하는 경우에 한국자산관리공사의 직원은 형법 그 밖에 법률에 따른 벌칙의 적용에 있어서 이를 세무공무원으로 본다(징법 103 ③).

그 밖에 한국자산관리공사가 대행하는 공매에 필요한 사항으로서 법령에 정하지 아니한 것은 국세청장이 한국자산관리공사와 협의하여 정한다(징령 73).

2) 공매대행의 절차

① 공매대행의뢰서 송부

세무서장은 압류재산의 공매를 대행하게 하는 경우에는 체납자의 주소 또는 거소와 성명, 그리고 공매할 재산의 종류·수량·품질과 소재지 등 필요한 사항을 적은 공매대행의뢰서를 한국자산관리공사에게 보내야 한다(징령 66 ①).

② 공매대행의 통지

세무서장은 공매대행의 사실을 체납자·납세담보물 소유자 및 그 재산상에 전세권·질권·저당권, 그밖의 권리를 가진 자와 압류재산을 보관하고 있는 자에게 통지하여야 한다(징령 66 ②).

③ 압류재산의 인도

세무서장이 점유하고 있거나 제3자로 하여금 보관하게 한 재산은 이를 한국자산관리공사에게 인도할 수 있다. 다만, 제3자로 하여금 보관하게 한 재산에 대해서는 그 제3자가 발행하는 해당 재산의 보관증을 인도함으로써 이에 갈음할 수 있다. 그리고 한국자산관리공사가 압류재산을 인수한 때에는 인계·인수서를 작성하여야 한다(징령 67).

④ 공매공고의 통지

공매를 대행하는 한국자산관리공사가 공매공고를 한 경우에는 지체 없이 그 사실을 관할 세무서장에게 통지하여야 한다(징령 69).

⑤ 매각결정의 통지

한국자산관리공사가 매수인에게 매각결정의 통지를 한 때에는 지체없이 그 사실을 관할 세무서장에게 통지하여야 한다.

⑥ 공매보증금 등의 인계

한국자산관리공사는 공매 또는 수의계약을 대행함에 있어서 ㉮공매보증금, ㉯공매보증금 및 ㉰매수대금을 수령한 때에는 지체없이 소관세무서의 세입·세출외현금출납공무원에게 이를 인계하거나 세입·세출외현금출납공무원계좌에 입금시켜야 한다. 다만, 한국자산관리공사가 금전의 배분을 대행하는 경우에는 그러하지 아니하다(징령 70).

⑦ 매각결정 취소의 통지

한국자산관리공사는 매수인이 매수대금을 지정된 기한까지 납부하지 아니하여 매각결정을 취소한 때에는 지체 없이 그 사실을 관할 세무서장에게 통지하여야 한다.

3) 공매대행의 해제요구

한국자산관리공사는 공매대행 의뢰를 받은 날부터 2년 지나도 공매되지 아니한 재산이 있는 경우에는 관할 세무서장에게 해당 재산에 대한 공매대행 의뢰의 해제를 요구할 수 있으며, 세무서장은 해제요구를 받은 때에는 특수한 사정이 있는 경우를 제외하고 이에 따라야 한다(징령 71).

4) 공매대행 수수료

가) 기준금액

공매대행의 수수료는 다음의 구분에 따른 금액을 기준으로 산정하되[기준금액], 기준금액이 12억원을 초과하는 경우에는 12억원으로 한다(징칙 78).

① 완납수수료 - 한국자산관리공사가 공매대행의 의뢰를 받은 후에 체납자 또는 제3자가 해당 체납액을 완납하여 공매가 중지되거나 체납자가 매수인의 동의를 받아 체납액을 납부하여 매각결정이 취소된 경우의 수수료: 해당 납부세액

② 해제수수료 - 한국자산관리공사가 공매대행의 의뢰를 받은 후에 세무서장의 직권 또는 한국자산관리공사의 요구에 따라 공매대행의 의뢰가 해제된 경우(위 ①에 따라 공매가 중지되거나 매각결정이 취소된 경우 또는 일부의 공매대금으로 체납액 전액에 충당되어 공매가 중지된 경우는 제외한다)의 수수료: 해당 해제금액(체납액 또는 매각예정가격 중 적은 금액으로 한다)

③ 매각수수료 - 한국자산관리공사가 압류재산을 매각한 경우의 수수료: 해당 건별 매각금액

④ 매각결정취소수수료 - 매수인이 매수대금을 지정된 기한까지 납부하지 아니한 경우에 해당하여 매각결정을 취소한 경우의 수수료: 해당 매수대금

나) 수수료율

수수료는 기준금액에 다음 표의 구분에 따른 공매진행 단계 등에 따른 수수료율을 곱하여 계산한 금액과 공매진행 단계 등에 따른 최저수수료 중 큰 금액으로 한다(징칙 별표 3). 다만, 완납수수료 및 해제수수료를 산정할 때 동일한 체납자의 재산에 대하여 2건 이상의 공매 절차가 진행 중인 경우에는 각 재산의 공매진행 단계 등에 따른 수수료율 중 가장 높은 수수료율을 적용하며, 매각결정취소수수료는 건별 공매보증금을 한도로 한다.

[공매대행수수료 및 최저수수료 기준(징칙 78 ② 관련)]

구 분	공매진행 단계	수수료율	최저수수료
완납수수료	공매공고 전	0.60%	12만원
	공매공고 후 매각결정 전	0.90%	18만원
	매각결정 후 대금납부 전	1.20%	24만원
해제수수료	공매공고 전	0.60%	12만원
	공매공고 후 매각결정 전	0.90%	18만원
	매각결정 후 대금납부 전	1.20%	24만원
매각수수료	-	3.00%	30만원
매각결정취소수수료	-	1.20%	24만원

5) 압류해제의 통지

세무서장은 한국자산관리공사로 하여금 압류재산의 공매를 대행하게 한 후 공매기일 전에 해당 재산의 압류를 해제하였을 때에는 지체없이 그 사실을 한국자산관리공사에게 통지하여야 한다. 압류를 해제의 통지를 받은 한국자산관리공사는 지체없이 해당 재산의 공매를 중지하고 그 사실을 관할 세무서장에게 통지하여야 한다(징령 73의3).

6) 행정정보의 공동이용

세무서장(공매를 대행하는 한국자산관리공사를 포함한다)은 법 제61조 제1항 및 제2항에 따른 압류재산의 매각을 위하여 필요한 경우「전자정부법」제36조 제1항에 따른 행정정보의 공동이용을 통하여 다음 각 호의 정보를 확인할 수 있다.

① 법무부장관이 보유하는 출입국사실증명, 외국인등록사실증명 및 국내거소신고사실증명
② 행정안전부장관이 보유하는 주민등록표 등·초본 및 주민등록전입세대
③ 국토교통부장관이 보유하는 토지(임야)대장, 건축물대장, 자동차등록원부 및 건설기계등록원부
④ 해양수산부장관이 보유하는 선박원부
⑤ 대법원장이 보유하는 법인등기사항증명서, 토지등기사항증명서 및 건물등기사항증명서

4. 수의계약

(1) 개 념

압류재산을 입찰·경매 등의 경쟁방법에 의하지 아니하고 관할세무서장이 매수인과 가격을 결정하여 매각하는 계약을 수의계약(隨意契約)이라고 한다. 수의계약에 따라 매각하는 경우에도 추산가액을 결정한 후에 2인 이상으로부터 견적서를 받아야 한다(징령 54). 다만, 제1회 공매 후 1년간에 5회 이상 공매하여도 매각되지 아니한 때에 해당하여 수의계약을 하는 경우로서 그 매각금액이 최종공매시의 매각예정가격 이상인 경우에는 그러하지 아니하다(징령 54 ①). 매각의 결정은 추산가격 이상으로 수의계약함으로써 이루어진다.

(2) 수의계약의 사유

국가나 지방자치단체 등이 체결하는 모든 계약은 경쟁계약의 방법을 취하는 것이 원칙이지만 다음 중 하나에 해당하면 수의계약에 따라 압류재산을 매각할 수 있다(징법 67 ①).
① 수의계약으로 매각하지 아니하면 매각대금이 강제징수비금액 이하가 될 것으로 예상하는 경우
② 부패·변질 또는 감량되기 쉬운 재산으로서 속히 매각하지 아니하면 그 재산가액이 줄어들 우려가 있는 경우. 여기서 속히 매각하지 아니하면 재산가액이 줄어들 우려가 있을 때란 생선, 야채, 식료품 또는 크리스마스용품 같은 계절용품 등 공매시까지 기다리면 부패, 변질, 감량, 수요격감 등으로 재산가격이 줄어들 우려가 있는 경우를 말한다(국징통 62-0…4).
③ 압류한 재산의 추산가격이 **1천만원 미만**인 경우
④ 법령으로 소지 또는 매매가 규제된 재산인 경우. 이때 법령으로 소지 또는 매매가 규제된 재산으로는 주정·마약·총포·화약류·홍삼포에서 수확한 수삼·잎담배 등이 있다(국징통 62-0…5).
⑤ 제1회 공매 후 1년간에 5회 이상 공매하여도 매각되지 아니한 경우
⑥ 공매하는 것이 공익을 위하여 적절하지 아니한 경우. 여기서 공매가 공익상 적절하지 아니한 때란 토지수용법, 도시계획법 등의 규정에 따라 토지를 수용할 수 있는 자로부터 압류토지를 수용할 뜻이 고지된 때, 징발법의 규정에 따라 징발관이 압류물건을 징발할 의사가 있음을 통지한 때 등을 말한다(국징통 62-0…6).

(3) 수의계약의 절차

압류재산을 수의계약으로 매각하려면 추산가격조서를 작성하고 2인 이상으로부터 견적서를 받아야 한다(징령 54). 그리고 수의계약에 따라 압류재산을 매각하고자 할 경우에는 세무서장은 그 매각 5일 전까지 공매통지의 규정을 준용하여 체납자 및 이해관계자에게 수의계약에 따라 매각하는 사실을 통지하여야 한다(국징통 62-0…2). 한편 수의계약에 따라 압류재산을 매각하는 경우에는 공매보증금에 관한 규정은 적용되지 아니한다(국징통 62-0…3).

수의계약에 의해서 압류재산을 매각하는 경우에 있어서도 매수인의 제한, 매각결정, 매각결정의 취소, 매각자산의 권리이전절차 등은 공매의 경우와 같이 취급되어야 할 것이다.

(4) 수의계약의 대행

세무서장은 필요한 경우 수의계약을 한국자산관리공사로 하여금 대행하게 할 수 있다. 이 경우 수의계약은 세무서장이 한 것으로 보며, 그 밖에 사항은 수의계약에 관하여 이를 준용한다(징령 74). 또한 한국자산관리공사가 수의계약을 대행하는 경우에 한국자산공사가 공매하는 규정을 준용한다(징령 69 ③).

(5) 수의계약의 통지

세무서장은 압류재산을 수의계약으로 매각하려는 경우에는 그 사실을 체납자·납세담보물소유자와 그 재산상에 전세권·질권·저당권, 그밖의 권리를 가진 자에게 통지하여야 한다(징령 54 ②).

5. 전문매각기관의 매각관련 사실행위 대행

(1) 개 념

세무서장은 압류한 재산이 예술적·역사적 가치가 있어 가격을 일률적으로 책정하기 어렵고, 그 매각에 전문적인 식견이 필요하여 직접 매각하기에 적당하지 아니한 물품인 경우에는 직권이나 납세자의 신청에 따라 예술품 등의 매각에 전문성과 경험이 있는 기관 중에서 전문매각기관을 선정하여 예술품등의 매각관련 사실행위를 대행하게 할 수 있다(징법 104). 이 때 세무서장은 전문매각기관이 매각을 대행하는 경우 실제 비용을 고려하여 기획재정부령으로 정한 수수료를 지급할 수 있다.

이 경우 선정된 전문매각기관 및 전문매각기관의 임직원은 직접적으로든 간접적으로든 매각을 대행하는 예술품등을 매수하지 못한다. 그리고 전문매각기관이 매각을 대행하는 경우 전문매각기관의 임직원은 「형법」 제129조에서 제132조까지의 규정을 적용할 때에는 공무원으로 본다.

(2) 전문매각기관의 매각대행 절차 등(징령 75)

① 국세청장은 다음의 요건을 모두 충족하는 기관 중에서 전문매각기관으로 선정될 수 있는 대상 기관을 정하여 관보 및 국세청 홈페이지에 공고하여야 한다.
   ㉮ 공고일이 속하는 연도의 직전 2년 동안 예술품등을 경매를 통하여 매각한 횟수가 연평균 10회 이상일 것

㉯ 정보통신망(「정보통신망 이용촉진 및 정보보호 등에 관한 법률」 제2조 제1항 제1호에 따른 정보통신망을 말한다)을 이용한 매각이 가능할 것
② 세무서장은 직권으로 공고된 기관 중 하나의 기관을 전문매각기관으로 선정하여 예술품등의 매각대행을 의뢰할 수 있으며, 매각대행을 의뢰한 경우 매각 대상인 예술품등을 소유한 납세자에게 그 사실을 통지하여야 한다.
③ 예술품등의 매각대행을 신청하려는 납세자는 기획재정부령으로 정하는 신청서를 작성하여 세무서장에게 제출하여야 한다.
④ 위 ③의 신청서를 제출받은 세무서장은 공고된 기관 중 하나의 기관을 전문매각기관으로 선정하여 예술품등의 매각대행을 의뢰할 수 있으며, 매각대행을 의뢰한 경우 제3항에 따라 신청서를 제출한 납세자에게 그 사실을 통지하여야 한다.

(3) 전문매각기관의 매각대행 수수료

전문매각기관의 매각대행 수수료는 공매대행 수수료의 규정을 준용한다.
① 매각수수료: 전문매각기관이 매각을 대행하는 물품을 매각한 경우 국세청장이 매각금액의 100분의 5 이내에서 정하여 고시하는 수수료
② 보전수수료: 전문매각기관이 물품을 감정하거나 운송 또는 보관한 경우 발생한 실제 비용을 보전하기 위하여 국세청장이 정하여 고시하는 수수료

제 5 절 청 산

1. 의 의

체납처분 중에서 마지막 절차인 청산은 압류재산의 매각대금과 교부청구 등에 의하여 획득한 금전을 국세와 강제징수비, 그리고 다른 채권에 배분한 후 그 잔여가 있을 때에는 이를 체납자에게 지급함으로써 강제징수를 종결하는 절차를 말한다. 이 경우 청산의 순서는 다수채권자 상호간의 우선순위에 따라 결정된다.

이 청산은 배분계산서를 작성하여 체납자에게 교부함으로써 이루어지며, 이 배분계산서에 의해서 체납세액에 충당하거나 배분권리자에게 배분함으로써 강제징수가 종결된다.

2. 배분할 금전의 범위

세무서장이 배분할 수 있는 금전의 범위는 다음과 같다(징법 94). 다만, 한국자산관리공사가 공매나 수의계약을 행한 경우에는 한국자산관리공사가 이를 대행할 수 있으며, 이 경우의 금전배분은 세무서장이 한 것으로 본다(징법 94 ①).
① 압류한 금전
② 채권·유가증권·그 밖의 재산권의 압류로 인하여 체납자 또는 제3채무자로부터 받은 금전
③ 압류재산의 매각대금 및 그 매각대금의 예치 이자
④ 교부청구에 따라 받은 금전

3. 배분방법

(1) 압류재산의 매각대금과 제3채무자 등으로부터 받은 금전

압류재산의 매각대금과 채권·유가증권·무체재산권 등의 압류로 인하여 체납자 또는 제3채무자로부터 받은 금전은 다음 각 호의 체납액과 채권에 배분한다. 다만, 배분요구의 종기까지 배분요구를 하여야 하는 채권의 경우에는 배분요구를 한 채권에 대하여만 배분한다(징법 96 ①).
① 압류와 관계되는 체납액
② 교부청구를 받은 체납액·지방세 또는 공과금
③ 압류재산에 관계되는 전세권·질권 또는 저당권에 의하여 담보된 채권. 이때 전세권, 질권 또는 저당권에 의하여 담보된 채권이란 압류 후에 설정된 전세권, 질권 또는 저당권에 의하여 담보된 채권을 포함한다(국징통 81-0…2).
④ 「주택임대차보호법」 또는 「상가건물 임대차보호법」에 따라 우선변제권이 있는 임차보증금 반환채권
⑤ 「근로기준법」 또는 「근로자퇴직급여 보장법」에 따라 우선변제권이 있는 임금, 퇴직금, 재해보상금 및 그 밖에 근로관계로 인한 채권
⑥ 압류재산에 관계되는 가압류채권
⑦ 집행문이 있는 판결정본에 의한 채권

이 경우 매각대금이 체납액, 그밖의 채권의 총액에 부족한 때에는 세무서장은 민법, 그밖의 법령에 따라 배분할 순위와 금액을 정하여 배분하여야 한다(징법 81 ④).

(2) 압류한 금전이나 교부청구에 의하여 받은 금전

압류한 금전이나 교부청구에 의하여 받은 금전은 압류 또는 교부청구에 관계되는 체납액에 충당한다(징법 96 ②).

(3) 배분한 금전에 잔액이 있는 경우

배분한 금전에 잔액이 있을 때에는 이를 체납자에게 지급하여야 한다(징법 81 ③).

(4) 부당배분금액의 환급

세무서장은 압류재산의 매각대금과 제3채무자 등으로부터 받은 금전의 배분이나 압류한 금전이나 교부청구에 의하여 받은 금전의 충당에 있어서 국세에 우선하는 채권이 있음에도 관계없이 배분순위의 착오나 교부청구의 부당, 그 밖에 이에 준하는 사유로 체납액에 먼저 배분하거나 충당한 때에는 그 배분하거나 충당한 금액을 국세에 우선하는 채권자에게 국세환급금의 환급의 예에 의하여 지급한다(징법 96 ⑤).

(5) 국가 또는 지방자치단체의 재산에 관한 권리 매각대금의 배분

압류한 국유 또는 공유 재산에 관한 권리의 매각대금의 배분 순위는 다음 각 호의 순서에 따른다(징법 97). 여기서 부불잔액이란 국·공유재산을 매수한 자가 그 대금 중 국가 또는 공공단체에 납부하지 아니한 남은 금액을 말한다(국징통 82-0…1).
① 국유 또는 공유 재산의 매수대금 중 체납자가 아직 지급하지 못한 금액을 지급
② 체납액
③ 위 ①에 따라 지급하거나 위 ②에 따라 충당하고 남은 금액을 체납자에게 지급

4. 배분절차

2021년 1월 이후 공매하는 분부터 아래의 배분절차 규정은 「민사집행법」 및 공매실무를 반영하여 「국세징수법」이 대폭 개정되었다.

(1) 배분계산서의 작성

① 관할 세무서장은 금전을 배분할 때에는 배분계산서 원안(原案)을 작성하고, 이를 배분기일 7일 전까지 갖추어 두어야 한다(징법 98).

② 체납자 등은 관할 세무서장에게 교부청구서, 감정평가서, 채권신고서, 배분요구서, 배분계산서 원안 등 배분금액 산정의 근거가 되는 서류의 열람 또는 복사를 신청할 수 있으며, 관할 세무서장은 열람의 청구가 있을 때에는 이에 따라야 한다.

(2) 배분기일의 지정

세무서장은 금전을 배분하려면 체납자, 제3채무자 또는 매수인으로부터 해당 금전을 받은 날부터 30일 이내에서 배분기일을 정하여 배분하여야 한다. 다만, 30일 이내에 배분계산서를 작성하기 곤란한 경우에는 배분기일을 30일 이내에서 연기할 수 있다(징법 95). 그리고 세무서장이 배분기일을 정하였을 때에는 체납자, 채권신고대상채권자 및 배분요구를 한 채권자(체납자 등)에게 통지하여야 한다. 다만, 체납자 등이 외국에 있거나 있는 곳이 분명하지 아니할 때에는 통지하지 아니할 수 있다.

(3) 배분계산서에 대한 이의

① 배분기일에 출석한 체납자등은 배분기일이 끝나기 전까지 자기의 채권에 관계되는 범위에서 배분계산서 원안에 기재된 다른 채권자의 채권 또는 채권의 순위에 대하여 이의를 제기할 수 있다(징법 99).
② ①에도 불구하고 체납자는 배분기일에 출석하지 아니한 경우에도 배분계산서 원안이 갖추어진 이후부터 배분기일이 끝나기 전까지 문서로 이의제기를 할 수 있다.
③ 관할 세무서장은 다음의 구분에 따라 배분계산서를 확정하여 배분을 실시하고, 확정되지 아니한 부분에 대해서는 배분을 유보한다.
    a. 이의제기가 있는 경우
        ㄱ. 관할 세무서장이 이의제기가 정당하다고 인정하거나 배분계산서 원안과 다른 내용으로 체납자등이 한 합의가 있는 경우 : 정당하다고 인정된 이의제기의 내용 또는 합의에 따라 배분계산서를 수정하여 확정
        ㄴ. 관할 세무서장이 이의제기가 정당하다고 인정하지 아니하고 배분계산서 원안과 다른 내용으로 체납자등이 한 합의도 없는 경우 : 배분계산서 중 이의제기가 없는 부분에 한정하여 확정
④ 배분기일에 출석하지 아니한 채권자는 배분계산서 원안과 같이 배분을 실시하는 데에 동의한 것으로 보고, 그가 다른 체납자등이 제기한 이의에 관계된 경우 그 이의제기에 동의하지 아니한 것으로 본다.

(4) 배분계산서에 대한 이의의 취하간주

배분계산서 중 이의제기가 있는 확정되지 아니한 부분이 있는 경우 이의를 제기한 체납자등이 관할 세무서장의 배분계산서 작성에 관하여 심판청구 등을 한 사실을 증명하는 서류를 배분기일부터 1주일 이내에 제출하지 아니하면 이의제기가 취하된 것으로 본다(징법 100).

(5) 배분금전의 예탁

관할 세무서장은 다음의 어느 하나에 해당하는 사유가 있는 경우 그 채권에 관계되는 배분금전을 한국은행(국고대리점을 포함)에 예탁하여야 한다(징법 101).
① 채권에 정지조건 또는 불확정기한이 붙어 있는 경우
② 가압류채권자의 채권인 경우
③ 체납자 등이 배분계산서 작성에 대하여 심판청구 등을 한 사실을 증명하는 서류를 제출한 경우
④ 그 밖의 사유로 배분금전을 체납자 등에게 지급하지 못한 경우

(6) 예탁금에 대한 부분의 실시

① 관할 세무서장은 배분금전을 예탁한 후 다음의 어느 하나에 해당하는 사유가 있는 경우 예탁금을 당초 배분받을 체납자 등에게 지급하거나 배분계산서 원안을 변경하여 예탁금에 대한 추가 배분을 실시하여야 한다(징법 102).
  a. 배분계산서 작성에 관한 심판청구 등의 결정·판결이 확정된 경우
  b. 그 밖에 예탁의 사유가 소멸한 경우
② 관할 세무서장은 예탁금의 추가 배분을 실시하려는 경우 당초의 배분계산서에 대하여 이의를 제기하지 아니한 체납자 등을 위해서도 배분계산서를 변경하여야 한다.
③ 체납자등은 추가 배분기일에 이의를 제기할 경우 종전의 배분기일에서 주장할 수 없었던 사유만을 주장할 수 있다.

5. 배분요구 등

(1) 배분요구

공매공고의 등기 또는 등록 전까지 등기되지 아니하거나 등록되지 아니한 다음 각 호의 채권을 가진 자는 배분을 받으려면 배분요구의 종기까지 세무서장에게 배분을 요구하여야 한다. 또한 매각으로 소멸되지 아니하는 전세권을 가진 자가 배분을 받으려면 배분요구의 종기까지 배분을 요구하여야 한다(징법 76).

① 압류재산에 관계되는 체납액
② 교부청구와 관계되는 체납액·지방세 또는 공과금
③ 압류재산에 관계되는 전세권·질권·저당권 또는 가등기담보권에 의하여 담보된 채권
④ 「주택임대차보호법」 또는 「상가건물 임대차보호법」에 따라 우선변제권이 있는 임차보증금 반환채권
⑤ 「근로기준법」 또는 「근로자퇴직급여 보장법」에 따라 우선변제권이 있는 임금, 퇴직금, 재해보상금 및 그 밖에 근로관계로 인한 채권
⑥ 압류재산에 관계되는 가압류채권
⑦ 집행력 있는 판결 정본에 의한 채권

(2) 기타 배분요구 사항

① 배분요구에 따라 매수인이 인수하여야 할 부담이 달라지는 경우 배분요구를 한 자는 배분요구의 종기가 지난 뒤에 이를 철회하지 못한다.
② 관할 세무서장은 공매공고의 등기 또는 등록 전에 등기되거나 등록된 제1항 각 호의 채권을 가진 자로 하여금 채권의 유무, 그 원인 및 액수(원금, 이자, 비용, 그밖의 부대채권을 포함한다)를 배분요구의 종기까지 관할 세무서장에게 신고하도록 최고하여야 한다.
③ 관할 세무서장은 채권신고대상채권자가 위 ③에 따른 신고를 하지 아니할 때에는 등기부 등본 등 공매 집행기록에 있는 증명자료에 따라 해당 채권신고대상채권자의 채권액을 계산한다. 이 경우 해당 채권신고대상채권자는 채권액을 추가하지 못한다.
④ 관할 세무서장은 채권을 가진 자 및 매각으로 소멸되지 아니하는 전세권을 가진 자와 다음 각 호의 기관의 장에게 배분요구의 종기까지 배분요구를 하여야 한다는 사

실을 안내하여야 한다.
    ㉠ 행정안전부
    ㉡ 관세청
    ㉢ 「국민건강보험법」에 따른 국민건강보험공단
    ㉣ 「국민연금법」에 따른 국민연금공단
    ㉤ 「산업재해보상보험법」에 따른 근로복지공단
  ⑤ 관할 세무서장은 공매 통지를 할 때 채권 신고의 촉구 또는 배분요구의 안내에 관한 사항을 포함한 경우에는 각 해당 항에 따른 촉구 또는 안내를 한 것으로 본다.

제 6 절 압류·매각의 유예

1. 의 의

압류·매각 유예란 납세자가 성실납세자에 해당하거나, 재산의 압류나 매각을 유예함으로써 사업을 정상적으로 운영할 수 있게 되어 체납액의 징수가 가능하다고 인정되는 경우에 세무서장이 강제징수에 의한 재산의 압류나 압류재산의 매각을 유예함으로써 체납자에게 납세능력을 회복할 수 있는 기한의 이익을 제공하는 제도이다.

이 압류·매각 유예는 납세자에게 기한의 이익을 제공하는 유예제도란 점에서 징수유예와 비슷하지만 압류·매각 유예 사유와 징수유예 사유가 다르고, 또한 징수유예가 조세의 임의적 징수를 일정기간 늦추어 주는 반면 압류·매각 유예는 재산의 압류나 압류재산의 매각을 유예함으로써 강제적 징수를 유예한다는 점에서 차이가 있다.

세무서장이 압류·매각을 유예하는 경우에는 이미 압류한 재산의 압류를 해제할 수 있다. 그리고 재산의 압류를 유예하거나 압류한 재산의 압류를 해제하는 경우에는 그에 상당하는 납세담보의 제공을 요구할 수 있다(징법 105 ③). 다만, 성실납세자가 체납세액 납부계획서를 제출하고 국세체납정리위원회가 체납세액 납부계획의 타당성을 인정하는 경우에는 납세담보의 제공을 요구하지 아니한다.

2. 압류·매각 유예 사유

세무서장은 체납자가 다음의 요건을 모두 갖춘 그 체납액에 대하여 강제징수에 의한 재산의 압류나 압류재산의 매각을 유예할 수 있다(징법 105 ①).
① 국세청장이 성실납세자로 인정하는 기준에 해당하는 경우
② 재산의 압류나 압류재산의 매각을 유예함으로써 체납자가 사업을 정상적으로 운영할 수 있게 되어 체납액의 징수가 가능하다고 관할 세무서장이 인정하는 경우

3. 압류·매각 유예 절차

체납처분유예의 신청·승인·통지, 그리고 취소와 체납액의 일시징수 등의 절차는 징수유예의 규정을 준용한다. 이 경우 체납처분의 유예기간은 그 유예한 날의 다음날부터 1년 이내로 하며, 세무서장은 유예된 체납액을 유예기간에서 분할하여 징수할 수 있다(징령 77 ①).

구 분	압류·매각 유예
시 기	독촉장 등 납부기한 후
사 유 (징법105)	① 국세청장이 성실납세자로 인정하는 기준에 해당하는 경우 ② 재산의 압류나 압류재산의 매각을 유예함으로써 체납자가 사업을 정상적으로 운영할 수 있게 되어 체납액의 징수가 가능하다고 관할세무서장이 인정하는 경우
유예기간	1년 이내(징령77)
분납기한	1년 내에서 세무서장이 분납을 정함
방 법	압류 및 매각 유예

4. 압류·매각 유예의 효과

① 재산압류 또는 압류재산의 매각이 1년 이내로 유예된다(징령 77 ①).
② 소멸시효가 정지된다.
③ 납세증명서를 발급받을 수 있다.
④ 세무서장이 고지된 국세의 납부기한이 지난 후 체납액의 징수를 유예한 경우에는 그 징수유예기간 동안 다음의 납부지연가산세를 징수하지 아니한다.

> 납부하지 아니한 세액 또는 과소납부분 세액(세법에 따라 가산하여 납부하여야 할 이자 상당 가산액이 있는 경우에는 그 금액을 더한다) × 법정납부기한의 다음 날부터 납부일까지의 기간 (납세고지일부터 납세고지서에 따른 납부기한까지의 기간은 제외한다) × 2.2/10,000

5. 압류·매각 유예의 특례

세무서장은 다음의 요건을 모두 갖춘 자가 체납처분 유예를 신청하는 경우(제1항에 따라 압류·매각 유예를 받고 그 유예기간 중에 신청하는 경우를 포함한다) 그 체납처분 유예(소득세, 법인세, 부가가치세 및 이에 부가되는 세목에 대한 체납처분 유예로 한정한다)의 기간은 유예한 날의 다음날부터 **2년**(체납처분 유예를 받은 분에 대해서는 유예 받은 기간을 포함하여 산정한다) 이내로 할 수 있고, 징수유예 기간 중의 분납기한 및 분납금액은 관할 세무서장이 정할 수 있다(징령 77 ②).
　① 「조세특례제한법 시행령」 제2조에 따른 중소기업에 해당할 것
　② 다음 중 어느 하나에 해당하는 지역에 사업장이 소재할 것
　　㉮ 「고용정책 기본법」 제32조의 2 제2항에 따라 선포된 고용재난지역
　　㉯ 「고용정책 기본법 시행령」 제29조 제1항에 따라 지정·고시된 지역
　　㉰ 「국가균형발전 특별법」 제17조 제2항에 따라 지정된 산업위기대응특별지역
　　㉱ 「재난 및 안전관리 기본법」 제60조 제2항에 따라 선포된 특별재난지역(선포된 날부터 2년으로 한정한다)

6. 체납세액 납부계획서

체납처분유예로 재산의 압류를 유예하거나, 압류한 재산의 압류를 해제하는 경우에는 그에 상당하는 납세담보의 제공을 요구할 수 있다. 다만, 성실납세자가 체납세액 납부계획서를 제출하고 국세체납정리위원회가 체납세액 납부계획의 타당성을 인정하는 경우는 제외한다. 이때 체납세액 납부계획서에는 다음의 사항을 적어야 한다(징령 77 ⑤).
　① 체납세액 납부에 제공되는 재산 또는 소득에 관한 사항
　② 체납세액의 납부일정에 관한 사항
　③ 그 밖에 체납세액 납부계획과 관련된 사항

7. 압류·매각 유예의 취소

압류·매각 유예의 취소와 체납액의 일시징수에 관해서는 재난 등으로 인한 납부기한 등의 연장 규정을 준용한다.

8. 국세체납정리위원회

(1) 체납정리위원회의 조직

국세의 체납정리에 관한 사항을 심의하게 하기 위하여 지방국세청과 1급지세무서에 지방국세청국세체납정리위원회(지방국세청위원회)와 세무서 국세체납정리위원회(세무서위원회)를 각각 둔다(징법 106①, 징령 78). 국세체납정리위원회의 위원장은 해당 위원회를 대표하고, 위원회의 업무를 총괄한다.

(2) 체납정리위원회의 구성

지방국세청위원회는 위원장을 포함한 위원(위원장 포함) 7명 이상 9명 이내, 세무서위원회는 위원장을 포함한 위원 5명 이상 7명 이내로 구성하되, 지방국세청위원회의 위원장은 지방국세청장이 되고, 세무서위원회의 위원장은 세무서장이 된다.

국세체납정리위원회의 위원은 해당 지방국세청장 또는 세무서장이 다음 각 호의 어느 하나에 해당하는 사람 중에서 임명 또는 위촉한다. 위촉위원의 임기는 2년으로 하며, 한 차례만 연임할 수 있다(징령 79 ⑤).
① 해당 지방국세청 또는 세무서 소속 5급 이상 공무원
② 변호사·공인회계사 또는 세무사의 자격이 있는 사람
③ 법률·회계 또는 경제에 관하여 학식과 경험이 풍부한 사람으로서 경제계에 종사하는 사람

(3) 체납정리위원회의 심의사항

지방국세청장과 세무서장은 다음 중 어느 하나에 해당하는 경우에는 각각 지방국세청위원회 및 세무서위원회의 심의를 거쳐야 한다(징령 80).
① 총 재산 추산가액이 강제징수비보다 작아 압류를 해제하려는 사항
② 그 밖에 법 또는 다른 세법에 따라 국세체납정리위원회의 심의를 거치도록 한 사항

(4) 회 의

국세체납정리위원회의 위원장은 해당 위원회의 회의를 소집하고 그 의장이 된다. 회의는 재적위원 과반수의 출석으로 개의(開議)하고 출석위원 과반수의 찬성으로 의결한다(징령 82 ③). 이 때 위원장은 회의의 일정과 의안을 미리 각 위원에게 통지하여야 하며, 해당 위원회의 회의를 개최한 경우 회의록을 작성하여 갖춰 두어야 한다(징령 83).

(5) 의견청취

국세체납정리위원회는 의안을 심의할 때 필요하다고 인정하는 경우에는 체납자, 이해관계인 등의 의견을 들을 수 있다(징령 85).

(6) 위원 해촉

지방국세청장 또는 세무서장은 위촉위원이 다음 중 어느 하나에 해당하는 경우에는 해당 위원을 해촉할 수 있다(징령 88).
① 심신장애로 직무를 수행할 수 없게 된 경우
② 직무와 관련한 비위사실이 있는 경우
③ 위촉 당시의 자격을 상실한 경우
④ 국세를 체납한 경우
⑤ 직무태만, 품위손상이나 그 밖의 사유로 위원으로 적합하지 아니하다고 인정되는 경우
⑥ 위원 스스로 직무를 수행하기 어렵다는 의사를 밝히는 경우
⑦ 회피사유에 해당하는데도 불구하고 회피하지 아니한 경우

(7) 의사 관여의 제한

국세체납정리위원회의 위원은 자기 또는 친족과 관련되어 있는 체납국세에 관한 의사(議事)에 관여하지 못한다.

(8) 수 당

국세체납정리위원회는 회의에 출석한 위촉위원에게 예산의 범위에서 수당을 지급할 수 있다.

제4장 보칙(국세징수의 간접적 강제 제도)

1. 국세징수의 간접적 강제제도의 의의

국세징수의 간접적 강제제도란 조세채권의 확정을 기다리거나 그 납부기한의 도래를 기다려서는 조세채권을 확보할 수 없는 경우에 과세권자가 조세채권을 확보하기 위하여 납세자에게 납세의무의 이행을 간접적으로 강제하는 보충적인 납세제도를 의미한다.

우리나라의 세법체계에서 국세징수의 간접적 강제제도는 국세기본법과 국세징수법에 산발적으로 규정되고 있었으나 2021년부터 국세징수법이 통합하여 규정하였다. 국세징수법에서 규정하고 있는 것으로는 **납세증명서의의 제출, 사업이 관한 허가 등의 제한, 체납자료의 제공, 출국금지, 고액·상습체납자의 명단공개** 등의 제도가 있다.

2. 납세증명서의 제출

(1) 의 의

국세징수법에서는 납세자가 특정한 행위를 하려는 경우 납세증명서를 제출하게 함으로써 납세자에게 납세의무의 이행을 간접적으로 강제하고 있다. 즉 납세자가 국가 등에 대하여 납세의무를 이행하지 아니한 경우가 없다는 사실증명을 제출케 함으로써 조세납부를 간접적으로 강제하여 조세의 적기 징수를 용이하게 하자는 납세보전제도의 하나이다.

그러나 납세증명서의 제출을 너무 많은 경우까지 적용시키면 국민의 자유스러운 거래를 간접적으로 제한하는 것과 다름이 없게 되므로 그 제출이 필요한 경우는 법문에 열거된 경우에 한하고, 또 그 해석도 엄격히 제한적으로 해석하여야 할 것이다.

(2) 납세증명서의 내용

납세증명서는 발급일 현재 다음 각 호의 금액을 제외하고는 다른 체납액이 없다는 사실을 증명하는 것으로 한다(징법 107 ②, 징령 94).
① 납부기한 연장에 따른 독촉장에서 정하는 기한의 연장에 관계된 금액
② 압류・매각의 유예액
③ 납부고지 유예액(이하 징령 94)
④ 「채무자 회생 및 파산에 관한 법률」에 따른 징수유예액 또는 체납처분에 의하여 압류된 재산의 환가유예에 관련된 체납액
⑤ 「부가가치세법」 제3조의2에 따라 신탁재산으로써 납세의무자의 부가가치세 또는 강제징수비를 납부할 의무(이하 "물적납세의무"라 한다)가 있는 「신탁법」 제2조에 따른 수탁자가 그 물적납세의무와 관련하여 체납한 부가가치세등
⑥ 물적납세의무와 관련된 종부세 또는 강제징수비 체납액

(3) 납세증명서의 제출사유

납세자가 다음 중 하나에 해당하는 경우에는 납세증명서를 제출하여야 한다(징법 107). 그러나 이 경우 납세자가 납세증명서를 제출하여야 하는 경우에 해당 주무관서 등은 국세정보통신망을 이용하여 조회하거나 세무서장에게 조회하여 그 체납사실 유무를 확인함으로써 납세증명서의 제출을 생략하게 할 수 있다(징령 93).
① 납세자가 국가・지방자치단체 또는 정부관리기관(「감사원법」의 규정에 따라 검사대상이 되는 법인)으로부터 대금을 지급받는 자가 원래의 계약자 외의 자인 경우에는 다음 각 호의 구분에 따라 납세증명서를 제출하여야 한다.
㉠ 채권양도로 인한 경우: 양도인과 양수인의 납세증명서
㉡ 법원의 전부명령(轉付命令)에 따르는 경우: 압류채권자의 납세증명서
㉢ 「하도급거래 공정화에 관한 법률」에 따라 건설공사의 하도급대금을 직접 지급받는 경우: 수급사업자의 납세증명서
② 「출입국관리법」 제31조에 따른 외국인등록 또는 「재외동포의 출입국과 법적 지위에 관한 법률」 제6조에 따른 국내거소신고를 한 외국인이 체류기간 연장허가 등 다음의 체류 관련 허가를 법무부장관에게 신청하는 경우. 단, 해당 주무관서가 세무서장에게 조회하여 증명서의 제출을 생략할 수 있다.
㉠ 「재외동포의 출입국과 법적 지위에 관한 법률」 제6조에 따른 국내거소신고
㉡ 「출입국관리법」 제20조에 따른 체류자격 외 활동허가

ⓒ 「출입국관리법」 제21조에 따른 근무처 변경·추가에 관한 허가 또는 신고
ⓓ 「출입국관리법」 제23조에 따른 체류자격부여
ⓔ 「출입국관리법」 제24조에 따른 체류자격 변경허가
ⓕ 「출입국관리법」 제25조에 따른 체류기간 연장허가
ⓖ 「출입국관리법」 제31조에 따른 외국인등록

③ 내국인이 해외이주 목적으로 「해외이주법」 제6조에 따라 외교부장관에게 해외이주신고를 하는 경우

(4) 납세증명서제출의 예외

1) 국가 등으로부터 대금을 지급받을 때

납세자가 국가·지방자치단체 또는 정부관리기관으로부터 대금의 지급을 받을 경우에 다음에 해당하면 납세증명서를 제출하지 아니하여도 된다(징령 91).

① 「국가를 당사자로 하는 계약에 관한 법률 시행령」 제26조 제1항 각 호의 규정(같은 항 제1호 라목은 제외한다)[42] 및 「지방자치단체를 당사자로 하는 계약에 관한 법률 시행령」 제25조 제1항 각 호의 규정(같은 항 제7호 나목은 제외한다)[43]에 해당하는 수의계약과 관련하여 대금을 지급받는 경우

---

42) 제26조(수의계약에 의할 수 있는 경우) ① 법 제7조 단서에 따라 수의계약에 의할 수 있는 경우는 다음 각 호와 같다.
  1. 경쟁에 부칠 여유가 없거나 경쟁에 부쳐서는 계약의 목적을 달성하기 곤란하다고 판단되는 경우로서 다음 각 목의 경우
    가. 천재·지변, 작전상의 병력 이동, 긴급한 행사, 긴급복구가 필요한 수해 등 비상재해, 원자재의 가격급등, 그 밖에 이에 준하는 경우
    나. 국가안전보장, 국가의 방위계획 및 정보활동, 군시설물의 관리, 외교관계, 그 밖에 이에 준하는 경우로서 보안상 필요가 있거나, 국가기관의 행위를 비밀리에 할 필요가 있는 경우
    다. 방위사업청장이 군용규격물자를 연구개발한 업체 또는 「비상대비자원 관리법」에 따른 중점관리대상업체로부터 군용규격물자(중점관리대상업체의 경우에는 방위사업청장이 지정하는 품목에 한정한다)를 제조·구매하는 경우
    라. 비상재해가 발생한 경우에 국가가 소유하는 복구용 자재를 재해를 당한 자에게 매각하는 경우
43) 제25조(수의계약에 의할 수 있는 경우) ① 지방자치단체의 장 또는 계약담당자는 다음 각 호의 어느 하나에 해당하는 경우에는 법 제9조제1항 단서에 따른 수의계약에 의할 수 있다.(일부)
  1. 천재지변, 감염병의 발생 및 유행, 작전상의 병력이동, 긴급한 행사, 원자재의 가격급등, 그 밖에 이에 준하는 경우로서 입찰에 부칠 여유가 없는 경우
  2. 입찰에 부칠 여유가 없는 긴급복구가 필요한 재난 등 행정안전부령에 따른 재난복구 등의 경우
  3. 국가기관, 다른 지방자치단체(「지방자치법」 제159조에 따른 지방자치단체조합을 포함한다)와 계약을 하는 경우
  4. 특정인의 기술·용역 또는 특정한 위치·구조·품질·성능·효율 등으로 인하여 경쟁을 할 수 없는 경우로서 다음 각 목의 경우

② 국가 또는 지방자치단체가 대금의 지급을 받아 그 대금이 국고 또는 지방자치단체 금고에 귀속되는 경우
③ 국세의 강제징수에 의한 채권압류로 관할 세무서장이 그 대금을 지급받는 경우
④ 「채무자 회생 및 파산에 관한 법률」에 따른 파산관재인이 납세증명서를 발급받지 못하여 원활한 파산절차의 진행이 곤란하다고 관할법원이 인정하고, 해당 법원이 납세증명서의 제출예외를 관할 세무서장에게 요청하는 경우
⑤ 납세자가 계약대금 전액을 체납세액으로 납부하거나 계약대금 중 일부금액으로 체납세액 전액을 납부하려는 경우

2) 외국인이 출국하거나 내국인이 이주하는 경우

국세를 납부할 의무가 있는 외국인이 출국하거나 내국인이 외국에 이주하거나 1년을 초과하여 외국에 체류할 목적으로 출국하는 경우 해당 주무관서는 세무서장에게 조회하여 그 체납사실 유무를 확인함으로써 납세증명서의 제출을 생략하게 할 수 있다.

3) 납세증명서의 제출 갈음

납세자가 납세증명서를 제출하여야 하는 경우에 해당 주무관서 등은 국세청장(국세정보통신망을 통한 조회에 한한다) 또는 세무서장에게 조회하거나 납세자의 동의를 받아 「전자정부법」 제36조 제1항[44])에 따른 행정정보의 공동이용을 통하여 그 체납사실 여부를 확인함으로써 하여야 한다.

(5) 납세증명서의 발급

납세증명서를 발급받으려는 자는 다음의 사항을 적은 문서(전자문서를 포함한다)를 개인에 있어서는 주소지(주소가 없는 외국인의 경우에는 거소지) 또는 사업장소재지를 관할하는 세무서장에게, 법인에 있어서는 본점(외국법인인 경우에는 국내주사업장)소재지를 관할하는 세무서장에게 각각 제출(국세정보통신망을 활용한 제출을 포함한다)하여야 한다(징령 95). 다만, 국세청장이 납세자의 편의를 위하여 발급 세무서를 달리 정하는 경우에는 그 발급 세무서의 장에게 제출하여야 한다.

---

44) 제36조(행정정보의 효율적 관리 및 이용) ① 행정기관등의 장은 수집·보유하고 있는 행정정보를 필요로 하는 다른 행정기관등과 공동으로 이용하여야 하며, 다른 행정기관등으로부터 신뢰할 수 있는 행정정보를 제공받을 수 있는 경우에는 같은 내용의 정보를 따로 수집하여서는 아니 된다.

① 납세자의 주소 또는 거소와 성명
② 납세증명서의 사용목적
③ 납세증명서의 수량

관할세무서장은 납세자로부터 납세증명서의 발급신청을 받은 때에는 그 사실을 확인하고 즉시 납세증명서를 발급하여야 한다(징법 108).

(6) 납세증명서의 유효기간

납세증명서의 유효기간은 그 증명서를 발급한 날부터 30일간으로 한다. 다만, 발급일 현재 해당 신청인에게 고지된 국세가 있거나 발급일이 속하는 달에 법정 납부기한이 도래하는 국세(자진납부하거나 원천징수하여 납부하는 국세는 제외한다)가 있는 경우에는 그 지정 납부기한까지로 할 수 있다. 만약 단서에 따라 유효기간을 지정 납부기한까지로 정할 때에는 관할세무서장은 해당 납세증명서에 그 사유와 유효기간을 분명하게 적어야 한다(징령 96).

국세징수법 시행규칙 [별지 제94호서식]

납세증명서

※ 색상이 어두운 난은 신청인이 작성하지 않습니다.

발급번호		처리기간	즉시 (단, 해외이주용 10일)

납세자 인적사항	성명(상호)		주민등록번호(사업자등록번호)	
	주소(사업장)			

증명서의 사용목적	[ ] 대금수령 [ ] 해외이주 [ ] 기타

증명서의 유효기간	유효기간	년 월 일
	유효기간을 정한 사유	[ ] 「국세징수법 시행령」 제96조제1항 [ ] 기타 (사유:)

연장·유예 내역 (단위: 원)	연장·유예 종류	연장·유예 기간	과세기간	세목	납부 기한	세액	가산금

물적납세 의무 체납내역 (단위: 원)	위탁자	과세기간	세목	납부 기한	세액	가산금

「국세징수법」 제108조 및 같은 법 시행령 제95조에 따라 발급일 현재 위의 연장·유예액 또는 「부가가치세법」 제3조의2 및 「종합부동산세법」 제7조의2 및 제12조의2에 따른 수탁자의 물적납세의무와 관련된 체납액을 제외하고는 다른 체납액이 없음을 증명합니다.

담당부서	
담당자	
연락처	

년   월   일

세 무 서 장 직인

210mm×297mm[백상지 80g/㎡ 또는 중질지 80g/㎡]

3. 사업에 관한 허가 등의 제한 등

(1) 의 의

　관허사업(官許事業)이란 허가, 인가, 면허, 등록 등 그 용어에 구애됨이 없이 법령에 따른 일반적인 제한·금지를 특정한 경우에 해제하거나 권리를 설정하여 적법하게 일정한 사실행위 또는 법률행위를 할 수 있게 하는 행정처분을 받아 영위하는 각종 사업을 말한다. 이 제도 역시 납세자의 조세납부를 간접적으로 강제하고 있으므로 넓은 의미에 있어서 조세채권의 보존조치에 포함되고 있다.

　국세징수법에는 이러한 관허사업을 제한하는 규정을 두고 있다. 즉 정당한 사유 없이 조세를 체납한 납세자가 국가 또는 지방자치단체로부터 허가·인가·면허 및 등록과 그 갱신을 요하는 사업을 영위하는 경우에 세무서장(지방국세청장 포함)은 그 사업의 주무관서에 해당 납세자에 대하여 그 허가 등을 하지 아니할 것을 요구할 수 있고, 또 국가나 지방자치단체로부터 허가 등을 받아 사업을 경영하는 자가 해당 사업과 관련된 소득세, 법인세 및 부가가치세를 1년에 3회 이상 체납한 경우에는 세무서장은 그 주무관서에 사업의 정지 또는 허가 등의 취소를 요구할 수 있도록 규정하고 있다(징법 112).

　따라서 세무서장의 요구가 있을 때에는 해당 주무관서는 정당한 사유가 없으면 요구에 따라야 하며, 그 조치결과를 즉시 해당 세무서장에게 알려야 한다.

(2) 사업의 허가·인가 등 제한

　관할세무서장은 정당한 사유없이 조세를 체납한 납세자가 국가 또는 지방자치단체로부터 허가·인가·면허 및 등록과 그 갱신을 요하는 사업을 영위하는 경우에 세무서장(지방국세청장 포함)은 그 사업의 주무관서에 해당 납세자에 대하여 그 허가 등을 하지 아니할 것을 요구할 수 있다(징법 112 ①). 다만 조세의 체납사유가 다음 중 하나에 해당되어 관할 세무서장이 인정하는 경우에는 정당한 사유에 의한 체납에 해당되어 관허사업의 허가 등을 제한받지 않는다(징령 101).

① 공시송달의 방법에 따라 납부 고지된 경우
② 납세자가 재난 또는 도난을 당하여 납세가 곤란한 경우
③ 납세자 또는 그 동거가족의 질병이나 중상해로 6개월 이상의 치료가 필요한 경우 또는 사망하여 상중인 경우
④ 납세자가 그 사업에 현저한 손실을 입어 납세가 곤란한 경우
⑤ 납세자가 국세의 체납으로 강제징수 받거나 강제집행을 받은 경우

⑥ 납세자의 재산이 압류해제의 요건에 해당된 경우
⑦ 위 '①' 부터 '⑥'까지에 준하는 사유가 있을 경우
⑧ 「부가가치세법」 제3조의2에 따라 물적납세의무가 있는 수탁자가 그 물적납세의무와 관련한 부가가치세등을 체납한 경우

(3) 사업 허가·인가 등의 취소요구(사후적 제한)

관할세무서장은 국가나 지방자치단체 등으로부터 이미 허가 등을 받아 사업을 경영하는 자가 정당한 사유없이 소득세, 법인세 및 부가가치세를 3회 이상 체납한 경우로서 그 체납액이 500만원 이상인 때에는 그 주무관서에 사업의 정지 또는 허가 등 취소를 요구할 수 있다(징법 112 ②).

여기서 3회의 체납횟수는 납부고지서 1통을 1회로 보아 계산한다(징법 102). 3회 이상의 체납회수계산의 기초가 되는 체납에는 관허사업 자체에 관한 것에 국한하지 아니하고 그밖의 원인으로 인한 체납과 본래의 납세의무 외에 제2차 납세의무, 납세보증인의 의무, 연대납세의무, 양도담보권자의 물적납세의무 등에 기인하는 체납액이 포함되며, '3회 이상 체납한 때'란 관허사업제한요구 시점에 3건 이상의 체납국세가 있어야 하는 것으로 한다(국징통 7-0…2).

그리고 정당한 사유란 ① 앞에서 열거한 관허사업의 허가를 제한할 수 없는 사유 중 하나에 해당하거나 ② 세무서장이 납세자에게 납세가 곤란한 사정이 있는 사실을 인정하는 경우를 말한다.

(4) 사업의 제한요구의 철회

관할세무서장은 사업 허가 등의 제한을 요구한 후에 해당 국세를 징수하였을 때에는 지체없이 그 요구를 철회하여야 한다.

4. 체납자료의 제공

(1) 의 의

세무서장은 국세징수 또는 공익목적을 위하여 필요한 경우로서 「신용정보의 이용 및 보호에 관한 법률」에 따른 신용정보회사 또는 같은 법에 따른 신용정보집중기관 등이 다음 중 하나에 해당하는 체납자의 인적사항 및 체납액에 관한 자료(체납자료)를 요구한

경우에는 이를 제공할 수 있다. 다만, 체납된 국세와 관련하여 국세기본법에 따른 이의신청·심사청구 또는 심판청구 및 행정소송이 계류 중인 경우와 체납처분이 유예되는 경우, 그리고 징수유예사유 중 재해 또는 도난으로 재산에 심각한 손실을 받은 때, 사업에 현저한 손실을 받은 때, 사업이 중대한 위기에 처한 때의 사유에 해당되는 경우에는 자료 제공 제외 대상자로 한다(징법 110 ①, 징령 98 ②).

① **체납발생일부터 1년이** 지나고 체납액이 **5백만원 이상인 자**
② **1년에 3회 이상** 체납하고 체납액이 **5백만원 이상인 자**

한편 체납자료를 제공받은 자는 이를 업무목적 외로 누설 또는 이용하여서는 아니된다(징법 110 ③).

(2) 체납자료 파일 작성 등

세무서장(지방국세청장 포함)은 체납자료를 전산정보처리조직에 의하여 처리하는 경우에는 체납자료 파일(자기테이프, 자기디스크, 그 밖에 이와 유사한 매체에 체납자료가 기록·보관된 것을 말한다. 이하 같다)을 작성할 수 있다. 그리고 체납자료 파일의 정리·관리·보관 등에 필요한 사항은 국세청장이 정한다(징령 99).

(3) 체납자료의 요구 등

체납자료를 요구하는 자는 다음 각 호의 사항을 적은 문서를 세무서장(지방국세청장 포함)에게 제출하여야 한다.

① 요구자의 이름 및 주소
② 요구하는 자료의 내용 및 이용목적

체납자료를 요구받은 세무서장은 체납자료 파일 또는 문서로 이를 제공할 수 있다. 그러나 제공한 체납자료가 체납액의 납부 등으로 체납자료에 해당되지 아니하게 되는 경우에는 그 사실을 사유 발생일부터 15일 이내에 요구자에게 통지하여야 한다(징령 100 ④).

(4) 지급명세서 등의 재산조회 및 체납처분 활용

세무서장(지방국세청장·국세청장 포함)은 「소득세법」 및 「법인세법」에 따라 제출받은 이자소득 또는 배당소득에 대한 지급명세서 등 금융거래에 관한 정보를 「금융실명거래 및 비밀보장에 관한 법률」에도 불구하고 체납자의 재산조회와 체납처분을 위하여 사용할 수 있다.

5. 출국금지 요청

(1) 의 의

국세청장은 정당한 사유없이 **5천만원 이상**의 국세를 체납한 자 중 관할 세무서장이 압류·공매, 담보 제공, 보증인의 납세보증서 등으로 조세채권을 확보할 수 없고, 체납처분을 회피할 우려가 있다고 인정되는 다음에 해당하는 자에 대하여 법무부장관에게 출국금지를 요청하여야 한다(징법 113 및 징령 103). 이 때 국세청장은 법무부장관에게 체납자에 대한 출국금지를 요청하는 경우에는 해당 체납자가 다음 각 호 중 어느 항목에 해당하는지와 조세채권을 확보할 수 없고 체납처분을 회피할 우려가 있다고 인정하는 사유를 구체적으로 밝혀야 한다.

① 배우자 또는 직계존비속이 국외로 이주(국외에 3년 이상 장기체류 중인 경우를 포함한다)한 자
② 출국금지 요청일 현재 최근 2년간 미화 5만달러 상당액 이상을 국외로 송금한 자
③ 미화 5만달러 상당액 이상의 국외자산이 발견된 자
④ 「국세기본법」에 따라 명단이 공개된 고액·상습체납자
⑤ 출국금지 요청일을 기준으로 최근 1년간 체납된 국세가 5천만원 이상인 상태에서 사업 목적, 질병 치료, 직계존비속의 사망 등 정당한 사유 없이 국외 출입 횟수가 3회 이상이거나 국외 체류 일수가 6개월 이상인 사람
⑥ 사해행위(詐害行爲) 취소소송 중이거나 「국세기본법」 제35조 제4항에 따라 제3자와 짜고 한 거짓계약에 대한 취소소송 중인 사람

(2) 통보와 해제

① 법무부장관이 출국금지를 한 경우에는 국세청장에게 그 결과를 정보통신망 등을 통하여 통보하여야 한다.
② **강제적 해제 요청** : 국세청장은 체납액 징수, 체납자 재산의 압류, 담보 제공 등으로 출국금지사유가 해소된 다음의 경우에는 즉시 법무부장관에게 출국금지의 해제를 요청하여야 한다.
   ㉮ 체납액을 납부하거나 부과결정 취소 등에 따라 체납된 국세가 5천만원 미만으로 된 경우
   ㉯ 재산 압류, 담보 제공, 보증인의 납세보증서 등으로 조세채권이 확보된 경우
   ㉰ 출국금지 요청의 요건이 해소된 경우

③ **임의적 해제 요청** : 국세청장은 출국금지 중인 자에게 다음 각 호의 어느 하나에 해당하는 사유가 발생한 경우로서 체납처분을 회피할 목적으로 국외 도피할 우려가 없다고 인정되는 자에 대해서는 법무부장관에게 출국금지의 해제를 요청할 수 있다.
  ㉮ 국외건설계약 체결, 수출신용장 개설, 외국인과의 합작사업 계약 체결 등 구체적인 사업계획을 가지고 출국하려는 경우
  ㉯ 국외에 거주하는 직계존비속이 사망하여 출국하려는 경우
  ㉰ 위 '①' 및 '②'의 사유 외에 본인의 신병치료 등 불가피한 사유로 출국금지를 해제할 필요가 있다고 인정되는 경우

6. 고액·상습체납자의 명단공개

(1) 명단공개 대상자

국세청장은 다음 중 어느 하나에 해당하는 자의 인적사항 등을 공개할 수 있다.

가. 고액·상습체납자

국세청장은 체납발생일부터 **1년이 지난 국세가 2억원 이상인 체납자**에 대해서는 그 인적사항·체납액등과 불성실기부금수령단체의 인적사항·국세추징명세 등을 공개할 수 있다(징법 114). 다만, **체납된 국세가 이의신청·심사청구 등 불복청구중이거나 다음의 사유에 해당하는 경우에는 공개하지 아니한다.** 이 경우 국세가 체납발생일부터 1년이 지났는지 여부는 명단 공개일이 속하는 연도의 직전 연도 12월 31일을 기준으로 판단한다(징령 105).
① 최근 2년 이내에 미납된 체납액의 50% 이상을 납부한 경우
② 회생계획인가의 결정에 따라 체납된 세금의 징수를 유예받고 그 유예기간중이거나 체납된 세금을 회생계획의 납부일정에 따라 납부하고 있는 경우
③ 재산상황, 미성년자 해당 여부 및 그밖의 사정 등을 고려할 때 국세정보공개심의위원회가 공개할 실익이 없거나 공개하는 것이 부적절하다고 인정하는 경우
④ 「부가가치세법」 제3조의2에 따른 물적납세의무가 있는 수탁자가 물적납세의무와 관련된 부가가치세를 체납한 경우

나. 조세포탈범

① 「조세범 처벌법」에 따른 범죄로 유죄판결이 확정된 자로서 「조세범 처벌법」에 따른 포탈세액 등이 연간 2억원 이상인 자의 인적사항, 포탈세액 등을 공개할 수 있다.

② 조세포탈범의 명단을 공개할 때 공개할 사항은 조세포탈범의 성명·상호(법인의 명칭을 포함한다), 나이, 직업, 주소, 포탈세액 등의 세목·금액, 판결 요지 및 형량 등으로 한다. 이 경우 조세포탈범의 범칙행위가 「조세범 처벌법」에 따라 양벌규정에 해당하는 경우에는 해당 법인의 명칭·주소·대표자 또는 해당 개인의 성명·상호, 주소를 함께 공개한다.

다. 해외금융계좌 신고의무 위반자

「국제조세조정에 관한 법률」 제34조 제1항[45]에 따른 해외금융계좌정보의 신고의무자로서 신고기한 내에 신고하지 아니한 금액이나 과소 신고한 금액이 50억원을 초과하는 자의 인적사항, 신고의무 위반금액 등을 공개할 수 있다. 다만, ① 국세정보공개심의위원회가 신고의무자의 신고의무 위반에 정당한 사유가 있다고 인정하는 경우 및 ② 「국제조세조정에 관한 법률」 제37조에 따라 수정신고 및 기한 후 신고를 한 경우(해당 해외금융계좌와 관련하여 세무공무원이 조사에 착수한 것을 알았거나 과세자료 해명 통지를 받고 수정신고 및 기한 후 신고를 한 경우는 제외한다)에는 공개하지 아니하다.

이 경우 해외금융계좌 신고의무 위반자의 명단을 공개할 때 공개할 사항은 신고의무 위반자의 성명·법인명, 나이, 직업, 주소, 신고의무 위반금액 등으로 하고, 신고의무 위반자가 법인인 경우에는 법인의 대표자를 함께 공개한다.

해외금융계좌 신고의무 위반자의 명단은 공개일로부터 **5년간 공개**(국세정보통신망 또는 관할세무서 게시판에 게시하는 방법에 한정한다)한다. 다만, 신고하지 아니하거나 과소신고한 해외금융계좌와 관련하여 세법에 따라 납부하여야 할 세액, 과태료 및 벌금을 납부하지 아니하였거나 형의 집행이 완료되지 않은 경우에는 명단을 계속하여 공개한다.

(2) 공개대상자 선정 절차와 내용

① 국세청장은 위원회의 심의를 거친 공개대상자에게 체납자 또는 불성실기부금수령단체 명단공개 대상자임을 통지하여 소명기회를 주어야 하며, 통지일부터 6개월이

---

45) 제34조 【해외금융계좌의 신고】
① 해외금융회사에 개설된 해외금융계좌를 보유한 거주자 및 내국법인 중에서 해당 연도의 매월 말일 중 어느 하루의 보유계좌잔액(보유계좌가 복수인 경우에는 각 계좌잔액을 합산한다)이 대통령령으로 정하는 금액을 초과하는 자(이하 이 장에서 "신고의무자"라 한다)는 다음 각 호의 정보(이하 이 장에서 "해외금융계좌정보"라 한다)를 다음 연도 6월 1일부터 30일까지 납세지 관할 세무서장에게 신고하여야 한다.
1. 보유자의 성명·주소 등 신원에 관한 정보
2. 계좌번호, 금융회사의 이름, 매월 말일의 보유계좌잔액의 최고금액 등 보유계좌에 관한 정보
3. 제4항에 따른 해외금융계좌 관련자에 관한 정보

지난 후 위원회로 하여금 체납액의 납부이행 또는 기부금영수증 발급명세의 작성·보관의무 이행 등을 고려하여 체납자 또는 불성실기부금수령단체 명단공개 여부를 재심의하게 한 후 공개대상자를 선정한다. 공개대상자에게 명단 공개대상자임을 통지하는 경우에는 체납된 세금을 납부하도록 촉구하고, 공개 제외 사유에 해당되는 경우에는 이에 관한 소명자료를 제출하도록 안내하여야 한다.
② 공개는 관보에 게재하거나 국세정보통신망 또는 관할세무서 게시판에 게시하는 방법으로 한다.
③ 체납자 명단공개시 공개할 사항은 체납자의 성명·상호(법인의 명칭을 포함한다), 나이, 직업, 주소, 체납액의 세목·납부기한 및 체납요지 등으로 하고, 체납자가 법인인 경우에는 법인의 대표자를 함께 공개한다.
④ 불성실기부금수령단체의 명단을 공개할 때 공개할 사항은 단체의 명칭, 대표자, 국세추징 건수 또는 세액, 거짓 영수증 교부 건수 또는 발급금액 등으로 한다.

(3) 국세정보위원회

체납자, 불성실기부금수령단체, 조세포탈범 또는 해외금융계좌 신고의무 위반자의 인적사항, 국세추징명세, 포탈세액, 신고의무 위반금액 등에 대한 공개 여부를 심의하고, 「국세징수법」제115조 제1항 제3호에 따른 체납자의 감치 필요성 여부를 의결하기 위해 국세청에 국세정보위원회를 둔다(기법 85의5 ②).
① 위원회의 위원장은 위원 중 국세청장이 지명하는 자가 되고, 위원은 다음 각 호의 자가 된다. "㈏"위원의 임기는 2년으로 한다.
  ㈎ 국세청장이 국세청 소속 2급 또는 3급 공무원중에서 임명하는 사람 8명
  ㈏ 법률 또는 회계에 관한 학식과 경험이 풍부한 자중에서 국세청장이 위촉하는 사람 12명
② 위원회 회의는 위원장과 위원장이 지정하는 위①의 ㈎의 위원 5명과 ㈏의 위원 5명으로 구성한다. 위원회의 회의는 위원장을 포함한 재적위원 과반수의 출석으로 개의하고, 출석위원 과반수의 찬성으로 의결한다.
③ 국세정보위원회의 위원은 다음 중 어느 하나에 해당하는 경우에는 위원회의 심의·의결에서 제척된다. 그리고 국세정보위원회의 위원은 다음 중 어느 하나에 해당하는 경우에는 스스로 해당 안건의 심의·의결에서 회피하여야 한다.
  ㈎ 명단공개대상자인 경우
  ㈏ 위 ㈎에 규정된 사람의 친족이거나 친족이었던 경우
  ㈐ 위 ㈎에 규정된 사람의 사용인이거나 사용인이었던 경우

㉔ 명단공개의 직접적인 원인이 된 세무조사에 관여하였던 경우
㉕ 명단공개일 전 최근 5년 이내에 명단공개대상자에 관한 법 또는 세법에 따른 신고·신청·청구에 관여하였던 경우
㉖ 위 ㉔ 또는 ㉕에 해당하는 법인 또는 단체에 속하거나 명단공개일 전 최근 5년 이내에 속하였던 경우
㉗ 그 밖에 명단공개대상자의 업무에 관여하거나 관여하였던 경우

7. 고액·상습 체납자의 감치(監置)

① (대상자) 국세청장은 다음 요건을 모두 충족한 자에 대하여 체납자의 감치를 검사에게 청구할 수 있다(국징법 115).
  ㉠ 국세를 3회 이상 체납, 체납 1년 경과, 체납액 합계 2억원 이상
  ㉡ 체납국세 납부능력이 있음에도 불구하고, 정당한 사유없이 체납(무재산으로 인해 체납한 자는 동 요건 불충족 → 감치 대상자 아님)
  ㉢ 국세정보위원회* 의결로 감치 필요성 인정
    * 위원장(민간), 내부위원 5명, 민간위원 5명 등 11명으로 구성

② (절차) 국세청장의 감치 신청 → 검사의 감치 청구 → 법원의 결정 → 체납자를 30일 이내 유치장 등에 유치
③ 체납자는 국세청장에게 감치신청에 대해 소명자료를 제출하거나 의견을 진술할 수 있다.

8. 미납국세 등의 열람

(1) 의 의

주택임대차보호법에 따른 주거용건물 또는 상가건물임대차보호법에 따른 상가건물을 임차하여 사용하려는 자는 해당 건물에 대한 임대차계약을 하기 전에 건물 소유자의 동의를 얻어 건물 소유자가 납부하지 아니한 국세 또는 체납액의 열람을 임차할 건물 소재지의 관할 세무서장에게 신청할 수 있다. 이 경우 관할 세무서장은 열람신청에 따라야 한다(징법 109).

미납국세 등의 열람을 신청하려는 자는 미납국세 등 열람신청서에 건물 소유자의 동의를 증명할 수 있는 서류와 임차하려는 자의 신분을 증명할 수 있는 서류를 첨부하여

관할 세무서장에게 제출하여야 한다.

(2) 열람할 수 있는 국세

임차인이 열람할 수 있는 국세는 ① 각 세법의 규정에 따른 과세표준 및 세액의 신고기한 내에 신고한 국세 중 납부하지 아니한 국세, ② 납부고지서를 발부한 후 지정납부기한이 도래하지 아니한 국세, ③ 체납액으로 한정한다.

열람신청을 받은 관할 세무서장은 각 세법에 따른 과세표준 및 세액의 신고기한까지 임대인이 신고한 국세 중 납부하지 아니한 국세에 대해서는 신고기한부터 30일(종합소득세의 경우에는 60일로 한다)이 지났을 때부터 열람신청에 응하여야 한다.

[국세징수법 보칙(간접적 강제제도)의 요약]*

구분	내용
납세증명서 발급과 제출	체납액이 없다는 사실 증명. 국가 등에서 대금지급받을 때 제출
사업허가 등의 제한	허가갱신과 신규허가 금지 등
체납자료의 제공	신용정보업자 등에게 체납발생일로부터 1년이 지나거나 1년에 3회 이상 체납하고 체납액이 500만원 이상인자의 인적사항 및 체납액 제공
출국금지의 요청	정당한 사유없이 체납액이 5천만원 이상. 법무부장관에게 요청.
고액·상습체납자의 명단공개	국세를 체납후 1년이 지난 체납액 합계 2억원 이상인 경우 명단공개 (불복청구중인 경우 공개하지 않음)
고액·상습체납자의 감치(監置)	국세를 3회 이상, 체납 1년경과, 체납액 합계 2억원 이상인 경우 법원의 결정으로 30일 이내 유치장에 유치가능
미납국세 등의 열람	주택, 상가 임대차보험법상 임차인이 임대인 동의 얻어 미납국세 등 열람 신청가능

제 4 편

조세범 처벌법

제 1 장 총 칙
제 2 장 조세범의 처벌

제1장 총 칙

제 1 절 조세범의 개념

1. 조세범과 조세벌

조세범(租稅犯)이란 조세에 관한 법률 즉, 조세의 부과·징수·납부 및 환급에 관련된 법률을 위반함으로써 성립된 범죄를 말하고, 조세벌(租稅罰)이란 조세범죄에 대하여 법률에 의해 부과하는 형벌을 말한다. 조세범에 대한 처벌은 국가의 과세권을 보호한다는 기본 목적하에서 이루어지는 것이므로 조세범은 조세행정 목적을 실현하기 위한 국가의 명령·금지를 위반함으로써 반사회성을 띠는 행정범에 속한다고 볼 수 있다.

조세범에는 관세(관세법)와 지방세(지방세 기본법)에 관한 범죄가 포함되는 것이다. 조세범을 처벌하는 것은 과거의 조세법규위반행위에 대하여 처벌함으로써 조세법규의 실효성을 보장하여 조세수입을 확보하려는 데 직접목적을 두고, 나아가 납세자들에게 심리적 압박을 가함으로써 국민들로 하여금 각종 조세관련 협력의무의 이행을 확보하려는데 간접적 목적을 두고 있다.

일반적으로 범죄는 자연범인 형사범과 법정범인 행정범으로 구별할 수 있으며 조세범은 이 중 행정범에 속한다. 이는 형사범은 국가의 명령·금지를 기다릴 필요없이 그 자체가 원래부터 반도덕적·반사회적 범죄성을 가진 까닭에 처벌되는 행위이고, 행정범은 그 자체가 원래부터 반사회성을 가졌기 때문이 아니라 행정목적의 실현을 위한 법에 따라 창조된 국가의 명령·금지(행정법상의 의무)를 위반한 까닭에 범죄로서 처벌되는 행위라고 정의한다면 조세범은 행정범에 속한다고 볼 수 있기 때문이다. 그러나 사회환경이 변화함으로써 조세에 관한 범죄가 반사회성 내지 반도덕성으로 인식되어지면서 형법적인 요소가 강조되고, 형법총칙의 일반 규정이 일반적으로 적용됨에 따라 일반 범죄로 취급되는 경향도 있다.

2. 근거법령

조세벌이 조세에 관한 범죄에 대하여 과해지는 형벌이기 때문에 이에는 죄형법률주의의 원칙이 적용되어야 함은 당연하다. 따라서 법률에 근거를 필요로 하는 것인 바 조세범에 대하여 규정하고 있는 법령은 다음과 같다.

① 「조세범 처벌법」
② 「조세범 처벌절차법」
③ 「관세법」
④ 「지방세기본법」
⑤ 「특정범죄 가중처벌 등에 관한 법률」

이러한 근거법령들은 형법과의 관계에 있어서 특별형법의 위치에 있고, 형사소송법과의 관계에 있어서 조세범 처벌절차법은 특별법의 지위에 서게 된다. 그리하여 조세범에 대하여 특별한 규정이 없는 경우에는 형법이나 형사소송법의 규정을 따라야 한다.

3. 범죄의 성립요건

(1) 개 념

조세범 처벌법에서는 범죄의 성립요건에 관하여 규정을 하지 아니하였으므로 조세범 처벌법이 형법의 특별법적인 지위에 있다고 본다면 형법의 일반적인 성립요건 규정이 조세범에게도 적용된다고 할 수 있다.

범죄가 성립하기 위하여는 구성요건 해당성과 위법성 및 책임성이 있어야 한다.

(2) 구성요건에 해당성

범죄(犯罪)가 성립하기 위하여는 구체적인 사람(법인)의 행위가 범죄의 구성요건에 해당하는 성질을 가지고 있어야 한다. 형사범의 구성요건은 형법 각론상의 각 본조에 규정되어 있고, 조세범의 구성요건은 조세범 처벌법에 규정하고 있다. 만약 조세에 관한 위반행위가 그 어느 조항의 구성요건에도 해당되지 않으면 조세범이 성립되지 않는다.

예컨대 '법에 따른 면허를 받지 아니하고 주류·밑술·술덧을 제조 또는 판매한', '사기나 그 밖에 부정한 행위로서 조세를 포탈하거나 조세의 환급·공제를 받은' 행위가 조세범의 구성요건에 해당하는 행위이다.

(3) 위법성

위법성(違法性)이란 구성요건에 해당하더라도 곧 범죄가 되는 것이 아니라 그 행위가 법질서 전체의 정신에 비추어 허용되지 않는 것이어야 한다는 것이다. 일반적으로 구성요건에 해당하는 행위는 위법성을 지닌다. 그러나 구성요건에 해당하는 행위라 하더라도 그 위법성이 없어지는 경우가 있는 바, 이를 위법성이 조각된다라고 한다. 위법성이 조각되는 사유로는 정당방위행위나 긴급피난행위, 그리고 자구행위가 있는데 일반적으로 조세범의 성립에는 적용되는 경우가 적다.

(4) 책임성

구성요건에 해당하고 위법한 행위를 한 사람이라 할지라도 그 행위를 한 자를 비난할 수 없을 때에는 범죄는 성립되지 않는다. 여기서 행위자의 비난 가능성을 책임성이라 한다. 이러한 비난 가능성은 행위자의 책임능력과 책임조건이 구비될 것을 필요로 한다.

1) 책임능력

책임능력이란 일반적으로 행위의 불법을 통찰하거나 이에 따라 행위를 조종할 수 있는 행위자의 능력을 의미한다. 따라서 행위시에 행위자에게 책임능력이 없으면 다른 요건이 구비되어도 행위자에게 형사책임을 지울 수 없는 것이다. 형법에는 책임능력에 관한 적극적 규정은 두지 않고 다음과 같이 책임능력 결함자에 대한 규정만 두고 있을 뿐이다.

① 형사미성년자 : 14세 되지 아니한 자의 행위는 벌하지 아니한다(형법 9).
② 심신상실자(心神喪失者) : 심신장애로 인하여 사물을 변별할 능력이 없거나 의사를 결정할 능력이 없는 자의 행위는 벌하지 아니한다(형법 10 ①).
③ 심신박약자(心神薄弱者) : 심신장애로 인하여 사물을 변별할 능력이 없거나 의사를 결정할 능력이 미약한 자의 행위는 형을 감경한다(형법 10 ②).
④ 농아자 : 농아자의 행위는 형을 감경한다(형법 11).

형법에서는 이처럼 자기가 하려는 행위가 어떤 의미를 가지고 있는가를 통찰할 수 있는 변별능력과 이러한 통찰에 맞추어 자기의 의사를 결정할 수 있는 의사결정능력이 결여되거나 부족하기 때문에 그러한 자의 행위를 비난할 수 없는 경우 처벌을 하지 않거나 경감하고 있다. 그러나 조세범을 벌금형으로 처벌하는 경우에는 책임능력의 정도에 불문하고 모두 처벌한다는 것이 되며, 이를 조세범의 특성이라고 할 수 있다.[46]

2) 책임조건

법률상의 책임조건은 크게 고의와 과실로 나눌 수 있다. 여기서 고의란 어떤 행위가 범죄에 해당하거나 또는 범죄사실을 일으키리라는 것을 미리 알고 행동하는 것을 말하며, 과실이란 부주의로 인하여 어떤 사실이나 결과의 발생을 인식하지 못하거나 예견하지 못한 심리상태를 말한다.

형법은 '죄의 성립요소인 사실을 인식하지 못한 행위는 벌하지 아니한다. 단, 법률에 특별한 규정이 있는 경우에는 예외로 한다(형법 13)'고 고의에 관하여 규정하고 있고, '정상의 주의를 태만함으로 인하여 죄의 성립요소인 사실을 인식하지 못한 행위는 법률에 특별한 규정이 있는 경우에 한하여 처벌한다(형법 14)'라고 과실에 관하여 규정하고 있다.

이처럼 형법은 형법에 특정 과실범을 처벌한다는 규정이 없으면 고의로 인한 범죄만 처벌할 수 있도록 하고 있다. 따라서 조세범 역시 과실범을 처벌한다는 특별규정이 없으면 고의범만을 처벌할 수 있는데, 이는 조세범 처벌법이 과실범을 처벌한다는 규정을 전혀 두고 있지 않기 때문이다.

4. 형의 종류

형법은 다음과 같은 아홉 가지 형벌을 규정하고 있다(형법 41). 이 중 조세범의 경우 재산형의 과벌을 위주로 하고 그 행위가 악성인 경우에 자유형을 병과하는 것을 기본구조로 하고 있다.

(1) 생명형

사형은 형무소 내에서 교수하여 집행한다(형법 66).

(2) 자유형

1) 징 역

징역(懲役)은 형무소 내에 구치하여 일정기간 정역(정역)에 복무시키는 자유형의 하나이다(형법 67). 이 징역은 구치로서 자유를 구속하는 외에 일(역)을 하게 하는 점이 금고나 구류와 다르다. 징역 또는 금고는 무기 또는 유기로 하고 유기는 1개월 이상 30년 이하로 한다. 단, 유기징역 또는 유기금고에 대하여 형을 가중하는 때에는 50년까지로 한

---

46) 崔明根, 「稅法學總論」(서울 : 세경사, 1986) p. 462.

다(형법 42).

2) 금 고

단순한 자유만을 구속하고 정역이 없는 형벌이여 일반적으로 확신범(사상범이나 종교범)에 대하여 과한다. 금고(禁錮)는 형무소에 구치한다(형법 68).

3) 구 류

구류(拘留)는 형무소에 구치한다(형법 68). 구류는 1일 이상 30일 미만으로 한다(형법 46).

(3) 자격형

1) 자격상실

사형·무기징역·무기금고의 판결을 받은 사람에 대하여 일정한 자격을 상실케 하는 형벌이다(형법 43 ①). 자격정지는 다른 형벌과 함께 선고되는 것이 아니라, 일정한 형의 선고로 효력을 발생하는 점이 특징이다.

사형·무기징역 또는 무기금고의 판결을 받은 자는 다음에 기재한 자격을 상실한다.
① 공무원이 되는 자격
② 공법상의 선거권과 피선거권
③ 법률로 요건을 정한 공법상의 업무에 관한 자격
④ 법인의 이사, 감사 또는 지배인, 그밖의 법인의 업무에 관한 검사역이나 재산관리인이 되는 자격

2) 자격정지

유기징역 또는 유기금고의 판결을 받은 자는 그 형의 집행이 종료하거나 면제될 때까지의 자격상실 사항 중에서 '①·②·③'의 자격이 정지된다(형법 43 ②). 그리고 판결로서 자격정지를 선고받은 경우 전부 또는 일부에 대한 1년 이상 15년 이하로 한다(형법 44 ①).

(4) 재산형

1) 벌 금

벌금(罰金)은 5만원 이상으로 한다. 다만, 감경하는 경우에는 5만원 미만으로 할 수 있다(형법 45). 벌금은 판결확정일로부터 30일 이내에 납입하여야 한다. 단, 벌금을 선고할

때에는 동시에 그 금액을 완납할 때까지 노역장에 유치할 것을 명할 수 있다(형법 69 ①). 벌금을 납입하지 아니한 자는 1일 이상 3년 이하의 기간 노역장에 유치하여 작업에 복무하게 한다(형법 69 ②). 선고하는 벌금이 1억원 이상 5억원 미만인 경우에는 300일 이상, 5억원 이상 50억원 미만인 경우에는 500일 이상, 50억원 이상일 때에는 1,000일 이상의 유치기간을 정하여야 한다.

2) 과 료

과료(過料)는 2천원 이상 5만원 미만으로 한다(형법 47). 과료는 판결확정일로부터 30일 이내에 납입하여야 한다. 단, 벌금을 선고할 때에는 동시에 그 금액을 완납할 때까지 노역장에 유치할 것을 명할 수 있다(형법 69 ①). 과료를 납입하지 아니한 자는 1일 이상 30일 미만의 기간 노역장에 유치하여 작업에 복무하게 한다(형법 69 ②).

3) 몰 수

몰수(沒收)는 형법상에서 범죄 반복의 방지 및 범죄에 의한 이득의 금지를 목적으로 하여 범죄에 사용하였거나 범죄로 인하여 취득한 물건의 권리를 박탈하는 것이다. 몰수는 타형에 부가하여 과한다. 단, 행위자에게 유죄의 재판을 아니할 때에도 몰수의 요건이 있을 때에는 몰수만을 선고할 수 있다(형법 49).

몰수대상 물건은 범인 이외의 자의 소유에 속하지 아니하거나 범죄 후 범인 이외의 자가 정을 알면서 취득한 다음의 물건은 전부 또는 일부를 몰수할 수 있다(형법 48 ①). 만약 대상물건을 몰수하기 불가능한 때에는 그 가액을 추징한다(형법 48 ②).

① 범죄행위에 제공하였거나 제공하려고 한 물건
② 범죄행위로 인하여 생기나 이로 인하여 취득한 물건
③ 몰수대상이 되는 대가로 취득한 물건

제 2 절 조세범 처벌법의 총칙

1. 조세범 처벌법의 의의

　조세범에 대한 형벌을 조세벌이라고 하는데 조세범 처벌법은 이러한 조세범과 조세벌에 관한 법체계를 규율하고 있는 법이다. 다시 말해 조세범 처벌법은 조세범을 처벌하기 위한 범죄의 구성요건과 처벌내용 등을 규정한 형법의 특별법적인 지위에 있다. 이는 일반적인 범죄행위는 형법에 따라 규율함이 원칙이나 조세범칙행위에 대해서는 행정범적인 특성을 고려하여 조세범 처벌법을 두고 있는 것이다.
　이와 같은 조세범 처벌법의 목적은 세법을 위반한 자에 대한 형벌 등에 관한 사항을 규정하여 세법의 실효성을 높이고 국민의 건전한 납세의식을 확립함을 목적으로 한다(처벌법 1).
　조세범 처벌법상의 조세는 관세를 제외한 국세를 말한다(처벌법 2). 그리고 지방세에 관한 범칙행위에 대해서는 지방세기본법에 따른다(지기법 101).

2. 조세범 처벌법의 특징

(1) 양벌 규정

　일반적으로 벌을 받는 것은 위반을 한 행위자 자신이나, 행위자가 법인의 대표자나 종업원일 경우, 또는 타인의 대리인이나 종업원일 경우에는 그 본인인 법인이나 타인을 동시에 처벌하는 규정이다. 이를 책임벌 또는 쌍벌규정이라고도 한다. 양벌규정에 따라 지게 되는 책임은 행위자의 책임을 갈음하여 지는 이른바 대위책임의 성질을 가지는 것이 아니라, 그 스스로의 관리 또는 지휘감독책임의 해태로 인한 자기책임에 속한다.
　「조세범 처벌법」 제18조는 "법인(법인으로 보는 단체 포함)의 대표자, 법인 또는 개인의 대리인, 사용인, 그밖의 종업원이 그 법인 또는 개인의 업무에 관하여 이 법에서 규정하는 범칙행위(「국제조세조정에 관한 법률」 제36조를 위반한 행위는 제외한다)를 하면 그 행위자를 벌할 뿐만 아니라 그 법인 또는 개인에게도 해당 조문의 벌금형을 과(科)한다. 다만, 법인 또는 개인이 그 위반행위를 방지하기 위하여 해당 업무에 관하여 상당한 주의와 감독을 게을리하지 아니한 경우는 제외한다."고 양벌을 규정하고 있다.
　이와 같은 조세범 처벌법상의 책임벌은 형사범에 있어서 범죄행위자와 처벌을 받는 자가 일치할 것을 요구하는 형벌개별화원칙 내지 행위자처벌원칙에 대한 중대한 예외이다.

(2) 형법적용의 일부배제

「형법」제8조에서는 "타법령에 특별한 규정이 없으면 형법총칙을 준용한다"라고 규정하고 있다. 따라서 조세범죄에 대한 일반적인 사항도 원칙적으로 형법총칙의 규정을 그대로 적용하는 것이지만 조세범 처벌법은 조세범죄의 특수성으로 인하여 형법총칙 중 일부규정의 적용을 배제시키고 있다. 조세범 처벌법은 조세 포탈 등 조세범칙행위에 대해서 형법상[47] 벌금경합에 관한 제한가중규정을 적용하지 아니한다(처벌법 20).

(3) 세무공무원의 고발

고발이란 범죄사실을 수사기관에 고함으로써 그 범죄의 기소를 바란다는 의사를 표명하는 행위이다. 일반적으로 고소권자와 범인 이외의 사람이면 누구든지 범죄가 있다고 생각할 때에는 고발할 수 있고, 공무원의 경우는 그 직무를 행함에 있어 범죄가 있다고 생각되면 고발을 하여야 한다(형사소송법 234).

하지만 조세의 범칙행위는 국세청장·지방국세청장·세무서장 또는 세무에 종사하는 공무원의 고발을 기다려 논한다(처벌법 21). 이는 조세범은 일반범죄와 달리 특별한 전문분야에 속하므로 조세 분야의 전문적인 지식과 경험을 가진 세무공무원으로 하여금 일차적으로 처리케 함으로써 침해된 재정권의 신속한 회복을 도모하려는데 있다. 따라서 조세범칙행위의 경우 세무공무원의 고발이 없이는 공소제기가 무효이다.

(4) 공소시효의 형법규정배제

공소시효(公訴時效)란 확정판결 전에 시간의 경과에 의하여 형벌권이 소멸하는 제도를 말한다. 확정판결 전에 발생한 실체법상의 형벌권을 소멸시키는 점에서, 확정판결 후의 형벌권을 소멸시키는 형의 시효와 구별된다. 그러나 공소시효와 형의 시효는 시간의 경과에 의하여 실체법상의 형벌권을 소멸시키는 점에서는 공통된다. 공소시효의 제도적인 존재 이유는 시간의 경과에 따라 발생한 사실상의 상태를 존중하자는 것, 소송법상으로 시간의 경과에 의하여 증거판단이 곤란하게 된다는 것, 실체법상으로는 시간의 경과로

---

47) 형법 제38조【경합범과 처벌례】
  ① 경합범을 동시에 판결할 때에는 다음의 구별에 의하여 처벌한다.
  1. 가장 중한 죄에 정한 형이 사형 또는 무기징역이나 무기금고인 때에는 가장 중한 죄에 정한 형으로 처벌한다.
  2. 각 죄에 정한 형이 사형 또는 무기징역이나 무기금고 이외의 동종의 형인 때에는 가장 중한 죄에 정한 장기 또는 다액에 그 2분의 1까지 가중하되 각죄에 정한 형의 장기 또는 다액을 합산한 형기 또는 액수를 초과할 수 없다. 단, 과료와 과료, 몰수와 몰수는 병과할 수 있다.

인하여 범죄에 대한 사회의 관심이 약화되는 것, 피고인의 생활안정을 보장하자는 것 등이다.

형사소송법 제249조에는 공소시효는 그 법정형이 어느 형에 해당하느냐에 따라서 최장 25년부터 최단 1년의 기간의 경과로 완성한다고 규정하고 있다.

조세 범칙행위의 공소시효는 7년이 지나면 완성된다. 다만, 양벌 규정에 따른 행위자가「특정범죄가중처벌 등에 관한 법률」제8조[48])의 적용을 받는 경우에는 양벌 규정에 따른 법인에 대한 공소시효는 10년이 지나면 완성된다(처벌법 22).

(5) 죄수의 결정

죄수는 범죄의 개수를 뜻한다. 1개의 범죄를 범하면 1죄이고, 수개의 범죄를 범하면 수죄가 된다. 이러한 죄수의 결정은 학설에 따라 다르나 일반적으로 범죄의 구성요건을 기준으로 하여 그 구성요건을 1회 충족한 사실이 있으면 1죄가 된다. 조세범에 있어서도 이 기준에 의하여 죄수를 결정을 하여야 할 것이다. 그런데 조세범은 그 구성요건의 유형이 매우 복잡하기 때문에 죄수결정이 용이하지 않다. 예를 들면 조세범의 죄수는 다음과 같이 결정한다.

① 조세포탈범 : 소득세포탈범은 각 과세기간의 소득세마다, 법인세포탈범은 각 사업연도의 법인세마다, 부가가치세포탈범은 6월의 과세기간마다, 그리고 개별소비세와 주세 등 매월 신고·납부하는 간접세는 매월마다 1죄가 성립한다.
② 납세증지의 위조범 : 위조행위를 할 때마다 1죄가 성립한다.
③ 세금계산서 미교부범 : 세금계산서를 교부하지 아니하거나 수취하지 아니한 경우 거래 1건마다 1개의 죄가 되나 세금계산서의 교부 특례에 해당하는 경우에는 거래 1건마다 죄가 되지 않고 교부하여야 할 또는 교부받아야 할 세금계산서 1건마다 1개의 죄가 성립한다.
④ 세금계산서 거짓 기재범 : 세금계산서 거짓 기재의 경우에는 각 문서마다 1개의 죄가 성립하나 수건의 거짓 세금계산서를 동일 장소에서 동일한 기회에 동일인에게 교부하였을 때에는 포괄적인 1죄로 보아야 할 것이다.

---

48) 제8조【조세포탈의 가중처벌】
　①「조세범 처벌법」제3조 제1항, 제4조 및 제5조,「지방세기본법」제102조 제1항에 규정된 죄를 범한 자는 다음의 구분에 따라 가중처벌한다.
　　1. 포탈하거나 환급받은 세액 또는 징수하지 아니하거나 납부하지 아니한 세액(이하 "포탈세액 등"이라 한다)이 연간 10억원 이상인 때에는 무기 또는 5년 이상의 징역에 처한다.
　　2. 포탈세액 등이 연간 5억원 이상 10억원 미만인 때에는 3년 이상의 유기징역에 처한다.
　② 제1항의 경우에는 그 포탈세액 등의 2배 이상 5배 이하에 상당하는 벌금을 병과한다.

제2장 조세범의 처벌

제1절 개 념

　조세범이란 조세에 관한 법률 즉, 조세의 부과·징수·납부 및 환급에 관련된 법률을 위반함으로써 국가의 과세권을 직접 침해한 조세범칙자와 침해할 위험이 있는 행위를 한 조세범칙자를 말한다. 이러한 조세범은 보호하려는 법익과 처벌방법의 차이에 따라 강학상으로 탈세범과 위해범, 실질범과 형식범의 유형으로 나눌 수가 있다.

　탈세범(脫稅犯)이란 국가의 과세권을 직접 침해하여 조세수입의 감손을 초래하는 결과를 발생시켰거나 이를 기도하는 조세범칙 행위자를 말하며, **위해범**(危害犯)이란 직접 조세수입의 감손을 초래하는 행위자는 아니지만 조세질서의 확보를 위해 설정한 세법상의 각종 의무규정에 위반함으로써 조세징수권의 적정한 행사를 위해할 위험이 있는 행위를 한 자를 말한다.

　조세의 탈세범은 다시 실질범과 형식범으로 나눌 수 있다. **실질범**이란 조세수입의 감손을 실현한 결과를 발생시킨 탈세범을 말하며, **형식범**이란 조세의 과세권을 직접 침해하여 조세수입의 감손을 기도하는데 그치고 조세수입의 감손이라는 결과 발생까지는 이르지 아니한 탈세범을 말한다. 조세 위해범은 모두 형식범에 속한다.

　조세 위해범과 탈세범 중 형식범은 같은 형식범에 속하지만, 위해범은 조세질서의 침해를 그 내용으로 하는 것이기 때문에 그에 대한 처벌은 간접적으로 조세의 과세권의 보호하자는데 있는 반면에, 탈세범 중 형식범은 조세의 과세권을 구체적으로 직접 침해하는 것을 내용으로 하는 것이기 때문에 그에 대한 처벌은 조세의 과세권 보호가 보다 직접적이라고 할 수 있다. 이를 표로 나타내면 다음과 같다.

[조세범의 유형]

구분		유형
탈세범	실질범	조세포탈범, 면세유 부정유통범, 가짜석유제품의 제조 및 판매범, 무면허 주류의 제조 및 판매범
	형식범	체납처분 면탈범, 세금계산서의 발급의무 위반범
위해범	형식범	납세증명표지의 불법사용범, 장부불기장범, 장부의 소각·파기·은닉범, 성실신고 방해 행위범, 명령사항위반범, 협력의무위반범, 질문검사거부범, 그밖의 의무위반범

제 2 절 범칙행위와 처벌

1. 조세포탈 등

(1) 의 의

사기·기타 부정한 행위로서 조세를 포탈하거나 조세의 환급·공제를 받은 자는 다음과 같이 처벌한다(처벌법 3).

(2) 구성요건

1) 사기나 그 밖에 부정한 행위에 의할 것

사기란 타인을 기만하여 착오에 빠지게 하는 위법한 행위를 뜻하며, 부정행위란 사실을 거짓으로 조작하거나 진정한 사실을 왜곡 또는 은닉하는 등의 행위를 뜻하는데 이러한 판단은 사회통념이나 관행, 그리고 일반적으로 인정된 회계기준에 의한다고 할 것이다.

여기서 "사기나 그밖의 부정한 행위"란 다음 각 호의 어느 하나에 해당하는 행위로서 조세의 부과와 징수를 불가능하게 하거나 현저히 곤란하게 하는 적극적 행위를 말한다(조처법 3 ⑥).

① 이중장부의 작성 등 장부의 거짓 기장
② 거짓 증빙 또는 거짓 문서의 작성 및 수취
③ 장부와 기록의 파기

④ 재산의 은닉, 소득·수익·행위·거래의 조작 또는 은폐
⑤ 고의적으로 장부를 작성하지 아니하거나 비치하지 아니하는 행위 또는 계산서, 세금계산서 또는 계산서합계표, 세금계산서합계표의 조작
⑥ 전사적 기업자원 관리설비의 조작 또는 전자세금계산서의 조작
⑦ 그 밖에 위계(僞計)에 의한 행위 또는 부정한 행위

2) 기수시기

기수시기란 범죄의 실행에 착수하여 그 행위가 완성된 시기를 말한다. 일반적으로 형법에서는 기수범만을 처벌하고 미수범은 특별한 규정이 있는 경우에 한하여 처벌하고 있는 것처럼 모든 조세범의 처벌도 기수범만 해당한다. 이때 조세포탈범칙행위의 기수(旣遂) 시기는 다음의 각 호의 구분에 따른다.

① 납세의무자의 신고에 의하여 정부가 부과·징수하는 조세: 해당 세목의 과세표준을 정부가 결정하거나 조사결정한 후 그 납부기한이 지난 때. 다만, 납세의무자가 조세를 포탈할 목적으로 세법에 따른 과세표준을 신고하지 아니함으로써 해당 세목의 과세표준을 정부가 결정하거나 조사결정할 수 없는 경우에는 해당 세목의 과세표준의 신고기한이 지난 때로 한다.
② 위 '①'에 해당하지 아니하는 조세 : 그 신고·납부기한이 지난 때

(3) 처 벌

사기나 그밖의 부정한 행위로써 조세를 포탈하거나 조세의 환급·공제를 받은 자는 **2년 이하**의 징역 또는 포탈세액, 환급·공제받은 세액(포탈세액등)의 **2배 이하**에 상당하는 벌금에 처한다. 다만, 다음 각 호의 어느 하나에 해당하는 경우에는 **3년 이하**의 징역 또는 포탈세액등의 **3배 이하**에 상당하는 벌금에 처한다(처벌법 3 ①).

① 포탈세액등이 3억원 이상이고, 그 포탈세액등이 신고·납부하여야 할 세액(납세의무자의 신고에 따라 정부가 부과·징수하는 조세의 경우에는 결정·고지하여야 할 세액을 말한다)의 100분의 30 이상인 경우
② 포탈세액등이 5억원 이상인 경우

(4) 형의 감경과 중과

죄를 범한 자가 포탈세액등에 대하여 「국세기본법」에 따라 법정신고기한이 지난 후 2년 이내에 수정신고를 하거나 같은 법에 따라 법정신고기한이 지난 후 6개월 이내에 기

한 후 신고를 하였을 때에는 형을 감경할 수 있다. 단, 조세포탈의 죄를 상습적으로 범한 자는 형의 50%를 가중한다.

(5) 병과벌

병과벌이란 하나의 범죄에 두 가지 이상의 형을 과하는 것을 말하는데, 조세범칙행위를 한 자에 대해서는 그 정상에 의하여 징역형과 벌금형을 병과할 수 있도록 규정하고 있다. 조세포탈 죄를 범한 자에 대해서는 정상(情狀)에 따라 징역형과 벌금형을 병과할 수 있다(처벌법 3 ②).

이는 일반형사벌의 경우 자격형이나 몰수와 같이 법률이 다른 형에 부가하여 과할 수 있도록 규정한 경우를 제외하고는 두 가지 형을 병과할 수 없는 원칙에 대한 예외라고 할 수 있다.

2. 면세유의 부정 유통

① 「조세특례제한법」 제106조의 2 제1항 제1호에 따라 농민, 임업에 종사하는 자 및 어민이 농업·임업 또는 어업에 사용하기 위한 석유류를 그 정한 용도 외의 다른 용도로 사용·판매하여 조세를 포탈하거나 조세의 환급·공제를 받은 석유판매업자는 3년 이하의 징역 또는 포탈세액 등의 5배 이하의 벌금에 처한다(처벌법 4).

② 「개별소비세법」 및 「교통·에너지·환경세법」에 따른 외국항행선박 또는 원양어업선박에 사용할 목적으로 개별소비세 및 교통·에너지·환경세를 면제받는 석유류를 외국항행선박 또는 원양어업선박 외의 용도로 반출하여 조세를 포탈하거나, 외국항행선박 또는 원양어업선박 외의 용도로 사용된 석유류에 대하여 외국항행선박 또는 원양어업선박에 사용한 것으로 환급·공제받은 자는 3년 이하의 징역 또는 포탈세액 등의 5배 이하의 벌금에 처한다.

3. 면세유류 구입카드등의 부정 발급

「조세특례제한법」 제106조의2 제11항 제1호[49]의 행위를 한 자는 3년 이하의 징역

---

[49] ⑪ 관할 세무서장은 면세유류 관리기관인 조합이 제1호에 해당하는 경우에는 해당 석유류에 대한 부가가치세, 개별소비세, 교통·에너지·환경세, 교육세 및 자동차세의 감면세액의 100분의 40에 해당하는 금액을, 제2호에 해당하는 경우에는 해당 석유류에 대한 부가가치세, 개별소비세, 교통·에너지·환경세, 교육세 및 자동차세의 감면세액의 100분의 20에 해당하는 금액을 가산세로 징수한다.

또는 3천만원 이하의 벌금에 처한다(처벌법 4의2).

4. 가짜석유제품의 제조 및 판매

가짜석유제품을 제조 및 판매하여 조세를 포탈한 자는 **5년 이하**의 징역 또는 포탈한 세액의 5배 이하의 벌금에 처한다(처벌법 5). 여기서 "가짜석유제품"이란 조연제·첨가제(다른 법률에서 규정하는 경우를 포함한다) 그 밖에 명칭 여하를 불문하고 다음 중 하나의 방법으로 제조된 것으로서 자동차 및 차량·기계(휘발유 또는 경유를 연료로 사용하는 것에 한한다)의 연료로 사용하거나 사용하게 할 목적으로 제조된 것(석유대체연료 제외)을 말한다.

① 석유제품에 다른 석유제품(등급이 다른 석유제품을 포함한다)을 혼합하는 방법
② 석유제품에 석유화학제품(석유로부터 물리·화학적 공정을 거쳐 제조되는 제품 중 석유제품을 제외한 유기화학제품으로서 산업자원부령으로 정하는 것을 말한다. 이하 같다)을 혼합하는 방법
③ 석유화학제품에 다른 석유화학제품을 혼합하는 방법
④ 석유제품이나 석유화학제품에 탄소와 수소를 함유한 물질을 혼합하는 방법

5. 무면허 주류의 제조 및 판매

(1) 의 의

「주류면허등에 관한 법률」은 주류를 제조하려는 자는 제조할 주류의 종류별(품목구분이 있는 종류의 주류의 경우에는 품목별)로 제조장마다 일정한 요건에 의하여 관할 세무서장의 면허를 받아야 한다고 규정하고 있다(주류면허등에 관한 법률 3 ①). 그리고 주류의 판매업(판매의 중개업 또는 접객업을 포함)을 하려는 자는 일정한 시설기준 그 밖에 요건에 의하여 주류판매업의 종류별로 관할 세무서장의 면허를 받아야 한다고 규정하고 있다(주세법 8).

이에 의해서 「조세범 처벌법」은 「주류면허 등에 관한 법률」에 따른 면허를 받지 아니하고 주류·밑술·술덧을 제조(개인의 자가소비를 위한 제조를 제외) 또는 판매한 자는 벌금을 과할 수 있다고 규정하고 있다(처벌법 6).

---

1. 거짓이나 그 밖의 부정한 방법으로 면세유류 구입카드등을 발급하는 경우

(2) 구성요건

1) 주세법에 따른 면허를 받지 아니하였다

면허란 행정행위 중 허가의 일종이며 사회질서의 유지를 위하는 등의 일정한 목적으로 국민의 자연적 자유를 금지하고 일정한 요건이 갖추어지면 이를 해제하여 자연적 자유를 회복하게 하는 법률적 제도를 말한다. 따라서 면허를 받지 아니하고 주류·밑술·술덧을 제조 또는 판매하는 행위는 주세법을 위반하는 범칙행위에 해당한다.

2) 주류 등을 제조 또는 판매한 자

(3) 처 벌

「주세법」에 따른 면허를 받지 아니하고 주류, 밑술·술덧을 제조(개인의 자가소비를 위한 제조는 제외한다)하거나 판매한 자는 3년 이하의 징역 또는 3천만원(해당 주세 상당액의 3배의 금액이 3천만원을 초과할 때에는 그 주세 상당액의 3배의 금액) 이하의 벌금에 처한다. 이 경우 밑술과 술덧은 탁주로 본다.

6. 체납처분 면탈

① 납세의무자 또는 납세의무자의 재산을 점유하는 자가 체납처분의 집행을 면탈하거나 면탈하게 할 목적으로 그 재산을 은닉·탈루하거나 거짓 계약을 하였을 때에는 3년 이하의 징역 또는 3천만원 이하의 벌금에 처한다(처벌법 7).
② 「형사소송법」[50])에 따른 압수물건의 보관자 또는 「국세징수법」 제38조 단서에 따른 압류물건의 보관자가 그 보관한 물건을 은닉·탈루하거나 손괴 또는 소비하였을 때에도 위 '①'과 같다.
③ 위 '①'과 '②'의 사정을 알고도 '①'과 '②'의 행위를 방조하거나 거짓 계약을 승낙한 자는 2년 이하의 징역 또는 2천만원 이하의 벌금에 처한다.

---

50) 제130조 【압수물의 보관과 폐기】
　① 운반 또는 보관에 불편한 압수물에 관하여는 간수자를 두거나 소유자 또는 적당한 자의 승낙을 얻어 보관하게 할 수 있다.

7. 장부의 소각·파기 등

조세를 포탈하기 위한 증거인멸의 목적으로 세법에서 비치하도록 하는 장부 또는 증빙서류(전산조직을 이용하여 작성한 장부 또는 증빙서류를 포함한다)를 해당 국세의 법정신고기한이 지난 날부터 5년 이내에 소각·파기 또는 은닉한 자는 2년 이하의 징역 또는 2천만원 이하의 벌금에 처한다(처벌법 8).

8. 성실신고 방해 행위

① 납세의무자를 대리하여 세무신고를 하는 자가 조세의 부과 또는 징수를 면하게 하기 위하여 타인의 조세에 관하여 거짓으로 신고를 하였을 때에는 2년 이하의 징역 또는 2천만원 이하의 벌금에 처한다.
② 납세의무자로 하여금 과세표준의 신고(신고의 수정 포함)를 하지 아니하게 하거나 거짓으로 신고하게 한 자 또는 조세의 징수나 납부를 하지 않을 것을 선동하거나 교사한 자는 1년 이하의 징역 또는 1천만원 이하의 벌금에 처한다.

9. 세금계산서의 발급의무 위반 등

(1) 의 의

세금계산서란 부가가치세가 과세되는 재화나 용역을 공급한 사업자가 이를 공급받는 자로부터 부가가치세를 거래징수하고, 그 거래내용과 거래징수 사실을 증명하기 위하여 교부하는 증서를 말한다. 이 세금계산서는 근거과세를 하기 위한 기초적인 자료가 되므로 이를 성실히 교부 또는 수취하지 아니할 경우 부가가치세법은 이에 대한 가산세를 부과하고 있으며, 부가가치세법의 규정에 따라 세금계산서를 작성하여 교부하여야 할 자가 세금계산서를 교부하지 아니하거나 세금계산서에 거짓의 기재를 한 때, 그리고 세금계산서를 정부에 제출하여야 할 자가 폭행·협박·선동·교사 또는 통정에 의하여 세금계산서를 교부받지 아니하거나 거짓 기재의 세금계산서를 교부받은 때에는 조세범으로서 처벌한다(처벌법 10).

이 경우 세금계산서를 교부하지 아니하거나 수취하지 아니한 경우 거래 1건마다 1개의 죄가 되나 세금계산서의 교부 특례에 해당하는 경우에는 거래 1건마다 죄가 되지 않고 교부하여야 할 또는 교부받아야 할 세금계산서 1건마다 1개의 죄가 성립한다. 그리고 거짓 기재의 경우에는 각 문서마다 1개의 죄가 성립하나 수건의 거짓 세금계산서를 동일 장소에서 동일한 기회에 동일인에게 교부하였을 때에는 포괄적인 1죄로 보아야 할 것이다.

(2) 처벌내용

1) 세금계산서를 발급하여야 할 자의 처벌

다음 중 어느 하나에 해당하는 행위를 한 자는 1년 이하의 징역 또는 공급가액에 부가가치세의 세율을 적용하여 계산한 세액의 2배 이하에 상당하는 벌금에 처한다.

① 「부가가치세법」에 따라 세금계산서(전자세금계산서를 포함한다)를 발급하여야 할 자가 세금계산서를 발급하지 아니하거나 거짓으로 기재하여 발급한 행위
② 「소득세법」 또는 「법인세법」에 따라 계산서(전자계산서를 포함한다)를 발급하여야 할 자가 계산서를 발급하지 아니하거나 거짓으로 기재하여 발급한 행위
③ 「부가가치세법」에 따라 매출처별 세금계산서합계표를 제출하여야 할 자가 매출처별 세금계산서합계표를 거짓으로 기재하여 제출한 행위
④ 「소득세법」 또는 「법인세법」에 따라 매출처별 계산서합계표를 제출하여야 할 자가 매출처별 계산서합계표를 거짓으로 기재하여 제출한 행위

2) 세금계산서를 발급받아야 할 자의 처벌

다음 중 어느 하나에 해당하는 행위를 한 자는 1년 이하의 징역 또는 공급가액에 부가가치세의 세율을 적용하여 계산한 세액의 2배 이하에 상당하는 벌금에 처한다.

① 「부가가치세법」에 따라 세금계산서를 발급받아야 할 자가 통정하여 세금계산서를 발급받지 아니하거나 거짓으로 기재한 세금계산서를 발급받은 행위
② 「소득세법」 또는 「법인세법」에 따라 계산서를 발급받아야 할 자가 통정하여 계산서를 발급받지 아니하거나 거짓으로 기재한 계산서를 발급받은 행위
③ 「부가가치세법」에 따라 매입처별 세금계산서합계표를 제출하여야 할 자가 통정하여 매입처별 세금계산서합계표를 거짓으로 기재하여 제출한 행위
④ 「소득세법」 또는 「법인세법」에 따라 매입처별 계산서합계표를 제출하여야 할 자가 통정하여 매입처별 계산서합계표를 거짓으로 기재하여 제출한 행위

3) 재화 또는 용역을 공급하지 아니하거나 공급받지 아니한 경우

재화나 용역을 공급하지 아니하거나 공급받지 아니하고 다음 중 어느 하나에 해당하는 행위를 한 자는 3년 이하의 징역 또는 공급가액에 부가가치세의 세율을 적용하여 계

산한 세액의 3배 이하에 상당하는 벌금에 처한다.
① 「부가가치세법」에 따른 세금계산서를 발급하거나 발급받은 행위
② 「소득세법」 및 「법인세법」에 따른 계산서를 발급하거나 발급받은 행위
③ 「부가가치세법」에 따른 매출·매입처별세금계산서합계표를 거짓으로 기재하여 제출한 행위
④ 「소득세법」 및 「법인세법」에 따른 매출·매입처별계산서합계표를 거짓으로 기재하여 제출한 행위

4) 알선하거나 중개한 자

위 '3)'의 행위를 알선하거나 중개한 자도 '3)'과 같은 형에 처한다. 이 경우 세무를 대리하는 세무사·공인회계사 및 변호사가 제3항의 행위를 알선하거나 중개한 때에는 「세무사법」 제22조 제2항에도 불구하고 해당 형의 2분의 1을 가중한다.

5) 병과벌

위 '3)'의 죄를 범한 자에 대해서는 정상(情狀)에 따라 징역형과 벌금형을 병과할 수 있다.

10. 명의대여 행위 등

① 조세의 회피 또는 강제집행의 면탈을 목적으로 타인의 성명을 사용하여 사업자등록을 하거나 타인 명의의 사업자등록을 이용하여 사업을 영위한 자는 2년 이하의 징역 또는 2천만원 이하의 벌금에 처한다(처벌법 11).
② 조세의 회피 또는 강제집행의 면탈을 목적으로 자신의 성명을 사용하여 타인에게 사업자등록을 할 것을 허락하거나 자신 명의의 사업자등록을 타인이 이용하여 사업을 영위하도록 허락한 자는 1년 이하의 징역 또는 1천만원 이하의 벌금에 처한다.

11. 납세증명표지의 불법사용 등

다음 각 호의 어느 하나에 해당하는 자는 2년 이하의 징역 또는 2천만원 이하의 벌금에 처한다(처벌법 12).
① 「주류면허등에 관한 법률」 제22조에 따른 납세증명표지를 재사용하거나 정부의 승인

　　　　을 받지 아니하고 이를 타인에게 양도한 자
　② 납세증명표지를 위조하거나 변조한 자
　③ 위조하거나 변조한 납세증명표지를 소지 또는 사용하거나 타인에게 교부한 자
　④ 「인지세법」 제8조에 따라 첨부한 종이문서용 전자수입인지를 재사용한 자

12. 원천징수의무자의 처벌

(1) 의 의

원천징수의무자는 법률의 규정에 따라 국가를 대위하여 수익 또는 소득이 되는 금전 등을 지급시에 그 지급하는 수익 또는 소득에서 일정률의 세액을 징수하여 국가에 납부할 의무가 있는 자이다.

(2) 처 벌

① 조세의 원천징수의무자가 정당한 사유 없이 그 세금을 징수하지 아니하였을 때에는 1천만원 이하의 벌금에 처한다(처벌법 13).
② 조세의 원천징수의무자가 정당한 사유 없이 징수한 세금을 납부하지 아니하였을 때에는 2년 이하의 징역 또는 2천만원 이하의 벌금에 처한다.

13. 거짓으로 기재한 근로소득 원천징수영수증의 발급 등

근로를 제공받지 아니하고 다음 각 호의 어느 하나에 해당하는 행위를 한 자는 2년 이하의 징역 또는 그 원천징수영수증 및 지급명세서에 기재된 총급여·총지급액의 20% 이하에 상당하는 벌금에 처한다(처벌법 14). 이 행위를 알선하거나 중개한 자도 같은 형에 처한다.
① 근로소득 원천징수영수증을 거짓으로 기재하여 타인에게 발급한 행위
② 근로소득 지급명세서를 거짓으로 기재하여 세무서에 제출한 행위

14. 해외 금융계좌정보의 비밀유지 의무 등의 위반

① 「국제조세조정에 관한 법률」 제38조 제2항부터 제4항까지 및 제57조를 위반한 사람은 5년 이하의 징역 또는 3천만원 이하의 벌금에 처한다(처벌법 15).

② 위 '①'의 죄를 범한 자에 대해서는 정상(情狀)에 따라 징역형과 벌금형을 병과할 수 있다.

15. 해외금융계좌 신고의무 불이행

「국제조세조정에 관한 법률」 제53조 제1항에 따른 해외금융계좌정보의 신고의무자로서 신고기한 내에 신고하지 아니한 금액이나 과소 신고한 금액이 50억원을 초과하는 경우에는 2년 이하의 징역 또는 신고의무 위반금액의 100분의 13 이상 100분의 20 이하에 상당하는 벌금에 처한다. 다만, 정당한 사유가 있는 경우에는 그러하지 아니하다. 그리고 본 죄를 범한 자에 대해서는 정상에 따라 징역형과 벌금형을 병과할 수 있다.

제 5 편

조세범 처벌절차법

제1장 총 칙
제2장 범칙사건의 조사
제3장 조세범칙처분의
　　　　종류

제1장 총 칙

제1절 조세범 처벌절차법의 목적과 정의

1. 목 적

조세범 처벌법이 조세범에 관한 죄와 벌을 규정한 실체법이라면, 조세범 처벌절차법은 조세범을 처벌하는 절차를 규정한 절차법으로 형사소송법의 특별법적 지위에 있다.

조세범(租稅犯)은 그 본질이 형사범이므로 궁극적으로는 형사절차에 따라 법원에서 심판되어야 하는 것인데, 조세범죄에 내재하는 특수성과 조세범칙사건의 간편·신속한 처리 때문에 형사절차의 전단계인 고발시까지는 통상의 형사절차와는 상이한 처벌절차를 마련하고 있는 것이다.

조세범 처벌절차법에 따른 조세범의 처벌절차는 세무행정관서에 의한 조세범칙사건의 조사절차로부터 통고처분 및 고발절차에 이르는 공소제기 전까지의 처리절차를 말한다. 공소제기부터의 절차는 형사소송법에 따른다.

이와 같이 조세범을 처벌하는데 특별한 절차를 두는 것은 첫째, 조세범칙행위 중 탈세는 그 내용이 극히 복잡하고 또 기술적이며, 증빙의 수집에 관하여 조세에 관한 전문지식과 경험이 풍부한 조세행정관서가 1차적으로 이를 담당하는 것이 적합하다는 실제상의 요청과, 둘째, 정상이 경미한 재정상의 손해(재정수입의 감손) 내지 재정권의 침해에 대해서는 포탈된 세액의 즉시징수 및 벌금의 납부에 의하여 조속한 회복이 가능하며, 결과적으로는 징수확보의 목적을 이러한 방법으로 달성할 수 있다면 형사재판에까지 이르지 않고 범죄사건을 해결하는 것이 국가와 납세자 쌍방에게 이익이 된다는 정책적 고려에 그 존재이유가 있다.[51]

---

51) 崔明根, 前揭書, p. 488.

조세범 처벌절차법은 "조세범칙사건(犯則事件)을 공정하고 효율적으로 처리하기 위하여 조세범칙사건의 조사 및 그 처분에 관한 사항을 정함을 목적"으로 하고 있다(절차법 1).

2. 정 의

① "조세범칙행위"란 「조세범 처벌법」상 다음의 죄에 해당하는 위반행위를 말한다.
㉮ 조세 포탈 등
㉯ 면세유의 부정 유통, 면세유류 구입카드 등의 부정 발급
㉰ 가짜석유제품의 제조 및 판매
㉱ 무면허 주류의 제조 및 판매
㉲ 체납처분 면탈
㉳ 장부의 소각·파기 등
㉴ 성실신고 방해 행위
㉵ 세금계산서의 발급의무 위반 등
㉶ 명의대여행위 등
㉷ 납세증명표지의 불법사용 등
㉸ 원천징수의무자의 처벌
㉹ 거짓으로 기재한 근로소득원천징수 영수증의 발급
㉺ 해외금융계좌정보의 비밀유지 의무 등의 위반
㉻ 해외금융계좌의 신고의무 불이행
② "조세범칙사건"이란 조세범칙행위의 혐의가 있는 사건을 말한다.
③ "조세범칙조사"란 세무공무원이 조세범칙행위 등을 확정하기 위하여 조세범칙사건에 대하여 행하는 조사활동을 말한다.
④ "세무공무원"이란 세무에 종사하는 공무원으로서 다음 각 목의 구분에 따라 지명된 공무원을 말한다.
㉮ 지방국세청 소속 공무원의 경우 : 소속 지방국세청장의 제청으로 해당 지방국세청의 소재지를 관할하는 지방검찰청의 검사장이 지명하는 공무원
㉯ 세무서 소속 공무원의 경우 : 소속 지방국세청장의 제청으로 해당 세무서의 소재지를 관할하는 지방검찰청의 검사장이 지명하는 공무원

3. 조세범칙사건의 처리절차

조세범칙사건의 처리절차는 첫째로, 세무공무원이 그 혐의사실을 조사하고 둘째로, 그 조사결과에 따라 조세범에게 통고처분을 하며 셋째로, 검사에게 고발하는 3단계의 절차로 구분할 수 있는데 그림으로 나타내면 다음과 같다.

[조세 범칙사건 처리 절차도]

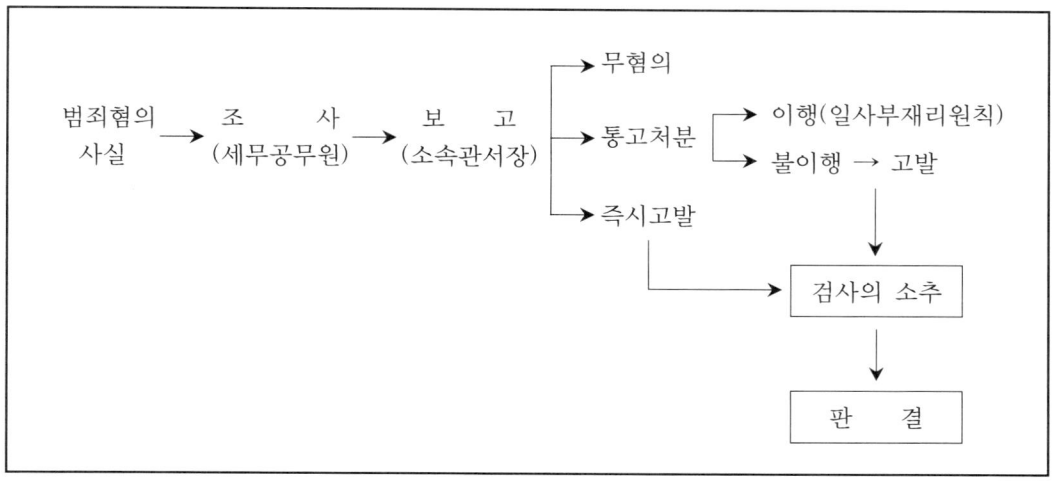

제2장 범칙사건의 조사

제 1 절 의 의

범칙조사란 범칙혐의사실에 대하여 증빙을 수집하여 범칙사실의 존부 및 범칙자를 확정하기 위한 일련의 절차를 말한다. 여기서 범칙사실이란 조세범 처벌법상의 범칙 구성요건에 해당하는 사실의 혐의가 있음을 말한다.

제 2 절 범칙사건의 조사와 일반세무조사의 차이

범칙조사(犯則調査)는 세무공무원이 행하는 점에서 형식적으로는 세무조사의 질문검사와 같지만 실질적으로는 형사절차의 전 단계절차로서 형사소송법상의 수사와 유사하다. 따라서 범칙사건의 조사와 세무조사의 질문검사는 다음과 같은 점에서 차이가 있다.[52]

1. 목적상의 차이

조세범칙조사는 범칙사건과 범칙자를 조사·확정하여 처벌함으로써 조세법규의 실효성을 보장하고 침해된 과징권을 회복하려는 데 그 목적이 있다. 질문조사권에 의한 조사는 조세부담의 공평실현을 위한 과세근거의 포착·과세자료의 수집, 그리고 조세채권의 실현·확보를 위한 납세자의 재산상태의 조사에 그 목적을 둔다.

---

[52] 崔明根, 前揭書, p. 489.

2. 근거법상의 차이

범칙사건에 대한 조사권은 조세범 처벌절차법과 형사소송법 중 일부규정에 그 근거를 두고 있는데 반하여 질문조사권은 각 세법의 규정에 그 근거가 있다.

3. 조사자의 차이

범칙사건을 조사할 수 있는 자는 세무에 종사하는 일반직 공무원 중 검사장 등의 지명을 받은 자만 해당한다. 그러나 질문조사권은 세무에 종사하는 모든 일반직 공무원에게 부여되어 있다.

4. 조사절차의 성질상의 차이

범칙사건의 조사는 비록 세무행정기관에 소속된 세무공무원 등에 의해 행해지지만 형사절차의 지위에 있고, 그 조사방법이 임의적인 절차 외에 강제적 절차까지 있다. 그런데 질문조사권에 의한 조사는 순수한 세무행정상의 조세부과절차에 속하며, 그 조사는 임의적인 방법만 해당한다.

5. 진술거부시의 처벌상의 차이

범칙조사에서 범칙혐의자가 진술을 거부하거나 거짓 진술을 한다고 하더라도 형사상 자기에게 불이익한 진술을 강요당하지 아니할 권리(진술거부권, 헌법 12 ②)에 의하여 처벌의 대상이 되지 아니한다. 그런데 질문조사권에 의한 조사에서 직무집행을 거부 또는 기피하거나 거짓 진술을 하면 조세질서범을 구성하여 처벌의 대상이 된다.

[질문검사와 범칙조사의 비교]

유형 \ 구분	질문검사(세무조사)	범칙조사
목 적	과세근거의 포착, 과세자료의 수집	조세법규의 실효성보장, 과징권회복
성 질	과세권행사 - 행정목적	형벌권행사 - 사법목적
근 거 법 령	각 세법의 질문조사권(검사권)	조세범 처벌절차법상 조세범칙조사권
조 사 공 무 원	세무에 종사하는 일반직공무원	세무에 종사하는 일반직공무원 중 검사장 등의 지명을 받은 자
조사결과처분	행정처분(납부고지등)	사법처분(통고처분), 고발
처분에 대한 불복	심사·심판청구	행정소송

제 3 절   조사관할

1. 조세범칙사건의 관할

조세범칙사건은 해당 조세범칙사건의 납세지를 관할하는 세무서장의 관할로 한다. 다만, 대통령령으로 정하는 중요한 사건의 경우에는 지방국세청장의 관할로 할 수 있다.

2. 조세범칙사건의 인계

지방국세청 또는 세무서 외의 행정기관과 그 소속 공무원이 입수한 조세범칙사건에 관한 증거 등은 국세청장이나 관할 지방국세청장 또는 세무서장에게 지체 없이 인계하여야 한다.

3. 조세범칙조사심의위원회

(1) 심의사항

조세범칙사건에 관한 다음 각 호의 사항을 심의하기 위하여 지방국세청에 조세범칙조사심의위원회를 둔다(처벌법 5).
① 「조세범 처벌법」에 해당하는 조세범칙사건에 대한 조세범칙조사의 실시
② 조세범칙처분의 결정
③ 조세범칙조사의 기간 연장 및 조사범위 확대
④ 「조세범 처벌법」에 따른 양벌규정의 적용

(2) 구 성

위원회는 위원장 1명을 포함한 20명 이내의 위원으로 구성한다.

4. 국가기관에 대한 협조 요청

국세청장·지방국세청장 또는 세무서장은 조세범칙조사를 실시하기 위하여 필요한 경우에는 다른 국가기관에 협조를 요청할 수 있다. 이에 따라 협조 요청을 받은 국가기관은 특별한 사유가 없으면 요청에 따라야 한다.

# 제 4 절   조사대상

1. 조세범칙조사 대상의 선정

지방국세청장 또는 세무서장은 다음 중 어느 하나에 해당하는 경우에는 조세범칙조사를 실시하여야 한다(절차법 7).
① 조세범칙행위의 혐의가 있는 자를 처벌하기 위하여 증거수집 등이 필요한 경우
② 연간 조세포탈 혐의금액 등이 대통령령으로 정하는 금액(5억원) 이상인 경우

그러나 지방국세청장 또는 세무서장은 **조세 포탈 등**에 해당하는 조세범칙사건에 대하여 조세범칙조사를 실시하려는 경우에는 위원회의 심의를 거쳐야 한다. 다만, 영장 없이 압수 또는 수색할 수 있는 경우에는 지방국세청장은 국세청장의 승인을, 세무서장은 관할 지방국세청장의 승인을 받아 위원회의 심의를 거치지 아니할 수 있다.

2. 조세범칙행위 혐의자 등에 대한 심문·압수·수색

(1) 개 념

세무공무원은 조세범칙조사를 하기 위하여 필요한 경우에는 조세범칙행위 혐의자 또는 참고인을 심문하거나 압수 또는 수색할 수 있다. 이 경우 압수 또는 수색을 할 때에는 대통령령으로 정하는 사람을 참여하게 하여야 한다(처벌법 8).

(2) 압수·수색영장

1) 개 념

범칙사건의 강제조사는 세무공무원이 범칙혐의자 또는 참고인 등 피조사자의 의사에 반하여 범칙혐의물건을 강제로 조사하는 방법을 말한다. 따라서 범칙사건의 강제조사는 대물적인 강제조사인 압수·수색만이 허용되고, 구속 등의 대인적인 강제조사는 허용되지 아니한다.

세무공무원이 조세범칙행위 혐의자 등에 대한 압수 또는 수색을 할 때에는 근무지 관할 검사에게 신청하여 검사의 청구를 받은 관할 지방법원판사가 발부한 압수·수색영장이 있어야 한다. 다만, 다음 중 어느 하나에 해당하는 경우에는 해당 조세범칙행위 혐의자 및 그 밖에 대통령령으로 정하는 자에게 그 사유를 알리고 영장 없이 압수 또는 수색할 수 있다.

① 조세범칙행위가 진행 중인 경우
② 조세범칙행위 혐의자가 도주하거나 증거를 인멸할 우려가 있어 압수·수색영장을 발부받을 시간적 여유가 없는 경우

그러나 영장 없이 압수 또는 수색한 경우에는 압수 또는 수색한 때부터 48시간 이내에 관할 지방법원판사에게 압수·수색영장을 청구하여야 한다. 이때 세무공무원은 압수·수색영장을 발부받지 못한 경우에는 즉시 압수한 물건을 압수당한 자에게 반환하여야 한다.

2) 압수한 물건 보관

세무공무원은 압수한 물건의 운반 또는 보관이 곤란한 경우에는 압수한 물건을 소유자, 소지자 또는 관공서로 하여금 보관하게 할 수 있다. 이 경우 소유자등으로부터 보관증을 받고 봉인(封印)이나 그 밖의 방법으로 압수한 물건임을 명백히 하여야 한다.

3)「형사소송법」의 준용

① 압수(押收)는 범칙조사권자가 범칙관련 물건을 그의 소유자 또는 점유자의 의사에 반하여 강제적으로 점유를 취득하는 대물강제처분이다. 즉 세무공무원이 범칙사건을 조사하기 위하여 압수 또는 수색을 할 때에는 법관이 발부한 압수·수색영장이 있어야 한다. 압수절차에는 형사소송법상의 여러 가지 제한규정이 있는데, 이는 범칙사건 조사상의 압수에 준용된다.
② 수색(搜索)은 범칙사실에 대한 증거·몰수할 것으로 사료되는 물건을 발견할 목적으로 사람의 신체·물건·주거·그 밖에 장소에 대하여 행하는 대물강제처분이다. 이 수색에는 법관이 발부한 영장이 있어야 한다. 그리고 수색을 했으나 증거물 또는 몰수할 물건을 발견하지 못하였을 때에는 그 취지를 기재한 증명서를 교부한다.

제5절 심문조서 등의 작성과 보고

1. 의 의

범칙조사에는 임의조사방법과 강제조사방법으로 나눌 수 있는 바, 임의조사방법에는 심문·검사·영치가 있고 강제조사방법에는 압수·수색이 있다. 임의조사와 강제조사는 조사대상이 되는 범칙혐의자 또는 참고인의 동의를 얻어서 조사하느냐 또는 동의에 관계없이 조사하느냐 하는 차이에 불과하고, 중요한 의미를 갖는 것은 인권 및 재산권에 영향을 미치는 강제조사의 경우이므로 수색·압수 등을 행하는 경우에 형사소송법을 준용하도록 하고 있다.

2. 심문조서 등의 작성

심문(審問)은 세무공무원이 범칙사실을 확인하기 위하여 범칙혐의자 등 조사대상이 되는 사람에게 범칙의 사실·경위·상황·그 밖에 증거 등에 관하여 질문하고 그 증언 또는 자백을 구하는 것을 말한다. 임의조사방법으로서의 심문은 강제조사가 아니므로 심문을 받는 사람에게 자백 또는 증언을 강제할 수 없다. 이러한 심문은 형벌권의 발동을 위하여 인적증거를 취집하는 것이므로 인권보장의 법원칙이 지배하고, 특히 범칙혐의자의 심문에 대한 답변 여부는 그의 자유로운 의사에 맡겨져야 한다.

세무공무원은 심문하거나 압수 또는 수색을 하였을 때에는 조서에 그 경위(經緯)를 기록하여 심문을 받은 사람 또는 참여자에게 확인하게 한 후 그와 함께 서명날인을 하여야 한다. 이 경우 서명날인을 하지 아니하거나 할 수 없을 때에는 그 사유를 조서에 기록하여야 한다.

3. 심문조서 등의 보고

세무공무원은 조세범칙조사를 마쳤을 때에는 국세청장·지방국세청장 또는 세무서장에게 보고하여야 한다.

제3장　조세범칙처분의 종류

제1절　조세범칙처분에 대한 위원회 심의

1. 심의 절차

　범칙사건의 처리란 세무공무원이 조세범 처벌절차법의 규정에 따라 조세범칙사건을 조사완료하여 세무관서장이 범칙혐의자에게 행하는 최종적인 제재 및 그 밖에 행정처분을 말한다. 이러한 범칙사건에 대한 처리의 권한은 국세청장·지방국세청장·세무서장에게 있다. 범칙사건의 처리는 범칙의 심증을 얻지 못한 경우에 행하는 **무혐의** 처리와 범칙의 심증을 얻은 경우에 행하는 **통고처분**과 **고발**이 있다.

　통고처분은 세무관청으로 하여금 범칙의 조사와 처분을 하도록 하는 취지에 부합되는 일반적 범칙처리라고 할 수 있는데 반하여, 고발은 특수한 경우에 예외적으로 사법부의 판결을 받도록 한 것이다.

　따라서 지방국세청장 또는 세무서장은 조세범칙조사심의위원회의 심의를 거치거나 국세청장 또는 관할 지방국세청장의 승인을 받아 조세범칙조사를 실시한 조세범칙사건에 대하여 조세범칙처분을 하려는 경우에는 위원회의 심의를 거쳐야 한다. 다만, 조세범칙행위 혐의자가 도주하거나 증거를 인멸할 우려가 있어 압수·수색영장을 발부받을 시간적 여유가 없는 경우에는 지방국세청장은 국세청장의 승인을, 세무서장은 관할 지방국세청장의 승인을 받아 위원회의 심의를 거치지 아니할 수 있다.

2. 통지와 의견제출

지방국세청장 또는 세무서장은 조세범칙조사심의위원회에 심의를 요청한 때에는 즉시 그 사실을 처분의 대상자에게 통지하여야 한다. 통지를 받은 자는 대통령령으로 정하는 바에 따라 위원회에 의견을 제출할 수 있다.

제 2 절   통고처분

1. 개 념

통고처분은 범칙사건의 조사를 완료하여 세무관서장이 범칙의 심증을 얻은 경우 범칙자에 대하여 **벌금 등**을 납부할 것을 통고하는 것을 말한다. 즉, 세무공무원이 범칙사건의 조사를 완료한 때에는 국세청장·지방국세청장 또는 세무서장에게 보고하고, 국세청장·지방국세청장 또는 세무서장은 범칙사건을 조사하여 범칙의 심증을 갖게 되었을 때에는 그 이유를 명시하여 벌금 또는 과료에 해당하는 금액, 몰수 또는 몰취에 해당하는 물품, 추징금에 해당하는 금액, 서류의 송달비용 및 압수물건의 운반·보관비용을 지정한 장소에 납부할 것을 통고하는 처분을 말한다. 통고처분은 조세범칙행위에 대하여 사법절차에 의한 **형사적 제재에 앞서** 세무관서장이 진행하는 절차로써 범칙처분 중 중심적인 지위에 있고 조세범 처벌절차법의 가장 두드러진 특색이라 할 수 있다.

지방국세청장 또는 세무서장은 조세범칙행위의 확증을 얻었을 때에는 그 대상이 되는 자에게 그 이유를 구체적으로 밝히고 다음 각 호에 해당하는 금액이나 물품을 납부할 것을 통고하여야 한다. 다만, 몰수 또는 몰취(沒取)에 해당하는 물품에 대해서는 그 물품을 납부하겠다는 의사표시를 하도록 통고할 수 있다. 이때 통고를 받은 자가 그 통고에 따라 납부신청을 하고 몰수 또는 몰취에 해당하는 물품을 가지고 있는 경우에는 공매나 그 밖에 필요한 처분을 할 때까지 그 물품을 보관하여야 한다.

① 벌금에 해당하는 금액
② 몰수 또는 몰취에 해당하는 물품
③ 추징금에 해당하는 금액

2. 통고처분의 성질

통고처분(通告處分)은 국세청장·지방국세청장·세무서장이 행하는 행정처분으로서 형식적인 처분 주체에 따라 살펴보면 벌과적 행정처분인 것이다. 따라서 통고처분은 확인행위에 불과하며, 행정법상 명령행위는 아니기 때문에 범칙행위자를 구속하는 효력이나 통고처분 내용을 강제실현하는 집행력은 없다.

하지만 처분 주체는 행정기관이나 처분의 실질적인 내용이 과벌성이므로 통고처분의 내용에 대하여 이행이 완료되면 확정판결과 동일한 효력이 인정되어 일사부재리의 원칙[53])이 적용되는 점에서 사법처분으로 보는 것이다.

결국 통고처분은 그 이행을 강제할 수 없고 통고처분을 받은 사람이 통고대로 이행하면 확정판결과 동일한 효력이 생기지만 이행을 하지 않을 수도 있으며, 이행하지 않는 경우에는 사법부의 판결을 받게 된다. 이러한 점에서 통고기관과 통고처분을 받은 사람 사이에 판결 전의 화해를 하는 것과 비슷한 것이다.

결과적으로 통고처분은 실질적인 내용에 따르면 사법처분에 속하는 것이나 법률에 따라 일정한 범위에서의 권한을 행정기관에 위임하여 처리하도록 한 것으로 볼 수밖에 없으며 그 위임의 범위를 넘어서면 본래의 권한을 가진 사법적 판결을 구하도록 한 것이다.

3. 통고처분제도의 필요성

실질적인 사법행위를 행정기관으로 하여금 처분하도록 하는 통고처분제도의 필요성은 다음과 같다.

① 조세법규의 실효성 보장

통고처분은 과세징수권의 적정행사를 보호함으로써 조세법규의 실효성을 보장할 수 있다.

---

53) 一事不再理의 原則
　　일사부재리의 원칙이란 형사소송법상 사건에 관하여 유죄·무죄의 실체판결 또는 면소판결이 있었을 때 동일사건에 관하여 다시 공소제기를 허용하지 않는 것을 말한다. 판결의 실체적 확정력, 즉 기판력(旣判力)의 외부적 효과이다. 동일사건에 관하여 공소가 제기되면 실제적 소송조건의 흠결을 이유로 면소판결을 하여야 한다(형소 326 ①). 형사소송에서는 특히 이 효과가 중요하기 때문에 기판력이라고 할 때 일사부재리의 효과만을 뜻하기도 한다. 민사소송법상에서는 확정판결에 일사부재리의 원칙이 적용되지 않는다. 민사소송의 소송물인 법률효과는 판결이 있은 뒤에도 새로 발생하거나 소멸할 수 있기 때문에 동일사건이라고 생각할 수 없다. 따라서 민사소송에서의 기판력의 효과는 나중의 소송에 대하여 앞의 판결과 저촉되는 판결을 할 수 없다는 것에 불과하다.

② 침해된 재정권의 조속한 회복

조세범의 처벌이 궁극적으로 재정권의 보호와 회복에 있다면 조세행정기관으로 하여금 그 목적달성을 위한 최선의 노력을 기울이게 하고 목적한 성과를 거둘 수 있다면 사법적 처리에 이르지 아니하여도 된다고 보는 것이다.

③ 전문성의 활용

조세전문기관으로 하여금 처리하게 하는 것이 정확성과 효율성을 가질 수 있는 것이다.

④ 신속성과 경제성의 제고

사법절차는 능률성보다는 신중성이 강조되어 그 절차가 복잡하고 장시간이 소요되기 때문에 간편하고 신속한 절차를 마련하여 납세자에게 경제적이면서 조속한 안정을 회복하려는 데 있다.

⑤ 사법적 보호장치의 마련

범칙사건의 신속·간편한 처리로 인하여 범칙혐의자의 권리보호에 지장을 주지 아니하도록 하기 위하여 통고처분의 이행을 강제하지 아니함으로써 필요한 경우에는 사법처분을 선택할 수 있도록 하였으므로 범칙혐의자의 권리보호를 저해할 우려가 적기 때문이다.

4. 통고처분의 내용

통고서에는 다음과 같은 내용이 기재되어야 한다(절차법 9). 다만, 몰수 또는 몰취에 해당하는 물품에 대해서는 납부 신청만 하도록 통고할 수 있다. 이 경우 범칙자가 통고대로 납부신청만 하고 몰취에 해당하는 물품을 가지고 있는 경우에는 공매나 그 밖에 필요한 처분을 할 때까지 그 물품을 보관할 의무가 있다.

1) 통고처분이유 명시

통고서는 형사판결서에 준하는 것이므로 처벌되는 이유가 당연히 명시되어야 한다. 이때 통고처분을 하게 된 이유를 명시할 경우에는 조세범 처벌법 제 몇 조의 구성요건에 해당하게 된 것을 밝혀야 할 것이다.

2) 통고금액의 표시

통고 금액에는 다음과 같은 금액이 포함된다.
① 벌금 또는 과료에 상당하는 금액
② 몰수에 해당하는 물품. 이 경우 몰수할 물품이 이미 압수된 때에는 몰수의 신립만을 하게 할 수 있다.
③ 추징금에 상당하는 금액. 이 경우는 몰수할 물품을 몰수하기 어려운 때에 그 물품가액을 금전으로 환산하여 납부하게 하는 방법이다.
④ 서류의 송달 또는 압수물건의 보관이나 운반에 소요된 비용

3) 납부할 장소지정

벌금 등을 납부할 장소를 지정하여야 한다.

4) 통고이행기간

통고처분에 대한 이행기간을 적어야 한다. 그 이행기간은 통고처분을 받은 날부터 15일 이내에 이행하는 것을 원칙으로 한다(절차법 17 ②).

5. 통고처분절차

1) 범칙사실인정

통고처분은 통고처분권자인 세무서장 등이 조사기관(세무공무원)으로부터 조사결과를 보고 받아 범칙의 심증을 얻은 때에 행한다. 여기에서 심증을 얻은 때란 보고에 의한 증거와 정황들을 자유로운 심증에 의하여 종합적으로 판단한 결과 범칙사실이 확실하다고 인정되는 경우를 말한다. 이 때의 판단과 인정은 오로지 처분권자의 재량에 속하는 것이다.

2) 벌금 등의 양정

범칙의 심증을 얻으면 처벌의 양을 결정을 하여야 하는 바 그 처벌량은 금액으로 표시하여야 한다. 조세범 처벌법 및 형법은 형벌의 최고한도만을 규정하는 것이므로 구체적인 범칙사실에 대해서는 법정형벌의 한도 내에서 범칙자의 책임능력이라든가, 책임조건을 고려하여 벌량을 정하여 통고하게 된다. 이 때의 벌량은 그 처분권자인 국세청장·지방국세청장·세무서장이 결정하는 것이나 공평과 적정을 기하고자「조세범처벌절차법 시행령」으로 벌량측정기준을 마련하고, 이를「벌금 상당액 부과기준」이라 한다(절차령 12 ②).

3) 통고서의 송달

통고서의 송달은 형사소송법의 규정에 준하여 교부송달에 의하거나 우편송달에 의한다(절차령 5). 송달은 확실을 기해야 하므로 교부송달의 경우에는 수령증을 받고 우편송달은 등기우편이나 배달증명에 의하여야 한다. 우편송달의 경우에는 도달한 때에 송달된 것으로 본다(형사소송법 61 ①).

6. 통고처분의 효력

1) 공소시효중단의 효력

통고처분은 공소시효의 중단효과가 발생한다(절차법 10). 현행 형사소송법은 공소시효의 중단이 범인에게 지극히 불리하다는 이유로 그 중단을 인정하지 아니하고 공소시효의 정지만을 인정하고 있다(형사소송법 253). 그런데 조세범 처벌절차법이 통고처분에 공소시효 중단의 효력을 인정한 것은 범칙사건에 있어서 통고권자의 고발이 범칙사건에 관한 공소제기조건이기 때문에 공소시효 완성 전에 발견된 범칙사건이 자칫하면 통고이행기간 내 또는 통고의 불이행으로 고발되어 공소를 제기할 때까지의 사이에 공소시효기간이 완성될 우려가 있으므로 이를 방지하는 데 그 취지가 있다.

2) 일사부재리의 효과

범칙자가 통고대로 이행하였을 때에는 동일한 사건에 대하여 소추받지 아니한다(절차법 15 ③). 즉, 통고처분의 내용이 이행되면 확정판결과 동일한 효력이 발생하는 것이다. 여기서 이행이란 통고된 벌금 등을 고발하기 전 납부하는 것을 말한다.

통고를 이행한 범칙사건에 대하여 제기된 공소는 "공소제기의 절차가 법률의 규정에 위반하여 무효인 때"에 해당되어 공소기각판결을 면치 못할 것이다. 통고대로 이행된 범칙사건에 대해서는 통고처분을 재차 하는 것도 불가하다고 해석한다. 이는 범칙자의 법적 안정성을 보장하는 것이 된다.

일사부재리의 효력이 미치는 범위는 통고대로 이행한 범칙자(주관적 범위)와 통고의 대상이 된 범칙사실(객관적 범위)에만 미친다. 이 객관적 범위는 범칙의 기본적 사실관계가 같은 범위라고 해석할 것이다. 1개의 범칙사실에 대하여 가분적으로 통고하는 것은 허용되지 아니하므로 만약 1개의 범칙사실의 일부에 대해서만 통고처분을 했다면 일사부재리의 효력은 그 범칙사실 전부에 미칠 것이다.

3) 통고불이행시 효과

국세청장·지방국세청장 또는 세무서장은 범칙자가 통고서를 송달받은 날부터 15일 이내에 통고대로 이행하지 아니한 경우에는 고발하여야 한다. 다만, 15일이 지났더라도 고발되기 전에 이행하였을 때에는 예외로 한다(절차법 17 ②).

7. 통고처분의 불복

통고처분에 대해서는 행정기관에 대한 심사·심판청구의 대상이 되지 아니한다(기법 55 ①). 이는 통고처분이 실질적으로 사법처분이라는데 그 근거를 두고 있는 것이다. 따라서 통고처분에 대하여 불복하고자 하면 통고처분을 이행하지 않음으로써 통고권자의 고발을 기다려 사법부의 판결을 받아야 한다. 만약 통고처분을 이행해 버리면 일사부재리의 원칙이 적용되어 이를 다툴 수 없게 되므로 재판을 받을 기회를 잃어버리게 되기 때문이다.

제 3 절   고발처분

1. 의 의

고발(告發)이란 범죄사실을 고하여 범죄자의 소추를 구하는 의사표시이다. 다시 말해 조세범칙사건에 관하여 즉시고발 사유에 해당한 경우나 세무공무원의 조사보고에 대한 심리결과 세무관서장이 통고처분에 의하여 처벌하는 것이 부당하거나 부적합한 경우에는 검사에게 범칙사실을 신고하여 그 소추를 구하는 것을 말한다. 고발을 하게 되면 검사는 고발이 소송조건인 범칙사건에 대하여 공소권을 유효하게 행사할 수 있게 되고 세무관서는 해당 사건에 대하여 재조사를 하거나 통고처분을 할 수 없다. 여기서 소송조건이란 검사의 공소제기에 대하여 법원이 사건의 실체(범죄사실이 유무)를 심판함에 있어서 구비하여야 할 전제조건을 뜻하는 것이다.

지방국세청장 또는 세무서장은 다음 중 어느 하나에 해당하는 경우에는 통고처분을 거치지 아니하고 그 대상자를 즉시 고발하여야 한다.

① 정상(情狀)에 따라 징역형에 처할 것으로 판단되는 경우
② 벌금 등 통고대로 이행할 자금이나 납부 능력이 없다고 인정되는 경우
③ 거소가 분명하지 아니하거나 서류의 수령을 거부하여 통고처분을 할 수 없는 경우
④ 도주하거나 증거를 인멸할 우려가 있는 경우

2. 통고불이행에 의한 고발

지방국세청장 또는 세무서장은 통고처분을 받은 자가 통고서를 송달받은 날부터 15일 이내에 통고대로 이행하지 아니한 경우에는 고발하여야 한다. 다만, 15일이 지났더라도 고발되기 전에 통고대로 이행하였을 때에는 그러하지 아니 하다.

3. 고발의 효과

검사가 공소권을 유효하게 행사할 수 있으며, 세무관서는 고발사건에 대하여 재조사를 하거나 그 밖에 통고처분할 수 없다. 따라서 범칙자가 통고를 이행하려고 하여도 이를 받아서는 아니된다.

4. 고발의 취소

고발은 검사에게 범칙사실을 신고하여 소추를 구하는 의사표시에 불과하므로 범칙자를 오인하였거나 착오에 의하여 범칙사실을 인정한 것이 발견된 때에는 이를 취소할 수 있다.

5. 압수물건의 인계

지방국세청장 또는 세무서장은 고발한 경우 압수물건이 있을 때에는 압수목록을 첨부하여 검사에게 인계하여야 한다. 다만, 지방국세청장 또는 세무서장은 압수물건으로서 소유자등이 보관하는 것에 대해서는 검사에게 보관증을 인계하고, 소유자등에게 압수물건을 검사에게 인계하였다는 사실을 통지하여야 한다.

6. 무혐의 통지 및 압수의 해제

지방국세청장 또는 세무서장은 조세범칙조사를 하여 조세범칙행위의 확증을 갖지 못하였을 때에는 그 뜻을 조세범칙행위 혐의자에게 통지하고 물건을 압수하였을 때에는 그 해제를 명하여야 한다.

■ 저자약력

황 준 성

■ 약력
단국대학교 회계학과 및 대학원(경영학박사)
신한회계법인 근무
서진세무회계사무소 대표
노원세무서 납세자보호위원
한국세무학회 이사
한국국제회계학회 상임이사

■ 현재
인덕대학교 세무회계학과 교수
공인회계사

박 태 승

■ 약력
중앙대학교 경영대학 경영학과 졸업
경희대학교 경영대학원 세무관리학과(경영학석사)
경희대학교 대학원 회계학과(경영학박사)

■ 현재
인덕대학교 세무회계과 교수(tspark@induk.ac.kr)
공인회계사 · 세무사
국제공인내부감사사

■ 저서
소득세법 강의, 도서출판 어울림(2022년)

조세법 총론

제 1 6 판 : 2024년 3월 7일	
저　　자 : 황준성 · 박태승	저자와의
발 행 인 : 허 병 관	협의하에
발 행 처 : 도서출판 어울림	인지생략
주　　소 : 서울시 영등포구 양산로 57-5, 1301호(양평동3가, 이노플렉스)	
전　　화 : 02) 2232 - 8607, 8602	
팩　　스 : 02) 2232 - 8608	
등　　록 : 제2 - 4071호	

ISBN 978-89-6239-933-2　　13320　　　　　　　　정 가 : 27,000 원
홈페이지 : www.aubook.co.kr

파본은 구입하신 서점이나 출판사에서 교환해 드립니다.

※ 도서출판 어울림 발행도서는 정확하고 권위있는 해설 및 정보의 제공을 목적으로 하고 있습니다. 그러나 항상 그 완전성이 보장되는 것은 아니기 때문에 적용결과에 대하여 당사가 책임지지 아니합니다. 따라서 실제 적용할 경우에는 충분히 검토하시고 저자 또는 전문가와 상의하시기 바랍니다.